华信经管创优系列·管理科学与工程

U0659823

生产物流系统建模与仿真

Modeling and Simulation for
Production and Logistic System

王建华　黄贤凤　编著

电子工业出版社·
Publishing House of Electronics Industry
北京·BEIJING

内 容 简 介

本书在论述系统建模与仿真基础理论的基础上，以一个完整的车辆生产物流系统案例作为研究对象，阐述系统建模与仿真技术在采购、生产、物流和销售过程中的应用。全书共分为三个部分，第一部分介绍系统建模与仿真，尤其是离散事件系统建模与仿真的一般理论和概率统计基础知识，第二部分介绍仿真平台 Witness 的特点和建模过程，第三部分介绍车辆生产物流系统整个运作流程的建模与仿真的实战技术和方法。

本书可作为高等院校工业工程、物流管理、工商管理、制造工程等专业的本科生或研究生的仿真课程教材，也可作为相关工程技术人员进行仿真学习和研究的参考资料。

图书在版编目（CIP）数据

生产物流系统建模与仿真 / 王建华，黄贤凤编著. —北京：电子工业出版社，2014.9
（华信经管创优系列）
ISBN 978-7-121-24302-8

I. ①生…　II. ①王…　②黄…　III. ①企业管理－物流－生产管理－系统建模－高等学校－教材
②企业管理－物流－生产管理－系统仿真－高等学校－教材　　IV. ①F273.4-39

中国版本图书馆 CIP 数据核字（2014）第 209631 号

策划编辑：王二华
责任编辑：王二华
印　　刷：北京虎彩文化传播有限公司
装　　订：北京虎彩文化传播有限公司
出版发行：电子工业出版社
　　　　　北京市海淀区万寿路 173 信箱　邮编：100036
开　　本：787×1092　1/16　印张：19　字数：457 千字
版　　次：2014 年 9 月第 1 版
印　　次：2019 年 7 月第 5 次印刷
定　　价：38.00 元

凡所购买电子工业出版社图书有缺损问题，请向购买书店调换。若书店售缺，请与本社发行部联系，联系及邮购电话：(010) 88254888，88258888。

质量投诉请发邮件至 zlts@phei.com.cn，盗版侵权举报请发邮件至 dbqq@phei.com.cn。

本书咨询联系方式：(010) 88254532。

前　　言

经济全球化的发展使得企业之间的竞争日趋激烈，企业运作效率的提升对其生存和发展起到了重要的作用。为了提升系统效率，研究者对生产制造系统中人、机、料、法、环的合理配合和管理体系进行了全面的研究，创造出很多广为应用的理论和方法。基础工业工程的动作研究和工时分析对生产过程的动作进行分解和标准化，人因工程的人机配合试图寻求最佳的人机结合面，泰勒科学管理从人的自身需求出发设计有效的管理激励措施，丰田精益生产方式从消除浪费角度设计和改善系统的运作效率，六西格玛管理采取 DMAIC 循环方式设计系统产出质量改善方案，供应链与物流管理中的博弈和协调理论寻求系统整体效率提升途径。

现有管理理论及其应用极大地提升了企业运作管理水平和效率，为现代人们日益多样化的生产、生活和娱乐需求提供了丰富的资源。但是，随着信息和网络技术的发展，企业之间的关系逐步走向了全球化的竞合关系，企业需要持续不断地寻求新的方法和途径去研究和改善自身的运作系统，以获得相对竞争优势。系统建模与仿真（System Modeling&Simulation，SMS）技术是一种建立在系统组成对象之间精确的交互关系和详细运作数据基础之上、对实际系统行为的准确表述和仿真实验的方法，通过仿真实验能够评估、分析系统的运作效率，识别关键约束因素，辅助提出有效的系统改善方案。在系统集成度越来越高的现代企业竞争环境中，作为一种新型管理决策分析工具，系统建模与仿真技术获得了越来越多的企业的关注和应用。

随着计算机软、硬件技术的发展，尤其是各种各样基于离散事件系统建模理论开发出来的商业仿真软件的不断涌现，使得系统建模与仿真技术的掌握和使用变得更加容易和广泛。但是，系统建模与仿真需要使用仿真软件来描述实际运作系统中的各种关系和数据，而实际系统中对象之间的关系多种多样，如何从看似杂乱无章的车间、工厂、供应链中包含的成千上万个机床、操作工人、行车、叉车、仓库等要素之间整理出有规律的行为规则，并采取计算机语言来加以描述和形成可运行的软件程序，对于管理人员或计算机编程人员来说都是一项挑战。因此，近年来很多高校的工业工程、物流管理、工商管理、制造工程等专业都开设了相关的课程，很多企业为了应用仿真技术提升竞争力都在进行仿真应用项目的导入和推进。

总体来看，生产物流系统建模与仿真技术人员需要具备四方面的条件。首先，需要具备基本的概率统计知识，能够理解实际系统中随机性存在的普遍性并能够进行随机模型的构建；其次，需要具备使用离散事件视角识别实际生产物流运作行为规则的能力，认识到不同表象形式下的生产物流系统均是一些发生在离散时刻点的事件导致系统状态变化的排队系统，从而能够归纳和总结出有效的运作规则，以便于构建仿真模型；再次，需要掌握系统建模的编程技能，虽然当前系统建模与仿真软件的操作性和易用性非常高，但是仍然需要通过案例训练以便具备将不同机加、装配、运输、采购、销售过程中的规则转变为计算机语言的能力；最后，需要具备对仿真结果的统计分析能力，根据仿真实验结果能够分析系统的运行状态和统计系统绩效，并据此识别出系统瓶颈和提出改善方案。

有鉴于此，本书采取理论和实践相结合的原则进行编写，将全部章节布局为三大部分。第 1 章到第 4 章为系统建模与仿真基础理论部分，主要介绍仿真基本概念、仿真过程中涉及的概率统计知识及离散事件仿真模型设计方法。第 5 章至第 7 章为仿真软件基本操作部分，通过对两个独立案例的建模和仿真过程，对仿真平台 Witness 进行了简明扼要的阐述。第 8 章至第 18 章为车辆生产物流系统建模与仿真实战技能部分，根据作者多年的企业仿真项目实践经验，设计了综合制造企业生产物流系统典型运作过程的车辆生产物流系统案例为建模与仿真对象，通过分系统建模与仿真及最后的系统集成建模与仿真，详细介绍了对生产物流系统建模与仿真过程中涉及的系统分析、模型设计、实验结果分析及改善方案形成的相关内容。

本书由江苏大学王建华、黄贤凤编著，具体分工为：黄贤凤撰写第 1～4 章，王建华撰写第 5～18 章，最后全书由王建华统稿。

由于作者水平有限，加之时间仓促，书中难免有不足与疏忽之处，敬请读者批评指正，也希望与同行们进行更多的交流和探讨（联系邮箱：jiannywang@163.com）。本书电子资源网址为：www.iescm.com/SimuBook，该网址提供本书的全部模型、表格和 PPT 电子文档。本书中插有二维码，读者可以扫描查看相关多媒体资源和章节自测题。另外，本书配有在线题库，教师可以在线出题，形成试卷，需要者请发邮件至上述邮箱。

编著者

目　　录

第1章　系统建模与仿真概述 ·· 1

1.1　系统模型 ··· 1

1.1.1　系统 ··· 1

1.1.2　模型及其分类 ·· 1

1.1.3　建立模型时应遵循的基本原则 ·· 2

1.2　系统仿真 ··· 3

1.2.1　系统仿真及其分类 ·· 3

1.2.2　实施仿真的方法 ·· 4

1.2.3　仿真的适用性 ·· 5

1.2.4　仿真应用领域 ·· 7

1.2.5　仿真的发展阶段 ·· 8

1.2.6　系统仿真的一般步骤 ·· 9

1.3　离散事件系统 ··· 12

1.3.1　离散事件系统的定义 ·· 12

1.3.2　离散与连续系统示例 ·· 12

1.4　离散事件系统基本术语 ·· 14

1.5　系统绩效指标 ··· 15

1.6　系统变量 ··· 16

1.6.1　决策变量 ··· 16

1.6.2　反应变量 ··· 16

1.6.3　状态变量 ··· 16

思考题 ·· 17

第2章　概率统计基础 ··· 19

2.1　概率统计的基本概念 ·· 19

2.1.1　确定事件和随机事件 ·· 19

2.1.2　随机变量与概率 ·· 19

2.1.3　连续型随机变量的概率分布函数 ·· 20

2.1.4　离散型随机变量的概率分布函数 ·· 20

2.1.5　随机变量概率密度函数 ·· 20

2.1.6　随机变量的数学特征 ·· 20

2.2　系统仿真中常用的随机分布 ·· 21

2.2.1　离散分布 ··· 21

2.2.2　连续分布 ··· 25

2.2.3　经验分布 ··· 34

2.3　仿真输入模型的构建 ··· 36

2.3.1　收集数据 ··· 37

2.3.2　利用直方图识别数据分布 ······························· 39

2.3.3　参数估计 ··· 41

2.3.4　拟合优度检验 ·· 42

2.3.5　选择无数据的输入模型 ···································· 44

思考题 ··· 45

第3章　随机变量的产生与检验 ·· 47

3.1　伪随机数发生器的要求 ··· 47

3.2　伪随机数产生方法 ·· 49

3.2.1　平方取中法 ··· 49

3.2.2　线性同余法 ··· 50

3.2.3　加同余法 ··· 52

3.2.4　二次平方同余法 ··· 52

3.3　随机变量的产生方法 ·· 52

3.3.1　反变换法 ··· 53

3.3.2　拒绝法 ·· 60

3.3.3　正态分布随机发生器 ··· 61

3.4　随机数的检验 ··· 64

3.4.1　科尔莫戈洛夫-斯米尔诺夫检验法基本原理 ·········· 64

3.4.2　科尔莫戈洛夫-斯米尔诺夫检验均匀分布 ············· 64

3.4.3　科尔莫戈洛夫-斯米尔诺夫检验正态分布 ············· 65

思考题 ··· 66

第4章　仿真模型设计与实现 ··· 68

4.1　排队系统概述 ··· 68

4.1.1　到达模式 ··· 69

4.1.2　服务模式 ··· 69

4.1.3　服务台数目 ··· 69

4.1.4　系统容量 ··· 69

4.1.5　排队规则 ··· 70

4.2　事件调度法 ··· 71

4.3　排队系统事件例程分析 ··· 72

4.3.1　单队列单服务台系统事件例程 ···························· 72

4.3.2　单队列多服务台系统事件例程 ···························· 74

4.4 仿真模型的 Excel 实现 ·· 74

    4.4.1 SQSS 系统手工仿真的 Excel 实现 ·· 74

    4.4.2 SQSS 系统仿真的 Excel 实现 ·· 76

4.5 仿真模型的 Matlab 实现 ·· 78

    4.5.1 SQSS 系统仿真的 Matlab 实现 ·· 78

    4.5.2 SQMS 系统仿真的 Matlab 实现 ·· 84

思考题 ·· 89

第 5 章 Witness 仿真系统建模基础 ··· 91

5.1 Witness 用户界面 ·· 91

    5.1.1 标题栏 ··· 92

    5.1.2 菜单栏 ··· 92

    5.1.3 工具栏 ··· 92

    5.1.4 元素选择窗口 ·· 93

    5.1.5 状态栏 ··· 93

    5.1.6 用户元素窗口（Designer Elements） ·· 93

    5.1.7 系统布局区 ··· 93

5.2 Witness 建模元素 ··· 94

    5.2.1 离散型元素 ··· 94

    5.2.2 连续型元素 ·· 102

    5.2.3 逻辑型元素 ·· 106

    5.2.4 运输逻辑型元素 ··· 111

    5.2.5 图形元素 ··· 113

5.3 Witness 流程规则 ·· 117

    5.3.1 输入规则（Input Rules） ·· 117

    5.3.2 输出规则（Output Rules） ·· 118

    5.3.3 劳动者规则（Labor Rules） ··· 119

思考题 ··· 123

第 6 章 流水线生产系统建模与仿真 ··· 125

6.1 模型描述 ··· 125

6.2 系统分析 ··· 125

    6.2.1 元素说明 ··· 125

    6.2.2 系统运行时间 ··· 126

6.3 模型建立 ··· 126

    6.3.1 定义元素 ··· 126

    6.3.2 元素细节设计 ··· 129

6.4 运行模型 ··· 135

    6.4.1 仿真运行工具栏 ··· 135

6.4.2 结果分析 ··· 135
6.5 系统规则和变量说明 ·· 138
    6.5.1 Pull 规则语法结构 ·· 138
    6.5.2 Pull 规则示例 ··· 139
思考题 ··· 139

第 7 章 座椅组装生产物流系统建模与仿真 ··························· 141
7.1 模型描述 ·· 141
7.2 系统分析 ·· 142
7.3 建立模型 ·· 143
    7.3.1 元素定义 ·· 143
    7.3.2 元素可视化设计 ··· 144
    7.3.3 元素详细设计 ··· 145
7.4 仿真实验及结果分析 ·· 148
    7.4.1 工序忙闲状态 ··· 148
    7.4.2 系统平均库存水平 ··· 149
    7.4.3 Labor 元素忙闲状态统计 ··· 149
7.5 系统规则和属性说明 ·· 149
    7.5.1 Percent 规则语法结构 ·· 149
    7.5.2 Percent 规则示例 ··· 150
    7.5.3 系统属性 Pen ·· 150
思考题 ··· 151

第 8 章 车辆生产物流系统概述 ··· 153
8.1 车辆生产物流系统简介 ·· 153
8.2 车辆生产物流系统布局及流程简介 ·· 155
8.3 VPLS 运作流程基本特征分析 ··· 156
    8.3.1 采购模块 ·· 156
    8.3.2 下料模块 ·· 157
    8.3.3 AE 机加焊接线 ·· 159
    8.3.4 BCD 机加线 ··· 159
    8.3.5 F 工件喷漆集放链 ··· 160
    8.3.6 总装线作业特征分析 ··· 161
    8.3.7 销售模块 ·· 161
    8.3.8 叉车运输 ·· 161
    8.3.9 AGV 运输 ·· 162
8.4 车辆生产物流系统绩效指标 ··· 163

第 9 章 采购过程建模与仿真 ··· 164
9.1 模型描述 ·· 164

9.2　模型设计 ··· 165
　9.2.1　建模元素定义 ··· 165
　9.2.2　模型细节设计 ··· 165
9.3　仿真实验及结果分析 ·· 168
　9.3.1　工序忙闲状态 ··· 168
　9.3.2　系统平均库存水平 ·· 168
思考题 ··· 169

第10章　下料生产过程建模与仿真 ······································· 170
10.1　下料生产过程 ·· 170
　10.1.1　下料生产过程系统描述 ·· 170
　10.1.2　排料计划制定原则 ··· 172
10.2　模型设计 ··· 173
　10.2.1　建模元素定义 ·· 173
　10.2.2　模型细节设计 ·· 174
10.3　仿真实验及结果分析 ··· 182
　10.3.1　工序忙闲状态 ·· 182
　10.3.2　系统平均库存水平 ··· 184
　10.3.3　Labor 元素忙闲状态统计 ······································ 184
思考题 ··· 185

第11章　流水布局机加焊接作业系统建模与仿真 ····················· 186
11.1　模型描述 ··· 186
11.2　模型设计 ··· 187
　11.2.1　建模元素定义 ·· 187
　11.2.2　模型细节设计 ·· 188
11.3　仿真实验及结果分析 ··· 192
　11.3.1　工序忙闲状态及工作负荷不平衡系数 ······················· 192
　11.3.2　系统平均库存水平 ··· 193
11.4　改善实验 ··· 194
　11.4.1　模型修改 ··· 194
　11.4.2　实验结果对比 ·· 195
思考题 ··· 196

第12章　成组布局机加焊接作业系统建模与仿真 ····················· 197
12.1　模型描述 ··· 197
12.2　模型设计 ··· 198
　12.2.1　建模元素定义 ·· 198
　12.2.2　模型细节设计 ·· 199
12.3　仿真实验及结果分析 ··· 206

          12.3.1　瓶颈的理论分析 ·· 206

          12.3.2　工序忙闲状态及工作负荷不平衡系数 ················· 207

          12.3.3　系统平均库存水平 ··· 208

          12.3.4　工人忙率 ·· 208

          12.3.5　系统产能 ·· 209

    12.4　改善实验 ··· 209

          12.4.1　改善方案 1——增加工序工人 ························· 209

          12.4.2　改善方案 2——增加瓶颈工序设备及工人 ·········· 210

    思考题 ·· 210

第 13 章　总装线建模与仿真 ·· 212

    13.1　模型描述 ··· 212

    13.2　模型设计 ··· 213

          13.2.1　建模元素定义 ·· 213

          13.2.2　模型细节设计 ·· 214

    13.3　仿真实验及结果分析 ··· 221

          13.3.1　工序忙闲状态 ·· 221

          13.3.2　系统平均库存水平 ··· 221

          13.3.3　系统产能 ·· 222

    13.4　改变随机性实验 ·· 222

    思考题 ·· 222

第 14 章　车间物流系统建模与仿真——叉车输送 ····················· 224

    14.1　叉车输送系统 ··· 224

          14.1.1　叉车输送系统描述 ··· 224

          14.1.2　叉车输送系统运行规则及数据 ·························· 224

    14.2　模型设计 ··· 226

          14.2.1　建模元素定义 ·· 226

          14.2.2　模型细节设计 ·· 227

    14.3　仿真实验及结果分析 ··· 237

          14.3.1　工序忙闲状态 ·· 237

          14.3.2　系统平均库存水平 ··· 238

          14.3.3　叉车忙闲状态统计 ··· 238

          14.3.4　轨道状态统计 ·· 239

    思考题 ·· 239

第 15 章　车间物流系统建模与仿真——AGV 输送 ················· 241

    15.1　AGV 输送系统 ··· 241

          15.1.1　叉车输送系统描述 ··· 241

          15.1.2　仿真目标 ·· 242

15.2 模型设计 ·· 243
    15.2.1 建模元素定义 ·· 243
    15.2.2 模型细节设计 ·· 243
15.3 仿真实验及结果分析 ··· 250
    15.3.1 工序忙闲状态 ·· 250
    15.3.2 系统平均库存水平 ··· 250
    15.3.3 AGV 小车忙闲状态统计 ·· 251
    15.3.4 轨道状态统计 ·· 251
思考题 ·· 252

第 16 章　车间物流系统建模与仿真——集放链输送 ································ 253
16.1 集放链输送系统 ··· 253
    16.1.1 集放链输送系统描述 ·· 253
    16.1.2 仿真目标 ·· 254
16.2 模型设计 ·· 254
    16.2.1 建模元素定义 ·· 254
    16.2.2 模型细节设计 ·· 255
16.3 仿真实验及结果分析 ··· 262
    16.3.1 工序忙闲状态 ·· 262
    16.3.2 系统平均库存水平 ··· 262
    16.3.3 集放链工作状态统计 ·· 262
思考题 ·· 263

第 17 章　销售配送系统建模与仿真 ··· 264
17.1 车辆销售配送系统 ·· 264
    17.1.1 车辆销售配送系统描述 ·· 264
    17.1.2 销售配送系统运行规则及数据 ··· 264
    17.1.3 仿真目标 ·· 265
17.2 模型设计 ·· 266
    17.2.1 建模元素定义 ·· 266
    17.2.2 模型细节设计 ·· 267
17.3 仿真实验及结果分析 ··· 271
    17.3.1 工序忙闲状态 ·· 271
    17.3.2 系统平均库存水平 ··· 272
    17.3.3 卡车忙闲状态统计 ··· 272
    17.3.4 收益或损失费用统计 ·· 273
思考题 ·· 273

第 18 章　车辆生产物流系统集成建模与仿真 ··· 274
18.1 仿真模型集成主要步骤 ·· 274

　　　18.1.1　用户自定义模组设计 ·· 275

　　　18.1.2　模型集成操作 ·· 277

　　　18.1.3　集成模型调整 ·· 279

　18.2　物流连接设计 ·· 279

　　　18.2.1　采购模组与下料和叉车物流模组的物流连接 ················· 279

　　　18.2.2　下料模组与叉车物流和流水机加模组的物流连接 ············ 281

　　　18.2.3　叉车模组与单元生产和总装模组的物流连接 ················· 283

　　　18.2.4　流水机加模组与集放链模组的物流连接 ······················ 284

　　　18.2.5　单元生产模组与 AGV 模组的物流连接 ······················ 284

　　　18.2.6　总装模组与 AGV 和集放链模组的物流连接 ················· 285

　　　18.2.7　总装模组与销售模组的物流连接 ······························· 286

　18.3　仿真实验及结果分析 ·· 287

　　　18.3.1　产能分析 ··· 287

　　　18.3.2　成组车间改善及效果评价 ·· 289

　思考题 ··· 290

附录 A　科尔莫戈洛夫–斯米尔诺夫检验临界值 ····························· 291

参考文献 ··· 292

第1章　系统建模与仿真概述

现实系统表现形式多种多样，人们在实践和研究中总是希望通过一定的手段掌握系统的本质特性，了解系统组成要素之间的结构和相互关系，获取能够影响和控制系统运行状态的手段。为了实现对实际系统的理解和控制，有时需要通过构建数学公式来进行分析求解，有时需要通过绘制特定的图形进行分析，有时需要构建实际系统的物理结构模型来进行研究，有时则希望借助于计算机软件来进行实际系统内部结构和整体绩效的动态分析和求解。不论是采取数学公式还是计算机软件来对实际系统进行分析、研究或优化，都是在特定视角下对实际系统的抽象和建模。本章对系统建模与仿真的相关基础概念进行阐述，为后续章节内容的展开奠定概念基础。

1.1　系统模型

1.1.1　系统

系统仿真的研究对象是具有独立行为规律的系统。所谓系统是指相互联系又相互作用的对象的有机组合。从广义上讲，系统的概念是非常广阔的，大到无穷的宇宙世界，小到分子、原子，都称为系统。

根据系统的物理特征可以将系统划分为两大类，即工程系统和非工程系统。

所谓非工程系统是指自然和社会在发展过程中形成的，被人们在长期的生产劳动和社会实践中逐渐认识的系统，如社会、经济、环境、交通、生物圈、血液循环系统等。

所谓工程系统是指人们为满足某种需要或实现某个预定的功能，利用某种手段构造而成的系统。工程系统的例子非常多，如机械、电气、动力、生产、物流系统等，更小一点的是汽车、自行车、铅笔等。

1.1.2　模型及其分类

模型是对相应的真实对象和真实关系中那些有用的和令人感兴趣的特性的抽象，是对系统某些本质方面的描述，它以各种可用的形式提供被研究系统的信息。模型描述可视为是对真实世界中的物体或过程相关信息进行形式化的结果。模型在所研究系统的某个侧面具有与系统相似的数学描述或物理描述。从某种意义上说，模型是系统的代表，同时也是对系统的简化。在简化的同时，模型应足够详细，以便从模型的实验中取得关于实际系统的有效结论。

由实际系统构造出一个模型的任务包括两方面的内容：一是建立模型结构；二是提供数据。在建立模型结构时，要确定系统的边界，鉴别系统的实体、属性和活动。提供数据要求能够使包含在活动中的各个属性之间的关系得以确定。

系统模型按结构形式分为实物模型、图式模型、模拟模型和数学模型，这些模型各具特点（如图 1.1 所示），可应用于不同的分析场合。

（1）实物模型，是现实系统的放大或缩小，能表明系统的主 （模型分类演示文档和视频）要特性和各个组成部分之间的关系，如桥梁模型、电机模型、城市模型、建筑模型、风洞试验中的飞机模型等。这种模型的优点是比较形象，便于共同研究问题；缺点是不易说明数量关系，特别是不能揭示要素的内在联系，也不能用于优化。

（2）图式模型，是用图形、图表、符号等把系统的实际状态加以抽象的表现形式，如网络图（层次与顺序、时间与进度等）、物流图（物流量、流向等）。当维数大于 2 时，该种模型作图的范围受到限制。其优点是直观、简单；缺点是不易优化，受变量因素数量的限制。

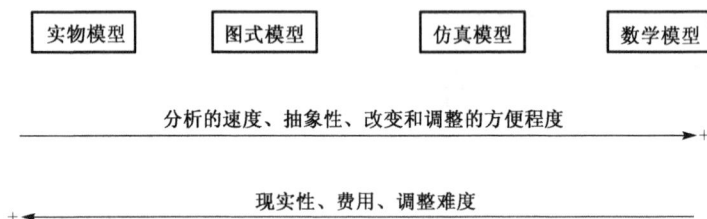

图 1.1　各种模型特性比较

（3）仿真模型，用一种原理上相似、求解或控制处理容易的系统代替或近似描述另一种系统，前者称为后者的仿真模型（或模拟模型）。它一般有两种类型：一种是可以接受输入并进行动态仿真的可控模型，如对机械系统的电路仿真，可用电压模拟机械速度、电流模拟力、电容模拟质量；另一种是用计算机程序语言表达的仿真模型，如车站售票厅窗口数与服务水平关系的仿真、组装流水线投料批量与产出率的仿真等。一般情况下，为研究内部结构和相互关系复杂的系统的可控变量同系统响应变量之间关系，采取计算机仿真模型是一种有效的手段。

（4）数学模型，是指对系统行为的一种数量描述。当把系统及其要素的相互关系用数学表达式的形式进行抽象表示时，就是运用了数学模型，如物理、化学中的各种数学表达式。数学模型一般分为确定型和随机型、连续型和离散型。

1.1.3　建立模型时应遵循的基本原则

1．清晰性

一个复杂的系统是由许多子系统组成的，对应的系统模型也是由许多子模型构成的。在子模型之间除了研究目的所必需的信息联系外，相互辐合要尽可能少，结构要尽可能清晰。

2．相关性

模型中应该只包括系统中与研究目的有关的那些信息。例如，对一个车间调度系统能力进行仿真研究，只需要考虑运输设备的运输能力，而无须涉及输送设备的颜色和形状。虽然与研究目的无关的信息包含在系统模型中可能不会有很大害处，但是因为它会增加模型的复杂性，从而使得在求解模型时增加额外的工作，所以应该把与研究目的无关的信息排除在外。

3. 准确性

建立系统模型时，应该考虑所收集的、用以建立模型的信息的准确性，包括确认所应用的原理和理论的正确性及应用范围，以及在检验建模过程中针对系统所做假设的正确性。例如，在建立工厂设施规划与运输系统模型时，应该将运输工具视为一个三维实体而不能为一个质点，它的长度和宽度影响了运输通道的布局。

4. 可辨识性

模型结构必须具有可辨识的形式。所谓可辨识性是指系统的模型必须有确定的描述或表示方式，而在这种描述方式下与系统性质相关的参数必须有唯一确定的解。若一个模型结构中具有无法估计的参数，则此结构就无实用价值。

5. 集合性

建立模型还需要进一步考虑的一个因素，是能够把一些个别的实体组成更大实体的程度，即模型的集合性。例如，对物流与供应链系统的研究中，除了能够研究每个物流中心的物流细节和规律之外，还可以综合计算多个物流中心构建成一个供应链系统的效能。

1.2　系统仿真

1.2.1　系统仿真及其分类

系统仿真是建立在控制理论、相似理论、信息处理技术和计算机初等理论基础之上的，以计算机和其他专用物理效应设备为工具，利用系统模型对真实或假设的系统进行实验，并借助于专家的经验知识、统计数据和信息资料对实验结果进行分析研究，进而做出决策的一门综合的实验性学科。

克里斯托弗在《基于实践方法的仿真建模手册》一书中将仿真定义为："通过一个同实际系统具有相同行为的模型而进行的实际系统的动态表示。"鉴于计算机软、硬件的快速发展及系统仿真的主要实施载体为软件系统，可以认为系统仿真是为了实现特定的系统分析或优化目的，运用计算机软件构建实际系统组成要素及其行为规则的模型，并通过对模型进行大量的实验和统计分析，进而辅助决策的一项技术。

从广义而言，系统仿真的方法适用于任何领域，无论是工程系统（机械、化工、电力、电子等）还是非工程系统（交通、管理、经济、政治等）。

仿真分类有很多种分类方式，以下按照三个方面进行分类。

1．静态和动态

静态仿真与时间没有关系，仿真过程中事件发生时间同仿真结果没有直接的影响。动态仿真中时间扮演着不可或缺的角色，各项事件的发生时间具有特定的规律。在1.2.2节介绍的浦丰投针仿真实验就属于静态仿真，其中投针的快慢同结果没有直接影响；而在对银行营业厅顾客服务效率的仿真实验中，顾客到达间隔是具有特定的规律性的，在不同时刻，顾客到达速率可能不同，队列队长可能不同，柜台开放数量可能不同等。

2．连续和离散

在连续仿真中，系统状态随时间连续变化，如水库蓄水量、放水量以及出现降水和蒸发时水位的变化即属此类。而在离散仿真中，系统状态仅在离散的时刻点发生变化，如在制造系统中，零件会在特定的时间到达和离开，机器会在特定的时刻出现故障和被修复，工人会在特定的时间开始休息和复工。在有的模型中，既有连续变化的因素，也有离散变化的因素，这种模型被称为混合模型（Mixed continuous-discrete model），如在炼油厂，储油罐中的压力是连续变化的，但会在离散时间点上发生间歇。

3．确定和随机

没有随机输入的系统仿真称为确定性仿真，如自动流水线上机械手作业节拍完全按照程序控制的时长来执行的过程。对至少具有一部分随机输入的系统进行仿真则称为随机仿真，如在银行顾客的到达时间与服务时间都是随机变化的、车间手工作业节拍的随机波动等。

1.2.2 实施仿真的方法

当前情况下通常所说的系统仿真都是借助于计算机软件来实现的，即计算机仿真，但是实施仿真的方法有很多，有的并不一定需要采用强大的计算机软、硬件。

1．手工进行仿真

仿真的出现和应用最早起源于手工仿真。在1733年前后，一个叫Georges Louis Leclerc的人[后来由于其在仿真方面的杰出才能而被封为蒲丰（Buffon）伯爵]描述了一个用来估计π值的实验：如果向一个画有平行线的桌子上投掷针，针的长度为l，平行线之间的间隔为$d(d \geq l)$，则可得到针与平行线相交的概率为$p = 2l / (\pi d)$。如果经过N次投针，有n次针同平行线相交了，则$p = n/N$，那么$\pi = 2l / (pd) = 2lN / (nd)$，也就是通过$N$次实验获得了$\pi$的估计值。

虽然这个实验看起来很简单，甚至觉得有点笨拙，但是却具有大多数仿真所具有的一些共性，为后来的仿真实验及其发展提供了研究框架。

（1）目的明确：估计某个很难精确计算出的参数值，1733年π值可能真的不好计算。

（蒲丰投针实验）

（2）实验结果存在随机波动：仿真实验最后得出的估计值不可能准确无误，即会带有一定的误差，能搞清楚这个误差可能有多大就很不错了。

（3）实验次数越多，估计值的误差越小：直观感觉如果投针次数足够多，估计值可能更加接近真实值。

（4）通过实验设计，可以降低实验结果的随机波动：如果实验设计巧妙，可以实现在不增加投针次数的情况下减少误差。例如，把两根相同长度但不同颜色的针在中点位置焊接成直角交叉形状，称其为蒲丰十字架（Buffon Cross），同样在桌面上画好平行线，然后向桌上投掷这种十字架。每投一次，就要分别记录各针与平行线相交的情况（两根针都与平行线相交，两根针都不与平行线相交，一根相交另一根不相交）。这样可以得到 π 的两个不同估计值，其均值仍然是 π 的无偏估计，但是偏差比单次实验要小。

2．用通用语言编程进行仿真

随着 20 世纪 50 年代计算机的出现，人们开始利用通用程序语言（Fortran、C）来编写计算机程序用以对更加复杂的系统进行仿真，还开发出了各种支撑软件包用于帮助完成各种例行程序，如表处理、模拟时间的跟踪及统计记录等。

这种仿真方法不论是在模型结构方面还是在仿真运行控制方面都具有很高的灵活性，易于定制功能。但是由于每次建模时都要编写大量代码，因此极为枯燥和痛苦，而且容易出错；同时即使需要对模型进行一点变动，也会花费相当多的时间重新建模。

3．仿真语言

由于通用语言进行仿真程序编制的缺点及大型工程项目评估的需要，出现了多种专用的仿真语言，如 GPSS、Simscript、SLAM 及 SIMAN。它们最先起源于军工项目和航空航天项目，后来逐渐扩展到工业和研究项目中。这些仿真语言为仿真项目编制提供了一个更好的建模和分析框架，然而，人们还需要花费相当多的时间来学习这些仿真语言的特征及如何有效地使用它们，而且，使用者还必须面对其苛刻、严格的语法要求。

4．高级仿真器

随着仿真技术日益广泛的应用，出现了很多针对各种类型系统的高级仿真器，如本书所使用的 Witness 软件，以及 Arena、Automod、Flexsim 等。这些软件的图形界面更易于理解，语法结构简单易于实现仿真建模，使得仿真不再需要很高深的计算机编程技术，从而有力地推动了仿真技术在管理决策领域中的应用。

1.2.3　仿真的适用性

仿真是对现实世界的过程或系统随时间运行的模仿。不论是通过手工完成还是通过计算机完成，仿真都包括产生一个系统要素相互关联的演变过程及这个过程的观测结果，以便推断出实际系统的运行特性。

系统随时间演进的行为研究是通过开发一个仿真模型来进行的。在某些情况下，开发的模型简单到可以通过数学方法"求解"。通过使用微分学、概率论和代数方法或其他数学方法，就可以得到这样的解。然而，许多现实世界系统非常复杂，以至于这些系统的模型事实上不可能通过数学求解。在这些情况下，基于计算机的数值仿真可以用于模拟系统随时间变化的行为。通过仿真，系统在不同输入数据的基础上随着时间变化形成的多种状态数据会被收集起来，并进行了特定目的的统计处理，通过观察这些输入数据和状态数据的变化，仿佛观察实际系统运行一样。因此通过计算机仿真可以实现多种场景下的系统绩效评估，借以判定特定的控制方式或设计方案的有效性。

虽然仿真在很多情况下能够帮助进行复杂系统的分析和优化，但是仿真并不是对所有问题都是最优的解决方案。

1．仿真适用场景

仿真可被用于以下情况。

（1）对复杂系统内部的相互作用和复杂系统的子系统内部的相互作用的研究和实验。

（2）可以仿真信息、组织及环境的变更，以观察这些改变对系统行为的影响。

（3）在仿真模型设计过程中获取的知识可能具有很大的价值，可对被研究系统的改进提出建议。

（4）改变仿真的输入并观察产生的输出，可以深入了解哪些变量是最重要的，以及了解变量间是如何相互作用的。

（5）仿真可以作为教学手段来增强解析求解的能力。

（6）仿真可以用于在新设计或策略实施前进行实验，以便为可能发生的事情做好准备。

（7）仿真可以用于验证解析解。

（8）对机器的培训、不同能力进行仿真有助于确定所需的机器数量。

（9）设计用于训练的仿真模型使得学习成为可能，无需费用及现场指导。

（10）动画显示仿真运行中的系统，从而使计划具有可视性。

（11）现代运营系统（工厂、供销网络、服务组织等）非常复杂，只能通过仿真来处理其内部的相互作用。

仿真是一种实验手段，具备通常意义下实验所不具备的优势。在特定情况下不能直接在真实系统上做实验时，可以采取仿真方法，如以下方面。

（1）系统不存在。例如，对规划中的工厂布局进行产能评估或物流分析，此时系统可能还处在方案论证或设计阶段，在系统建成之前无法在新的系统上直接进行实验。

（2）在系统上直接进行实验会造成巨大破坏和损失。例如，火箭发动机和控制系统必须在地面经过多次模拟实验后才能用于真正的火箭发射，又如，核电站中新的生产控制方案实施之前也必须经过实验验证。直接在这类真实系统上进行实验可能会造成无法预料的严重后果。

（3）系统无法恢复。例如，在经济活动中，一个新的经济政策出台后需要经过一段时间才能确定它的影响，而经过这段时间后，即使发现这个新的经济政策是错误的，它所造成的损失已是无法挽回的了。

（4）实验条件无法保证。例如，实验的时间太长费用太高，或者是在多次实验中无法保证实验的环境完全一致而影响对实验结果的判断，尤其是当人是实验系统的一部分时，由于他知道自己是实验的一部分，行动往往会和平时不一样，因此会影响实验的效果。

鉴于上述原因，构造一个真实系统的仿真实验模型，在模型上进行实验成为对系统进行分析、研究十分有效的手段。

2. 仿真不适用场景

在过去，大型的、复杂的仿真项目是由受过专门训练的程序员和分析员来开发的。现在，由于涌现出大量软件，仿真不时被一些缺乏足够培训和经验的人员不恰当地使用在各种项目中。一旦仿真运用不恰当，其研究也就不能够产生有意义的结果。于是，不能获得希望目标的仿真所造成的各种失败，导致了人们对仿真方法的谴责，而事实是：失败原因是仿真的不恰当应用。

对于仿真技术在何种情况下不适合使用，人们归纳了如下规则。

第一条：当问题可通过普通方法解决时，就不应使用仿真。例如，一个自动打标签设备为以 100 人/小时的速率随机抵达的客户服务，该设备的服务速度是平均 12 人/小时。为决定最少所需的打标签设备数量，并不需要用仿真。只需计算 100/12 =8.33，表明需要 9 台或更多的打标签设备。

第二条：当问题可以通过解析方法解决时，就不应使用仿真。

第三条：如果直接进行实验更为简便，则不应使用仿真。例如，对一个可以免下车的路边快餐店，接收订单的人员配备手持终端及语音通信设备，为确定再增加一个订单接收人员及设备对客户等待时间的影响，直接实验的成本更低一些。

第四条：如果仿真投入成本超过仿真节省的开销，则不应使用仿真。完成一个仿真需要很多步骤，而且这些步骤必须深入、细致地完成，从而需要耗费大量的时间和资金成本。如果仿真成本估计为 20 000 美元，而仿真结果只节省 10 000 美元，则建议不要将资金投入到仿真项目中。

第五条：进行仿真研究的决定性资源是人员和时间。如果没有足够的资源或时间，就不应使用仿真。有经验的分析师是非常重要的资源，因为他具有判断模型应该达到的详细程度和怎样去验证和确认模型的能力和经验。如果缺少了训练有素的模型开发人员，将可能导致开发出错误的模型，以及该错误模型产生的不可靠结果。另外，时间的分配不能够太少，以致开发人员被迫在设计时，对模型进行简化压缩处理。要想获得有意义的结果，项目安排应该有足够的时间允许必要的改动及验证和确认活动。

第六条：仿真需要数据，有时需要大量的数据。如果无数据可用，甚至数据都无法估计，则不建议使用仿真。

第七条：如果负责人有不合理的预期，或者要求过多过快，或者仿真的能力被过高估计，则仿真也是不适合的。仿真项目可以解决一些通过常规方法难以解决的问题，但是仿真不是万能的，在特定时间段内完成的仿真项目只能辅助解决一部分问题。

第八条：如果系统行为太复杂或不可定义，则不适合使用仿真。尤其是人类行为对结果产生重要影响的场景，不太适合做仿真。

1.2.4 仿真应用领域

仿真的应用领域非常广泛，存在于各个行业的各个环节之中，且不论产品设计开发中需要使用仿真技术进行研制，仅从运作管理角度来看，就具有众多的研究热点。在制造系统中，生产系统对生产计划的适应性检验、生产系统瓶颈工序的识别和改善方案评价、具有换模作业的多产品作业设备作业批量优化等；在工程项目管理中，资源的合理分配和调度、采购和供应策略对项目进度和成本之间的协调等;在物流与供应链系统中,供应网络对随机需求的适应性策略、石油天然气供应网络中的节点容量和控制策略对不同类型客户需求的影响、零售物流网络采购和配送策略的效率等;在医疗服务系统中,作业流程效率评估和改善、基于服务效率提升的医护人员和门诊窗口的动态调整方案设计与评估等;在社会系统或交通系统中,公共建筑物内行人流动方式的疏导策略、机场设施布局及航班与人流和物流过程匹配研究等。

1.2.5 仿真的发展阶段

近四五十年以来,仿真语言与软件包无论在建模与分析能力方面还是在应用成熟度方面都得到了迅猛发展,仿真的实施方式和适用场合也发生了相应的变化。

1．早期阶段

20 世纪 50 年代末到 60 年代,仿真是很昂贵和非常专业化的工具,通常只在大型企业需要进行重大投资时才使用。典型的仿真用户是钢铁或航空企业。这些企业一般会成立由 6～12 人组成的小组(大多数具有博士学位),利用现有的程序语言(如 Fortran)来建立大型、复杂的仿真模型,然后在大型计算机上运行。当时的运行费用每小时 600～1000 美元,而现今大多数工程师所使用的计算机甚至普通个人计算机都要比 20 世纪 60 年代的大型计算机功能强大得多而且速度也快得多。

2．成长阶段

现代仿真应用开始于 20 世纪 70 年代到 80 年代初,计算机变得越来越快速和便宜。很多其他行业开始意识到仿真的价值,但是认识到这一点的主要还是一些大企业,而且一般直到出现重大问题时才会考虑应用仿真技术。此时仿真已成为许多大企业解决问题的工具之一,特别是在汽车行业和重工业,仿真用来确定为什么会出现问题以及问题出在哪里。

在这一时期,仿真技术不仅在工业界应用越来越多,而且在学术界也得以正式立足,成为工业工程与运筹学专业课程体系的标准组成部分。仿真在工业界越来越多的应用促使大学更为广泛地讲授仿真应用研究内容和基本理论,了解其潜在能力的学生和研究人员的数量变得越来越多。

3．近期阶段

20 世纪 80 年代后期,仿真开始真正植根于商业领域,这在很大程度上归功于个人计算机和动画技术的出现。尽管此时仿真仍然主要用于分析出现问题的系统,但已有很多人开始要求在正式投产前进行仿真分析(但多数情况下还是太晚了,已不能对系统设计产生影响。不过它真的为工厂经理和系统设计人员们提供了一些机会,能为他们的经历增加不少亮点)。到了 20 世纪 80 年代末,许多大公司都已承认了仿真的价值,其中有些公司在批准任何重大投资前都要求做仿真分析。然而,仿真在这一阶段还是没有达到普及程度,小企业很少使用。

4．当前阶段

仿真真正走向成熟是在 20 世纪 90 年代。许多小公司也拥有了这一工具,而且开始用在项目的初期阶段——能产生最大影响的阶段。更好的动画、更容易的建模编程、更快的计算机、与其他软件包的方便集成，所有这一切促使仿真成为许多企业的一个标准工具。仿真的使用方式也发生了变化，很多企业在设计的早期阶段就已开始使用仿真，仿真模型被很快用于系统分析领域。而且目前仿真已进入服务行业，正被用于许多非传统领域。

当然，尽管绝大多数管理人员愿意承认仿真能为企业增加价值，但它还没有变成存在于每台个人计算机中的一个标准工具。妨碍仿真成为更广泛、全方位应用工具的因素主要有：建立有效仿真模型需要大量的建模时间和较高的专业技能。

5. 未来阶段

近年来，仿真技术及其应用的发展速度不断加快，完全有理由相信它将不断快速地发展下去。当前有很多重要的 ERP 系统中已经集成了部分仿真分析模块，以辅助分析不同生产计划和排程的执行效率。可以预见，仿真软件将来有可能与其他软件实现完全集成，包括在前端完成系统数据的收集、存储与分析的软件，以及在后端完成系统控制的软件。

为使更多人能容易地使用仿真，今后还会开发针对性更强的仿真软件。这种软件包含专门为相应行业或企业具体环境设计的建模组件，使分析人员能更容易地建立仿真模型。这类仿真工具虽然是针对具体应用环境的，但它们同时具有相当程度的开放性和扩展性，也可用于类似系统的建模和分析。

如今，仿真对复杂系统的设计或再造起着重要作用，管理者经常需要处理复杂系统的控制问题，设计新的系统控制逻辑，然后利用仿真模型来进行新方案的有效性检验。而今后仿真模型可以直接用于对实际系统的控制，根据仿真模型运行的最优系统状态来调整实际系统的当前状态和运行控制策略，实现仿真模型的闭环优化和控制。

同时，随着计算机软、硬件的飞速发展，系统仿真可能具备更高级的是自动统计分析、系统优化决策支持软件、全集成的仿真及虚拟现实 VR 等功能。

1.2.6 系统仿真的一般步骤

对于每个成功的仿真研究项目，其应用都包含着特定的步骤和程序，如图 1.2 所示。下面对这些步骤做简单的定义和说明。当然仿真项目实施中不能简单遵循这些步骤的排序，有些项目在获得系统的内在流程或数据之后，可能要返回到先前的步骤中去。同时，验证和确认需要贯穿于仿真工程的每个步骤当中。

1. 问题的定义

一个模型不可能呈现被模拟的现实系统的所有方面，有时是因为太昂贵，有时是因为没有必要。事实上一个表现真实系统所有细节的模型往往是非常差的模型，因为它过于复杂和难于理解。因此，明智的做法是：先定义问题，再制定目标，再构建一个能够完全解决问题的模型，如仿真需要解决的是库存过多，或产量过低等问题。

2. 制定目标和定义系统效能测度

问题明确之后，需要确定具体的仿真项目所要达成的目标。目标是仿真项目所有步骤的导向。目标决定了应该做出怎样的假设、应该收集哪些信息和数据；模型的建立和确认考虑到能否达到研究的目标。目标需要清楚、明确和切实可行。目标经常被描述成像这样的问题："通过添加机器或延长工时，能够获得更多的利润吗？"。在定义目标时，详细说明那些将要被用来决定目标是否实现的效能测度是非常必要的。每小时的产出率、工人利用率、平均排队时间及最大队列长度等可以定量测定的指标是最常见的系统性能测度。

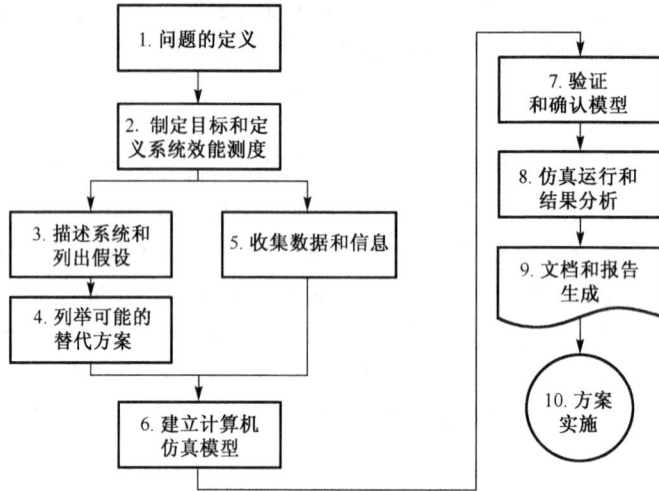

图 1.2　仿真项目的一般步骤

在这一阶段，还要列出仿真研究的约束条件，例如，必须通过利用现有设备来实现目标，或最高投资额要在限度内，或产品订货提前期不能延长等。

3．描述系统和列出假设

仿真模型需要将实际系统中同仿真目标有关的要素及其关系运用计算机软件准确地描述出来。在进行运作系统建模与仿真中，不论对象是一个物流系统、制造工厂或服务机构，通常都需要清晰地定义这些要素：资源、临时实体、路径、运输、流程控制、加工时间、资源故障时间等。

仿真项目一般将现实系统资源分成四类：处理器、队列、运输资源和共享资源，这些资源需要定义其数量、行为和控制规则等。临时实体包括产品、零部件、顾客、物流包裹、信件和流程处理中的信息等，对这类要素需要对其到达和预载模型进行明确定义，如到达时间间隔、到达批量等。路径和运输规定了临时实体在系统各资源要素之间的转移，流程控制决定了各资源要素对临时实体的处理和加工作业形式及加工时间等。资源故障时间包括资源计划故障和意外故障，计划故障通常指午餐时间、周末休息和预防性维护等；意外故障是资源随机发生故障所需的时间，包括失效平均间隔时间和维修平均时间。

在这些工作完成之后，需要对现实系统进行模型描述，它远比模型描述向计算机模型转化困难。现实系统向模型的转化意味着建模者已经对现实系统有了非常彻底的理解，并且能将其完美地描述出来。

4．列举可能的替代方案

在仿真研究中，确定模型早期运行的可替代方案是很重要的，它将影响模型的建立。

在初期阶段考虑替代方案，模型可能被设计成可以非常容易地转换到替换系统，以便于验证和评估替代方案的效能。

5. 收集数据和信息

收集数据和信息包括两方面的内容，一方面收集模型的输入参数数据，如加工时间、故障时间、零部件供应时间等时间参数或模式数据，另一方面收集系统的产出数据，如资源的利用率、库存水平和产出率等。系统产出数据可以在验证模型阶段对比模型的状态数据，从而帮助判断模型的运行准确性。数据可以通过历史记录、经验和计算得到。有些数据可能没有现成的记录，而通过测量来收集数据可能要费时、费钱。

当数据不太充分的情况下，有时采用估计法产生输入数据可能更为高效。估计值可以通过少数快速测量或通过咨询熟悉系统的系统专家来得到，如根据最小值、最大值和最可能取值定义作业时间服从一个三角分布。有时候采用估计值也能够很好地满足仿真研究的目的，如仿真可能被简单地用来指导人员了解系统中特定的因果关系，而并不需要非常准确的数据。

当需要可靠数据时，花费较多时间收集和统计大量数据，以定义出能够准确反映现实的概率分布函数是非常必要的。需要的数据量大小取决于变量的变异程度，但是也有一般性的规则，一般模拟拟合需要 30 甚至上百个样本的数据。

6. 建立计算机仿真模型

在构建计算机仿真模型的过程中，首先要构建小的测试模型来证明复杂流程的建模是合适的。一般建模过程是呈阶段性和模块化的，在进行下一阶段建模之前，需要验证本阶段的模型能够正常工作。在建模过程中要不断运行和调试模型，而不是直接将整个系统模型构建起来，然后单击"运行"按钮来进行系统的仿真和模型的调试。

7. 验证和确认模型

验证（Verification）是要确保模型按照预先设想的方式运行，通俗地讲就是找出模型中的各种语法及逻辑错误。现在的专业仿真软件提供了很多功能协助分析人员进行模型的验证。首先，仿真软件自身具有检验代码的功能，对于错误的编码将给予提示。其次，仿真软件提供了模型运行速度控制的功能，分析人员可以在仿真低速运行时，观看动画和仿真钟的运行，发现物料流程及其处理时间方面的差异。再次，在模型运行过程中，软件通过交互命令窗口、显示动态图表来询问资源和流动项目的属性和状态。

确认（Validation）是保证模型的行为与实际系统行为一致，验证模型的可信度。模型验证一般通过两种方式来进行：常态测试和异常测试。常态测试是所有的输入数据都是同实际系统运作相一致的，然后运行仿真模型，查看模型是否按照预想的行为方式运行。异常测试是通过对输入数据的一部分设定异常值，然后运行仿真模型，查看仿真模型是否出现异常行为，从而判定模型的准确性。

8. 仿真运行和结果分析

当系统具有随机性时，就需要对实验做多次运行，因为随机输入导致随机输出。如果可能，在第 2 步中应当计算出已经定义的每个性能测度的置信区间。可替代环境能够单独构建，并可以通过使用 Witness 软件中的 Optimizer 模块来设置并自动运行仿真优化。

报表、图形和表格常常被用于进行输出结果分析。同时需要用统计技术来分析不同方案的仿真结果。一旦通过分析结果并得出结论，要能够根据仿真的目标来解释这些结果，并提出实施或优化方案。使用结果和方案的矩阵图进行比较分析也是非常有帮助的。

9. 文档和报告生成

有两种文档：程序文件和项目报告。为了使得模型能够在后续被重复利用，需要将仿真模型的程序文件进行归档，便于以后对模型的维护和更新。项目报告则是对本仿真项目的目标、数据处理、建模过程和仿真实验结果的总结，借以辅助管理者进行决策的项目总结性文档，其中需要包括大量的仿真实验输入条件和实验统计结果，并附以统计结果的决策分析。

10. 方案实施

仿真报告中证明或提出了相关方案的可行性，这些方案的价值体现在实施阶段及实施效果方面。为了使得方案实施能够达到预期的效能，需要尽可能让相关现场人员参与到仿真项目构建过程中，让其了解实施方案同系统效能之间的因果关系，从而增强其执行力。

1.3　离散事件系统

1.3.1　离散事件系统的定义

首先考察一个简单的例子：某理发店只有一个理发师，在正常工作的时间内，如果没有顾客到达理发店，则理发师空闲；如果有顾客到达理发店，则理发师为顾客进行理发服务；如果顾客到达理发店时，理发师正在为其他顾客服务，则新来的顾客在一旁排队等候。显然，每个顾客到达理发店的时间是随机的，而理发师为每个顾客进行理发服务的时间也是随机的，从而队列中的每个顾客等候的时间也是随机的，这是一个典型的离散事件系统的例子。

离散事件（动态）系统（Discrete event dynamics system）：是由在离散时刻点发生的事件引起状态变化的动态系统。

典型的离散事件有顾客到达服务台、机器故障、活动结束、班次结束等，这些事件通常具有不规则的时间间隔。

1.3.2　离散与连续系统示例

1. 离散系统

离散系统在现实中广泛存在，如银行、医院、车站售票厅、理发店的运作过程等。

离散系统具有如下特征：

（1）顾客到达方式为间断、离散的方式；

（2）顾客排队等待的时间长短各不相同；

（3）服务员处理顾客请求的时间长短各不相同；

（4）服务员相邻忙闲间隔各不相同；

（5）队列长度是离散变化的（整数）。

图 1.3 为库存系统存储量随时间和事件变化引起的状态变化图，符号 e_i 为事件的发生，其中事件 1、2、4、5、6 为库存的消耗，或称为满足顾客需求的事件，引起库存量的降低，甚至缺货；事件 3、7 为产品入库事件，引起库存量的增加。从图中可以看出引起系统状态变化的事件发生在离散的时间点。

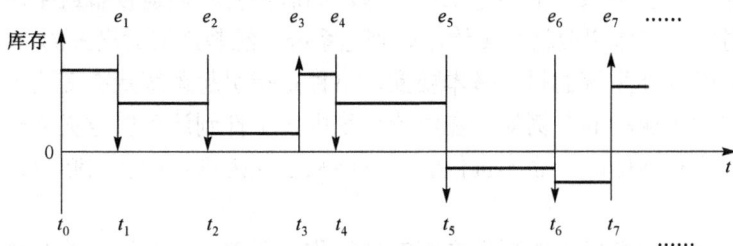

图 1.3　库存系统存储量状态图

2．连续系统

连续系统示例有车辆的运动速度、自由落体的速度、饮料生产中饮料的管道运输、导弹拦截飞机过程中的状态变化等。

连续系统具有如下特征：

（1）状态（速度、温度、位置）的变化是连续的；

（2）状态变量的变化是时间的函数。

例如：

$$管道运输量 = 输送速率 \times t；$$
$$车辆速度 = v_0 + a \times t；$$
$$自由落体速度 = gt。$$

3．离散与连续系统的联系

离散系统和连续系统并不是完全独立的，只是在研究特定问题时关注系统特点的不同而进行的区分。离散系统中包括连续系统，比如：银行排队系统中顾客的空间位置变化是连续的；购票过程中，票据和货币的移动是连续的；机械加工系统，部件以离散的方式到达机床，机床对部件切割，切割速度是连续的。连续系统中包括离散系统，比如：车辆行驶过程，其速度和空间位置变化是连续的，其开始启动和停止时刻是离散的，遇到红绿灯的时间间隔是离散的，故障抛锚是离散的；炮弹攻击飞机的过程，其速度和空间位置变化是连续的，但打中飞机的时刻是离散的，打中与打不中事件发生的概率是离散的等。

所以对实际系统做连续系统和离散系统划分完全是由研究目的和研究对象决定的。没有绝对的离散系统、也没有绝对的连续系统。

1.4 离散事件系统基本术语

离散事件系统建模与仿真中要用到很多术语，这里进行简要的介绍。

（1）实体，是描述系统的三个基本要素之一，是指组成系统的物理单元，如物流系统的堆垛机、进/出货台、仓库、货物及工件等。实体可分为临时实体和永久实体两类。在仿真全过程中，始终驻留在系统中的是永久实体，如服务台、搬运设备或生产设备。在系统中只存在一段时间的实体叫做临时实体，如到达系统、经装卸搬运离去的工件。

（2）事件，是描述系统的另一基本要素。事件是指引起系统状态变化的行为，系统的动态过程是靠事件来驱动的。例如，在物流系统中，工件到达可以定义为一类事件，因为工件到达仓库，进行入库时，仓库货位的状态会从空变为满，或者引起原来等待入库的队列长度的变化。

（3）活动，两个相邻发生的事件之间的过程称为活动。活动标志着系统状态的转移。例如，物流系统中，工件到达与入库之间，是排队活动。这一活动引起队列长度增加。在生产物流系统中的其他典型活动有如下的类型：

● 实体加工活动——治疗、检测、加工、切割等；
● 实体的移动——叉车移动、输送链的移动、升降机的升降；
● 实体的调整、维护和修理——设备换模、机器维修等。

（4）进程，若干事件与若干活动组成的过程称为进程。进程描述了各事件、活动发生的相互逻辑关系及时序关系。例如，工件由车辆装入进货台，经装卸搬运进入仓库，经保管、加工到配送至客户的过程（如图1.4所示）。

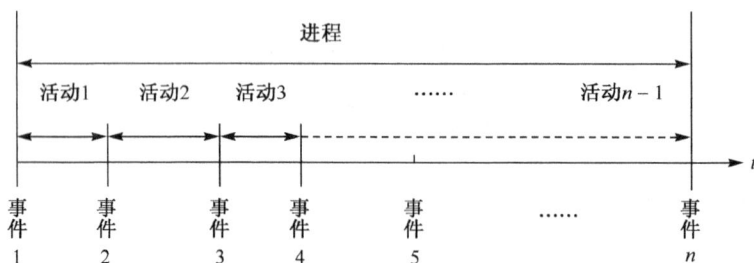

图1.4 事件、活动与进程

（5）控制逻辑，是描述系统的第三个基本要素。控制逻辑设定事件在怎样的条件、以怎样方式和怎样的时间状况下激活。例如，生产物流系统中高层次的控制逻辑包括规划、排程和策略，较低层次的控制逻辑包括实体开始某项事件和结束某项事件的控制逻辑。总的来说，控制逻辑为系统如何运作提供信息和决策控制，如工艺顺序、生产计划、工作排程、任务优先级、批量作业条件是否满足等。

（6）仿真钟，用于表示仿真事件的变化，控制仿真系统的运行。在离散事件系统仿真中，由于系统状态变化是不连续的，在相邻两个事件发生之间，系统状态不发生变化，因而仿真钟跨越这些"不活动"区域，从一个事件发生时刻推进到下一个事件发生时刻，从而推进仿真系统的运行。仿真钟的推进具有跳跃性，推进速度具有随机性，根据事件发生的时间特性而变化。由于仿真实质上是对系统状态在一定时间序列的动态描述，因此，仿真钟是仿真系统的主要自变量，仿真钟的推进是仿真软件的核心部分。

应当注意的是，仿真钟所显示的是仿真系统对应实际系统的运行时间，而不是计算机运行仿真模型所消耗的时间。仿真时间与真实时间将设定成一定的比例关系，使得像物流系统这样复杂的运行若干天、若干月的系统，通过计算机仿真只需要几分钟就可以完成。

（7）随机变量，指复杂的现实系统常常包含的随机因素。在物流系统中，工件的到达、运输车辆的到达和运输事件的完成等一般都是随机的。这些复杂的随机因素很难找到相应的解析式来描述和求解，系统仿真技术成为解决这类问题的有效方法的一个重要原因是其能够对这些随机因素进行描述。

1.5 系统绩效指标

系统仿真项目的目的是希望借助仿真分析，提出一些管理决策方案来改善系统的运行效率，或称为提高公司和组织的某些绩效指标。对于制造和服务系统效率和效益方面的关键指标主要包括如下几个。

（1）通过时间（Flow Time）：部件或顾客通过整个系统的平均时间，包括加工（服务）时间、等待时间、移动时间。通过时间可以通过这些方式来缩短：缩短换模、操作和检测时间，降低在制品库存，增加永久实体——机器设备或服务台等。

（2）利用率（Utilization）：系统中人员、机器、车辆等永久实体工作时间与总的时间之比。如果一个设备不在工作状态，可能是处于等待、被阻塞或抛锚状态。要想提高某实体的利用率，可以通过提高该实体的工作量或降低该实体的数量或能力。在一个活动时间动态变化非常大的系统中，很难让所有的实体达到较高的利用率。例如，job shops 智能工作单元，提高设备的利用率通常不是系统的主要目标，系统主要目标是保证较短的产品通过时间和作业柔性。另外，如果改善非瓶颈工序实体的利用率，将只能增加库存而不能提高系统的产出率。

（3）增值时间（Value-Added-Time）：物料、顾客等实体在系统中接受的、增加其价值的时间。价值是指顾客愿意为其支付费用的特性。从运作层来看，增值时间是那些对物料的物理、化学性质进行改变的作业和过程，或者提供服务的过程所花费的时间，而检测和等待则属于非增值时间。

（4）通过率（Flow Rate）：单位时间系统加工的部件数量或服务的顾客数量，也可叫做生产速率、处理速率和产出速率等。通过率可以通过对永久实体，特别是对瓶颈实体，进行更好的管理、组织和利用来提高。

（5）库存水平（Inventory or Queue Levels）：在存储区或队列区的物料或顾客的数量。

理想状态是在达到系统设定的产出量和反应时间的基础上，尽可能降低库存水平。由于库存水平是动态变化的，通常会设定一个最小库存水平和最大库存水平。

（6）产出率（Yield）：系统产出的合格产品与投入系统中原材料可以生产的产品量之比。例如，100 件产品中有 95 件为合格产品，则产出率为 95%。

（7）客户响应水平（Customer Responsiveness）：系统快速响应客户需求，降低客户等待时间的能力。例如，可以使用订单满足率指标来衡量，满足率为客户订单能够及时由库存满足的数量除以订单总量。提高这项指标可以从降低顾客平均等待时间、降低延时交货的数量等方面着手。

1.6　系统变量

设计一个新系统或改善现有系统不仅仅是识别系统的组成要素和绩效指标，还需要了解系统要素之间的相互作用和总的绩效目标。为了很好地了解系统，需要理解下列三类系统变量：决策变量、反应变量、状态变量。

1.6.1　决策变量

实际系统的运行总是在众多实体的共同作用下来实现的，同时实体的行为又是由众多的变量所影响的。系统中那些不受别的变量影响，而又对其他变量产生影响的变量被称为独立变量。根据实验者对其是否进行控制，可将独立变量分为可控变量和不可控变量。例如，生产线上配置的工人数量，生产线是安排一班制还是两班制，工人数量和班次就是可控变量；不可控变量可能是顾客服务时间或车间温度等。可控变量称为决策变量，因为实验者将控制这些变量的取值，而且改变这些变量的数值将会引起系统行为和系统绩效的变化。

实际上，所有的独立变量都是可以控制的，不过有的变量比其他变量更容易控制，也就是说花费更低的成本。对仿真试验来说，最终的解决方案是希望以一个低于收益的成本来实施系统改善。

1.6.2　反应变量

反应变量也叫绩效指标或输出变量，是反映在特定的决策变量取值组合下的系统绩效指标，如在特定时间段系统加工的产品数量、设备平均利用率及其他的系统绩效指标。

在实验中，反应变量是因变量，它的取值是由系统结构和决策变量取值决定的。管理者不能直接控制反应变量，但是可以通过改变决策变量的取值，来间接改变反应变量的取值。

1.6.3　状态变量

状态变量用于描述在特定时间点，系统及其组成元素所处的状态。例如，某个时刻，系统中处于特定状态（空闲、忙、故障）的机器数量，或者某队列中当前队列的长度、某个设备是处于正常加工状态还是故障维修状态等。反应变量是状态变量的时间统计，如机器利用率或机器忙率是机器处于"忙"状态的时间累计与总的仿真时间之比。

状态变量与反应变量一样是因变量，它们的取值受到自变量取值的影响。在仿真过程中，人们经常忽略状态变量，因为它们既不像决策变量那样可以直接控制，也不像反应变量那样反应系统的统计指标。

当研究仓储系统中客户响应能力时，决策变量或自变量可以是仓储中心物流叉车数量、货架的容量、每天作业时间等，这些变量都是管理人员可以控制和调整的；而反应变量或绩效指标则可以是平均库存量、货物入库前平均等待时间、货物出库操作平均作业时间等；状态变量可以是当前时间点叉车的忙闲状态、入库点等待入库的车辆数量、货架上各个存储位的存储状态等。

当研究医疗服务系统服务水平时，决策变量可以是挂号交费窗口数量、手术台数量、医务人员数量、服务流程等；反应变量可以是患者平均排队时长、每日看病患者数量、医务人员工作强度等；状态变量可以是当前时点挂号交费窗口排队人员的数量、医疗诊室开闭状态、医务人员工作与否的状态等。

当研究生产车间生产能力时，决策变量可以是生产设备台数、生产工人数量、生产调度与控制方式、作业班次的时间安排、设备维修维护模式等；反应变量可以是每日产量、平均在制品库存、产线停线待料时间比例、设备宕机比例等；状态变量可以是当前时点各个设备的忙闲状态、工序间的库存状态、成品库存数量等。

系统仿真的目标就是通过对系统组成要素之间的逻辑关系和运行模式构建计算机模型，通过模拟运行，评估在不同的决策变量配置下系统的反应变量是否符合管理者的期望，并结合状态变量的分析获取改善系统反应变量的决策变量配置，从而实现系统的逐步优化和改善。

思考题

1. 系统模型分为哪几类？对每种类型的模型列举一个示例。
2. 什么是系统仿真？
3. 为什么仿真应用最先出现在航空、汽车制造等大型企业？
4. 指出下列系统中的实体、活动、事件、决策变量、反应变量和状态变量：
   （1）仓储系统　　　（2）运输系统　　　（3）生产线系统
   （4）快餐店　　　　（5）医院急诊室　　（6）超市
5. 指出特定制造系统或服务系统中的 5 个决策变量。
6. 列举自己认为对计算机组装生产线非常重要的 3 项绩效指标。
7. 请给出制造企业单种产品采购的仿真步骤，仿真目标是在特定的成本约束下，改进缺货率。
8. 访问 Winter Simulation Conference 的网页 www.wintersim.org，报告仿真在个人感兴趣领域的应用情况。
9. 访问 Winter Simulation Conference 的网页 www.wintersim.org 并说出：
   （1）当前仿真的应用领域有哪些？

（2）本年度 WSC 将在什么时间，什么地点举行？

10. 使用搜索引擎，搜索以下内容。

（1）"汽车制造仿真 Automotive manufacture simulation"的网页，并准备一份讨论找到内容的报告。

（2）"供应链仿真 Supply chain simulation"的网页，并准备一份讨论找到内容的报告。

（3）"物流仿真 Logistic simulation"的网页，并准备一份讨论找到内容的报告。

11. 使用搜索引擎，搜索国内系统仿真网站，并准备一份讨论找到内容的报告。

（章节自测题）

第2章　概率统计基础

在许多仿真过程中，事件的发生是随机的，或者事件属性值的确定具有偶然性，如顾客到达间隔时长、顾客接受服务时长或机器设备故障间隔等。由于这些随机因素的存在，在建模过程中就需要用服从各种分布的随机变量来描述系统中存在的随机和偶然性问题。

随机变量在生产物流系统运作中的存在具有普遍性，因此掌握随机变量的有关知识对理解和分析系统的行为和结果具有重要的作用。本章首先对仿真中的概率统计基本概念做简要说明，然后介绍系统仿真中常见的概率分布形式及其数学表达式，最后对仿真中的随机变量输入模型构建的步骤及过程中所用的方法进行阐述。

2.1 概率统计的基本概念

2.1.1 确定事件和随机事件

确定事件：在给定条件下进行的试验中，一定发生或一定不发生的事件分别称为必然事件和不可能事件，这类事件是确定性的，总称为确定事件。

随机事件：在给定条件下进行的试验中，可能发生也可能不发生，而在大量重复试验中却具有某种规律性的事件，称为随机事件。

2.1.2 随机变量与概率

随机变量：如果试验的每个结果用变量 X 的一个值来表示，即 X 的值根据试验结果来确定，因而它取什么值是随机的，而且对任意实数 x，$X < x$ 是一个随机事件，这种变量称为随机变量。

频率：如果对某项试验重复进行了 n 次，事件 A 发生了 m 次，则称 A 在这次试验中的频率为 m/n。在大量重复某项试验时，就会发现事件的频率在试验次数很大而且不断增大的过程中呈现稳定性。这种统计规律性表明：事件发生的可能性大小是事件本身固有的客观属性。

概率：事件 A 发生可能性的大小为事件 A 的概率，记为 $P(A)$。当试验次数 n 足够大时，可以用事件的频率作为事件概率的近似值，即

$$P(A) \approx m/n$$

概率是一个在区间[0，1]上取值的实数。

随机变量 X 取值小于实数 x 的可能性大小，即随机事件 $\{X < x\}$ 发生的概率，介于数 0 和 1 之间：

$$0 \leqslant P(X < x) \leqslant 1$$

2.1.3 连续型随机变量的概率分布函数

对于随机变量 X，事件 $\{X<x\}$ 发生的概率 $P(X<x)$ 是实变量 x 的函数，称之为 X 的概率分布函数，简称为分布函数，记为 $F(x)$，即

$$F(x) = P\{X < x\} \quad (-\infty < x < +\infty)$$

2.1.4 离散型随机变量的概率分布函数

在实际系统中，有些随机变量取值的数量有限，在整个区间内呈现离散型特征，如单位时间内到达某个公交站台的人数、每个订单采购产品的数量等。若离散型随机变量 X 的可能取值为 $x_1, x_2, \cdots, x_n$，则事件 $\{X = x_k\}$ 为一随机事件，其发生的概率记作：

$$P_k = P\{X = x_k\}, k = 1, 2, \cdots, n$$

P_k 称之为离散型随机变量 X 的概率分布，且 P_k 满足下列条件条件表达式：

$$\begin{cases} P_k \geqslant 0 \\ \sum_{k=1}^{n} P_k = 1 \end{cases}$$

2.1.5 随机变量概率密度函数

如果随机变量 X 的分布函数 $F(x)$ 能表示成某个函数 $p(x)$ 的积分

$$F(x) = \int_{-\infty}^{x} p(x)\,\mathrm{d}x$$

就称 X 为连续型随机变量，并称 $p(x)$ 为 X 的分布密度函数，简称密度函数。

2.1.6 随机变量的数学特征

随机变量 X 的数学期望记为 $E(X)$，表示 X 取值的平均值。

若 X 为离散型随机变量，其可能取值为 $x_1, x_2, \cdots$，且 $P\{X = x_k\} = p_k$，则当级数

$$\sum_{k=1}^{+\infty} x_k p_k$$

绝对收敛时，X 的数学期望为：

$$E(X) = \sum_{k=1}^{+\infty} x_k p_k$$

若 X 为连续型随机变量，其分布密度函数为 $p(x)$，则当

$$\int_{-\infty}^{+\infty} xp(x)\,\mathrm{d}x$$

绝对收敛时，X 的数学期望为：

$$E(X) = \int_{-\infty}^{+\infty} xp(x)\,\mathrm{d}x$$

随机变量 $[X - E(X)]^2$ 的数学期望 $E[X - E(X)]^2$ 称为 X 的方差，记为 $D(X)$。$D(X)$ 的平方根称为 X 的均方差（或标准差）。方差和均方差描述随机变量 X 取值相对于其均值 $E(X)$ 的分散程度，反映了数据波动的大小。

对于离散型随机变量，

$$D(X) = \sum_{k=1}^{+\infty} [x_k - E(X)]^2 p_k$$

对于连续型随机变量，

$$D(X) = \int_{-\infty}^{+\infty} [x_k - E(X)]^2 p_k \mathrm{d}x$$

2.2 系统仿真中常用的随机分布

2.2.1 离散分布

1. 0-1 分布

设离散型随机变量 X 只能取 0 和 1 两个值，其概率分布是：

$$P(X = 1) = p, P(X = 0) = 1 - p, \ (0 < p < 1)$$

则称 X 服从（0-1）分布。

X 的均值和方差分别为：

$$E(X) = 1 \times P(X = 1) + 0 \times P(X = 0) = 1 \times p + 0 \times (1 - p) = p$$
$$D(X) = (1 - p)^2 \times p + (0 - p)^2 \times (1 - p) = p(1 - p)$$

2. 贝努利试验及二项分布

令试验 E 的每次结果只能有两种可能的结果，或者成功（记为 A）或者失败（记为 $\tilde{A}$），其中 $P(A) = p, P(\tilde{A}) = 1 - p = q (0 < p < 1)$，将 E 独立地重复进行 n 次，则称这 n 次重复独立的试验为 n 重贝努利（Bernoulli）试验，简称贝努利试验。

令随机变量 X 表示 n 重贝努利试验中事件 A 发生的次数，则 A 恰好发生 $k(0 \leq k \leq n)$ 次的概率为：

$$P(X = k) = \begin{cases} C_n^k p^k q^{n-k} & k = 0, 1, 2, \cdots, n \\ 0 & \text{else} \end{cases}$$

由于 $C_n^k p^k q^{n-k}$ 刚好是二项式 $(p + q)^n$ 展开式中的第 $k+1$ 项，因此也称随机变量 X 服从参数为 n、p 的二项分布，记为 $X \sim B(n, p)$，二项分布的概率质量函数（以下简称 pmf）曲线，如图 2.1 所示。

其中，当 n=1 时，二项分布即为（0-1）分布。

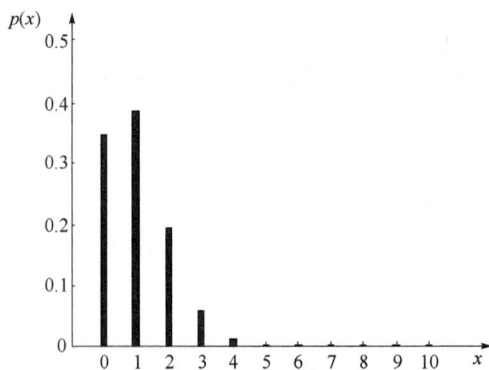

图 2.1　$n = 10$，$p = 0.2$ 的二项分布的 pmf 曲线

确定服从二项分布 $B(n, p)$ 的随机变量 X 的均值和方差可以将 X 视为 n 个独立的（0-1）随机变量之和，即

$$X = X_1 + X_2 + \cdots + X_n$$

因此二项分布随机变量 X 的均值和方差分别如下：

$$E(X) = np，\quad D(X) = np(1 - p)$$

0-1 分布表示单次试验结果为 0 或 1 的概率，如单个产品合格或不合格。二项分布表示 n 次试验中有 k 次成功的概率，如在对合格率为 p、批量为 n 件产品的测试中，刚好有 k 件产品合格的概率。

　　例 2.1　在某条手机装配生产线上，手机能通过最终检测的概率为 5‰，若某次产品检测过程中，抽取了该产线的 100 件产成品，问刚好有 2 件产品不合格品的概率。

解：从题设条件可知，每个手机不合格的概率 $p = 0.005$，而在抽取 100 件产品中出现不合格品的概率实验，是一个二项分布问题，运用二项分布概率质量函数计算即可。

$$P(X = 2) = C_n^k p^k q^{n-k} = C_{100}^2 \cdot 0.005^2 \cdot 0.995^{98} = 0.076$$

3. 几何分布

在进行贝努利实验中，获得第一次成功实验所经过的实验次数的随机变量 X 服从几何分布，其 pmf 函数如下：

$$P(X = k) = \begin{cases} pq^{k-1} & k = 0, 1, 2, \cdots \\ 0 & \text{else} \end{cases}$$

即在进行前 $k - 1$ 次实验都是失败的，而在第 k 次实验成功的概率。

几何分布的 pmf 曲线如图 2.2 所示。

服从几何分布随机变量 X 的均值和方差分别为：

$$E(X) = \frac{1}{p}，\quad D(X) = \frac{1 - p}{p^2}$$

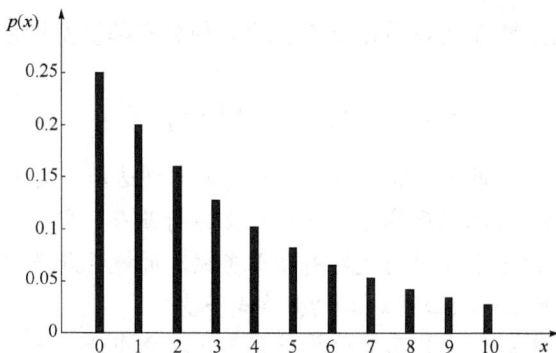

图 2.2　$p=0.2$ 的几何分布的 pmf 曲线

例 2.2　在银行服务网点，需要进行服务的顾客到达后，其中有 30%的顾客需要进行定期存款业务，20%的顾客需要开通网上银行业务。那么在某天上班开始后，第三个顾客是该天第一个进行定期存款业务顾客的概率是多少？第三个顾客是该天第一个开通网上银行业务顾客的概率是多少？

解　该问题的两个子问题都是几何分布问题，令 $p_1=0.3$ 是进行定期存款业务顾客的概率，$p_2=0.2$ 是开通网上银行业务顾客的概率。

第三个顾客是该天第一个进行定期存款业务顾客表示前两个顾客都不是进行定期存款业务，而第三个顾客是进行定期存款业务，该事件的概率为：

$$P(X_1=k=3)=p_1q_1^{k-1}=0.3\times(1-0.3)^2=0.147$$

第三个顾客是该天第一个开通网上银行业务顾客表示前两个顾客都不是开通网上银行业务，而第三个顾客是开通网上银行业务，该事件的概率为：

$$P(X_2=k=3)=p_2q_2^{k-1}=0.2\times(1-0.2)^2=0.128$$

4. 负二项分布

对于贝努利分布实验，获得第 k 次成功实验所经过的实验次数的随机变量 X 服从负二项分布，其 pmf 函数如下：

$$p(X=x)=\begin{cases}C_{x-1}^{k-1}p^kq^{x-k} & x=k,k+1,k+2,\cdots \\ 0 & \text{else}\end{cases}$$

负二项分布的 pmf 曲线如图 2.3 所示。

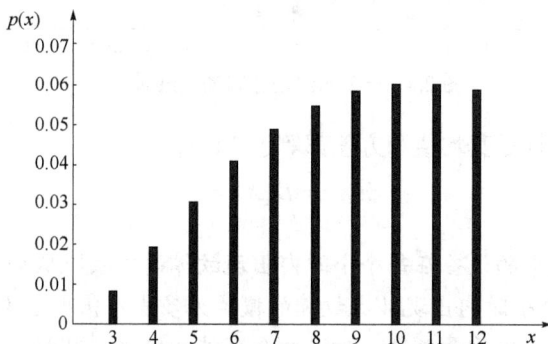

图 2.3　$p=0.2$，$k=3$，$x=3$，4，$\cdots$，12 的负二项分布的 pmf 曲线

负二项分布的随机变量 X 可以看做 k 个独立几何分布随机变量之和，可以很容易得出其均值和方差分别为：

$$E(X) = k/p , \quad D(X) = kq/p^2$$

例 2.3　在银行服务网点，需要进行服务的顾客到达后，其中有 30% 的顾客需要进行定期存款业务，20% 的顾客需要开通网上银行业务。那么在某天上班开始后，第 10 个到达的顾客是当天的第 3 个进行定期存款业务顾客的概率是多少？第 20 个到达的顾客是当天的第 6 个开通网上银行业务顾客的概率是多少？

解：运用负二项分布概率质量函数计算公式，可以分布计算出这两种事件的发生概率分别为：

$$p_1(X=10) = C_{x-1}^{k-1} p_1^{\ k} q_1^{\ x-k} = C_9^2 \cdot 0.3^3 \cdot 0.7^7 = 0.08$$

$$p_2(X=20) = C_{x-1}^{k-1} p_2^{\ k} q_2^{\ x-k} = C_{19}^5 \cdot 0.2^6 \cdot 0.8^{14} = 0.033$$

5. 泊松分布

若随机变量 X 所有可能取值为 0，1，2，$\cdots$，而取各个值的概率为：

$$P(X=k) = \begin{cases} \dfrac{e^{-\lambda}\lambda^k}{k!} & k=0,1,2,\cdots \\ 0 & \text{else} \end{cases}$$

其中，λ 为大于零的常数，则称 X 服从参数为 λ 的泊松（Poisson）分布，记为 $X \sim \pi(\lambda)$。泊松分布的 pmf 曲线如图 2.4 所示。

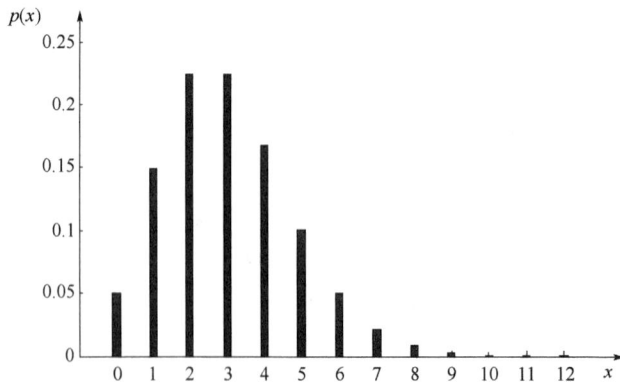

图 2.4　$\lambda=3$ 的泊松分布的 pmf 曲线

泊松分布的重要特性是其均值和方差都等于 λ，即

$$E(X) = D(X) = \lambda$$

例 2.4　生产线中的设备在每个小时内出现故障的次数服从均值为 5 次的泊松分布，则分析在下一个小时内出现 4 次故障的概率为多少？出现 8 次故障的概率为多少？

解：运用泊松分布概率质量函数，对这两个事件的概率计算如下：

$$P(X=4)=\frac{e^{-\lambda}\lambda^{k}}{k!}=\frac{e^{-5}\cdot5^{4}}{4!}=0.175$$

$$P(X=8)=\frac{e^{-\lambda}\lambda^{k}}{k!}=\frac{e^{-5}\cdot5^{8}}{8!}=0.065$$

2.2.2　连续分布

1. 均匀分布

一个随机变量 X 是在区间 $[a, b]$ 上的均匀分布，其概率密度函数（以下简称 pdf）是：

$$f(x)=\begin{cases}\dfrac{1}{b-a} & a\leqslant x\leqslant b\\ 0 & \text{else}\end{cases}$$

其概率分布函数（以下简称 cdf）是：

$$F(x)=\begin{cases}0 & x<a\\ \dfrac{x-a}{b-a} & a\leqslant x<b\\ 1 & x\geqslant b\end{cases}$$

记为 $X\sim U[a,b]$。

其中：

$$P(x_{1}<X<x_{2})=F(x_{2})-F(x_{1})=\frac{x_{2}-x_{1}}{b-a}$$

对于所有满足 $a\leqslant x\leqslant b$ 的 x_1 和 x_2，$P(x_1<X<x_2)$ 和区间的长度成正比关系。

均匀分布的均值和方差是：

$$E(X)=\frac{a+b}{2},\qquad D(X)=\frac{(b-a)^{2}}{12}$$

均匀分布的 pdf 和 cdf 曲线分别如图 2.5(a)、(b)所示。

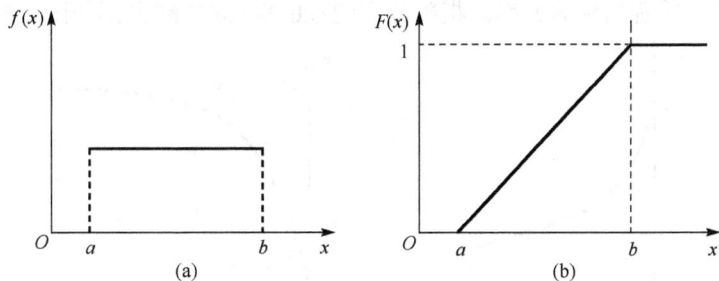

图 2.5　均匀分布的 pdf 和 cdf 曲线

均匀分布在仿真中起到了十分重要的作用，尤其在 [0,1] 区间的均匀分布随机数是产生其他随机变量的基础。

在很多仿真系统中，如果对某个随机变量取值的精确随机分布难以获得数据支持，但是可以简单估计其取值范围时，则可以运用均匀分布对其进行建模。

例 2.5　对某个仓储系统进行仿真，平均每小时到达 20 台入库物流车，简便起见，就可以设定物流车进入仓库的间隔服从均值为 3 分钟的均匀分布。

例 2.6　对城市公交系统进行仿真，从早上 6:00 开始至早上 8:00，公交车每隔 20 分钟到达特定的车站。若某个乘客不知道公交车具体时间表，他每天会在早上 7:00 到早上 7:30 之间随机到达（均匀分布），则这个乘客等待公交车的时间超过 5 分钟的概率是多少？

只有当乘客的到达时间在早上 7:00 到早上 7:15 之间或是早上 7:20 到早上 7:30 之间时，他才会等待超过 5 分钟。如果 X 是随机变量，定义为早上 7:00 以后乘客到达车站时已过的分钟数，则所求的概率为：

$$P(0 < X < 15) + P(20 < X < 30)$$

因为 X 是在（0, 30）上的均匀分布的一个随机变量，所以，所求概率是：

$$F(15) + F(30) - F(20) = \frac{15}{30} + 1 - \frac{20}{30} = \frac{5}{6}$$

2. 指数分布

随机变量 X 被认为是具有参数 $\lambda > 0$ 的指数分布，如果其概率密度函数为：

$$f(x) = \begin{cases} \lambda \cdot e^{-\lambda x} & x \geqslant 0 \\ 0 & x < 0 \end{cases}$$

指数随机变量的分布函数为：

$$F(x) = \begin{cases} 0 & x < 0 \\ 1 - e^{-\lambda x} & x \geqslant 0 \end{cases}$$

其中：λ 可以理解为单位时间内事件发生的次数，例如，服务系统中单位时间内顾客到达的数量序列 x_1，x_2，x_3，x_4，……一般被认为其服从均值为 λ 的指数分布，λ 为单位时间内顾客平均到达数量，或者叫到达速率。指数分布的 pdf 和 cdf 曲线分别如图 2.6(a)、(b)所示。

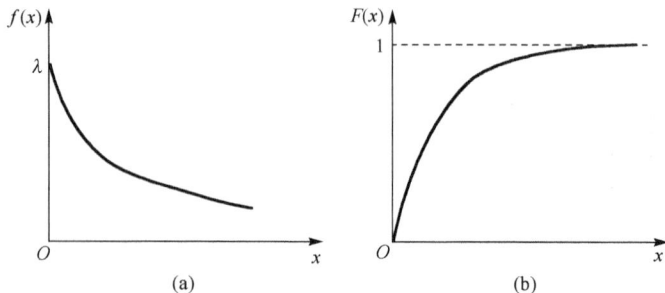

图 2.6　指数分布的 pdf 和 cdf 曲线

而在第 i 个单位时间段内，顾客到达数量的期望值为：

$$E(x_i) = 1/\lambda$$

该特点显示前一个单位时间内事件发生的次数同后个单位时间内事件发生的次数之间没有相关性，该特性称之为无后效性。

指数分布的均值和方差分别是：

$$E(X) = \frac{1}{\lambda}, \qquad D(X) = \frac{1}{\lambda^2}$$

可以看出均值和标准差是相等的，都是速率的倒数。

对独立事件之间的时间进行建模，或对于无记忆的过程时间进行建模（在过程结束之前，知道已经过去了多少时间并不能为得出还需要多少时间提供信息）时，通常需要使用到指数分布。例如，数量巨大、相互独立的顾客到达间隔时间，会发生损害的部件（如灯泡）的寿命等。

例 2.7 假设一盏工业用灯的寿命（以千小时计）服从损坏率 $\lambda = 1/3$ 的指数分布，即平均每 3000 小时损坏一盏。该灯的使用寿命能超过其平均寿命的概率是：

$$P(X > 3) = 1 - P(X \leqslant 3) = 1 - F(3)$$

其概率分布函数是：

$$F(x) = \begin{cases} 0 & x < 0 \\ 1 - e^{-\frac{x}{3}} & x \geqslant 0 \end{cases}$$

所以得到 $P(X > 3) = 1 - F(3) = e^{-\frac{3}{3}} = 0.368$。

不论随机变量的 λ 是多少，上式的结果是一样的，即对于任何指数分布变量，其大于平均值的概率是 0.368。

该工业用灯的寿命在 1000~2000 小时之间的概率计算如下：

$$P(1 \leqslant X \leqslant 2) = F(2) - F(1) = -e^{-\frac{2}{3}} + e^{-\frac{1}{3}} = 0.203$$

指数分布的一个重要性质是无记忆性，这意味着对于所有的 t 和 s，均有下式成立：

$$P(X > s + t \,|\, X > s) = P(X > t)$$

证明如下：

$$P(X > s + t \,|\, X > s) = \frac{P(X > s + t)}{P(X > s)} = \frac{1 - P(X \leqslant s + t)}{1 - P(X \leqslant s)} = \frac{1 - F(s + t)}{1 - F(s)}$$

$$= \frac{e^{-\lambda(s+t)}}{e^{-\lambda s}} = e^{-\lambda t} = 1 - (1 - e^{-\lambda t}) = 1 - F(t) = P(X > t)$$

假设 X 表示某种部件（如电池、灯泡、计算机芯片、激光器等）的寿命，并假设 X 服从指数分布。指数分布的无记忆性说明：如果该部件已经生存了 s 小时，其生存时间至少为 $s+t$ 小时的概率，与在初始时刻，部件至少生存 t 小时的概率是一样的。若部件在时刻 s（$X > s$）仍然处于生存状态，那么其剩余生存时间（用 $X-s$ 表示）的分布和一个新部件的生存时间的分布是一样的。就是说，部件并不"记忆"它已经使用了 s 小时。使用过的部件和新部件一样良好。

例2.8　求例2.7中的工业用灯在工作了2500个小时后,再生存1000个小时的概率。计算表达式如下:

$$p = P(X > 3.5 \,|\, X > 2.5) = P(X > 1) = e^{-1/3} = 0.717$$

一般来讲,假设一个寿命服从参数为λ的指数分布的部件可在任何时刻观测和得到其工作的情况,那么其剩余寿命的分布也是参数为λ的指数分布。指数分布是唯一具有无记忆特性的连续分布（几何分布是唯一具有无记忆特性的离散分布）。

3. 伽马分布（Gamma）

一个随机变量X服从参数为β和θ的伽马分布,其pdf具有如下形式:

$$f(x) = \begin{cases} \dfrac{\beta\theta}{\Gamma(\beta)}(\beta\theta x)^{\beta-1}e^{-\beta\theta x} & x \geq 0 \\ 0 & x < 0 \end{cases}$$

其中,β称为形状参数,θ称为比例参数,$\Gamma(\beta)$称为伽马函数。

伽马函数的基本计算公式为:

$$\Gamma(\beta) = (\beta-1)! = (\beta-1)(\beta-2)! = (\beta-1)\Gamma(\beta-1)$$

如果β是整数,伽马函数直接使用$\Gamma(\beta) = (\beta-1)!$就可以求出。如果$\beta$是大于0的小数,则需要使用如下公式进行计算:

$$\Gamma(\beta) = \int_0^{+\infty} x^{\beta-1}e^{-x}dx \qquad 0 < \beta < 1$$

服从伽马分布的随机变量的概率分布函数如下:

$$F(x) = \begin{cases} 1 - \displaystyle\int_x^{+\infty} \dfrac{\beta\theta}{\Gamma(\beta)}(\beta\theta t)^{\beta-1}e^{-\beta\theta t}dt & x > 0 \\ 0 & x < 0 \end{cases}$$

（1）$\theta = 1$时,$\beta = 1, 2, 3, 4$的伽马分布的pdf曲线如图2.7所示。

由图2.7可以看出,β变化影响了概率密度曲线形状的变化,β越大曲线的凸起部分越高。

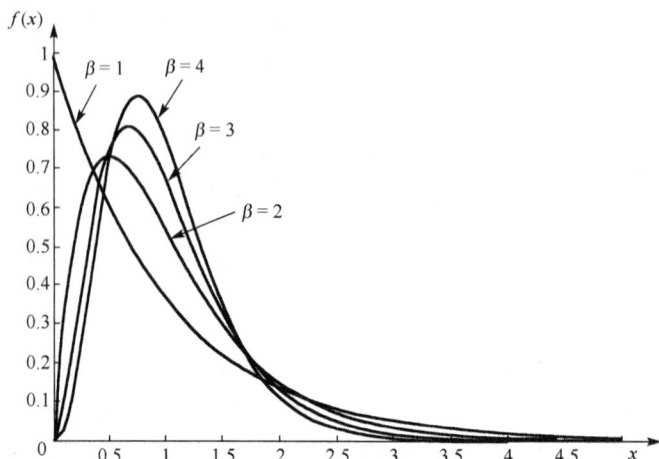

图2.7　伽马分布形状参数β不同时的pdf曲线图

（2）$\beta=2$ 时，$\theta=1$，2，3，4 的伽马分布的 pdf 曲线如图 2.8 所示。

从图 2.8 中可以看出，比例参数不改变伽马分布的概率密度曲线的形状，只是改变了 pdf 曲线的最大值，其中 θ 越大，pdf 曲线的凸起部分越高，或者变量的取值范围越集中。

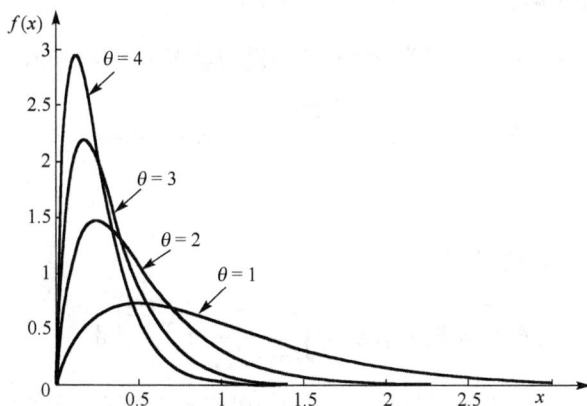

图 2.8　伽马分布比例参数 θ 不同时的 pdf 曲线图

伽马分布的均值和方差分别是：

$$E(X)=\frac{1}{\theta}, \qquad D(X)=\frac{1}{\beta\theta^2}$$

当 β 是整数时，伽马分布同指数分布之间的关系是：若随机变量 X 是 β 个独立指数分布的随机变量之和，每个指数分布的参数为 $\beta\theta$，则 X 是具有参数 β 和 θ 的伽马分布。其中：

$$X=X_1+X_2+\cdots+X_\beta$$

每个随机变量 X_j 的概率密度函数如下式：

$$g(x_j)=\begin{cases}(\beta\theta)\mathrm{e}^{-\beta\theta x_j} & x_j\geq 0 \\ 0 & \text{else}\end{cases}$$

例 2.9　在某个时刻生产线上的三台设备都出现了故障，而该生产线只有一名维修工人，根据以往的统计数据，工人对每台设备维修的时间服从均值为 15 分钟的指数分布，试求工人能够在 30 分钟内将三台设备都修复的概率。

解：该问题为一个由三个指数分布组成的伽马分布问题，其中指数分布参数 $\lambda=\beta\theta=3\theta=1/15$，则 $\theta=1/45$，因此，表示三台设备全部修复所需时间长度的随机变量 X 服从 $\beta=3,\theta=1/45$ 的伽马分布。

问题转化为：

$$F(X\leqslant 30)=1-\int_x^{+\infty}\frac{\beta\theta}{\Gamma(\beta)}(\beta\theta t)^{\beta-1}\mathrm{e}^{-\beta\theta t}\mathrm{d}t=1-\int_{30}^{+\infty}\frac{1}{15\Gamma(3)}\left(\frac{t}{15}\right)^{3-1}\mathrm{e}^{-\frac{t}{15}}\mathrm{d}t$$

$$=1-\int_{30}^{+\infty}\frac{1}{2\times 15^3}t^2\mathrm{e}^{-\frac{t}{15}}\mathrm{d}t=1-0.6767=0.3232$$

4．埃尔朗分布（Erlang）

当 $\beta = 1$ 时，伽马分布就是指数分布；当 $\beta = k$ 为正整数时，伽马分布就是 k 阶埃尔朗分布。

5．正态分布（Normal）

一个均值为 $-\infty < \mu < +\infty$，方差为 $\sigma^2 > 0$ 的随机变量 X 为正态分布，其 pdf 如下式所示：

$$f(x) = \frac{1}{\sigma\sqrt{2\pi}} e^{-\frac{1}{2}\left(\frac{x-\mu}{\sigma}\right)^2} \qquad -\infty < x < +\infty$$

记为 $X \sim N(\mu, \sigma^2)$。

正态分布的概率分布函数如下：

$$F(x) = P(X \leqslant x) = \int_{-\infty}^{x} \frac{1}{\sigma\sqrt{2\pi}} e^{-\frac{1}{2}\left(\frac{t-\mu}{\sigma}\right)^2} dt$$

正态分布 $N(0, 5)$，$N(0, 10)$，$N(4, 5)$，$N(4, 10)$ 的 pdf 曲线如图 2.9 所示。

从图 2.9 中可以看出，均值控制了 pdf 曲线中分线的位置，方差控制了 pdf 曲线凸起程度的高低，或者变量取值离散程度的大小。

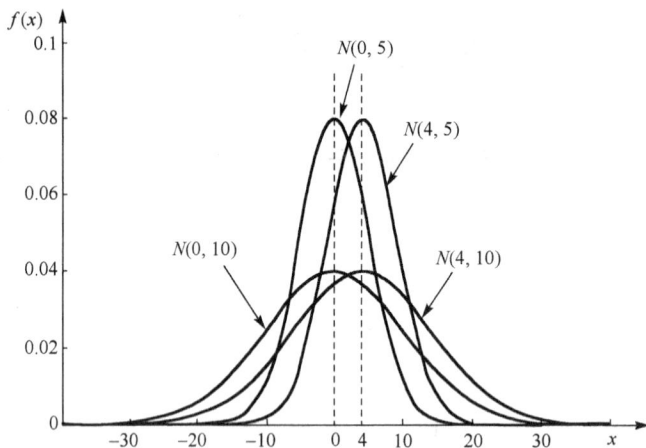

图 2.9 正态分布概率密度曲线示意图

例 2.10 配送中心装满一货车货物所需的时间 X 服从正态分布 $N(4, 2^2)$，单位为小时，在中午 12 点钟开始进行一辆货车的装货作业，那么能够在下午 3 点之前装满车辆的概率为多少？

解： 该问题其实求一辆货车能够在 3 小时内装货完毕的概率，利用正态分布概率分布函数进行如下计算：

$$F(x) = P(X \leqslant x) = \int_{-\infty}^{x} \frac{1}{\sigma\sqrt{2\pi}} e^{-\frac{1}{2}\left(\frac{t-\mu}{\sigma}\right)^2} dt$$

$$= \int_{-\infty}^{\frac{x-\mu}{\sigma}} \frac{1}{\sqrt{2\pi}} e^{-\frac{1}{2}z^2} dz = \Phi\left(\frac{x-\mu}{\sigma}\right) = \Phi\left(\frac{3-4}{2}\right) = \Phi(-0.5)$$

可以通过查正态分布表获得上式概率，还可以通过 Excel 的正态分布函数 Norm.Dist() 来进行正态分布概率分布函数值的求解。

本例可以在 Excel 任意单元格输入"=Norm.Dist(-0.5,0,1,1)"或"=Norm.Dist (3,4,2,1)"，得到概率分布函数值为 0.3085。

6．威布尔分布（Weibull）

随机变量 X 服从威布尔分布，其 pdf 形式如下：

$$f(x) = \begin{cases} \dfrac{\beta}{\alpha}\left(\dfrac{x-v}{\alpha}\right)^{\beta-1} \exp\left[-\left(\dfrac{x-v}{\alpha}\right)^{\beta}\right] & x \geq v \\ 0 & \text{else} \end{cases}$$

威布尔分布的 3 个参数是位置参数 $-\infty < v < +\infty$、比例参数 $\alpha > 0$ 和形状参数 $\beta > 0$。

威布尔分布的概率分布函数如下：

$$F(x) = \begin{cases} 1 - e^{-\left(\frac{x-v}{\alpha}\right)^{\beta}} & x \geq v \\ 0 & \text{else} \end{cases}$$

威布尔分布的均值和方差分别由下列表达式给出：

$$E(X) = v + \alpha\Gamma\left(\frac{1}{\beta}+1\right), \quad D(X) = \alpha^2\left[\Gamma\left(\frac{2}{\beta}+1\right) - \left[\Gamma\left(\frac{1}{\beta}+1\right)\right]^2\right]$$

（1）形状参数 β 变化时的威布尔分布的 pdf 曲线形态如图 2.10 所示。

从图 2.10 中可以看出，随着 β 增大，曲线的凸起点增高。

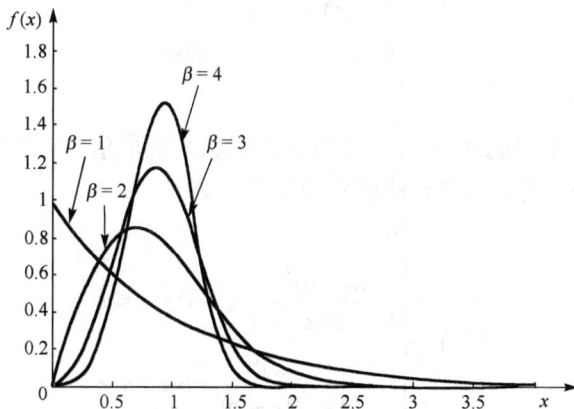

图 2.10　$v = 0, \alpha = 1$；$\beta = 1, 2, 3, 4$ 时的威布尔分布的 pdf 曲线

（2）位置参数 α 变化时的威布尔分布的 pdf 曲线形态如图 2.11 所示。

从图 2.11 中可以看出，随着位置参数 α 的增大，曲线逐渐平坦，变量取值逐渐分散。

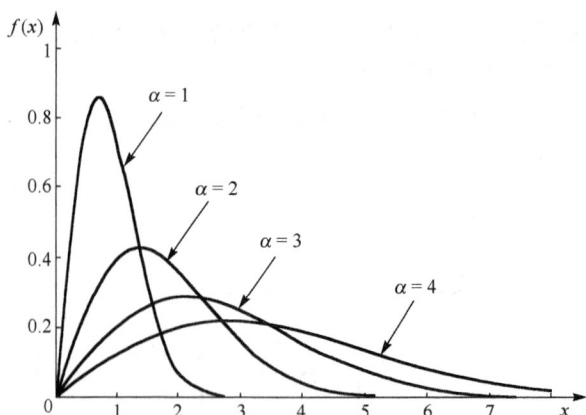

图 2.11　$\nu=0, \beta=2$；$\alpha=1,2,3,4$ 时的威布尔分布的 pdf 曲线

例 2.11　在大型物流中心，一辆物流车辆进入物流卸货区卸货直至驶出卸货区所花时间服从 $\nu=3, \beta=2, \alpha=3$（单位：分钟）的威布尔分布。求一辆卸货车辆从驶入卸货区至驶出卸货区耗时大于 5 分钟的概率。

解：使用威布尔分布的概率分布函数求解，即：

$$P(X \geqslant x) = 1 - F(x) = \mathrm{e}^{-\left(\frac{x-\nu}{\alpha}\right)^{\beta}} = \mathrm{e}^{-\left(\frac{5-3}{3}\right)^{2}} = 0.6148$$

7. 三角分布（Triangle）

变量 X 具有三角分布，其 pdf 如下式：

$$f(x) = \begin{cases} \dfrac{2(x-a)}{(b-a)(c-a)} & a \leqslant x \leqslant b \\[3mm] \dfrac{2(c-x)}{(c-b)(c-a)} & b < x \leqslant c \\[3mm] 0 & \text{else} \end{cases}$$

其中，a 为变量 X 的最小可能取值，c 为变量 X 的最大可能取值，b 为变量 X 的最可能取值。

服从参数 (a, b, c) 的三角分布的概率分布函数如下：

$$F(x) = \begin{cases} 0 & x \leqslant a \\[3mm] \dfrac{(x-a)^{2}}{(b-a)(c-a)} & a < x \leqslant b \\[3mm] 1 - \dfrac{(c-x)^{2}}{(c-b)(c-a)} & b < x \leqslant c \\[3mm] 1 & x > c \end{cases}$$

三角分布的均值和方差分别如下式：

$$E(X) = \frac{a+b+c}{3}, \quad D(X) = E(X^{2}) - (E(X))^{2} = \frac{a^{2}+b^{2}+c^{2}-ab-ac-bc}{18}$$

令 $a=1$，$b=2$，$c=4$ 时，获得的三角分布的 pdf 曲线如图 2.12 所示。

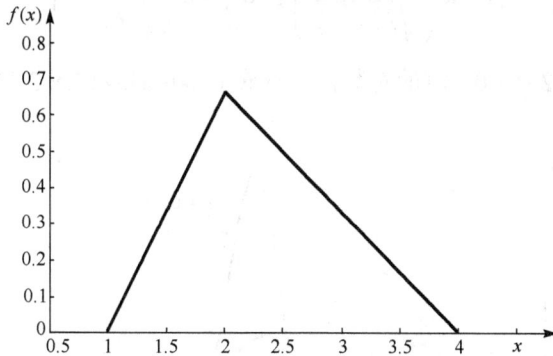

图 2.12　三角分布 pdf 曲线示意图

例 2.12　当某项作业时间数据没有现成记录或难以收集时，通常采用三角分布来进行估计，假若单位产品入库作业时间估计服从参数为（50,70,120）秒的三角分布，那么试求某个单位产品入库作业时间能够在 60 秒、70 秒或 80 秒完成的概率。

解：使用三角分布函数的概率分布函数进行求解。

对于 60 秒完成的概率，采用公式计算如下：

$$F_{60}(x)=\frac{(x-a)^2}{(b-a)(c-a)}=\frac{(60-50)^2}{(70-50)(120-50)}=0.0714$$

对于 70 秒完成的概率，采用公式计算如下：

$$F_{70}(x)=\frac{(x-a)^2}{(b-a)(c-a)}=\frac{(70-50)^2}{(70-50)(120-50)}=0.2857$$

对于 80 秒完成的概率，采用公式计算如下：

$$F_{80}(x)=1-\frac{(c-x)^2}{(c-b)(c-a)}=1-\frac{(120-80)^2}{(120-70)(120-50)}=0.4571$$

8. 对数正态分布（LogNormal）

随机变量 X 服从对数正态分布，其 pdf 由下式给出：

$$f(x)=\begin{cases}\dfrac{1}{\sqrt{2\pi}\sigma x}\mathrm{e}^{-\frac{(\ln x-\mu)^2}{2\sigma^2}} & x>0\\[2mm] 0 & \text{else}\end{cases}$$

其中，$\sigma^2>0$，对数正态分布的均值和方差如下式：

$$E(X)=\mathrm{e}^{\mu+\sigma^2/2}，\quad D(X)=\mathrm{e}^{2\mu+\sigma^2}(\mathrm{e}^{\sigma^2}-1)$$

注意，参数 μ 和 σ 并不是对数正态分布的均值和标准差。这两个参数是来自于这样的逻辑：如果随机变量 Y 服从 $N(\mu,\sigma^2)$ 分布，则变量 $X=\mathrm{e}^{Y}$ 服从参数 μ 和 σ^2 的对数正态分布。若对数正态分布的均值和方差分别是 μ_L 和 σ_L^2，则这四个参数之间具有如下关系：

$$\mu = \ln\left(\frac{\mu_L^2}{\sqrt{\mu_L^2 + \sigma_L^2}}\right), \quad \sigma^2 = \ln\left(\frac{\mu_L^2 + \sigma_L^2}{\mu_L^2}\right)$$

令 $\mu = 1, \sigma = 0.1, 0.2, 0.4, 0.8$ 时的对数正态分布的 pdf 曲线如图 2.13 所示。

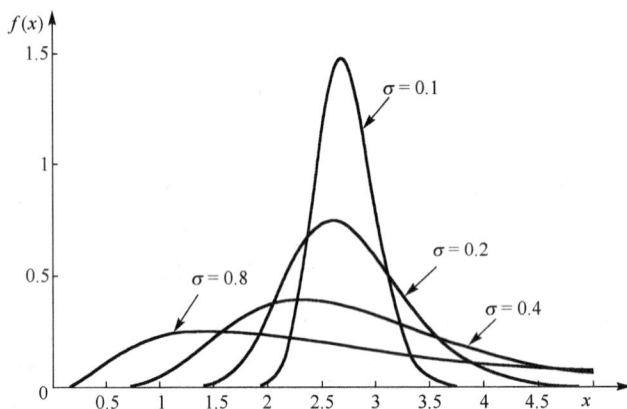

图 2.13　$\mu = 1, \sigma = 0.1, 0.2, 0.4, 0.8$ 时的对数正态分布的 pdf 曲线

从图 2.13 中可以看出，σ 越小，数据越集中。

2.2.3　经验分布

在对实际系统进行仿真建模时，有时实体的行为规律无法采用前述标准的离散或连续随机分布，或者有时没有必要确定成这些随机分布，通常需要采用经验分布。

经验分布函数是根据样本以频率来估计概率的方式而获得的表示随机变量规律的一种随机分布形式。经验分布同样可能以离散的形式或连续的形式出现，下面分别介绍离散型和连续型经验分布及其概率函数形式。

1．离散型经验分布

为了进行饭店服务人员数量配备和对饭店餐桌大小的设置进行优化，以实现在特定经营面积下提高顾客服务水平和赢利能力，需要了解每次就餐顾客的数量。通过一段时间的观察发现，获得了具体的就餐人数和频次如表 2.1 所示。

表 2.1　每组顾客数量及其出现频次表

每组顾客数	频次	相对频率	累计相对频率
1	67	0.0838	0.0838
2	123	0.1538	0.2375
3	164	0.2050	0.4425
4	114	0.1425	0.5850
5	114	0.1425	0.7275
6	89	0.1113	0.8388
7	73	0.0913	0.9300
8	56	0.0700	1.0000

离散型经验分布的概率质量函数和概率分布函数由每个取值的相对频率来确定，表2.1中的经验分布的概率质量函数和概率分布函数分别如图2.14和图2.15所示。

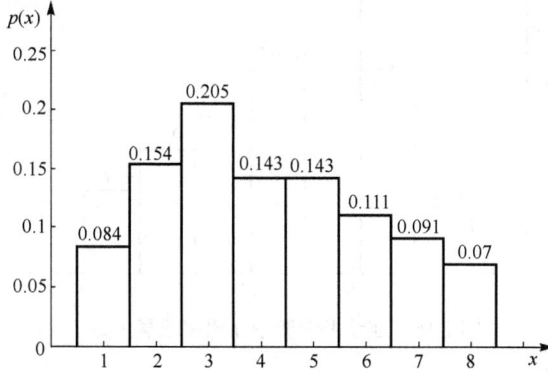

图2.14　离散型经验分布概率质量函数-频率直方图

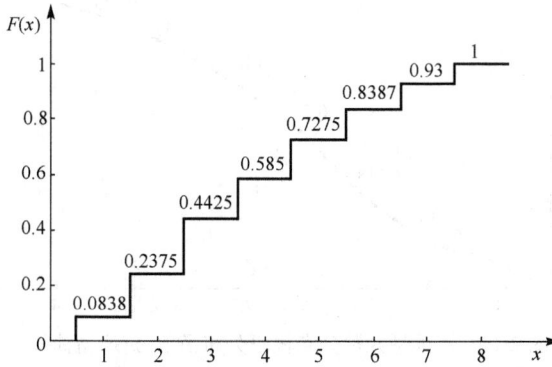

图2.15　离散型经验分布概率分布函数-阶梯型曲线

2．连续型经验分布

假设对车间钻床维修时间收集了150个维修数据，进行维修时间简要统计如表2.2所示。

表2.2　钻床维修时间简要统计表

区间（小时）	频次	频率	累积频率
(0.0,0.5]	16	0.107	0.107
(0.5,1.0]	8	0.053	0.160
(1.0,1.5]	23	0.153	0.313
(1.5,2.0]	34	0.227	0.540
(2.0,2.5]	25	0.167	0.707
(2.5,3.0]	19	0.127	0.833
(3.0,3.5]	15	0.100	0.933
(3.5,4.0]	10	0.067	1.000

连续型经验分布的概率质量函数同样是由每组取值的相对频率来确定的，但是其概率分布函数则是通过相对频率的线性处理而获得的。表2.2中的经验分布的概率质量函数和概率分布函数分别如图2.16和图2.17所示。

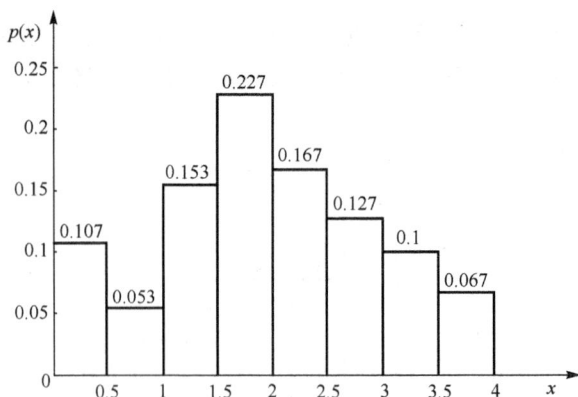

图 2.16　连续型经验分布概率质量函数

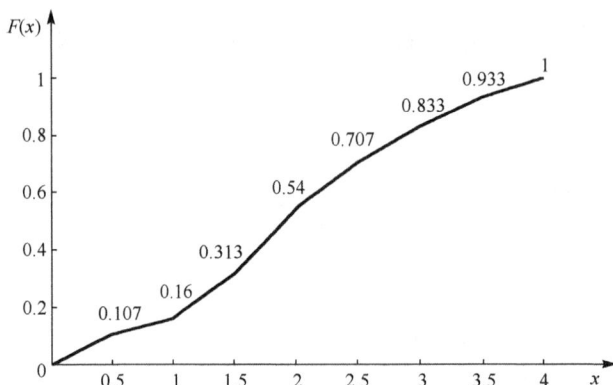

图 2.17　连续型经验分布概率分布函数-折线型曲线

2.3　仿真输入模型的构建

在离散事件系统的建模过程中，经常要研究一些不确定的随机事件，需要引入概率分布，这在典型的离散事件系统（如排队系统、库存系统）及系统可靠性、维修性研究中都有很多的实例。

输入模型是系统仿真模型的驱动力。在排队系统的仿真中，典型的输入模型是到达间隔时间的分布和服务时间的分布；在库存系统仿真中，输入模型包括需求量和提前期的分布；在进行系统可靠性仿真中，输入模型包括设备和部件的失效时间分布；在生产系统仿真中，输入模型包括作业工序时间、物料装卸时间、车辆运输速度及各种设备失效时间的分布等。对这些具有随机特性的输入数据进行合理有效的理论建模是成功仿真的关键因素之一。

构建有效的输入模型，需要按照如下 4 个步骤进行。

（1）从感兴趣的现实系统中收集数据。收集数据往往需要足够的时间和资源支持，在某些情况下几乎不可能收集数据，如时间非常有限、输入过程还没有出现、法律和规则禁止收集数据等。当数据无法获得时，就必须用专家的观点和对过程的认识来做出主观猜测。

（2）确定能表示输入过程的概率分布。在获得数据之后，这一步基本上就是从识别数据的频度分布或直方图开始。在已知随机分布 pdf 曲线和输入过程的条件下，选定输入数据服从的分布类型。

（3）确定分布的参数。在数据和分布类型确定的基础上，估计分布函数的相关参数值。

（4）评价所选分布及参数与实际数据的拟合优良度。拟合优良度可以通过非正规的方法——图表法或正规的方法——统计检验来评估。卡方检验和科尔莫戈洛夫-斯米尔诺夫检验是最常用的拟合优良度检验方法。如果检验发现所选的分布对数据的近似不能令人满意，则再转到步骤（2），重新选择一个分布类型，重复该过程。如果多次迭代都没能实现假设分布和所收集的数据之间的拟合，则需要考虑使用经验分布作为该数据的输入模型。

下面对上述 4 个步骤进行具体的分析和描述。现在可以使用相关统计软件 Matlab、Minitab、SAS 等来辅助完成上述的步骤（2）、步骤（3）和步骤（4），但是了解构建输入模型的原理和方法仍然非常重要，一方面有助于更好地使用这些统计软件，另一方面有助于开发更合适的随机输入模型。

2.3.1　收集数据

1．仿真系统输入数据分类

在进行运作系统仿真时，可能的输入数据可以划分为如下两类。

（1）时间量：加工时间、故障时间间隔、维修时间、准备及换模时间、运输时间。

（2）结构量：产品——种类、数量、成本、重量或颜色属性。

　　　　　　　设备——种类、数量、作业方式（Single、Assembly）、成本。

　　　　　　　人员——类别、数量、作业能力、成本。

　　　　　　　仓库——类别、数量、容量、存储方式、成本。

　　　　　　　方法——作业流程、生产调度方式、应急处理方式。

对于特定运作系统，结构量一般为确定性的数值或流程，只需要将实际系统中对应的数据收集起来，运用到模型中即可，它是建立模型结构的基础，需要在建模之前完成。而时间量通常具有随机性，需要进行特别的统计处理，该类数据的收集处理可以在建模之前、当中，甚至在模型结构建立完成之后完成，但是对其收集和统计处理要花费较多的人力和物力。

2．收集数据的注意事项

下面以自助洗衣店仿真数据收集过程为例说明相关的注意事项。

为了对自助洗衣店服务效率进行评估而进行仿真建模，需要进行相关数据的收集。自助洗衣店由 10 台洗衣机和 6 台干衣机组成，表面看起来是相当简单的系统。这项工作安排两位仿真的学生去仿真现有系统的运行。

虽然系统看起来很简单，但是很快就发现数据收集量变得非常大。

通过观测发现顾客到达间隔的分布并不相似：它每天随时在变，每周随天在变。洗衣店每周营业 7 天，每天营业 16 小时（或每周 112 小时）。在可利用的资源有限（这两个学生还有四门课程）和时间很紧（仿真要在四周内完成）的情况下，想观察洗衣店的所有的工作是不可能的。另外，一周内的到达间隔时间分布在下一周可能不适用。作为一种折中，选择一种时间样本，并且根据到达速率，将到达间隔时间的分布分类为"高"、"中"、"低"。

通过多次的观察，发现服务时间的分布也存在一个难题：必须要观察和记录需要不同服务组合的顾客的比例。顾客选择洗衣和干衣的组合方式多样，最简单的情况是顾客需要一台洗衣机和一台干衣机，或顾客可能选择两台洗衣机和一台干衣机，或顾客仅仅需要一台干衣机，等等。为了时间收集的简单化，将每台机器都编好序号，然后通过序号来跟踪顾客，而不需要根据个人特征来记住他们。同时，由于每个顾客对洗衣机的需求和对干衣机的需求之间具有依赖关系，因此，将洗衣机的服务时间和干衣机的服务时间作为独立变量分开考虑可能不能准确反映实际情况。

顾客洗衣流程也存在差别。某些顾客耐心地等待衣服的洗衣和干衣周期完成，然后立刻将它们取走。另一些顾客在衣服放入机器后可能会暂时离开，等他们衣服的洗衣周期完成之后再回来取。在比较忙的时期，顾客的衣服洗完之后管理人员会将他们的衣服拿出来装在篮子里。同时规定将机器里的东西清空的那个时间点作为服务终止时间，这个时间点需要被及时地预测。

机器也会不时地出现故障。故障时间的长度从一会儿（如果管理人员及时修理好机器）到几天（如果机器是在周五晚上出现的故障，需要的零件洗衣店仓库中没有，要到下一星期一才能修好）。短期的修理时间可以由学生小组来记录，长期的修理时间需要管理人员来估计。这样，故障就成为该仿真的一部分。

通过上面的示例可以发现收集数据有时是非常复杂的过程。

下面给出一些可以增强和帮助数据收集的建议。

（1）编制数据收集计划，设计数据收集表格并安排足够的时间。可以从一次实习或预观测开始编制计划，开始试着收集数据，并为这一目的设计表格。在收集实际数据之前，这些表格很可能被修改几次，要注意异常情况及其数据收集问题，思考如何去处理它们。在可能的情况下，可以对系统进行录像，然后观看录像分析选取数据。计划编制对于确保采集到合适的数据是非常重要的，即使在自动数据收集的情况下（如通过计算机收集数据）也是这样。当数据由其他人收集时，要确保有足够的时间来将收集的数据转化为可用的形式。

（2）在数据收集的同时，试着分析数据。弄清楚所收集的数据是否够用，以便提供作为仿真输入所需的分布，看看某些收集到的数据对于仿真来说是否是无用的，没有必要收集多余的数据。

（3）试着合并相似的数据集。检查连续的时间周期和连续几天内相同的时间周期的数据的相似性。例如，要检查从下午 2:00 到下午 3:00 和下午 3:00 到下午 4:00 的数据的相似性，同时也要检查星期四和星期五下午 2:00 到下午 3:00 的数据的相似性。在检查数据的相似性时，先用一个双样本的 t 检验看一看两个分布的均值（如平均间隔时间）是否相同。更彻底的分析需要进行分布的等价检验，这可能要借助于分位点图。

（4）做散布图来解释两个变量之间是否有关系。有时，用眼观察散布图就可以知道两个所关心的变量之间是否有关系。

（5）一系列看似无关的观察实际上却是自相关的，要考虑到这种可能性。自相关可能出现在连续时间周期或连续顾客的情况下。例如，第 i 个顾客的服务时间可能与第 $i+n$ 个顾客的服务时间有关系。

（6）记住输入数据与输出数据或性能数据之间的区别，并确保收集的是输入数据。输入数据一向用来表示不确定的量，它大大超出系统控制，并且不会随着为改进系统所做的改变而变化。另一方面，输出数据表示的是系统性能，它取决于输入，也是我们试图改进的性能。在排队仿真中，顾客的到达时间经常是输入，而顾客的延误是输出。然而，性能数据对于模型的绩效改进是有用的。

2.3.2 利用直方图识别数据分布

下面讨论如何根据获得的数据，选择输入分布类型。一般过程是首先制作数据的直方图，然后根据直方图形状同常用的随机分布概率密度曲线或概率质量图形进行对比，初步判断数据所服从的随机分布类型。

直方图构造步骤如下。

（1）将数据范围划分成区间。区间经常是等宽的；然而，如果调整了频度的高度，也可以使用不相等的宽度。

（2）在水平轴上做标记，以确定所选的区间。

（3）求每个区间里发生的频度。

（4）在垂直轴上做标记，以便能画出每个区间的总发生数。

（5）在垂直轴上画出频度。

分组区间的数量依赖于所观测数据的数量。如果区间划分数量过多，直方图会有毛刺，并且数据也不平滑；如果区间划分数量过少，直方图就会太粗糙，又难以从直方图上观测出数据的分布类型。在实际中，当所选择的分组区间的数量近似等于样本大小的平方根时，经常会取得较好的效果。

连续数据的直方图与理论分布的概率密度函数相对应。如果数据是连续的，那么经过每个分组区间频度的中心点画出来的线，其形状与 pdf 曲线的形状是相似的。

如果直方图是关于离散数据的，则看起来应该像概率质量函数。对于有大量数据点的离散数据的直方图，数据范围内的每个值都应该有一个单元。然而，如果这里的数据点并不多，则有必要合并相邻的单元来消除直方图上的毛刺。

例 2.13 制作离散数据直方图。

每天从一条生产线上抽取 1000 件产品进行质量检验，记录抽检的不合格品数量，连续抽检 100 天，获得观测数据如表 2.3 所示。表 2.3 中第一行给出了每次抽检批中不合格品的数量，第二行给出每次抽检批中不合格数量所出现的频次，如数据第一列表示在 100 次抽检中，有 16 批都是完全合格的，不合格品数为 0。

（例题数据表）

表 2.3 100 批次抽检中不合格数统计表

不合格品数	0	1	2	3	4	5	6	7	8	9
频次	16	11	17	15	13	9	7	6	4	2

在本例的直方图制作中，分组区间宽度是 1，每个区间内数据的频数是实验结果的频次，可以运用表 2.3 的数据直接生成如图 2.18 所示的直方图。从直方图与常用的随机分布概率质量曲线对比可以初步判断，1000 件产品批中不合格品数量可能服从二项分布或泊松分布。

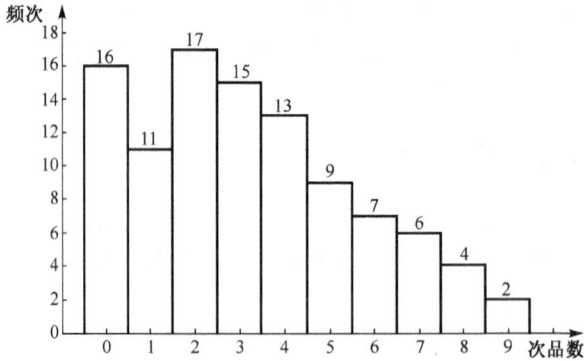

图 2.18　每批 1000 件产品中的次品数直方图

例 2.14　制作连续数据直方图。

电子元器件寿命试验中通常采用恒定压力加速试验，可以通过增加电压、温度、湿度等来进行。在某个电子元件加速试验中，采取试验温度 250℃，获得 81 件产品的寿命记录如下（单位：小时）：

2780	38684	16310	5583	58	37076	29919	13677	852
8035	43795	27286	4352	38232	13753	2101	38662	10674
8975	9501	3455	11960	12224	20214	8179	21412	10723
1297	3743	17509	37186	33573	3346	8971	31395	16283
18785	1024	9565	22112	583	12610	28970	25400	1580
4172	30614	26968	1360	80614	1404	2384	21410	14944
4241	8463	7613	28221	3825	25569	7121	13110	32946
14496	11345	20036	2871	3026	19988	15707	45040	3722
8489	66466	6368	9289	2111	28910	10005	1535	14134

由于产品寿命是连续变量，需要进行区间的划分。全部试验数据跨度区间为 [58, 80614]，样本总数为 81 件，可以将数据划分成 9 个区间，单个区间跨度为：$(80614 - 58)/9 = 8950.7$。每个区间的最小值和最大值及试验数据出现的频次如表 2.4 所示。

表 2.4　电子产品加速寿命试验结果分组数据表

序号	1	2	3	4	5	6	7	8	9
min	58	9009	17959	26910	35861	44812	53762	62713	71664
max	9009	17959	26910	35861	44812	53762	62713	71664	80614
频次	33	20	9	10	6	1	0	1	1

根据表 2.4 中可以绘制产品寿命直方图如图 2.19 所示。从直方图与常用的随机分布概率密度曲线对比可以初步判断，该产品寿命可能服从指数分布。

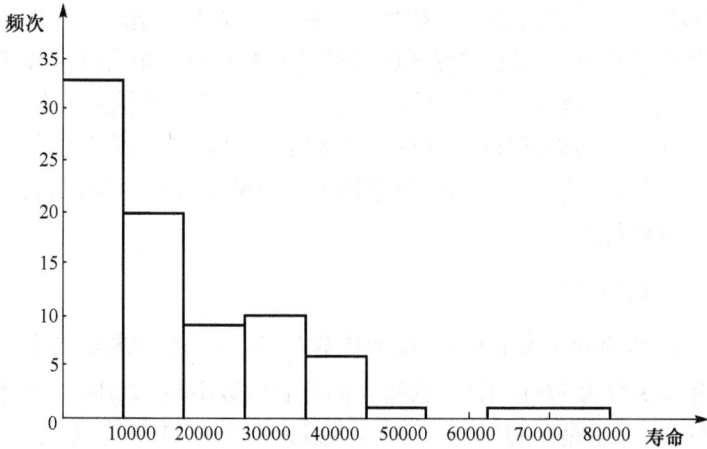

图 2.19　电子元件寿命分布直方图

2.3.3　参数估计

在确定了数据分布类型之后，下一步就是估计这个分布的参数值。目前有很多统计与数据处理软件包都能够进行常见分布的参数估计。本节列举部分随机分布参数估计值以供参考。

为了将分布类型缩减为一个特定的随机分布并检验产生的假设，分布参数的数值估计是必需的。表 2.5 给出了在仿真中经常使用的随机分布的参数建议估计。

表 2.5　常用仿真随机分布参数估计量

分布	参数	估计量
泊松分布	λ	$\hat{\lambda} = \bar{X}$
指数分布	λ	$\hat{\lambda} = \dfrac{1}{\bar{X}}$
正态分布	μ, σ^2	$\hat{\mu} = \bar{X}$ $\sigma^2 = S^2 = \dfrac{1}{n-1}\sum_{i=1}^{n}(X_i - \bar{X})^2$
对数正态分布	μ, σ^2	$\hat{\mu} = \dfrac{1}{n}\sum_{i=1}^{n}\ln(X_i)$ $\sigma^2 = S^2 = \dfrac{1}{n-1}\sum_{i=1}^{n}(\ln(X_i) - \hat{\mu})^2$
威布尔分布	α, β	$\hat{\beta}_0 = \dfrac{\bar{X}}{S}$ $\hat{\beta}_j = \hat{\beta}_{j-1} - \dfrac{f(\hat{\beta}_{j-1})}{f^{'}(\hat{\beta}_{j-1})}$ 迭代，直至收敛得： $\hat{\alpha} = \left(\dfrac{1}{n}\sum_{i=1}^{n}X_i^{\hat{\beta}}\right)^{1/\hat{\beta}}$
伽马分布	β, θ	$\hat{\theta} = \dfrac{1}{\bar{X}}$ $\hat{\beta}$ 需要查表

2.3.4 拟合优度检验

通过上面的步骤之后，已经选定了数据服从的分布类型，同时估计出该类分布的参数对应值，即确定了数据服从的概率密度函数或概率质量函数。拟合优度检验就是评估确定后的概率密度函数表示数据输入模型的适宜程度，也就是评估容量为 n 的随机变量 X 的随机样本服从特定分布形式的适宜程度。拟合优度检验可以采用卡方（χ^2）检验和科尔莫戈洛夫-斯米尔诺夫检验两种方法，本节介绍采用卡方检验法进行，科尔莫戈洛夫-斯米尔诺夫检验法将在第 3 章进行介绍。

1．卡方检验及其基本思想

卡方检验是在总体的分布为未知时，根据样本 $R_1, R_2, \cdots, R_N$ 来检验关于总体分布的假设 [H0：总体 X 的分布函数为 $F(x)$；H1：总体 X 的分布函数不是 $F(x)$] 的一种假设检验方法。

卡方检验的基本思想是：将随机实验可能结果的全体 Ω 分为 k 个互不相容的事件 $A_1, A_2, \cdots, A_k$（$\sum_{i=1}^{k} A_i = \Omega, A_i A_j = \emptyset, i \neq j, i, j = 1, 2, \cdots, k$），于是在假设 H0 下，可以计算 $p_i = P(A_i)$ 或 $\hat{p}_i = \hat{P}(A_i)$，$i=1, 2, \cdots, k$。在 n 次实验中，事件 A_i 出现的频率 f_i / n 与 $\hat{p}_i$ 往往有差异，但一般来说，若 H0 为真，且实验的次数又足够多，则这种差异不应该很大。基于这种想法，皮尔逊使用

$$\chi^2 = \sum_{i=1}^{k} \frac{(f_i - np_i)^2}{np_i} \text{或} \chi^2 = \sum_{i=1}^{k} \frac{(f_i - n\hat{p}_i)^2}{n\hat{p}_i}$$

作为检验假设 H0 的统计量，并证明了以下定理。

定理：若 n 充分大（$n \geq 50$），则当 H0 为真时（不论 H0 的分布是什么类型），上式得到的统计量总是近似地服从自由度为 $k-r-1$ 的 χ^2 分布，其中 r 是被估计参数的个数。

于是，若在假设 H0 下算得卡方检验统计量有：

$$\chi^2 \geq \chi_\alpha^2 (k-r-1)$$

则在显著性水平 α 下拒绝 H0，否则接受 H0。

注意事项：χ^2 检验法在使用时必须保证 $n \geq 50$，以及 np_i 都不小于 5，否则应适当地合并 A_i。

2．卡方检验的基本步骤

假设现在有随机变量 X 的 n 个观测值 $x_1, x_2, \cdots, x_n$，利用卡方检验法检验该随机变量服从随机分布函数 $F(x)$，主要步骤如下。

（1）对样本进行升序排序，形成排序后的样本序列 $x_1', x_2', \cdots, x_n'$，其中 $x_i' \leq x_{i'}', \forall i < i' \in [1, n]$，计算样本距离 $D = x_n' - x_1'$。

（2）根据样本容量划分分组区间数 $k = \lceil \sqrt{n} \rceil$。

（3）计算单个区间间距 $g = D / k$，每个区间的上下界限 L_i, U_i，每个区间具体界限值为：$(-\infty, x_1' + g)$，$[x_1' + g, x_1' + 2g)$，$\cdots$，$[x_1' + (k-2)g, x_1' + (k-1)g)$，$[x_1' + (k-1)g, +\infty]$。

（4）获取 n 个观测值落在每个分组区间中的数量，记为 $f_1, f_2, \cdots, f_k$。

（5）随机分布函数若为连续分布，利用随机分布函数 $F(x)$ 计算随机变量 X 落在每个分组区间理论概率 $p_i = F(U_i) - F(L_i)$ ，并得出了 np_i 值；随机分布函数若为离散分布，利用概率质量函数直接计算出每个分组区间的理论概率 $p_i = \sum_{j=L_i}^{U_i} P(X = j)$ 。

（6）计算 np_i ，如果有些 $np_i < 5$ ，将其余相邻的组合并再计算，获得有效组数 k' ；

（7）计算 $\dfrac{(np_i - f_i)^2}{np_i}$ ，计算 $\sum_{i=1}^{k'} \dfrac{(np_i - f_i)^2}{np_i}$ 。

卡方检验临界值 $\chi^2_{0.05}(k' - r - 1)$ 的值可以通过统计学书籍后附录的卡方检验临界值表查询，也可以通过使用 Excel 中的函数 CHISQ.INV() 来获得，该函数的使用在例 2.13 和例 2.14 中给出。因为检验中仅有一个随机变量 X ，因此 $r=1$ ，再通过查表或 Excel 函数计算获得临界值后，将临界值同 $\sum_{i=1}^{k'} \dfrac{(np_i - f_i)^2}{np_i}$ 比较大小，如果前者大于后者，则接受随机样本来自于指数分布的假设，否则拒绝假设。

3. 卡方检验泊松分布

以例 2.13 产品检验数据为例说明如何使用卡方检验进行泊松分布的拟合优度检验（ $\alpha = 0.05$ ），主要步骤如下。

（1）从数据的直方图来看它可能服从泊松分布。

（2）通过计算样本期望，可以估计参数 $\hat{\lambda} = 3.21$ 。

（3）可以设计如下的假设：

H0：随机变量服从参数 $\hat{\lambda} = 3.21$ 的泊松分布；

H1：随机变量不服从参数 $\hat{\lambda} = 3.21$ 的泊松分布。

（4）分组和计算如表 2.6 所示。

其中，泊松分布的 pmf 如下式：

$$P(X = k) = \begin{cases} \dfrac{e^{-\lambda} \lambda^k}{k!} & k = 0, 1, 2, \cdots \\ 0 & else \end{cases}$$

表 2.6　卡方检验泊松分布数据处理表

x_i	f_i	p_i	np_i	$f_i - np_i$	$(f_i - np_i)^2 / np_i$
0	16	0.040	4.036	10.010	5.897
1	11	0.130	12.954		
2	17	0.208	20.792	−3.792	0.692
3	15	0.222	22.247	−7.247	2.361
4	13	0.179	17.854	−4.854	1.319
5	9	0.115	11.462	−2.462	0.529
6	7	0.061	6.132	8.345	6.536
7	6	0.028	2.812		
8	4	0.011	1.128		
9	2	0.006	0.583		

其中：因为单项 np_i 小于 5，所以 $x=0$ 和 1 进行合并；$x\geqslant6$ 进行合并。最终分组数 $k=6$，变量为 1，则该卡方检验的自由度为 4，检验统计量为最后一列值之和 17.334。

（5）结论：

使用显著性水平 0.05，自由度为 4 的 Excel 卡方函数获得临界值，即在 Excel 任意单元格输入："=CHISQ.INV(1-0.05,4)"，可以获得临界值 $\chi_{0.05}^2(4)=9.488$，远小于 17.334，所以拒绝原假设，即数据不服从参数 $\hat{\lambda}=3.21$ 的泊松分布。因此，分析人员需要寻找一种更合适的模型或使用经验分布来进行拟合。

4．卡方检验指数分布

以例 2.14 产品寿命数据为例说明如何使用卡方检验进行指数分布的拟合优度检验（$\alpha=0.05$），主要步骤如下。

（1）从数据的直方图来看它可能服从指数分布。

（2）通过计算样本期望，可以估计参数 $\hat{\lambda}=1/16184$。

（3）可以设计如下的假设：

H0：随机变量服从参数 $\hat{\lambda}=1/16184$ 的指数分布；

H1：随机变量不服从参数 $\hat{\lambda}=1/16184$ 的指数分布。

（4）分组和计算如表 2.7 所示。

（5）在 Excel 任意单元格输入："= CHISQ.INV(1-0.05,3)"，获得临界值 $\chi_{0.05}^2(3)=7.815$，表 2.7 最后一列求和获得检验统计量为 2.414，由于 $2.414<7.815$，所以接受假设 H0，即产品寿命服从均值为 1/16184 的指数分布。

表 2.7　卡方检验指数分布数据处理表

序号	L_i	U_i	f_i	p_i	np_i	f_i-np_i	$(f_i-np_i)^2/np_i$
1	$-\infty$	9009	33	0.427	34.557	1.577	0.072
2	9009	17959	20	0.243	19.721	0.279	0.004
3	17959	26910	9	0.140	11.343	2.343	0.484
4	26910	35861	10	0.081	6.524	3.476	1.851
5	35861	44812	6	0.046	3.753		
6	44812	53762	1	0.027	2.159		
7	53762	62713	0	0.015	1.242	0.166	0.003
8	62713	71664	1	0.009	0.714		
9	71664	$+\infty$	1	0.012	0.967		

2.3.5　选择无数据的输入模型

在进行系统输入模型构建过程中，有时候能够获得数据，但是有时候难以获得有效的数据，如实际系统根本不存在、收集数据太昂贵、数据支离破碎或没有相应的协作关系去收集数据。在这种情况下，难以采用前述过程来确定输入模型，这时不得不依靠假设或猜想来设计输入模型。

无数据情况下输入模型选择可以考虑如下方法。

1．利用工程数据

通常情况下，一个产品或过程都会有一个厂家提供的性能等级，例如，一个磁盘驱动器的平均故障时间是 10000 小时；一个激光打印机每分钟可以打印 12 页；一把刀具的切削速度是 1 厘米/秒，等等。对于类似于这些产品的输入模型，可以利用其工程数据来确定一个大概的输入模型。

2．利用专家建议

同在该过程或相似过程上有经验的人进行交谈，经常会获得一些乐观的、悲观的或最可能的实践数据，或者该过程参数是接近于常量还是剧烈变化的，通过这些专家建议然后确定输入模型。

3．利用物理或惯例的限制

大多数实际过程在性能上都有物理的限制，例如，计算机数据输入的速度受到扫描设备和传输设备速度的限制而有一个最快传输速度限制，人员在车间的行驶速度不可能超出人的正常行进速度，人工作业过程的时间受到标准操作工时的控制不能波动幅度太大，等等。

对无法获得数据的过程进行输入模型设计时，在上述三种方法基础上，再利用表 2.8 列举的常见随机分布特征进行随机输入模型的选择。

表 2.8　常用无数据输入模型及其特征

分布	参数	特征	可用实例
指数分布	均值	变化幅度大 左边有界 右边无界	到达间隔时间 机器无故障时间
三角分布	最小值、众数、最大值	对称或非对称 两边都有界	作业时间
截断正态分布	最小值、均值、方差、最大值	对称或非对称 两边都有界	作业时间
均匀分布	最小值、最大值	所有数值等可能出现 两边都有界	对过程几乎不了解

思考题

1．到一个小商店，记录顾客到达时间间隔和服务时间分布的数据。如果商店有几个工人，比较他们的服务时间分布有什么不同？需要为每种不同的商品建立服务时间分布吗？（确定管理者允许进行这次研究。）

2．到一个自助餐厅，收集关于顾客到达时间间隔和服务时间分布的数据。每日三餐的任何一餐的顾客到达间隔时间的分布可能会不同，并且在一餐中顾客到达时间间隔的分布也可能发生变化——上午 11:00 到中午 12:00 的到达时间间隔的分布与中午 12:00 到下午 13:00 的到达时间间隔的分布可能会不相同。定义服务时间是：从顾客到达可以作出第一个食品选择的地点开始，直到顾客离开自助餐队列的时间（可以接受对这个概念的任何合理的修改）。对于每一餐来说，服务时间的分布可能会变化。一天中的各个时间或一周中的各天能被归组为某种分布以适应数据的同致性吗？

3. 去一个主要的交通十字路口，记录从每一个方向过来的车辆的到达间隔时间的分布数据。一些车辆到达后可能会继续向前走，一些会左拐，一些会右拐。一天中和一周中各天的到达间隔时间是变化的，而且时常会有事故发生。

4. 去一个食品杂货店，建立柜台处的顾客到达时间间隔和服务时间的分布。这些分布在每天的不同时刻和每周的各天是变化的。在各个时间，可用的服务通道的数量也应该被记录（确定管理者允许进行这次研究）。

5. 采用任一计算机软件在同一个图中画出 4 个理论正态分布概率密度函数，它们的均值都是 0，但是令它们的标准差分别为 1/4、1/2、1 和 2。

6. 在同一个图上，画出 $\theta=1/4$，$k=1$，2，4，8 的埃尔朗分布的 pdf。

7. 在一幅图上，画出 $\theta=2$，$k=1$，2，4，8 的埃尔朗分布的 pdf。

8. 当参数 $\alpha=1/2$，1，2，4 时，画出泊松分布的 pdf。

9. 在一幅图上，画出当参数 λ 为 0.6 和 1.2 时的两个指数分布的 pdf。

10. 调查某个物流中心内部物流车辆故障时间间隔数据，分析其服从怎样的分布函数，并进行检验验证。

11. 连续 20 天某个快递公司网点收件数量分别为：200，147，213，148，192，141，189，210，256，275，263，222，184，138，182，180，187，250，235，207，215，观察数据的直方图以决定哪个模型的拟合更好，并进行拟合优度检验。

12. 下面数据表示了银行交易所用的时间（min）：0.74，1.28，1.46，2.36，0.354，0.75，0.912，4.44，0.114，3.08，3.24，1.10，1.59，1.47，1.17，1.27，9.12，11.5，2.42，1.77，为这些数据开发一个输入模型，并进行拟合优度检验。

13. 一台机器的加工时间（min）如下：0.84，0.59，1.1，3.3，0.54，0.04，0.45，0.25，4.4，2.7，2.4，1.1，3.6，0.61，0.2，1.0，0.27，2.7，0.04，0.34，为加工时间开发一个输入模型，并进行拟合优度检验。

（章节自测题）

第3章 随机变量的产生与检验

在实际运作系统中，实体或事件的随机性和偶然性引起系统分析的复杂性，因此需要借助于计算机仿真方法来进行辅助分析。计算机仿真模型必然需要具备能够描述这些随机性的程序。

随机变量在实际系统中是真实存在的，某个变量取值随着时间发展引起的数据序列客观上具备随机性，如服务系统中顾客到达时间间隔、制造工序作业时间。为了表示这种随机性，计算机仿真平台需要提供能够生成这些随机性数据序列的程序，这些程序需要能够产生满足均匀分布、指数分布、正态分布等随机分布概率特征的数字序列。

在计算机仿真广泛运用之前，人们采用手工仿真方法对某些系统的特性或规律进行试验研究，这些试验中对随机变量数据的提取曾使用到的方法有：

（1）使用一带具有编号的小球，然后进行放回抽样；

（2）查看具有微秒级时钟上的低阶数字；

（3）通过记录随机电子噪声源的周期性量化输出值。

这些方法能够产生真正的随机数，但是它们有一个共同的缺点：通过这些试验方法提取的随机数序列通常不能够重现，而且也难以进行计算机程序处理。而在实际系统分析过程中，系统决策需要进行多次仿真比较，才能够确定何种系统配置或参数可以获得最优的系统绩效，这种比较必须建立在试验数据序列相同的基础上才具有意义。

3.1 伪随机数发生器的要求

大量的方法被应用于实现随机数序列的随机性和均匀性，并克服随机数序列所固有的不可重现性。在讨论这些方法之前，首先说明随机数发生器的要求。

（1）所产生的数必须服从均匀分布。至于拟合的优良程度，建议采用大样本量的 χ^2 检验。样本容量 N 可以取 1000 至 10000 之间的数。

（2）所产生的数必须是统计独立的。随机数序列中一个数的值不能影响下一个数的值。如果随机数序列缺少独立性就可能被拒绝，但随机数序列被接受并不能证明它的独立性。

（3）所产生的随机数序列必须是可以重现的，这样就允许仿真试验重复进行。

（4）所产生的随机数序列在任何需要的长度内必须是不重复的。这在理论上可能是做不到，但从实践目的角度讲，在很多数目之后才出现重复性循环。这项要求已经能充分保证。随机数发生器的重复性循环出现的长度称为它的周期。

（5）随机数产生的速度必须快，因为在仿真运行中通常需要处理大量的随机数，如果随机数发生器速度慢，就必然大大增加仿真运行的时间和费用。

（6）用于产生随机数的方法应当占用尽可能小的存储空间，仿真模型通常需要大量的存储空间，而存储空间总是有限的，如此宝贵的资源在产生随机数的过程中占用得越少越好。

一个随机数序列，$R_1, R_2, \cdots, R_N$ 必须具备两个重要的性质：即均匀性和独立性。所谓均匀性是指如果把随机数的采样区间分成 n 个相等长度的子区间，那么在每个子区间上观察到的期望数为 N/n，其中 N 为观察总次数。独立性是指一个数值出现在一个特定子区间的概率与前面已经取到的数值无关。

在最简单的情况下，一个随机数序列中的每个随机数都是[0，1]区间上均匀分布的独立采样值。该分布的概率密度函数由下式给出：

$$f(x) = \begin{cases} 1 & 0 \leqslant x \leqslant 1 \\ 0 & \text{else} \end{cases}$$

这样可以得到该随机数的期望值为：

$$E(X) = \int_0^1 xf(x)\,\mathrm{d}x = \int_0^1 x\mathrm{d}x = \frac{1}{2}$$

而方差为：

$$D(X) = \int_0^1 x^2\mathrm{d}x - [E(X)]^2 = \frac{1}{12}$$

根据对随机数发生器的要求，存在三种方法来实现随机数。第一种方法是利用某种手段生成一个随机数序列并将它永久保存起来，如保存在计算机硬盘上。这种方法并不能使人满意，因为每次对随机数的利用都必须进行一次读取操作，这种操作是需要处理时间的，而且这种方法为了满足随机数重复周期的要求，必须存储一个很大的随机数序列。第二种方法是利用某种手段生成一个随机数序列并将其保留在计算机内存中。这种方法可以克服第一种方法中的速度问题，但是要满足多个仿真研究的需要就应存储一个相当大的随机数序列，这就要求有非常大的内存量。第三种也是最常用的一种方法，是利用某种算法根据指定的输入值来产生随机数。这种方法克服了速度和内存容量上的问题，但同时又带来了在独立性和可重复性方面的问题。

运用某种算法产生随机数可能会破坏随机的基本性质，因此利用算法所产生的随机数被称为伪随机数。这些数满足一定的随机性准则，但它们的产生总是以某个称之为种子的确定的初始值开始，并且是一个完全确定的、重复的过程。当使用伪随机序列时，必须极其小心才能保证有良好的随机度及足够长的重复周期。

注意伪随机数中的"伪"字。所谓的"伪"并不意味着产生了一个假的随机数或随机数序列。这里使用"伪"字是指由一个已知的方法所产生的随机数排除了真正的随机性。如果知道了产生随机数的方法，那么任何一个随机数序列便可以重复地产生出来，这样就会认为这些数不是真正的随机数。然而，不管采用什么方法，产生随机数的目的是使所产生的随机数序列能尽可能地接近均匀分布和独立性的理想性质。

当然，利用这种方法产生的伪随机数会与理想随机数产生一定的偏差。例如，所产生的数可能不服从均匀分布，数列的均值可能太高或太低，数列的方差可能太高或太低，可能存在一定的周期性变化等。正因为如此，才需要对所产生的伪随机数序列进行均匀性和独立性检验。如果检验出的偏差超出许可范围，就不能接受相应的伪随机数产生方法。

3.2 伪随机数产生方法

3.2.1 平方取中法

平方取中法是冯·纽曼（John van Neumann）在 20 世纪 40 年代中期提出的。这个方法首先从某个初始的种子数开始，求出这个数的平方；取这个平方数的中间几位作为随机数序列中的第 2 个数；再求出第 2 个数的平方，又取这个平方数的中间几位作为随机数序列中的第 3 个数；不断按这个方式继续此算法，即可得到相应的伪随机数序列。

例 3.1 利用平方取中法产生 4 位数的随机数序列，序列的种子数取为 $x_0 = 3187$，通过计算得到：

$$x_0 = 3187$$
$$(3187)^2 = 10156969; \quad x_1 = 1569$$
$$(1569)^2 = 02461761; \quad x_2 = 4617$$
$$(4617)^2 = 21316689; \quad x_3 = 3166$$
$$(3166)^2 = 10023556; \quad x_4 = 0235$$
$$(0235)^2 = 00055225; \quad x_5 = 0552$$
$$(0552)^2 = 00304704; \quad x_6 = 3047$$
$$(3047)^2 = 09284209; \quad x_7 = 2842$$

将此过程继续下去，还可以得到 0769，5913，9635，8332，4222，8542，……

这个方法有几个缺点。首先，利用这个方法产生的伪随机数序列的重复周期通常较短。第二，对于较长的伪随机数序列，利用这种方法可能无法通过随机性的统计检验。第三，当在任何时候生成之后，其后产生的数都将为 0。如果这种现象在一个较复杂的仿真研究过程中出现，它将会使仿真分析人员误入歧途。这种现象如例 3.2 所示。

例 3.2 利用平方取中法产生两位数的随机数序列，种子数取为 $x_0 = 44$。通过计算得到：

$$x_0 = 44$$
$$(44)^2 = 1936; \quad x_1 = 93$$
$$(93)^2 = 8649; \quad x_2 = 64$$
$$(64)^2 = 4096; \quad x_3 = 09$$
$$(09)^2 = 0081; \quad x_4 = 08$$
$$(08)^2 = 0064; \quad x_5 = 06$$
$$(06)^2 = 0036; \quad x_6 = 03$$
$$(03)^2 = 0009; \quad x_7 = 00$$
$$(00)^2 = 0000; \quad x_8 = 00$$

这样，随机数就无法继续产生了。

利用平方取中法的另一个问题是这个方法可能产生退化，即总是得到相同的 x_i 值。

例3.3 设在产生四位数的随机数过程中，得到了一个 x_i 值为4500，即

$$x_i = 4500$$

从而，
$$(4500)^2 = 20250000; \qquad x_{i+1} = 2500$$
$$(2500)^2 = 06250000; \qquad x_{i+2} = 2500$$

相继产生的数值总为2500。

由于这些原因，平方取中法已经被许多新的、能提供更可靠的随机数序列的算法所取代。

3.2.2 线性同余法

线性同余法在1951年由莱默尔（Lehmer）首先提出。目前大多数随机数发生器都采用这种方法。在这个算法中，随机数序列中的数由如下的递推关系产生：

$$x_{n+1} = (ax_n + c) \bmod m \qquad n \geqslant 0$$

初始值 x_0 称为种子，常数 a 称为乘子，常数 c 称为增量，而常数 m 称为模数。

在上式中，当 $c=0$ 时，该算法称为乘同余法；当 $c \neq 0$ 时，该算法称为混合同余法。从例3.4中可以看出利用这种方法产生的序列的重复性，一般来讲任何由此方法产生的序列都存在重复性。但在大多数情况下，合理地选择常数 a、c、x_0 和 m，可以使重复周期充分的长。

通过线性同余法获得的随机数序列有：

$$0 \leqslant x_i \leqslant m-1 \qquad \forall i$$

为了得到[0,1)区间或[0,1]区间上分布的随机数 R_i，分别使用下式进行转换：

$$R_i = \frac{x_i}{m} \qquad R_i = \frac{x_i}{m-1}$$

例3.4 设 $a=5$，$c=3$，$m=16$，取 $x_0 = 7$，利用线性同余法产生[0,1)区间随机数序列，计算过程如下：

$$x_0 = 7$$
$$x_1 = (5 \times 7 + 3) \bmod 16 = 6 \qquad R_1 = 6/16 = 0.375$$
$$x_2 = (5 \times 6 + 3) \bmod 16 = 1 \qquad R_2 = 1/16 = 0.063$$
$$x_3 = (5 \times 1 + 3) \bmod 16 = 8 \qquad R_3 = 8/16 = 0.500$$
$$x_4 = (5 \times 8 + 3) \bmod 16 = 11 \qquad R_4 = 11/16 = 0.688$$
$$x_5 = (5 \times 11 + 3) \bmod 16 = 10 \qquad R_5 = 10/16 = 0.625$$
$$x_6 = (5 \times 10 + 3) \bmod 16 = 5 \qquad R_6 = 5/16 = 0.313$$

$$x_7 = (5 \times 5 + 3) \bmod 16 = 12 \qquad R_7 = 12/16 = 0.750$$

$$x_8 = (5 \times 12 + 3) \bmod 16 = 15 \qquad R_8 = 15/16 = 0.938$$

$$x_9 = (5 \times 15 + 3) \bmod 16 = 14 \qquad R_9 = 14/16 = 0.875$$

$$x_{10} = (5 \times 14 + 3) \bmod 16 = 9 \qquad R_{10} = 9/16 = 0.563$$

$$x_{11} = (5 \times 9 + 3) \bmod 16 = 0 \qquad R_{11} = 0/16 = 0.000$$

$$x_{12} = (5 \times 0 + 3) \bmod 16 = 3 \qquad R_{12} = 3/16 = 0.188$$

$$x_{13} = (5 \times 3 + 3) \bmod 16 = 2 \qquad R_{13} = 2/16 = 0.125$$

$$x_{14} = (5 \times 2 + 3) \bmod 16 = 13 \qquad R_{10} = 13/16 = 0.813$$

$$x_{15} = (5 \times 13 + 3) \bmod 16 = 4 \qquad R_{15} = 4/16 = 0.250$$

$$x_{16} = (5 \times 4 + 3) \bmod 16 = 7 \qquad R_{12} = 7/16 = 0.438$$

$$x_{17} = (5 \times 7 + 3) \bmod 16 = 6 \qquad R_{17} = 6/16 = 0.375$$

可以看出在 $i = 16$ 时出现循环。

为了增加线性同余法的重复周期，可以通过选择适当的参数，实现线性同余法的工程应用。参数选择主要考虑如下几个方面。

（1）m 的选择。由于重复周期的长度总是小于 m，因此需要将 m 取较大的数值，更进一步，所选用的 m 的值应能简化同余关系的解，在计算机中数字都是用二进制表达的，因此已经证明 m 取值为 2^k 较好。

（2）a 和 c 的选取。当且仅当下列条件满足时，一个由线性同余法产生的随机数序列的最大可能重复周期为 m。

c 与 m 互质，即同时能被 c 和 m 整除的正整数只有 1。

如果 m 能被 4 整除，则 $(a-1)$ 也能被 4 整除，即 $a = 1+4k$。

特别地，当选择 $a = 2^{16}+5 = 65541$ 或 $a = 2^{16}+3 = 65539$ 时可以得到满意的结果。至于 c 的选择，只要满足 c 与 m 互为质数的条件即可。

（3）x_0 的选取。如果随机数序列的周期为 m，因为能产生完全的序列，即在一个周期内可以取到 0 至 $(m-1)$ 的所有值，因此 x_0 的选取不太重要，一般情况下，只要 $x_0 \neq 0$ 即可。

对于乘同余法，由于 $c = 0$，无论怎样选择 m，都无法满足 c 与 m 互质的条件，因而不可能得到满周期。若选择 $m = 2^k$，则所产生的随机数序列的周期 $p \leqslant 2^{k-2}$，即在 0 至 $m-1$ 之间的整数至多只有四分之一可能成为 x_n 的值，而且这四分之一的整数在 0 至 $(m-1)$ 之间是如何分布的尚难确定，这与种子数 x_0 的选取有关。若取乘子为 $a = 8L+3$ 或 $a = 8L+5$ 形式的整数，种子 x_0 取为奇数，则可以达到最长的周期 $p \leqslant 2^{k-2}$。

例 3.5 使用乘同余法，对 $a = 13$，$m = 2^6 = 64$，且 $x_0 = 1$，2，3，4，求随机数发生器的重复周期。

解：计算结果如表 3.1 所示，可以看出当种子数为 1 或 3 时，序列的周期都为乘同余法的最大可能周期 16。而当种子为 2 或 4 时，序列的周期分别为 8 和 4，要小于乘同余法的最大可能周期。

（例题数据表）

表 3.1　乘同余法重复周期示例

i	$x_0=1$	$x_0=2$	$x_0=3$	$x_0=4$
0	1	2	3	4
1	13	26	39	52
2	41	18	59	36
3	21	42	63	20
4	17	34	51	4
5	29	58	23	
6	57	50	43	
7	37	10	47	
8	33	2	35	
9	45		7	
10	9		27	
11	53		31	
12	49		19	
13	61		55	
14	25		11	
15	5		15	
16	1		3	

3.2.3　加同余法

加同余法需要 n 个数的序列作为它的种子，这 n 个数的序列可以应用其他的方法产生，应用加同余法可以使这个序列不断扩大，加同余法递推公式如下：

$$x_j = (x_{j-1} + x_{j-n}) \bmod m$$

这种方法的主要优点是速度快，因为它不需要作乘法运算。它可以得到大于 m 的周期，但这种方法产生随机数的过程不像混合同余法那样清楚，因此由此方法产生的随机数序列需要经过仔细的确认。

3.2.4　二次平方同余法

二次平方同余法适用于 m 为 2 的幂次的情况，这种方法的递推关系式为：

$$x_{n+1} = [x_n(x_n + 1)] \bmod m \quad n > 0$$

种子数 x_0 必须满足条件：

$$x_0 \bmod 4 = 2$$

3.3　随机变量的产生方法

3.2 节介绍了几种产生均匀随机数，尤其是[0,1]区间均匀随机数的方法。本节将要讨论对各种广泛应用的连续分布和离散分布的随机采样程序。

假设一个分布已经完全确定，该分布将作为仿真模型的输入变量，本节探寻为该变量产生样本的方法。实际上，大多数仿真软件已经含有表述各种常见随机分布的函数或子程序，但是有些编程语言并不包括各种常用分布的内置程序，在这种情况下，建模者必须编写可接受的随机变量发生器程序。虽然这种情况很少发生，不过了解随机变量的生成和检验方法还是具有很高的理论价值。

本节所要解决的问题是在已经能够产生（0,1）区间随机数列基础上，如何产生更普遍的随机分布，如均匀分布、指数分布、三角分布、二项分布、泊松分布、正态分布等。

用于产生随机变量的常用方法很多，如反变换法、函数变换法、组合法、拒绝法等，本节将重点介绍反变换法和拒绝法产生随机变量的过程。

3.3.1 反变换法

当变量的概率密度函数 $f(x)$ 可以积分为分布函数 $F(x)$，或 $F(x)$ 是一个经验分布时，而且 $F(x)$ 很容易求得反函数时，则使用反变换法获取随机变量。反变换法可以用于产生指数、均匀、威布尔、三角及经验分布的随机样本。它也是很多离散分布产生样本的基本原理。

反变换法的一般步骤：

（1）通过随机变量的概率密度函数 $f(x)$ 计算其分布函数 $F(x)$；

（2）令 $F(x)=R$，x 在其取值范围内，R 为（0,1）区间随机数；

（3）解方程 $F(x)=R$，获得 $x=F^{-1}(R)$；

（4）产生（0,1）范围内的均匀随机数序列 R_1，R_2，R_3，R_4，…，R_n，将这些随机数序列带入函数 $x=F^{-1}(R)$，获得随机变量 x 的随机序列：x_1，x_2，x_3，x_4，…，x_n。

1. 反变换法生成均匀随机数

假设有一个随机变量 x 服从非标准的均匀随机分布，其概率密度函数为：

$$p(x) = \begin{cases} \dfrac{1}{b-a} & a \leqslant x \leqslant b \\ 0 & \text{else} \end{cases}$$

如何设计其随机分布发生器？利用反变换原理设计均匀随机分布的随机数发生器，求解过程如下。

（1）其概率分布函数如下：

$$F(x) = \begin{cases} 0 & x < a \\ (x-a)/(b-a) & x \subseteq [a,b] \\ 1 & x > b \end{cases}$$

从图 3.1 可以看出，因为非标准均匀分布可以看成是标准均匀分布在尺度上的变化，而并未改变均匀分布的性质。

（2）令概率分布中变量 x 处于 $[a,b]$ 区间的函数值 $F(x) = (x-a)/(b-a) = R$。

（3）对其进行变换，获得如下表达式：

$$x = a + (b-a)R$$

其中：R 为服从标准均匀分布的随机数。

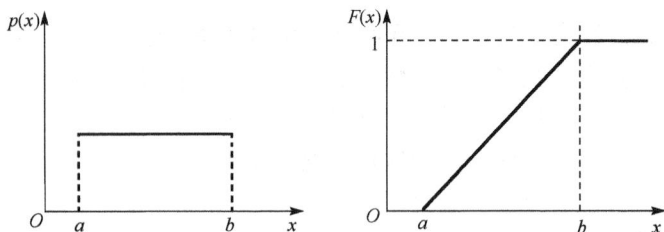

图 3.1 [a, b]区间均匀分布概率密度函数和概率分布函数曲线图

因此，在区间[a,b]上均匀分布的随机变量可由上述表达式产生。

（4）产生随机数序列。为了获得区间[a,b]上均匀分布的随机变量的随机数，首先采用 3.2 节的伪随机数发生器产生一个[0, 1]之间的随机数，然后利用步骤（3）中的表达式进行转换即可。

例 3.6 假设某随机变量 X 服从(4，10)之间的均匀随机分布，产生此变量的 10 个随机数。

解：首先产生 10 个(0,1)区间的均匀随机数，然后利用变换表达式，获得随机变量 X 的随机数，具体如表 3.2 所示。

（例题数据表）

表 3.2 反变换法获取均匀随机数示例表

i	1	2	3	4	5	6	7	8	9	10
$R(i)$	0.86	0.95	0.70	0.99	0.71	0.95	0.52	0.22	0.54	0.35
$x(i)$	9.16	9.70	8.17	9.94	8.27	9.71	7.10	5.35	7.26	6.12

2．反变换法生成指数分布随机数

假设有一个随机变量 x 服从参数为 λ 的指数分布，其概率密度函数为：

$$f(x) = \begin{cases} \lambda \cdot \mathrm{e}^{-\lambda x} & x \geqslant 0 \\ 0 & x < 0 \end{cases}$$

如何设计其随机分布发生器？利用反变换原理设计指数分布的随机数发生器，求解过程如下。

（1）指数随机变量的分布函数如下：

$$F(x) = \int_0^x f(t)\, \mathrm{d}t = 1 - \mathrm{e}^{-\lambda x}$$

（2）令概率分布中变量 x 处于 $(0, +\infty)$ 区间的函数值 $F(x) = 1 - \mathrm{e}^{-\lambda x} = R$。

（3）对其进行变换，获得如下表达式：

$$x = -\frac{1}{\lambda}\ln(1 - R)$$

由于 R 为[0,1]区间的均匀随机数，因此 $1-R$ 与 R 的取值区间和随机特性相同，上式可以转换为：

$$x = -\frac{1}{\lambda}\ln R$$

图 3.2 显示了在指数分布反变换法生成过程中 R 和 X 之间的映射关系。

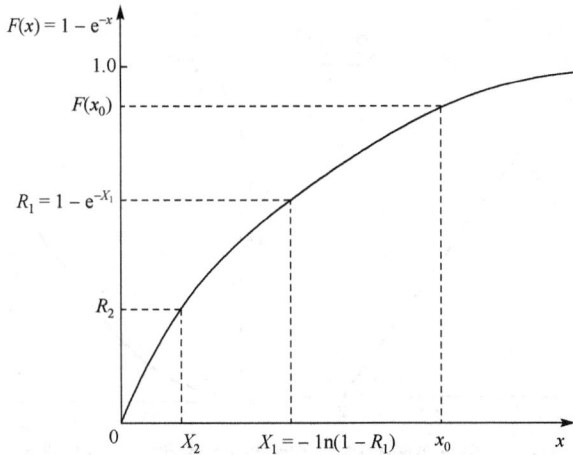

图 3.2　指数分布反变换法图例

对于指数分布的参数 λ 可以理解为单位时间内事件发生的次数。例如，服务系统中单位时间内顾客到达的数量序列 x_1，x_2，x_3，x_4，……服从均值为 λ 的指数分布，λ 即为单位时间内顾客平均到达数量，或者叫到达速率，那么该服务系统中每两个顾客到达间隔时间就服从均值为 $1/\lambda$ 的指数分布。

3．反变换法生成三角分布随机数

假设有一个随机变量 x 服从三角分布，其概率密度函数为：

$$f(x)=\begin{cases} x, & 0\leqslant x\leqslant 1 \\ 2-x, & 1<x\leqslant 2 \\ 0, & \text{else} \end{cases}$$

如何设计其随机分布发生器？利用反变换原理设计三角分布的随机数发生器，求解过程如下。

（1）根据概率密度函数可以获得三角分布的概率分布函数如下：

$$F(x)=\begin{cases} 0, & x\leqslant 0 \\ \dfrac{x^2}{2}, & 0\leqslant x\leqslant 1 \\ 1-\dfrac{(2-x)^2}{2}, & 1<x\leqslant 2 \\ 1, & x>2 \end{cases}$$

绘制该三角分布的概率密度曲线和概率分布曲线，如图 3.3 所示。

（2）令概率分布中变量 x 处于 $[0,2]$ 区间的函数值 $F(x)=R$，这样可以获得如下两个表达式：

$$R = \frac{x^2}{2} \qquad 0 \leqslant x \leqslant 1$$

$$R = 1 - \frac{(2-x)^2}{2} \qquad 1 \leqslant x \leqslant 2$$

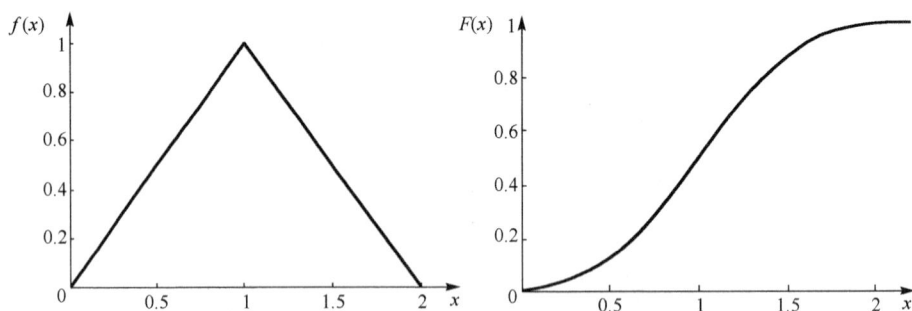

图 3.3 三角分布函数概率密度函数曲线和概率分布曲线

（3）对上述两个表达式进行反函数变换，获得如下表达式：

$$x = \begin{cases} \sqrt{2R} & 0 \leqslant R \leqslant \frac{1}{2} \\ 2 - \sqrt{2(1-R)} & \frac{1}{2} \leqslant R \leqslant 1 \end{cases}$$

从而可以根据[0,1]区间随机数 R 数列获得满足三角分布的随机数。

4. 反变换法生成威布尔分布随机数

假设有一个随机变量 x 服从威布尔分布，其概率密度函数为：

$$f(x) = \begin{cases} \dfrac{\beta}{\eta}\left(\dfrac{x}{\eta}\right)^{\beta-1} \mathrm{e}^{-\left(\frac{x}{\eta}\right)^{\beta}} & x > 0 \\ 0 & \text{else} \end{cases}$$

如何设计其随机分布发生器？利用反变换原理设计威布尔分布的随机数发生器，求解过程如下。

（1）根据概率密度函数可以获得三角分布的概率分布函数如下：

$$F(x) = \int_0^x f(x)\mathrm{d}x = \int_0^x \frac{\beta}{\eta}\left(\frac{t}{\eta}\right)^{\beta-1} \mathrm{e}^{-\left(\frac{t}{\eta}\right)^{\beta}} \mathrm{d}t = \int_0^x \mathrm{e}^{-\left(\frac{t}{\eta}\right)^{\beta}} \mathrm{d}\left(\frac{t}{\eta}\right)^{\beta} = \mathrm{e}^{-\left(\frac{t}{\eta}\right)^{\beta}}\Big|_0^x = 1 - \mathrm{e}^{-\left(\frac{x}{\eta}\right)^{\beta}}$$

（2）令概率分布中变量 x 处于 $(0, +\infty)$ 区间的函数值 $F(x) = R$，并进行反变换如下：

$$R = 1 - \mathrm{e}^{-\left(\frac{x}{\eta}\right)^{\beta}} \Rightarrow 1 - R = \mathrm{e}^{-\left(\frac{x}{\eta}\right)^{\beta}} \Rightarrow -\ln(1-R) = \left(\frac{x}{\eta}\right)^{\beta} \Rightarrow x = \eta\sqrt[\beta]{-\ln(1-R)} \Rightarrow x = \eta\sqrt[\beta]{-\ln R}$$

从而可以根据[0,1]区间随机数 R 数列获得满足威布尔分布的随机数。

5. 反变换法生成连续经验分布随机数

假设在研究车间维修人员可能备选的调度策略仿真中，收集到了维修部接到报警后响应时间的 5 个观测值（单位：分钟），数据如下：

$$2.76 \quad 1.83 \quad 0.80 \quad 1.45 \quad 1.24$$

在收集更多的数据之前，希望以这 5 个观测值为基础构建随机输入并建立一个初始仿真模型。如何生成该响应时间的输入随机变量？利用反变换原理设计该连续经验分布随机数发生器。求解过程如下。

（1）假设响应时间 X 的范围为 $0 \leqslant X \leqslant c$，其中 c 是未知数，但是 c 可以用 $\hat{c} = \max\{X_i : i = 1, 2, \cdots, n\} = 2.76$ 来估计，其中 $\{x_i : i = 1, 2, \cdots, n\}$ 为原始观测数据，n 为观测值的个数。

（2）将数据由小到大进行排列，令 $x_{(1)} \leqslant x_{(2)} \leqslant \cdots \leqslant x_{(n)}$ 为排序后的序列，根据数据的现实意义，选取数据的最小可能取值。例如，本例中的反应时间最小可能值为 0，所以定义 $x_{(0)} = 0$。

（3）指定每个间隔 $x_{(i-1)} < x \leqslant x_{(i)}$ 的概率为 $1/n = 1/5 = 0.2$，可以得到该数列的经验分布曲线，处理过程和经验分布的 cdf 曲线分别如表 3.3 和图 3.4 所示，其中第 i 条线段的斜率是：

$$a_i = \frac{x_{(i)} - x_{(i-1)}}{i/n - (i-1)/n} = \frac{x_{(i)} - x_{(i-1)}}{1/n}$$

表 3.3 维修人员响应时间的数据统计

i	区间 $x_{(i-1)} < x \leqslant x_{(i)}$	概率 $1/n$	累积概率 i/n	斜率 a_i
1	0.00<x≤0.80	0.2	0.2	4.00
2	0.80<x≤1.24	0.2	0.4	2.20
3	1.24<x≤1.45	0.2	0.6	1.05
4	1.45<x≤1.83	0.2	0.8	1.90
5	1.83<x≤2.76	0.2	1.0	4.65

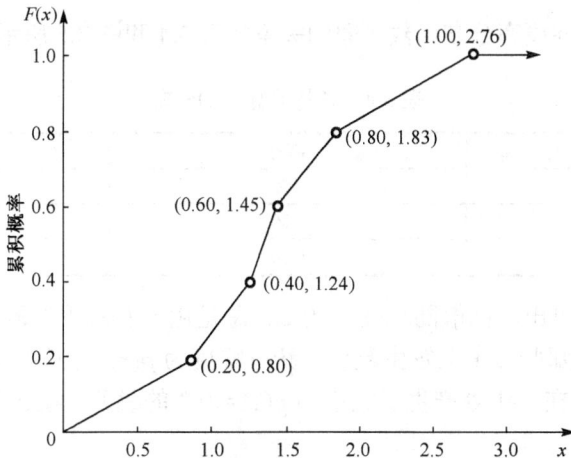

图 3.4 示例经验分布 cdf 曲线

（4）通过随机数 R 获得该经验分布的随机分布样本。当 $\dfrac{(i-1)}{n} < R \leqslant \dfrac{i}{n}$ 时，计算 cdf 的逆函数即可获得随机样本：

$$X = \hat{F}^{-1}(R) = x_{(i-1)} + a_i\left(R - \frac{(i-1)}{n}\right)$$

例如，如果产生的随机数 $R_1 = 0.71$，那么 R_1 位于曲线的第四区间（即在 0.6 和 0.8 之间），因此，由上式可得：

$$X_1 = \hat{F}^{-1}(R_1) = x_{(4-1)} + a_4\left(R_1 - \frac{(4-1)}{5}\right) = 1.45 + 1.90(0.71 - 0.6) = 1.66$$

6. 反变换法生成离散经验分布随机数

假设进出口公司每天需要从码头运送集装箱，根据以往经验每天运送集装箱的数量只能是 0、1 或 2，观察到发生的相对频度分别为 0.50、0.3、0.2。为了进行运输流程优化和经济性评估，需要对该公司的业务流程进行仿真分析。作为模型的一部分，需要生成代表每天集装箱使用量的变量 X。如何生成满足这种分布的随机数发生器？利用反变换原理设计该离散经验分布随机数发生器，求解过程如下。

（1）根据题设可以获得变量 X 的概率质量函数 pmf 如下：

$$p(0) = P(X{=}0) = 0.5$$
$$p(1) = P(X{=}1) = 0.3$$
$$p(2) = P(X{=}2) = 0.2$$

（2）计算该变量 X 的概率分布函数如下：

$$F(x) = \begin{cases} 0 & x < 0 \\ 0.5 & 0 \leqslant x < 1 \\ 0.8 & 1 \leqslant x < 2 \\ 1 & 2 \leqslant x \end{cases}$$

该随机变量取值同概率分布函数之间的关系如表 3.4 和图 3.5 所示。

表 3.4 货物数量 X 的分布

X	P(x)	F(x)
0	0.50	0.50
1	0.30	0.80
2	0.20	1.00

从 cdf 图上可以看出，离散随机变量的 cdf 总是由一些水平线段组成的，这些线段在随机变量能够假设的那些点 x 上发生跃阶，跃阶幅度为 $p(x)$。例如，在 $x=0$ 处产生了大小为 $p(0)=0.5$ 的跳跃；在 $x=1$ 处产生了大小为 $p(1)=0.3$ 的跳跃；在 $x=2$ 处产生了 $p(2)=0.2$ 的跳跃。

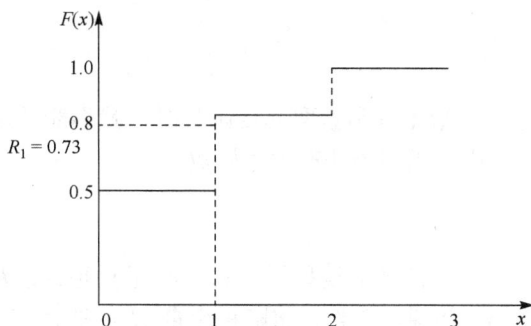

图 3.5 随机变量 X 的概率分布函数（cdf）图

（3）令概率分布函数值 $F(x) = R$，运用反变换法可以获取随机变量 X 与标准[0,1]随机变量 R 之间的关系表达式如下：

$$x = f(R) = \begin{cases} x_1 & R \leqslant F(x_1) \\ x_2 & F(x_1) < R \leqslant F(x_2) \\ x_3 & F(x_2) < R \leqslant F(x_3) \end{cases}$$

其中，x_1, x_2, x_3 分别对应变量 X 的三个可能取值 0, 1, 2。

7. 反变换法生成几何分布随机数

假设随机变量 X 服从几何分布，其概率质量函数 pmf 为 $p(x) = p(1-p)^x$，$x = 0, 1, 2, \cdots$，其中，$0 < p < 1$。如何生产满足这种分布的随机数发生器？利用反变换原理设计该离散经验分布随机数发生器，求解过程如下。

（1）计算该变量 X 的概率分布函数如下：

$$F(x) = \sum_{j=0}^{x} p(1-p)^j = \frac{p\{1-(1-p)^{x+1}\}}{1-(1-p)} = 1-(1-p)^{x+1}, x = 0, 1, 2, \cdots$$

（2）使用反变换技术，如果产生了一个 R，则随机变量 X 的取值 x 将由下式获得：

$$F(x-1) < R \leqslant F(x) \Rightarrow 1-(1-p)^x < R \leqslant 1-(1-p)^{x+1}$$

$$\Rightarrow (1-p)^{x+1} \leqslant 1-R < (1-p)^x \Rightarrow (x+1)\ln(1-p) \leqslant \ln(1-R) < x\ln(1-p)$$

因为 $p < 1$，所以 $\ln(1-p) < 0$，对上式两边同除以 $\ln(1-p)$，得下式：

$$\frac{\ln(1-R)}{\ln(1-p)} - 1 \leqslant x < \frac{\ln(1-R)}{\ln(1-p)}$$

因为 x 为整数，所以 x 取不小于 $\frac{\ln(1-R)}{\ln(1-p)} - 1$ 的整数，即：

$$x = \left\lceil \frac{\ln(1-R)}{\ln(1-p)} - 1 \right\rceil$$

3.3.2 拒绝法

当某些随机变量的分布函数不容易获取其反函数时，就不能使用反变换法产生该随机变量的随机数，这时可以考虑使用拒绝法产生随机数。

1. 拒绝法的原理

假设随机变量 X 的概率密度函数曲线如图 3.6 所示。通过拒绝法获得满足特定分布规律的随机数主要分为三步：第一步通过转换，将随机变量 X 的取值空间限定在[0,1]区间，并将随机变量概率密度函数取值也限定在[0,1]区间；第二步产生两个[0,1]区间的均匀随机数 R_1 和 R_2，根据 R_2 与 $f(R_1)$ 之间的关系，决定是接受 R_1 作为 X 变量的一个随机数，还是拒绝 R_1 作为 X 变量的一个随机数，其中当 R_2 不大于 $f(R_1)$ 时，则接受 R_1 为 X 变量的一个随机数，而当 R_2 大于 $f(R_1)$ 时，则拒绝接受 R_1 为 X 变量的一个随机数；第三步是对接受的随机数 R_1 进行区间转换，从而获得在随机变量原有取值空间下的变量值。

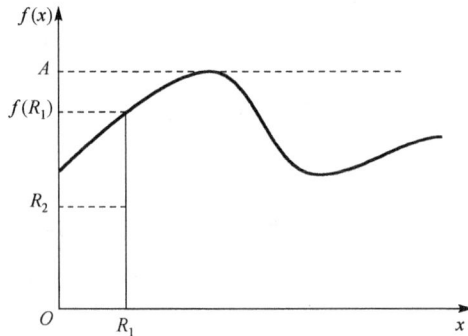

图 3.6　拒绝法产生随机变量原理示意图

通过拒绝法的产生步骤可以看出，由于 R_1 的取值范围是[0,1]区间，从而使得随机变量 X 被获得的概率是均等的，但是随机变量 X 在每个取值点上的概率密度是不同的，或称之为出现的频次应该是不一样的，概率密度高对应的取值点在随机数序列中出现的次数要多，而概率密度低对应的取值点在随机序列中出现的次数要少。为了实现随机数序列中不同值出现的次数同概率密度大小的对应关系，因此在随机产生一个 R_1 之后，需要另一个随机数 R_2，由于 R_2 在[0,1]区间是均匀随机取值的，该数值落在[0, $f(R_1)$]之间的概率大小同 $f(R_1)$ 值的大小成对应关系，从而实现虽然每个 R_1 出现的概率相等，但是被接受为该随机分布随机数的概率同其概率密度值之间的对应关系。由于在通过这种方法产生随机数的过程中存在着拒绝这一过程，因此将其称为拒绝法。

拒绝法产生随机数的具体步骤如下。

（1）对概率密度函数 $f(x)$ 的值域做归一化处理，即确定一个常数 C，使得：

$$C \cdot f(x) \leqslant 1$$

其中，常数 $C = \max(f(x))$。

（2）将变量 X 的取值范围扩展或压缩至[0,1]区间，若 X 取值空间为[a, b]，则将 X 定义为 r 的如下线性函数：

$$X(R) = a + (b-a)R$$

当接受 R 为随机变量的随机数时，只要通过上述表达式进行转换，即获得了随机数 X。

（3）随机产生一对标准随机变量 R_1 和 R_2。

（4）若 R_1 和 R_2 满足

$$R_2 \leqslant C \cdot f(R_1)$$

则接受 R_1 为随机数，对应的随机数 $X(R_1) = a + (b-a)R_1$，否则返回步骤（3）。

2．拒绝法产生随机数

假设随机变量 x 的概率密度函数如下：

$$f(x) = \begin{cases} 60x^3(1-x)^2 & 0 \leqslant x \leqslant 1 \\ 0 & \text{else} \end{cases}$$

利用拒绝法产生该随机变量的随机数。

（1）概率密度取值归一化。

因为拒绝法要求：$C \cdot f(x) \leqslant 1$，因此令 $\dfrac{\partial f(x)}{\partial x} = 0 \Rightarrow x = 0.6$，

$$f_{max} = f(0.6) = 2.0736$$

所以 $C = 1/2.0736 = 0.4823$。

（2）因为 x 取值范围已经是[0，1]，所以不需进行处理。

（3）随机产生随机数对 (R_1, R_2)。

（4）判断是否接受 $X = X(R_1)$。

在 Excel 中进行算例计算，数据示例如表 3.5 所示。

表 3.5　拒绝法生成随机数算例表

序号	1	2	3	4	5	6	7	8	9	10
R_1	0.968	0.712	0.524	0.155	0.259	0.954	0.609	0.620	0.568	0.261
R_2	0.455	0.527	0.829	0.467	0.551	0.299	0.292	0.322	0.750	0.894
$f(R_1)$	0.027	0.867	0.944	0.077	0.276	0.054	0.999	0.996	0.989	0.281
$X(R_1)$		0.712	0.524				0.609	0.620	0.568	

从表 3.5 可以看出，第 2、3、7、8、9 组随机数对 (R_1, R_2) 能够满足条件，从而接受对应的 R_1 作为随机数。

3.3.3　正态分布随机发生器

正态分布在实际应用中的广泛性及其本身的特殊性，在进行其随机数发生器设计时需要进行必要的处理。下面对利用反变换法和拒绝法进行正态分布随机数发生器设计过程进行阐述。

1．反变换法生成标准正态分布随机数

标准正态分布概率密度函数如下：

$$f(x) = \frac{1}{\sqrt{2\pi}} e^{-\frac{x^2}{2}}, \quad -\infty < x < +\infty$$

其反变换过程如下。

（1）设变量 x，y 分别为服从标准正态分布的随机变量，则

$$f(x) \cdot f(y) = \frac{1}{\sqrt{2\pi}} e^{-\frac{x^2}{2}} \cdot \frac{1}{\sqrt{2\pi}} e^{-\frac{y^2}{2}} = \frac{1}{2\pi} e^{-\frac{(x^2+y^2)}{2}}$$

进行坐标变换：

$$x^2 + y^2 = \rho^2$$
$$x = \rho\cos\theta$$
$$y = \rho\sin\theta$$

有 $p(\rho,\theta) = p(\rho\cos\theta, \rho\sin\theta) \cdot J = p(x,y) \cdot J = \frac{1}{2\pi} e^{-\frac{\rho^2}{2}} \cdot J$ ，其中：

$$J = \begin{vmatrix} \dfrac{\partial x}{\partial \rho} & \dfrac{\partial x}{\partial \theta} \\ \dfrac{\partial y}{\partial \rho} & \dfrac{\partial y}{\partial \theta} \end{vmatrix} = \begin{vmatrix} \cos\theta & -\rho\sin\theta \\ \sin\theta & \rho\cos\theta \end{vmatrix} = \rho$$

故

$$p(\rho,\theta) = p(\rho) \cdot p(\theta) = \rho\frac{1}{2\pi} e^{-\frac{\rho^2}{2}}$$

其中：

$$p(\theta) = \frac{1}{2\pi} \Rightarrow F(\theta) = \theta/2\pi$$

$$p(\rho) = \rho \cdot e^{-\frac{\rho^2}{2}} \Rightarrow F(\rho) = \int_0^\rho r \cdot e^{-\frac{r^2}{2}} dr = 1 - e^{-\frac{\rho^2}{2}}$$

再对上述两个随机分布进行反变换：

$$\theta = 2\pi F(\theta) = 2\pi R_1$$
$$\rho = \sqrt{-2\ln(1-F(\rho))} = \sqrt{-2\ln(1-R_2)} \underline{\underline{(1-R_2) \in (0,1)}} \sqrt{-2\ln R_2}$$

再进行坐标变化，得：

$$x = (-2\ln R_2)^{1/2} \cos 2\pi R_1$$
$$y = (-2\ln R_2)^{1/2} \sin 2\pi R_1$$

即正态分布随机数发生器只要生成一个标准随机数对（R_1, R_2），然后利用上述两个表达式中的任意一个表达式计算即可。这种方法直观，推理明确，但计算中出现了三角函数、对数运算，速度较低。

2. 反变换法生成一般正态分布随机数

一般正态分布概率密度函数如下：

$$f(x) = \frac{1}{\sqrt{2\pi}\sigma} e^{-\frac{(x-u)^2}{2\sigma^2}}, \quad -\infty < x < +\infty$$

其反变换过程如下。

令

$$\frac{x-u}{\sigma} = y \Rightarrow x = g(y) = \sigma y + u$$

则

$$p(y) = f(g(y)) \cdot g'(y) = \frac{1}{\sqrt{2\pi}\sigma} e^{-\frac{y^2}{2}} \cdot \sigma = \frac{1}{\sqrt{2\pi}} e^{-\frac{y^2}{2}}$$

由于 y 为标准正态分布，因此利用上一小节的公式可以获得：

$$y = (-2\ln R_2)^{1/2} \sin 2\pi R_1$$

再进行变化可得：

$$x = \sigma y + u = \sigma(-2\ln R_2)^{\frac{1}{2}} \sin 2\pi R_1 + u$$

3. 运用拒绝法生成标准正态分布随机数

这里简要介绍一下运用拒绝法生成标准正态分布随机数的步骤。

（1）概率密度值域归一化处理：

$$C \cdot f(x) = C \cdot \frac{1}{\sqrt{2\pi}} e^{-\frac{x^2}{2}} \leqslant 1 \Rightarrow f_{max} = f(0) = 1/\sqrt{2\pi} \Rightarrow C = \sqrt{2\pi}$$

（2）对 x 的取值范围进行设定，因为 x 取值范围为 $[-\infty, +\infty]$，而实际应用中一般根据实际问题的意义，将 x 取值范围限定为相对较大的范围，以达到能够涵盖较大比例的样本取值。例如，x 取值范围在 $[-3\sigma, +3\sigma]$，此时可以包含标准正态分布的99.73%的样本；x 取值范围在 $[-4\sigma, +4\sigma]$，此时可以包含标准正态分布的99.994%的样本。假设取 $[-4\sigma, +4\sigma] = [-4, 4]$，则可以获得变量 X 与标准随机数 R_1 之间的关系式：

$$X(R_1) = a + (b-a)R_1 = -4 + 8R_1$$

（3）随机产生两个标准随机数对 (R_1, R_2)。
（4）判断是否接受 $X = X(R_1)$，数据示例如表3.6所示。

表3.6 拒绝法生成标准正态分布随机数算例表

序号	1	2	3	4	5	6	7	8	9	10
R_1	0.720	1.000	0.290	0.021	0.193	0.570	0.503	0.443	0.847	0.933
R_2	0.562	0.358	0.142	0.199	0.324	0.739	0.258	0.223	0.791	0.475
$X(R_1)$	1.76	4.00	−1.68	−3.83	−2.46	0.56	0.02	−0.46	2.77	3.47
$f(R_1)$	0.213	0.000	0.244	0.001	0.049	0.854	1.000	0.901	0.021	0.002
$X(R_1)$			−1.68			0.56	0.02	−0.46		

从表3.6中可以看出，第3、6、7、8组随机数对 (R_1, R_2) 能够满足条件，从而接受对应的 $X(R_1)$ 作为随机数。

3.4 随机数的检验

前面讨论了采用反变换法和拒绝法产生不同随机分布的随机数，但是产生的随机数序列是否满足随机分布的概率特征，则需要进行一系列随机数有效性检验。现有检验方式主要有两种：科尔莫戈洛夫-斯米尔诺夫检验及 χ^2 检验，其中 χ^2 检验在第二章的拟合优度检验中已经进行了说明，下面介绍科尔莫戈洛夫-斯米尔诺夫检验过程。

3.4.1 科尔莫戈洛夫-斯米尔诺夫检验法基本原理

科尔莫戈洛夫-斯米尔诺夫检验用于检验随机数样本是否满足均匀性特性。具体来说，对于样本容量为 N 的随机数样本，将其划分为 N 个区间，每个区间将存在一个区间上限和区间下限 $[L_i, U_i], i = 1, 2, \cdots, N$。为了分析样本是否具有均匀性特性，将全部随机数样本 $R_1, R_2, \cdots, R_N$ 按照升序排列，形成样本序列 $R_1', R_2', \cdots, R_N'$，然后计算科尔莫戈洛夫-斯米尔诺夫检验统计量：

$$D = \max_i \{D_i^-, D_i^+\}$$

其中：

$$D_i^- = \left| L_i - R_i' \right|, \quad D_i^+ = \left| U_i - R_i' \right|$$

该检验统计量 D 表征随机样本同理论分布之间的最大距离，根据 D 与 N 和置信度 α 进行查表（见附录）和判断，从而确定是否能够通过随机均匀性检验。如果随机数序列的 D 不大于附录对应于 N 和 α 的临界值 D_α，则假设成立，即随机数通过均匀性检验；否则随机数序列没有通过假设检验。

3.4.2 科尔莫戈洛夫-斯米尔诺夫检验均匀分布

假设通过特定的方法产生了 10 个[0,1]区间的均匀随机数：0.417、0.987、0.136、0.663、0.655、0.123、0.915、0.634、0.961、0.393。试在 α =0.10 下，检验这些数字是否为来自于(0, 1) 区间上的均匀随机数。

首先将变量取值范围划分为 I 个区间，这里令 I=10，则可以得到每个区间的上下限值如下：

$$L = \{0.0, 0.1, 0.2, 0.3, 0.4, 0.5, 0.6, 0.7, 0.8, 0.9\}$$
$$U = \{0.1, 0.2, 0.3, 0.4, 0.5, 0.6, 0.7, 0.8, 0.9, 1.0\}$$

通过计算排序后的样本值与其理论区间上下限之间的差值，以获取检验统计量 D，具体计算表格如表 3.7 所示。

根据表 3.7 可以获得检验统计量 D 为 0.234，通过查附录科尔莫戈洛夫-斯米尔诺夫检验临界值表，获得临界值 D_α 为 0.369 > D，所以可以接受该样本服从[0,1]区间的均匀分布。

表 3.7　科尔莫戈洛夫-斯米尔诺夫法进行均匀随机数检验算例表

i	1	2	3	4	5	6	7	8	9	10
L_i	0.000	0.100	0.200	0.300	0.400	0.500	0.600	0.700	0.800	0.900
U_i	0.100	0.200	0.300	0.400	0.500	0.600	0.700	0.800	0.900	1.000
R_i'	0.123	0.136	0.393	0.417	0.634	0.655	0.663	0.915	0.961	0.987
D_i'	0.123	0.036	0.193	0.117	0.234	0.155	0.063	0.215	0.161	0.087
D_i^+	0.023	0.064	0.093	0.017	0.134	0.055	0.037	0.115	0.061	0.013

3.4.3　科尔莫戈洛夫-斯米尔诺夫检验正态分布

假设通过特定的方法产生了 20 个 $N=(5,3^2)$ 的正态分布随机数，具体样本数据如下：

8.371　5.789　5.892　5.675　3.174　6.377　5.544　4.506　1.079　7.086
5.196　7.699　4.934　4.575　3.140　6.415　6.581　6.554　7.377　7.552

试在 $\alpha=0.10$ 下，检验这些数字是否为来自于 $N=(5,3^2)$ 的正态分布随机数。

由于科尔莫戈洛夫-斯米尔诺夫检验主要通过检验随机分布的均匀特性来判断样本是否满足某个特定的随机分布，因此需要从正态分布中提取均匀性特征。为了解决这个问题，可以通过观察正态分布概率密度曲线和概率分布曲线（如图 3.7 所示），从图中可以看出，正态分布的概率分布曲线是处于[0,1]区间的，因此，检验过程需要将样本值转换为概率分布函数值。

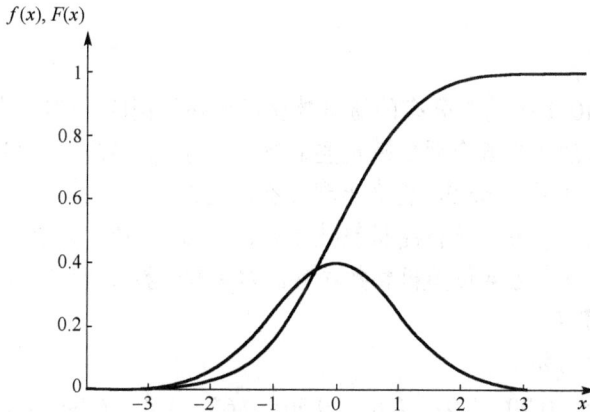

图 3.7　标准正态分布概率密度曲线和概率分布曲线

因此，利用科尔莫戈洛夫-斯米尔诺夫法进行正态分布假设检验，首先将样本由小到大排序，形成排序后的样本 $R_1', R_2', \cdots, R_N'$，然后计算按照下式计算对应样本的 $F(x)$ 值，令其为 W_i：

$$W_i = \int_{-\infty}^{R_i'} \frac{1}{\sqrt{2\pi}\sigma} e^{-\frac{(R_i'-u)^2}{2\sigma^2}} dx$$

由于总的样本数量为 20 个，因此检验区间需要划分为 20 个，则得到每个区间的上下限值如下：

$$L = \{0.00, 0.05, 0.10, 0.15, \cdots, 0.95\}$$
$$U = \{0.05, 0.10, 0.15, 0.20, \cdots, 1.00\}$$

通过计算样本值映射至分布函数上的值 W_i 与其理论区间上下限之间的差值，以获取检验统计量 D，具体计算表格如表3.8所示。

表3.8　科尔莫戈洛夫-斯米尔诺夫法进行正态分布随机数检验算例表

i	1	2	3	4	5	6	7	8	9	10
L_i	0	0.05	0.1	0.15	0.2	0.25	0.3	0.35	0.4	0.45
U_i	0.05	0.1	0.15	0.2	0.25	0.3	0.35	0.4	0.45	0.5
R_i'	1.079	3.140	3.174	4.506	4.575	4.934	5.196	5.544	5.675	5.789
W_i	0.096	0.268	0.271	0.435	0.444	0.491	0.526	0.572	0.589	0.604
D_i^-	0.096	0.218	0.171	0.285	0.244	0.241	0.226	0.222	0.189	0.154
D_i^+	0.046	0.168	0.121	0.235	0.194	0.191	0.176	0.172	0.139	0.104
i	11	12	13	14	15	16	17	18	19	20
L_i	0.5	0.55	0.6	0.65	0.7	0.75	0.8	0.85	0.9	0.95
U_i	0.55	0.6	0.65	0.7	0.75	0.8	0.85	0.9	0.95	1
R_i'	5.892	6.377	6.415	6.554	6.581	7.086	7.377	7.552	7.699	8.371
W_i	0.617	0.677	0.681	0.698	0.701	0.757	0.786	0.803	0.816	0.869
D_i^-	0.117	0.127	0.081	0.048	0.001	0.007	0.014	0.047	0.084	0.081
D_i^+	0.067	0.077	0.031	0.002	0.049	0.043	0.064	0.097	0.134	0.131

根据表3.8可以获得检验统计量 D 为0.285，通过查附录科尔莫戈洛夫-斯米尔诺夫检验临界值表，获得临界值 D_α ($n=20$) 为 $0.264 < D$，所以拒绝该样本服从 $N[5,3^2]$ 的正态分布。

思考题

1. 如何把在区间[0, 1]上均匀分布的随机数变换成在区间[11, 17]上均匀分布的随机数？

2. 使用线性同余法产生6个两位随机整数序列，令 $x_0=37$，$a=12$，$c=57$，$m=100$。

3. 在第2题中，如果取 $x_0=0$，将会出现什么问题？

4. 使用乘同余法产生6个三位随机整数序列。令 $x_0=117$，$a=53$，$m=1100$。

5. 使用平方取中法产生4位随机整数序列，如果种子数为7117，该序列什么时候产生蜕化？什么时候产生循环？

6. 产生的随机数列如下：

　　0.42　0.08　0.80　0.91　0.83　0.56　0.66　0.72　0.04　0.89　0.49

使用科尔莫戈洛夫-斯米尔诺夫检验法检验该序列是否服从[0，1]区间上的均匀分布？取 $\alpha=0.05$。

7. 分析下面这些线性同余法能否达到最大周期，并给出达到最大周期的 X_0 的限制：

（a）混合同余法，其中 $a=2\,814\,749\,767\,109$，$c=59\,482\,661\,568\,307$，$m=2^{48}$

（b）乘同余法，其中 $a=69\,069$，$c=0$，$m=2^{32}$

（c）混合同余法，其中 $a=4951$，$c=247$，$m=256$

（d）乘同余法，其中 $a=6507$，$c=0$，$m=1024$

8. 编写一个计算机程序，使用线性同余法产生四位随机整数序列，允许用户输入 X_0，a，c，m 的值。

9. 开发一个用于生成具有如下形式pdf的随机变量 X 的随机发生器：

$$f(x) = \begin{cases} e^{2x} & -\infty < x \leqslant 0 \\ e^{-2x} & 0 < x < \infty \end{cases}$$

10. 开发一个具有如下形式 pdf 的三角分布随机发生器:

$$f(x) = \begin{cases} \dfrac{1}{2}(x-2) & 2 \leqslant x \leqslant 3 \\ \dfrac{1}{2}\left(2 - \dfrac{x}{3}\right) & 3 < x \leqslant 6 \\ 0 & \text{else} \end{cases}$$

生成该随机变量的 10 个值,计算样本均值,并将其与该分布的真实均值进行比较。

11. 给定一个从3到4范围内的连续变量的 cdf 如下,开发该变量的一个随机数发生器:

$$F(x) = \begin{cases} 0 & x \leqslant -3 \\ \dfrac{1}{2} + \dfrac{x}{6} & -3 < x \leqslant 0 \\ \dfrac{1}{2} + \dfrac{x^2}{32} & 0 < x \leqslant 4 \\ 1 & x > 4 \end{cases}$$

12. 电器大卖场某品牌空调的采购提前期服从均值为 4 天的指数分布,随机生成 10 个服从该分布的提前期时间。

13. 一部机床平均故障发生时间间隔时间服从 $(10, 3^2)$ 的正态分布,单位为天,试设计该分布的发生器随机生成 10 个随机时间。

14. 试用卡方检验法对在第 11、12、13 题中设计的随机发生器产生的数列进行拟合检验。具体方法参见第二章卡方检验部分。

15. 试用科尔莫戈洛夫–斯米尔诺夫检验法对在第 11、12、13 题中设计的随机发生器产生的数列进行拟合检验。

16. 棉织厂质量检验部门抽验了 50 匹布,每匹布上的疵点数如下:

2 1 0 1 1 2 0 5 1 1
3 0 1 1 2 0 1 1 0 0
1 3 4 0 0 1 1 4 1 2
5 2 6 2 4 1 5 1 1 2
0 1 1 0 3 2 0 2 3 3

检验布匹上的疵点是否服从 $\lambda = 1.5$ 的泊松分布。

第4章 仿真模型设计与实现

前述章节对系统仿真的基本概念及概率统计基础知识进行了介绍，本章将对离散事件系统的运作过程仿真模型的实现方法进行阐述和示例说明。系统建模与仿真的目的是借助于计算机技术对实际系统的运作行为、规律及效率进行评价，并进行决策支持。仿真目的要求计算机模型的程序运行过程必须能够以简单的方式准确反映实际系统的行为，体现的是实际系统运行过程在计算机上的仿真映射。实际系统表现形式千变万化，如生产制造系统、物流运输系统、供应链系统、零售服务系统、医疗服务系统、项目管理流程和业务流程等，如何提取这些系统运作过程中的共性特征，以便设计出相对简单和易于理解的程序控制逻辑，是系统仿真的基础。

本章首先对排队系统的基本理论进行介绍，然后对事件调度法仿真策略的控制过程进行介绍，最后分别使用 Excel 电子表格和 Matlab 程序对简单的排队系统仿真模型进行设计和实现。

4.1 排队系统概述

虽然实际系统表现形式多种多样，但是从离散事件系统的角度看，不论是生产、物流系统，还是服务系统，都可以视为排队系统。在生产物流系统中，物料等待搬运工具搬运、零部件到达工序前等待加工、零部件等待检测等；在服务系统中，顾客到商场购买物品等待结算、病人到医院看病等待医生接诊、机场旅客等待安检等，这些都是典型的排队现象。在这些排队系统中，当人、物料或零部件到达的速率大于它们接受服务的速率时，就会出现排队现象。排队系统中主要有三类实体：属于临时实体的被服务对象（物料、工件或顾客等，统称为顾客）、属于永久实体的机器（加工机床、物流小车、收银员或医生，统称为服务员）及队列。排队越长系统的顾客满意度越低，排队越短系统的顾客满意度越高。如果希望提高顾客满意度，则需要投入更多的服务员，但是可能造成系统运行成本过高，因此，管理人员必须考虑如何在系统成本和顾客满意度两者之间取得平衡。

图 4.1 所示为排队系统的一般模型，各个顾客由顾客源（总体）出发，到达服务机构（服务台、服务员）前排队等候接受服务，服务完毕后就离开。排队结构指队列的数目和排列方式，排队规则和服务规则是说明顾客在排队系统中按怎样的规则、次序接受服务的。

影响排队系统绩效的主要因素有以下方面。

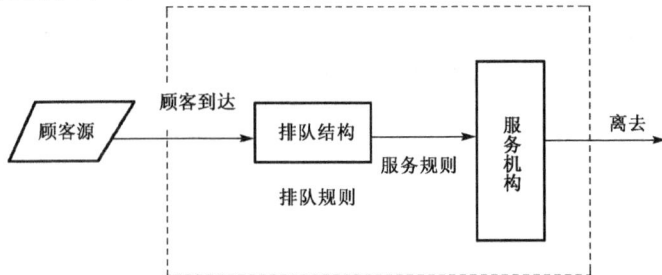

图 4.1 排队系统的一般模型

4.1.1　到达模式

指接受服务的顾客到达系统的模式，常用实体到达时间间隔的概率分布表示。排队系统中比较常用的是泊松（possion）到达模式，用来描述排队系统中实体到达的泊松过程。如果两实体先后到达系统的时间完全是随机无关的，即在时间$(t, t+\Delta t)$内到达的概率正比于Δt，而与t无关，则系统中在t时刻到达n个实体的概率满足泊松分布。泊松分布的密度函数如下式：

$$p(k) = p(N = k) = \frac{e^{-\lambda}\lambda^k}{k!}, \quad k = 0, 1, 2\cdots$$

式中，N为单位时间内实体到达的个数。

泊松分布是在排队系统中比较常见的随机过程，但是它的概率密度函数是离散性的，并且不易于处理，一般会将其转化为实体到达时间间隔的随机性进行处理。如果排队系统中某类实体的到达模式服从泊松分布，则相继实体到达的间隔时间服从参数为λ的指数分布。记t_i为第i个实体到达前的间隔时间，$i = 1, 2, \cdots$，则在单位时间内实体到达的个数$N = n$可表示为：

$$t_1 + t_2 + \cdots + t_n \leqslant 1 < t_1 + t_2 + \cdots + t_n + t_{n+1}$$

t_i随机变量的概率密度函数为：

$$f(t) = \begin{cases} \lambda \cdot e^{-\lambda t} & t \geqslant 0 \\ 0 & t < 0 \end{cases}$$

4.1.2　服务模式

一般用提供服务所需时间的概率分布表示。实际系统中比较常用的服务模式为指数服务模式。若服务过程满足以下条件：

（1）在互不重叠的时间区间内，各个服务是相互独立的；

（2）服务时间的平均值是一个常数；

（3）在$(t, t+\Delta t)$时间内完成一个实体服务的概率与t无关，正比于Δt。

则服务时间的概率分布为指数分布，其密度函数为：

$$f(x) = \mu \cdot e^{-\mu x} \qquad x > 0, \mu > 0$$

其中：μ为服务时间的平均数。

4.1.3　服务台数目

可有单个或多个服务台。通常各服务台之间的工作是彼此独立的。

4.1.4　系统容量

系统容量指系统可提供服务的能力。可以是有限的，也可以是无限的，大多数系统的容量是有限的。

4.1.5　排队规则

当有顾客到达而服务台正处于"忙"状态时，顾客需进入"队列"等待服务。顾客在"队列"中是按一定的规则得到服务的。常见的排队规则有：先到先服务（FIFO），后到先服务（LIFO）、优先级服务及随机服务等。

归纳以上排队系统的特性，形成了一种广为大家所接受的表示方法，即一个排队系统可表示成：

$$A/B/C/D/E$$

式中，A——到达模式；B——服务模式；C——服务台的数目；D——系统容量；E——排队规则。

通常指数分布以 M 表示，确定型分布用 D 表示，k 阶爱尔朗分布用 E_k 表示，随机分布用 G 表示。那么 M/M/1/∞/FIFO 表示一个单服务台系统、系统容量为无限、到达模式与服务模式均为指数分布、排队规则为先到先服务的排队系统。

解决排队问题的目的是研究排队系统运行的效率，估计服务质量，确定系统参数的最优值，以决定系统结构是否合理、研究设计改进措施等。所以必须确定用以判断系统运行优劣的基本数量指标，排队系统绩效指标通常有下列几种。

1. 服务台利用率

服务台利用率可表示为：

$$\rho = \frac{\text{平均服务时间}}{\text{平均到达时间间隔}} = \frac{\lambda}{\mu}$$

由上式可知服务台空闲的概率应为（$1-\rho$）。设顾客到达不需等待即可得到服务的概率为 ρ_0，则

$$\rho_0 = 1 - \rho$$

2. 系统中平均顾客数

系统中平均顾客数包括正在接受服务的顾客数和在队列中排队的顾客数，用 L 表示：

$$L = \sum_{n=0}^{+\infty} nP_n$$

其中，$P_n = \rho^n \cdot \rho_0$ 为系统中出现 n 个顾客的概率，则上式可以表示为：

$$L = \sum_{n=0}^{+\infty} nP_n = \sum_{n=0}^{+\infty} n(1-\rho)\rho^n = \frac{\rho}{1-\rho}$$

3. 平均队长

平均队长，也称系统内排队等待的顾客平均数（不包括正在接受服务的顾客数），用 LQ 表示：

$$LQ = \sum_{n=0}^{+\infty}(n-1)P_n = \frac{\rho}{1-\rho} - \rho = \frac{\rho^2}{1-\rho}$$

4．顾客在系统内停留时间

顾客在系统内停留时间，指顾客在系统内停留的总时间，均值用 W 表示。在 W 时间内到达的顾客平均数为 λW ，由于这个数与系统内平均顾客数相等，即

$$L = \lambda W$$

故有：

$$W = \frac{L}{\lambda} = \frac{1}{\mu - \lambda}$$

5．平均等待时间

平均等待时间，指顾客进入系统后在队列中排队等待服务的时间，其均值用 WQ 表示，因为 $LQ = \lambda WQ$ ，所以有：

$$WQ = \frac{LQ}{\lambda} = \frac{\rho}{\mu - \lambda} = \frac{\lambda}{\mu(\mu - \lambda)}$$

6．系统中出现大于 n 个顾客的概率

因为已知系统中出现所有小于等于 n 个顾客的概率之和为 $\sum_{i=0}^{n}(1-\rho)\rho^i$ ，所以出现大于 n 个顾客的概率为：

$$1 - \sum_{i=0}^{n}(1-\rho)\rho^i = \rho^{n+1}$$

以上分析均是基于 M/M/1/∞/FIFO 系统而进行的解析运算，实际系统当然不会都那么简单。系统中可能有多个队列、多个服务台；顾客的排队规则可能为优先级规则；平均到达率会随时间的不同而有所改变；服务时间也会因服务方式的不同而有所波动，等等。这些情况很难用解析法求出具体解，或所求的解很复杂，因此对复杂的排队系统问题必须借助计算机采取仿真的方法解决。

4.2 事件调度法

不论排队系统结构是复杂的，还是简单的，其基本事件都只有两类：顾客到达事件和顾客服务完成事件。系统状态也有两类：队列状态（空、非空）和服务台状态（忙、闲）。最基本的排队模型是单队列、单服务台模型，可以说排队管理的所有基本问题都出自这一模型，其他更复杂的排队系统模型可以通过对这一模型的修改、增加得到。

为了进行排队系统仿真模型的构建，兰德公司的 Markowitz 等人在 1963 年提出了事件

调度法（Event Scheduling）仿真建模策略。事件调度法的基本思想为：将事件例程作为仿真模型的基本单元，按照事件发生的先后顺序不断执行相应的事件例程。系统运行中，每个事先可以预知其发生时间的必然事件都带有一个事件例程，用以处理事件发生后对所有实体状态所产生的影响，并安排后续事件；条件事件不具备事件例程，对它的处理隐含在某个必然事件的例程当中。运用事件调度法构建仿真模型的流程图如图 4.2 所示。

事件调度法实现的仿真模型中，主要由主程序和初始化、时间控制、事件例程及统计报表四类子程序构成。程序之间的流程关系如图 4.2 所示，同时可以结合 4.5 节的仿真模型实现的程序结构进行理解。

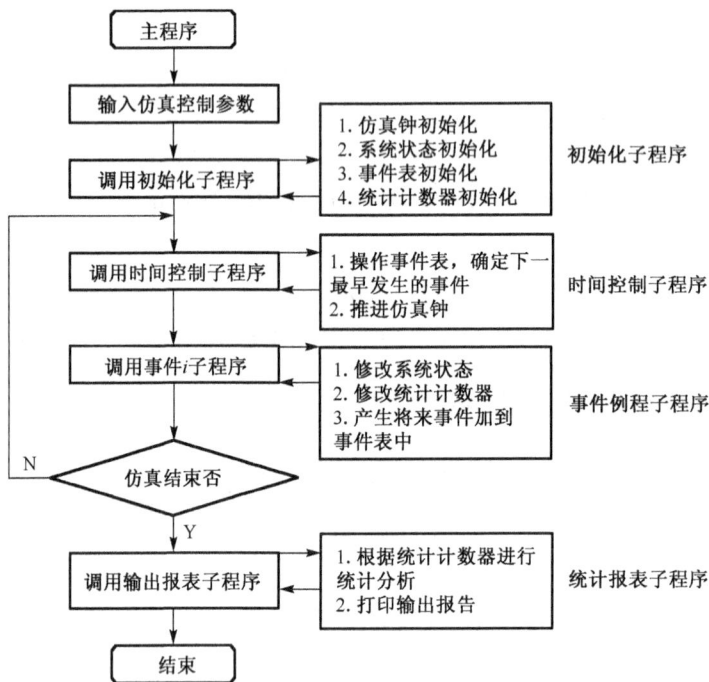

图 4.2 事件调度法仿真模型实现流程图

4.3 排队系统事件例程分析

事件调度法确定了仿真模型的总体结构，本节对最常见的单队列单服务台排队系统及单队列多服务台排队系统的事件例程进行分析和阐述，提供采用事件调度法进行仿真模型构建的事件例程分析基础。

4.3.1 单队列单服务台系统事件例程

单队列单服务台（Single Queue Single Server，SQSS）系统由于只有一个等待服务的队列和一个提供服务的设备，模型结构比较简单，但是在实际应用中非常广泛，如单台设备的加工中心、单个物流车的入库台、单窗口的零售店等。SQSS 系统中的事件主要有顾客到达事件和服务完毕事件两类，系统状态有队列长度和服务员状态。一般令到达事件为 E1，服务完毕事件为 E2，这两类事件所引起的系统状态变化，即事件例程，分别如图 4.3、图 4.4 所示。

在这类单队列单服务台模型中，时间控制子程序通过比较 E1 和 E2 两个事件发生时刻的先后关系，选择最先发生的事件并执行相应例程，若最先发生事件为顾客到达事件，则将仿真钟运行至顾客到达事件发生时刻，激活顾客到达事件例程 E1，否则将仿真钟运行至服务完毕事件发生时刻，激活服务完毕事件例程 E2。

顾客到达事件 E1 例程主要处理内容分为以下三部分。

（1）新到达顾客的处理，通过对服务台状态进行判断，确定顾客是立即获得服务还是需要进入队列等待。如果服务台空闲，则顾客直接接受服务，并更新服务完毕事件发生时刻；如果该顾客到达时服务员状态为忙，正在为其他顾客进行服务，则顾客将进入队列等待。

（2）下一顾客到达的处理，根据顾客到达时间间隔模式生成到达间隔时间，并确定下一个顾客到达事件发生时刻。

（3）统计数据处理，如果有必要，需要进行相关统计数据的处理。

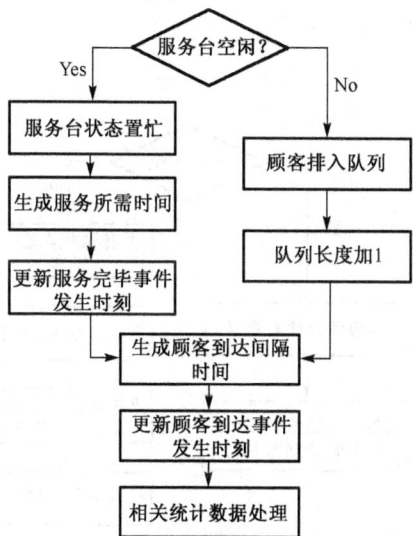

图 4.3　SQSS 顾客到达事件 E1 例程流程图　　图 4.4　SQSS 服务完毕事件 E2 例程流程图

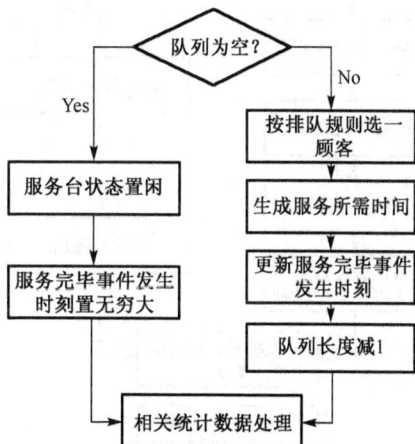

服务完毕事件 E2 例程主要处理内容分为以下两部分。

（1）服务员状态的处理，根据队列中是否具有排队顾客进行服务状态处理。如果队列中没有顾客，则服务员状态将由"忙"转为"闲"，并将下一服务完毕事件发生时刻置为无穷大（一般用一个比较大的常数 M 表示，只要该常数比仿真总时长大即可）。由于 E2 时刻被置为无穷大，后续最先发生的事件必然是顾客到达事件。如果队列中尚有顾客在排队，则按照排队规则提取一个顾客进行服务，此时服务员状态不变，仍然保持为"忙"。在服务员状态保持为"忙"的情况下，新的顾客接受服务，则需要根据服务时间函数确定下一服务完毕事件发生时刻，同时将队长减 1。

（2）统计数据处理，如果有必要，需要进行相关统计数据的处理。

4.3.2　单队列多服务台系统事件例程

在单队列单服务台系统中，如果服务台服务速度小于顾客的平均到达速率，则会导致顾客队列过长，此时新来顾客可能就不会再排入队列，造成顾客的流失。出现此种情况时，可通过提供多个并行工作的服务台来改善服务水平，即形成单队列多服务台（Single Queue Multiple Server，SQMS）排队系统。SQMS 在现行的生产和服务系统中非常常见，如一个生产计划对应的多个并行生产设备、一个仓储中心入库后配备了多个物流车、具有多窗口的（电信、移动或银行）营业厅的统一取号系统等，这些系统中只有一个队列，但是服务员（机器、设备）具有多个。图 4.5、图 4.6 是单队列多服务台系统的到达事件及服务完成事件发生时引起系统状态变化的处理流程图。与单队列单服务台系统相比，事件 E1 例程增加了"选出一空闲的服务台"处理过程，该过程的关键是确定如何从多台空闲设备中选出一台设备的选择算法，可参照队列的排队规则，采取先"空"先服务、后"空"后服务、优先级服务或随机服务等服务规则；事件 E2 例程是针对多个服务台中的最先发生服务完毕的服务台实体对象的，而非针对全部服务台实体对象的。

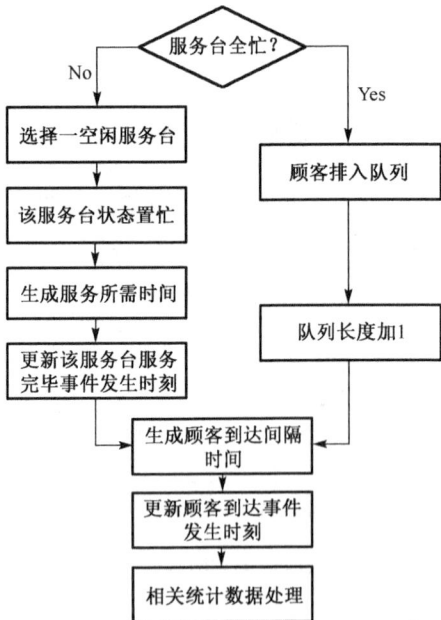

图 4.5　SQMS 顾客到达事件 E1 例程流程图　　图 4.6　SQMS 服务完毕事件 E2 例程流程

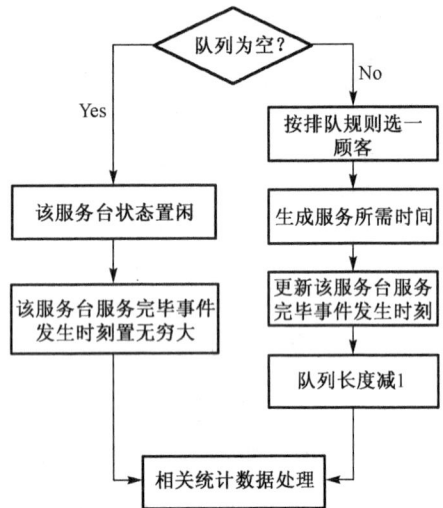

4.4　仿真模型的 Excel 实现

4.4.1　SQSS 系统手工仿真的 Excel 实现

例 4.1　考虑只有一个 ATM 机的银行自动存取款机器的网点，在某个时段顾客到达为等间隔到达，每 5 分钟到达一位顾客，前 6 位顾客使用 ATM 机器的时间（分钟）

分别为 3、3、3、7、7、7。可以看出顾客到达速率为每 5 分钟一位，且顾客服务时间平均值也为 5 分钟一位。使用仿真方法分析第 6 位顾客使用完 ATM 机器的时间及截至该时刻顾客的排队等待总时间和 ATM 机的利用率。

该示例仿真过程可以采用手工计算的方式实现，这里借助 Excel 表格进行仿真钟迈进、系统状态变化和发生事件的说明，具体如表 4.1 所示。

从仿真表格中可以看出，第 6 位顾客在第 36 分钟完成存取款。

（手工仿真 Excel 文件）

截至该时刻，总共有 8 位顾客到达 ATM 机处，第 1、2、3、4 位顾客都没有等待，来了之后直接可以使用 ATM 机，而后续的 4 位顾客都进行了等待，其中第 5 位顾客等待 2 分钟、第 6 位顾客等待 4 分钟、第 7 位顾客等待 6 分钟、第 8 位顾客等待 1 分钟，总等待时间为 13 分钟。截至第 36 分钟，ATM 机总共为前 6 位顾客进行了服务，总服务时间为 30 分钟，因此其利用率为 30/36 = 83.33%。

表 4.1 SQSS 型 ATM 机手工仿真 Excel 表格

仿真钟	队列长度	服务员状态	下一顾客到达时间	服务完毕时间	当前事件说明
0	0	闲	0	M	初始化
0	0	忙	5	3	E1：顾客 1 到达，顾客 1 接受服务
3	0	闲	5	M	E2：顾客 1 服务完毕
5	0	忙	10	8	E1：顾客 2 到达，顾客 2 接受服务
8	0	闲	10	M	E2：顾客 2 服务完毕
10	0	忙	15	13	E1：顾客 3 到达，顾客 3 接受服务
13	0	闲	15	M	E2：顾客 3 服务完毕
15	0	忙	20	22	E1：顾客 4 到达，顾客 4 接受服务
20	1	忙	25	22	E1：顾客 5 到达，顾客 5 排队
22	0	忙	25	29	E2：顾客 4 服务完毕，顾客 5 接受服务
25	1	忙	30	29	E1：顾客 6 到达，顾客 6 排队
29	0	忙	30	36	E2：顾客 5 服务完毕，顾客 6 接受服务
30	1	忙	35	36	E1：顾客 7 到达，顾客 7 排入队列
35	2	忙	40	36	E1：顾客 8 到达，顾客 8 排入队列
36	1	忙	40	—	E2：顾客 6 服务完毕，顾客 7 接受服务

虽然 SQSS 系统可以通过上述的手工仿真表格运行，能够获得重要的绩效指标数据，但是手工仿真需要逐步填表和计算，不太方便。在例 4.1 中假定了顾客到达等间隔和服务时间比较规整，都是一位整数，而实际排队系统顾客到达时间间隔及服务时长都具有一定的随机性，需要采用随机变量进行模拟表示，单个系统需要模拟运行多次方能获得系统的平均绩效指标，采用手工仿真方法的计算工作量和计算准确性都难以保证，所以一般采用依照事件调度法设定事件之间的公式关系，形成仿真 Excel 实验数据表。

4.4.2 SQSS 系统仿真的 Excel 实现

例 4.2 考虑只有一台入库叉车的仓储中心，被仓储物品由客户通过卡车送达仓储中心，然后该入库叉车将卡车上的货物卸载、运输和存放到仓库中对应的货架上。客户卡车到达入库点时，如果入库叉车空闲，则可以立即获得卸货；若果入库叉车正在为其他卡车卸货，则客户卡车进行排队等待，排队服务规则遵循 FIFO 原则。令客户卡车到达时间间隔服从均值为 5 分钟的指数分布、卸货入库的服务时间服从 $U(2, 8)$ 分钟的均匀分布。使用仿真方法分析入库叉车将第 100 辆卡车货物卸载入库后，该系统的相关绩效指标。

表 4.2 所示为使用 Excel 进行 SQSS 型仓储入库系统仿真模型的部分数据结果，该结果中的时间数值主要通过数据之间的关系公式来获得，而非采用手工计算的方式获得，具体公式参看 www.iescm.com 上的数据表格。

从表 4.2 中第一行可以看出，仿真数据表主要由 A—I 共 9 列组成，下面对各列数据生成或关系进行简要说明。

A：卡车编号，按顺序编码即可。

B：到达间隔时间（分钟），表示当前顾客卡车与下一顾客卡车到达时间间隔，该间隔时间需要服从均值为 5 分钟的指数分布，根据指数分布随机变量生成公式，设定该列各行单元格的公式为"=-5*LN(RAND())"。

（手工仿真 Excel 文件）

表 4.2 SQSS 型仓储中心入库流程 Excel 仿真表

A	B	C	D	E	F	G	H	I
		仿真钟		仿真钟		仿真钟		
卡车序号	到达间隔时间（分钟）	到达时刻	接受服务时长（分钟）	服务开始时刻	等待时长（分钟）	服务结束时刻	通过系统时间（分钟）	叉车空闲时间（分钟）
1	18.9	0	4.0	0.0	0.0	4.0	4.0	0.0
2	5.9	18.9	3.1	18.9	0.0	21.9	3.1	14.9
3	3.7	24.8	5.7	24.8	0.0	30.5	5.7	2.9
4	2.1	28.5	3.0	30.5	2.0	33.5	4.9	0.0
5	13.4	30.6	3.0	33.5	2.9	36.5	5.9	0.0
6	0.4	44.0	5.9	44.0	0.0	49.9	5.9	7.4
7	1.8	44.3	5.7	49.9	5.5	55.5	11.2	0.0
8	3.5	46.1	2.9	55.5	9.4	58.4	12.2	0.0
9	5.3	49.6	7.0	58.4	8.7	65.4	15.8	0.0
10	5.9	54.9	6.0	65.4	10.5	71.4	16.5	0.0
11	8.1	60.8	2.1	71.4	10.6	73.5	12.7	0.0
12	2.2	68.9	4.1	73.5	4.6	77.6	8.8	0.0
13	3.0	71.1	2.9	77.6	6.6	80.6	9.5	0.0
14	9.1	74.1	4.8	80.6	6.5	85.4	11.3	0.0
15	2.1	83.2	4.8	85.4	2.2	90.2	7.0	0.0
16	9.3	85.3	4.2	90.2	4.9	94.4	9.1	0.0

A	B		C	D	E	F		G	H	I
		仿真钟			仿真钟			仿真钟		
卡车序号	到达间隔时间（分钟）		到达时刻	接受服务时长（分钟）	服务开始时刻	等待时长（分钟）		服务结束时刻	通过系统时间（分钟）	叉车空闲时间（分钟）
17	10.2		94.6	4.6	94.6	0.0		99.2	4.6	0.2
18	0.6		104.9	2.9	104.9	0.0		107.8	2.9	5.6
19	1.9		105.5	7.0	107.8	2.3		114.8	9.4	0.0
20	18.6		107.4	4.5	114.8	7.5		119.3	12.0	0.0
…	…		…	…	…	…		…	…	…
100	2.2		0.0	3.1	0.0	0.0		3.1	3.1	0.0
最大	25.4		540.1	7.7	564.3	37.8		567.2	40.3	13.8
平均	5.5		284.3	4.8	295.7	11.4		300.4	16.2	0.9
总和	548.9		28429.6	479.1	29565.7	1136.1		30044.9	1615.3	88.1

C：到达时刻，表示当前顾客卡车到达系统的仿真钟，除了第一个顾客卡车在仿真钟 0 时刻到达外，其他顾客卡车的到达时间均为前一个顾客卡车到达时间+到达间隔时间，因此设定该列中第 i 行单元格的公式为"$= C_{i-1} + B_{i-1}$"。

D：接受服务时长（分钟），表示当前顾客卡车在入库处接受卸载入库服务的时间长度，需要满足 U(2,8)的均匀分布，根据均匀分布随机变量生成公式，设定该列中各行单元格的公式为"$= 2 + 6*RAND()$"。

E：服务开始时刻，表示当前顾客卡车接受卸载入库服务的开始时刻，应该为当前顾客卡车到达系统时间和前一顾客卡车服务结束时间中的最大值，即接受服务时间只有在当前顾客到达系统之后，而且前一个顾客已经服务完毕之后，因此设定该列中第 i 行单元格的公式为"$=MAX(C_i, G_{i-1})$"。

F：等待时长，表示当前顾客卡车在队列中等待的时间长度，等于该卡车开始接受卸载入库服务的时间与其到达系统时间的差值，因此设定该列中第 i 行单元格的公式为"$= E_i - C_i$"。

G：服务结束时刻，表示当前顾客卡车的服务完毕时间，等于开始接受服务时间与该顾客接受服务时长之和，因此设定该列中第 i 行单元格的公式为"$= E_i + D_i$"。

H：通过系统时间，表示当前顾客卡车在系统中滞留的总时间，为其进入系统到离开系统之间的时间间隔，即等于服务结束时刻减去其到达时刻，因此设定该列中第 i 行单元格的公式为"$= G_i + C_i$"。

I：叉车空闲时间，表示入库叉车在对当前顾客卡车服务之前与对前一个顾客卡车服务完毕之后这个时间段的空闲时间，等于当前顾客服务开始时间与前一顾客服务结束时刻之差，因此设定该列中第 i 行单元格的公式为"$= E_i - G_{i-1}$"。

表 4.2 下半部分是对于每一列数据的简单统计，包括最大值计算、平均值计算和总和的计算。从表 4.2 中的单次仿真实验统计结果可以直接看出，本次实验顾客卡车到达间隔时间均值为 5.5 分钟，大于其统计均值；每位顾客卡车卸载入库服务时间均值为 4.8 分钟，小于其统计均值；每位顾客卡车的平均等待时间为 11.4 分钟；叉车在对每辆顾客卡车进行服务之前平均有 0.8 分钟的空闲时间。从实验结果中还可以间接得出其他有意义的绩效指标。

注意：从实验结果可以看出，单次实验生成的输入参数（到达间隔和服务时长）随机数统计均值同随机变量的参数不相符，这是每次实验结果的随机性造成的，如果希望获得该系统的平均绩效指标，需要进行多次实验，然后对绩效指标求平均值。要进行多次随机实验，只需要在打开 Excel 仿真模型文件的基础上，按 F9 功能键即可。

通过设定这些单元格的关系式后，不论对多少辆顾客卡车进行仿真，都可以通过 Excel 单元格的简单操作来实现，能够保证仿真建模过程的简单性和结果的准确性，而且可以获得有价值的绩效指标。

SQSS 系统可以采用 Excel 表格仿真方法快速建模和进行仿真实验，但是若不采用进一步的编程，Excel 表格仿真难以解决单队列多服务台及多队列多服务台等复杂排队系统的仿真建模。

4.5 仿真模型的 Matlab 实现

4.5.1 SQSS 系统仿真的 Matlab 实现

运用事件调度法的基本思想可以在 Excel 表格中对简单的单队列单服务台系统进行仿真建模，但是对复杂的排队系统运用 Excel 表格建模不一定是高效的方法，因此可以借助于通用编程平台进行仿真建模。

下面以科学计算平台 Matlab 对例 4.2 的仓储中心入库流程仿真模型实现过程为例，进行事件调度法构建仿真模型的过程。

1．系统分析

在运用事件调度法建立 SQSS 仿真模型时，首先需要确定自变量和因变量及仿真目标。例 4.2 的仓储中心入库系统中自变量设定如下。

（1）顾客卡车到达时间间隔 x 服从参数为 5（分钟）的指数分布，即

$$f(x) = \frac{1}{5} \cdot e^{-\frac{x}{5}}$$

则 $x = -5\ln r$。

（2）叉车为每辆顾客卡车卸货入库服务的时间服从$[a, b]=[2, 8]$的均匀分布，即

$$f(x) = \begin{cases} \dfrac{1}{b-a} & a \leqslant x \leqslant b \\ 0 & \text{else} \end{cases}$$

则 $x = a + (b-a) \cdot r$。

（3）排队规则为 FIFO。

仿真目标设定为：

（1）了解卡车（顾客）的平均等待时间，最长等待时间；队列的平均长度和最长长度等；

（2）叉车（服务员）的忙闲程度；（考察业务量大小，以及一个服务员是否能够满足顾客的需求）。

2．程序设计

根据事件调度法的建模流程，设定该仿真模型中的参数、变量、子程序（函数），如表 4.3、表 4.4、表 4.5 所示。

表 4.3　模型参数名称及含义表

输入参数名	含义	控制参数名	含义
arriveMean	顾客达到间隔均值	simuClock	仿真钟
serveTimeMin	服务时长 a	totalCustomers	总服务顾客数
serveTimeMax	服务时长 b	nextEvent	下一事件编码

表 4.4　模型状态参数和统计变量名称及含义表

状态参数名	含义	统计变量名	含义
event1Time	顾客到达事件时间	comingCustomers	总到达顾客数
event2Time	服务完毕事件时间	servedCustomers	完成服务顾客数
queueLength	当前队列长度	eachArriveTime	每个顾客到达时间
serverStatus	服务员状态	eachLeaveTime	每个顾客离开时间
		eachServeTime	每个顾客服务时长
		eachServeStartTime	每个顾客开始服务时间
		eachQueueLength	每次队列长度
		eachQueueLengthStartTime	每次队长变化开始时间

表 4.5　子函数名及其用途说明表

子程序名	用途
initData	初始化子程序
timeUpdate	时间控制子程序
arriveProcess	事件子程序 1：顾客到达例程执行子程序
departProcess	事件子程序 2：服务完毕例程执行子程序
report	统计报表生成子程序
arriveInterval	产生服从指数分布的到达时间
serveTime	产生服从均匀分布的服务时间

运用 Matlab 进行 SQSS 仿真模型的构建，下面对主要程序结构及其作用进行详细说明。

主程序为事件调度法程序流程的 Matlab 实现，函数体内容如图 4.7 所示。函数体中第 1 行为参数和变量的初始化；第 2~9 行为 while 循环结构，进行仿真模型的迭代运行，直至服务完毕的顾客数量 servedCustomers 达到模型设定的服务顾客总数量 totalCustomers，其中 sqss 为通过 initData 生成的包含有全部参数和变量数组的结构体对象；第 3 行执行时间表扫描子函数，确定下一激活事件编码

（程序代码）

nextEvent；第 4～8 行根据下一激活事件编码选择执行顾客到达子函数或服务完毕顾客离开子函数；第 10 行进行统计报表生成和统计输出。

```
     function sqssMain()
1        sqss=initData();
2        while(sqss.servedCustomers<sqss.totalCustomers)
3            sqss=timeUpdate(sqss);
4            if sqss.nextEvent==1
5                sqss=arriveProcess(sqss);
6            else
7                sqss=departProcess(sqss);
8            end
9        end
10       report(sqss);
     end
```

图 4.7　SQSS 系统仿真模型主程序的 Matlab 编码

相关参数和变量初始化放入初始化子函数 initData()，该函数体内容如图 4.8 所示。该初始化子函数通过 struct 关键字设定了一个结构体，结构体中定义了全部参数和变量，并对其设定了初始值。

```
     function sqss=initData()
1        sqss=struct(...
             'simuClock',0,'totalCustomers',100,'nextEvent',0,...
             'arriveMean',5,'serveTimeMin',2,'serveTimeMax',8,...
             'event1Time',0,'event2Time',inf,...
             'queueLength',0,'serverStatus',0,...
             'comingCustomers',0,'servedCustomers',0,...
             'eachArriveTime',[],'eachLeaveTime',[],...
             'eachServeTime',[],'eachServeStartTime',[],...
             'eachQueueLength',[],'eachQueueStartTime',[]);
2        sqss.event1Time=arriveInterval(sqss.arriveMean);
     end
```

图 4.8　SQSS 系统仿真模型初始化子函数的 Matlab 编码

仿真运行的仿真钟控制过程由子函数 timeUpdata 实现，该函数体内容如图 4.9 所示。该时钟控制子函数通过比较事件 1 发生时刻 event1Time 和事件 2 发生时刻 event2Time 的先后关系，确定下一发生时刻编码，并将仿真时钟 simuClock 推进到最先发生事件的时间。

```
     function sOut=timeUpdate(sIn)
1        sOut=sIn;
2        if sIn.event2Time<sIn.event1Time
3            sOut.nextEvent=2;
4            sOut.simuClock=sIn.event2Time;
5        else
6            sOut.nextEvent=1;
7            sOut.simuClock=sIn.event1Time;
8        end
     end
```

图 4.9　SQSS 系统仿真模型时钟控制子函数的 Matlab 编码

SQSS 仿真模型的顾客到达事件例程由子函数 arriveProcess 实现，该函数体内容如图 4.10 所示。函数体内第 1 行确定函数返回的结构体 sOut 的结构复制自函数传递过来的参数 sIn；第 2 行确定下一顾客达到事件发生的时间；第 3 行更新到达系统顾客总数量；第 4 行为注释行；第 5 行将该顾客到达系统的时间记入到达时间数组 eachArriveTime；第 6～7 行实现叉车处于忙碌状态时，顾客进入队列，队列长度加 1；第 9～14 行实现叉车为空闲状态时顾客到达的处理过程；第 9 行将服务员（叉车）状态置为忙，第 10 行生成该卡车接受服务的服务时长；第 11 行确定叉车对该卡车卸货入库的服务完毕事件发生时刻；第 13 行将本次卡车接受服务时间记入卡车接受服务时间数组；第 14 行将当前仿真钟记入卡车接受服务开始时间数组；第 16 行将当前队列长度记入队长数组；第 17 行将当前队长发生起始时间记入队长发生时间数组。

```
       function sOut=arriveProcess(sIn)
1          sOut=sIn;
2          sOut.event1Time=sIn.simuClock+arriveInterval(sIn.arriveMean);
3          sOut.comingCustomers=sIn.comingCustomers+1;
4           % record this customer arrive time
5          sOut.eachArriveTime=[sOut.eachArriveTime;sIn.simuClock];
6          if sIn.serverStatus==1
7              sOut.queueLength=sIn.queueLength+1;
8          else
9              sOut.serverStatus=1;
10             midServeTime=serveTime(sIn);
11             sOut.event2Time=sIn.simuClock+midServeTime;
12             % update server time data
13             sOut.eachServeTime=[sOut.eachServeTime;midServeTime];
14              sOut.eachServeStartTime=[sOut.eachServeStartTime;sIn.simuClock];
           end
15         %  update queueLength data
16         sOut.eachQueueLength=[sOut.eachQueueLength;sOut.queueLength];
17         sOut.eachQueueStartTime=[sOut.eachQueueStartTime;sIn.simuClock];
       end
```

图 4.10　SQSS 系统仿真模型顾客到达子函数的 Matlab 编码

SQSS 仿真模型的顾客服务完毕事件例程由子函数 departProcess 实现，该函数体内容如图 4.11 所示。函数体内第 1 行确定函数返回的结构体 sOut 的结构复制自函数传递过来的参数 sIn；第 2 行更新服务完毕顾客总数量；第 4 行将该顾客离开系统的时间记入离开时间数组 eachLeaveTime；第 5～7 行实现服务完毕后，队列为空时的处理流程，即将服务员状态置为闲，服务完毕事件发生时间置为无穷大；第 9～17 行实现服务完毕后系统队列长度不为 0 时的处理过程；第 9 行将队列长度减 1；第 11～12 行将队长和队长发生时间记入对应的数组；第 13 行生成该卡车接受服务的服务时长；第 14 行确定叉车对该卡车卸货入库的服务完毕事件发生时刻；第 16 行将本次卡车接受服务时间记入卡车接受服务时间数组；第 17 行将当前仿真钟记入卡车接受服务开始时间数组。

```
      function sOut=departProcess(sIn)
1         sOut=sIn;
2         sOut.servedCustomers=sIn.servedCustomers+1;
3         % record this customer leave time
4         sOut.eachLeaveTime=[sOut.eachLeaveTime;sIn.simuClock];
5         if sIn.queueLength==0
6            sOut.serverStatus=0;
7            sOut.event2Time=inf;
8         else
9            sOut.queueLength=sIn.queueLength-1;
10        % update queueLength data
11        sOut.eachQueueLength=[sOut.eachQueueLength;sOut.queueLength];
12        sOut.eachQueueStartTime=[sOut.eachQueueStartTime;sIn.simuClock];
13           midServeTime=serveTime(sIn);
14           sOut.event2Time=sIn.simuClock+midServeTime;
15           % update server time data
16        sOut.eachServeTime=[sOut.eachServeTime;midServeTime];
17        sOut.eachServeStartTime=[sOut.eachServeStartTime;sIn.simuClock];
          end
      end
```

图 4.11　SQSS 系统仿真模型服务完毕子函数的 Matlab 编码

　　SQSS 仿真模型的统计报表功能由子函数 report 实现，该函数体内容如图 4.12 所示。该函数实现仿真结束后，根据统计变量直接或间接得出所需要的统计指标，并将其显示出来。第 1~3 行输出仿真结束提示字符串；第 4~11 行根据统计变量直接输出完成 100 辆卡车卸货所需的时间、进入系统的顾客总数量、完成服务的顾客数量、当前队列中排队的顾客数量；第 12~15 行分别运用求最大值函数 max 和求平均值函数 mean 从队长数组中提取队列的最大队长和平均队长；第 16~23 行分别获取已完成服务的顾客的平均通过系统时间、平均等待时间和最长等待时间；第 24~25 行输出当前在服务台上的顾客数量；第 26~27 行输出每位顾客的平均服务时间；第 28~30 行计算并输出服务台的忙率。

　　SQSS 仿真模型中的随机数发生器由两个子函数实现，分别为到达间隔的指数分布发生器和服务时间的均匀分布发生器，两个函数体非常简单，分别如图 4.13 和图 4.14 所示。

```
      function report(sIn)
1         disp('**************************************************');
2         disp('*****       simulation for SQSS is end      ****');
3         disp('**************************************************');
4         midStr=['simulation finish time(min): ' num2str(sIn.simuClock)];
5         disp(midStr);
6         midStr=['total in customer quantity: ' num2str(sIn.comingCustomers)];
7         disp(midStr);
8         midStr=['served customer quantity: ' num2str(sIn.servedCustomers)];
9         disp(midStr);
10        midStr=['now customer in queue:' num2str(sIn.queueLength)];
```

图 4.12　SQSS 系统仿真模型统计报表子函数的 Matlab 编码

```
11          disp(midStr);
12          midStr=['max queue length:' num2str(max(sIn.eachQueueLength))];
13          disp(midStr);
14          midStr=['average queue length:' num2str(mean(sIn.eachQueueLength))];
15          disp(midStr);
16          midData=mean(sIn.eachLeaveTime(1:sIn.servedCustomers)-sIn.eachArriveTime
                (1:sIn.servedCustomers));
17          midStr=['average through time(min):' num2str(midData)];
18          disp(midStr);
19          midData=sIn.eachServeStartTime(1:sIn.servedCustomers)-sIn.eachArriveTime
                (1:sIn.servedCustomers);
20          midStr=['average wait time(min):' num2str(mean(midData))];
21          disp(midStr);
22          midStr=['longest wait time(min):' num2str(max(midData))];
23          disp(midStr);
24          midStr=['now customer in server:' num2str(sIn.serverStatus)];
25          disp(midStr);
26          midStr=['average serve time(min):' num2str(mean(sIn.eachServeTime))];
27          disp(midStr);
28          midBeforeFinishTime=sIn.eachServeTime(sIn.eachServeStartTime<sIn.simuClock);
29          midStr=['server busy percent:' num2str(sum(midBeforeFinishTime)/
30              sIn.simuClock*100) '%'];
            disp(midStr);
        end
```

图 4.12　SQSS 系统仿真模型统计报表子函数的 Matlab 编码（续）

```
function interTime=arriveInterval(mean)
    interTime=-log(rand(1))*mean;
end
```

图 4.13　SQSS 系统仿真模型指数分布随机数子函数的 Matlab 编码

```
function serveTime=serveTime(sIn)
    serveTime=sIn.serveTimeMin+(sIn.serveTimeMax-sIn.serveTimeMin)*rand();
end
```

图 4.14　SQSS 系统仿真模型均匀分布随机数子函数的 Matlab 编码

　　这里采用自定义的方式获取指数分布和均匀分布的随机数，实际上 Matlab 平台本身带有产生各种常见随机分布的随机数的函数，在仿真建模过程中可以直接使用。

3．仿真结果及分析

　　通过上述程序进行单次仿真实验，可以得到的实验结果如下所示。

```
**************************************************
*****       simulation for SQSS is end      ****
**************************************************
simulation finish time(min): 614.6158
total in customer quantity: 106
served customer quantity: 100
now customer in queue:5
```

```
max queue length:7
average queue length:2.4074
average through time(min):15.0132
average wait time(min):9.8801
longest wait time(min):29.0568
now customer in server:1
average serve time(min):5.1362
server busy percent:84.3112%
```

同单次仿真实验输出的统计结果看，每辆卡车卸载入库所需时间平均为 5.1362 分钟，而平均等待时间为 9.8801 分钟，物流叉车的忙率为 84.3112%。因为在工业设计中，设备利用率一般设定在 80%左右，因此如果顾客对等待时间不太敏感，物流叉车配备数量是合适的。当然这是单次实验的结果，如果进行多次实验，结果则可能大不相同。请自行进行多次实验，并观察和分析实验结果。

4.5.2 SQMS 系统仿真的 Matlab 实现

1．建模概述

在上述单队列单服务台的仓储中心入库流程仿真模型中，通过实验可以看出，顾客卡车等待时间通常在服务时间 2 倍以上。为了提高对顾客的响应速度，希望顾客平均等待时间降低至 5 分钟以下，仓储中心管理人员讨论再配置一台物流叉车，但是不知道重新配置一台物流叉车对系统绩效的影响究竟如何，因此希望通过仿真的方法进行实验并辅助决策。

下面采用 Matlab 编写仿真程序并进行仿真实验。为了反映和体现每次实验结果的随机波动性，如下模型设定为可以进行多次仿真实验，并将每次实验结果记录下来，以便进行对比。

由于仿真模型采取的策略同 SQSS 模型相同，均为事件调度法，而且系统流程的变化仅体现在服务叉车数量方面，因此整个模型结构和变量同 4.5.1 节中的仿真模型基本相同。这里对系统分析、程序设计中的变量和函数说明不再赘述，具体参看 4.5.1 节。两个模型不同之处在于 SQMS 中增加了每次实验结果的记录变量 rptExperiments 及结果记录函数 reportData，具体在程序解说中加以说明。

2．程序设计

下面对 SQMS 中的主要函数程序进行解说。

SQMS 仿真模型主程序总体结构同 SQSS 基本相同，程序内容如图 4.15 所示。不同之处：在第 1 行增加了控制仿真次数的控制变量 experimentTimes；在第 2 行定义了记录每次仿真结果的变量数组 rptExperiments；在第 13 行调用 reportData 函数将本次仿真结果处理并存放到实验结果数组 rptExperiments 中；在第 14～16 行设定将第一次

（仿真程序源代码）

仿真实验的结果输出到屏幕上；在第 19 行将实验结果数组 rptExperiments 全部显示出来。

```
         function sqmsMain()
1          experimentTimes=10;
2          rptExperiments=zeros(12,experimentTimes);
3          for expII=1:experimentTimes
4            sqms=initData();
5            while(sqms.servedCustomers<sqms.totalCustomers)
6                sqms=timeUpdate(sqms);
7                if sqms.nextEvent==1
8                    sqms=arriveProcess(sqms);
9                else
10                   sqms=departProcess(sqms);
11               end
12           end
13           rptExperiments(:,expII)=reportData(sqms);
14           if expII==1
15             reportPrint(sqms);
16           end
17         end
18         disp('================================================');
19         rptExperiments
         end
```

图 4.15　SQMS 系统仿真模型主程序的 Matlab 编码

SQMS 仿真系统初始化函数内容如图 4.16 所示。初始化设计的结构体结构同 SQSS 仿真模型的 initData 函数中的结构体定义基本相同，不同之处在于增加了一个服务台数量的变量 serverQty，而服务完毕事件发生时间则不是一个变量，而是一个变量数组（第 3 行程序设定），服务台状态也不再是单个数字的变量，而是一个变量数组（第 4 行程序设定）。

```
         function sqms=initData()
1          sqms=struct(...
                'simuClock',0,'totalCustomers',100,'nextEvent',0,...
                'arriveMean',5,'serveTimeMin',2,'serveTimeMax',8,...
                'serverQty',2,'event1Time',0,'event2Time',0,...
                'queueLength',0,'serverStatus',0,...
                'comingCustomers',0,'servedCustomers',0,...
            'eachArriveTime',[],'eachLeaveTime',[],...
            'eachServeTime',[],'eachServeStartTime',[],'eachServeId',[],...
                'eachQueueLength',[],'eachQueueStartTime',[]);
2          sqms.event1Time=arriveInterval(sqms.arriveMean);
3          sqms.event2Time=inf*ones(1,sqms.serverQty);
4          sqms.serverStatus=zeros(1,sqms.serverQty);
         end
```

图 4.16　SQMS 系统仿真模型初始化子函数的 Matlab 编码

SQMS 仿真模型的时间控制子函数内容如图 4.17 所示。该时钟控制子函数通过比较顾客到达事件发生时刻 event1Time 和全部服务台服务完毕事件中最先发生事件发生时刻之间的先后关系，因此在第 2 行先找到全部服务完毕事件发生时间 event2Time 中的最小值 earlyEvent2Time 及其对应的服务台编号（叉车编号）earlyServerId，然后比较 earlyEvent2Time 和 event1Time 的值，确定下一发生时刻编码，并将仿真时钟 simuClock 推进到最先发生事件的时间。

当最先发生的事件为服务完毕事件时，执行第 4~5 行，其中第 4 行将下一激活事件编码等于对应服务台编码加 1，这是控制 nextEvent=1 表示顾客到达事件，nextEvent>1 则表示服务完毕事件，同时能够映射到是哪一台叉车服务完毕。

```
      function sOut=timeUpdate(sIn)
1         sOut=sIn;
2         [earlyEvent2Time,earlyServerId]=min(sIn.event2Time);
3         if earlyEvent2Time<sIn.event1Time
4             sOut.nextEvent=earlyServerId+1;
5             sOut.simuClock=earlyEvent2Time;
6         else
7             sOut.nextEvent=1;
8             sOut.simuClock=sIn.event1Time;
9         end
      end
```

图 4.17　SQMS 系统仿真模型时钟控制子函数的 Matlab 编码

SQMS 仿真模型顾客达到事件例程如图 4.18 所示。该函数体实现顾客到达事件例程中的处理流程，基本同于 SQSS 的顾客到达事件例程。不同之处在于：第 7 行判断是否有服务台的状态为空闲，并在第 8 行根据该判断执行分支处理流程；第 11 行获取空闲的服务叉车的编号；第 12 行将该空闲叉车状态置忙；第 14 行更新该空闲叉车的服务完毕事件时间；第 18 行记录当前顾客所使用的服务叉车编号。

SQMS 仿真模型服务完毕事件例程如图 4.19 所示。该函数体实现服务完毕事件例程中的处理流程，基本同于 SQSS 的服务完毕事件例程。不同之处是需要区别出服务叉车对象的编号：第 2 行根据仿真模型下一事件编码 nextEvent 确定当前服务完毕的叉车编号；第 7~8 行是在队列为空时，该编号的叉车状态和服务完毕时间的更新；第 15 行为顾客队列不为空，该编号叉车需要进行一个卡车卸载服务的过程，更新该服务叉车的服务完毕事件时间；第 19 行记录当前被服务卡车所使用的叉车编号。

SQMS 仿真模型的统计功能如图 4.20 所示。该统计报表函数执行流程和功能基本同于 SQSS 中的 report 函数，不同之处在于 SQMS 中的 reportPrint 函数需要计算出每台叉车的忙率，实现过程代码为第 31~38 行，其中第 32~33 行累积每台叉车的总服务时间，第 36 行计算每台叉车的忙率百分比。

```
        function sOut=arriveProcess(sIn)
1           sOut=sIn;
2         sOut.event1Time=sIn.simuClock+arriveInterval(sIn.arriveMean);
3           sOut.comingCustomers=sIn.comingCustomers+1;
4           % record this customer arrive time
5           sOut.eachArriveTime=[sOut.eachArriveTime;sIn.simuClock];
6           %judge if there have any idle server
7           [~,isIdleId]=find(sIn.serverStatus==0);
8           if sum(isIdleId)==0  %cannot get any idle server machine
9               sOut.queueLength=sIn.queueLength+1;
10          else
11              choseServerId=isIdleId(1);
12              sOut.serverStatus(choseServerId)=1;
13              midServeTime=serveTime(sIn);
14              sOut.event2Time(choseServerId)=sIn.simuClock+midServeTime;
15              % update server time data
16              sOut.eachServeTime=[sOut.eachServeTime;midServeTime];
17              sOut.eachServeStartTime=[sOut.eachServeStartTime;sIn.simuClock];
18              sOut.eachServeId=[sOut.eachServeId;choseServerId];
19          end
20          % update queueLength data
21          sOut.eachQueueLength=[sOut.eachQueueLength;sOut.queueLength];
22          sOut.eachQueueStartTime=[sOut.eachQueueStartTime;sIn.simuClock];
        end
```

图 4.18 SQMS 系统仿真模型顾客到达子函数的 Matlab 编码

```
        function sOut=departProcess(sIn)
1           sOut=sIn;
2           choseServerId=sIn.nextEvent-1;
3           sOut.servedCustomers=sIn.servedCustomers+1;
4           % record this customer leave time
5           sOut.eachLeaveTime=[sOut.eachLeaveTime;sIn.simuClock];
6           if sIn.queueLength==0
7               sOut.serverStatus(choseServerId)=0;
8               sOut.event2Time(choseServerId)=inf;
9           else
10              sOut.queueLength=sIn.queueLength-1;
11              % update queueLength data
12            sOut.eachQueueLength=[sOut.eachQueueLength;sOut.queueLength];
13              sOut.eachQueueStartTime=[sOut.eachQueueStartTime;sIn.simuClock];
14              midServeTime=serveTime(sIn);
15              sOut.event2Time(choseServerId)=sIn.simuClock+midServeTime;
16              % update server time data
17              sOut.eachServeTime=[sOut.eachServeTime;midServeTime];
18              sOut.eachServeStartTime=[sOut.eachServeStartTime;sIn.simuClock];
19              sOut.eachServeId=[sOut.eachServeId;choseServerId];
20          end
        end
```

图 4.19 SQMS 系统仿真模型服务完毕子函数的 Matlab 编码

```
            function reportPrint(sIn)
1               disp('************************************************');
2               disp('*****      simulation for SQMS is end      ****');
3               disp('************************************************');
4               midStr=['simulation finish time(min): ' num2str(sIn.simuClock)];
5               disp(midStr);
6               midStr=['total in customer quantity: ' num2str(sIn.comingCustomers)];
7               disp(midStr);
8               midStr=['served customer quantity: ' num2str(sIn.servedCustomers)];
9               disp(midStr);
10              midStr=['now customer in queue:' num2str(sIn.queueLength)];
11              disp(midStr);
12              midStr=['max queue length:' num2str(max(sIn.eachQueueLength))];
13              disp(midStr);
14              midStr=['average queue length:' num2str(mean(sIn.eachQueueLength))];
15              disp(midStr);
16              midData1=mean(sIn.eachLeaveTime(1:sIn.servedCustomers)-sIn.eachArriveTime
                   (1:sIn.servedCustomers));
17              midStr=['average through time(min):' num2str(midData1)];
18              disp(midStr);
19              midData1=sIn.eachServeStartTime(1:sIn.servedCustomers)-sIn.eachArriveTime
                   (1:sIn.servedCustomers);
20              midStr=['average wait time(min):' num2str(mean(midData1))];
21              disp(midStr);
22              midStr=['longest wait time(min):' num2str(max(midData1))];
23              disp(midStr);
24              midStr=['now customer in server:' num2str(sIn.serverStatus)];
25              disp(midStr);
26              midStr=['average serve time(min):' num2str(mean(sIn.eachServeTime))];
27              disp(midStr);
28              midFinishTime1=sIn.eachServeTime(sIn.eachServeStartTime<sIn.simuClock);
29              midStr=['average server busy percent:' num2str(sum(midFinishTime1)/
                   sIn.serverQty/sIn.simuClock*100) '%'];
30              disp(midStr);
31              busyingTime=zeros(1,sIn.serverQty);
32              for i=1:sIn.serverQty
33                myWork=sIn.eachServeTime(sIn.eachServeId==i);
34                busyingTime(i)=sum(myWork);
35              end
36              busyPercent=busyingTime/sIn.simuClock*100;
37              midStr=['each server busy percent:' num2str(busyPercent) '%'];
38              disp(midStr);
            end
```

图 4.20   SQMS 系统仿真模型统计报表子函数的 Matlab 编码

　　模型中的两个产生随机变量的函数 arriveInterval 和 serveTime 同于 SQSS 系统中的这两个函数，这里不再赘述。

3. 仿真结果及分析

当设定通过上述程序进行仿真实验，可以得到第一次随机实验的结果如下所示。

```
*************************************************
*****      simulation for SQMS is end      ****
*************************************************
simulation finish time(min): 448.3527
total in customer quantity: 101
served customer quantity: 100
now customer in queue:0
max queue length:4
average queue length:1.0476
average through time(min):6.9815
average wait time(min):2.0062
longest wait time(min):9.9696
now customer in server:0  1
average serve time(min):4.9475
average server busy percent:55.7262%
each server busy percent:62.5662      48.8861%
```

可以得到 10 次仿真实验结果的统计表如表 4.6 所示。

表 4.6　SQMS 仿真模型 10 次实验结果统计表

实验次数	结束时间	到达顾客数	离开顾客数	排队顾客数	最大队长	平均队长	平均通过系统时间	平均等待时间	最长等待时间	正在服务顾客数	平均服务时间	平均忙率%
1	448	101	100	0	4	1.05	6.98	2.01	9.97	1	4.9	55.7
2	554	103	100	1	5	0.76	6.27	1.19	11.91	2	5.1	46.4
3	478	100	100	0	3	0.36	5.92	0.70	6.48	0	5.2	54.6
4	508	102	100	0	3	0.39	5.82	0.74	5.46	2	5.1	50.7
5	572	102	100	0	4	0.38	5.52	0.67	6.21	2	4.8	42.7
6	535	101	100	0	2	0.20	5.30	0.39	6.46	1	4.9	46.3
7	466	102	100	0	4	0.58	5.98	0.98	7.33	2	5.0	54.4
8	550	101	100	0	3	0.56	6.06	1.00	6.85	1	5.1	46.5
9	501	101	100	0	4	0.42	5.73	0.70	7.92	1	5.0	50.8
10	561	101	100	0	2	0.28	5.45	0.52	5.95	1	4.9	44.4
均值	517	101.4	100	0.10	3.40	0.50	5.90	0.89	7.45	1.30	5.0	49.3
标准差	43	0.8	0	0.32	0.97	0.25	0.48	0.46	2.01	0.67	0.1	4.6

通过 10 次仿真实验可以看出，顾客平均等待时间为 0.89 分钟，低于单次平均服务时间 5 分钟，因此，如果以降低顾客等待时间至一倍服务时间为目标，添加一台物流叉车可以很好地实现该管理目的。

思考题

1. 在一个只有一个店员的五金店中，顾客不断进入门店，咨询、选择和购买五金产品，店员解答、查找、提供五金产品。顾客到达门店时，如果没有其他顾客，则该顾客直接可以同店员进行交流，并购买产品；如果有其他顾客，则该顾客排队等待，排队规则服从 FIFO。在某个时段第一个顾客到达之后，其他顾客同前一顾客到达间隔时间分别为 4、8、3、2、5、9、2、10 分钟，店员对每位顾客的服务时间分别为 7、3、9、3、4、8、9、2、1、6 分钟。使用手工仿真方法分析店员对第 7 位顾客服务完毕的时间，以及截至该时刻顾客的排队等待总时间和店员忙率。

2. 校园快递网点中来提取快件的顾客到达时间间隔服从均值为 2 分钟的指数分布，网点唯一的工作人员为每位顾客查找并交付快递的服务时间服从（1.5,2,4）分钟的三角分布，试通过 Excel 构建该网点的仿真模型，统计服务完成 200 位顾客时，这些顾客的平均等待时间、网点工作人员的忙率、最大队列长度等指标。

3. 修改例 4.2 的 SQSS 的 Matlab 程序，实现程序能够自动输出发生最大队长所对应的仿真时间。

4. 假设例 4.2 中的客户卡车到达仓储中心的间隔时间服从均值为 5 分钟的指数分布，物流叉车对每辆卡车卸货服务时间服从均值为 6 分钟、均方差为 8 分钟的正态分布，试修改例 4.2 的 SQSS 的 Matlab 程序，实现该种情况下的仿真模型，并运行和分析结果。

5. 在一个物流中心有 10 台物流配送车，用于将货物配载并运送给城市的客户。假设当前物流中心有 200 车货物需要配载运送，这些货物的运送不考虑先后顺序，车辆运送一车货物所进行的装载、运输、运货和返程时间服从（30,60）分钟的均匀分布，试运用 Maltab 建立仿真模型，统计全部货物运送完毕的所需时间、货物在物流中心存储等待的平均时间和最长时间。

6. 某家庭作坊企业只有一台加工车床用于加工零部件，每天能够接受到该零部件订单为 3~7 个，每个订单中零件数量或者为 20、40、60 件，每件产品车床加工时间为 5 分钟，试构建仿真模型分析该作坊一天一班（480 分钟）、两班（960 分钟）的系统绩效。仿真时长为 10 天，系统绩效指标可以考虑车床忙率、订单等待时间、订单待加工队列平均长度等。

（章节自测题）

第5章 Witness 仿真系统建模基础

Witness 是由英国 lanner 公司推出的功能强大的仿真软件系统。它可以用于离散事件系统的仿真，同时又可以用于连续流体（如液压、化工、水力）系统的仿真。目前已被成功运用于国际 3000 多家知名企业的解决方案项目，如 Airbus 公司的机场设施布局优化、BAA 公司的机场物流规划、BAE SYSTEMS 电气公司的流程改善、Exxon 化学公司的供应链物流系统规划、Ford 汽车公司的工厂布局优化和发动机生产线优化、Trebor Bassett 公司的分销物流系统规划等。Lanner 公司已经在包括澳大利亚、巴西、法国、德国、中国、意大利、日本、韩国、南非、美国、英国等 25 个国家和地区设立代理，负责软件的推广和技术支持等工作。

Lanner 公司网址：www.lanner.com

北京惠特尼斯科技发展有限公司：www.witness-china.com

5.1 Witness 用户界面

为了顺利地使用 Witness 系统，在这一节将介绍 Witness 的窗口环境和 Witness 窗口的基本操作。

当正常启动 Witness 系统后，首先进入的是 Witness 系统的主屏幕界面，如图 5.1 所示，该界面根据 Witness 版本的不同会有所区别，但是主要内容不变。

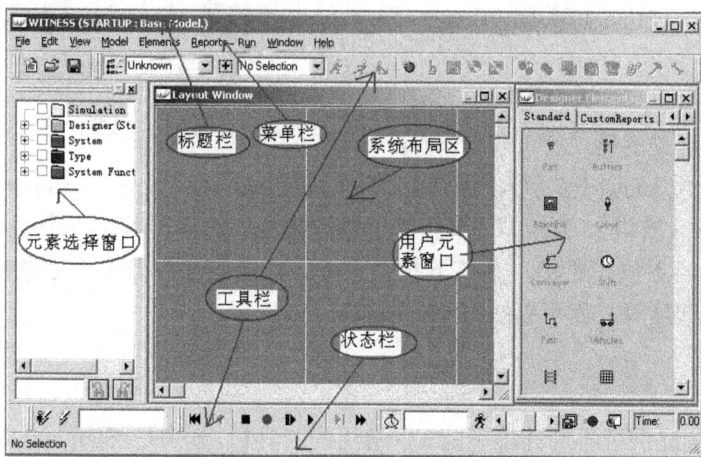

图 5.1 Witness 系统主屏幕界面

从图 5.1 上可以看出，Witness 系统的界面，是由标题栏、菜单栏、工具栏、元素选择窗口、状态栏、用户元素窗口和系统布局区组成的。下面对每一部分的功能加以介绍。

5.1.1 标题栏

标题栏位于屏幕界面的第一行，包括系统程序图标、主屏幕标题、最小化按钮、最大化按钮和关闭按钮 5 个对象。

1．系统程序图标

单击 Witness 系统程序图标，可以打开窗口控制菜单，在窗口控制菜单下，可以移动屏幕并改变屏幕的大小。双击系统程序图标，可以关闭 Witness 系统。

2．主屏幕标题

主屏幕标题由两部分组成，前一部分是系统的名称，即"Witness"，后一部分是当前打开的模型的标题，可以根据不同的模型进行修改设置。设置方法是打开"Model"菜单，选择"Title"选项，在弹出的标题设置对话框中进行设置。模型标题设置对话框如图 5.2 所示。

在模型标题设置对话框的"General"页框下，设置模型的名称（Name）、标题（Title）、作者（Author）等信息。模型名称和标题将显示在主屏幕标题栏上。

3．最小化按钮

单击"最小化"按钮，可将系统的屏幕缩小成图标，并存放在 Windows 桌面底部的任务栏中。

4．最大化按钮

单击"最大化"按钮，可将系统的屏幕定义为最大窗口。

5．关闭按钮

单击"关闭"按钮，可关闭 Witness 系统。

5.1.2 菜单栏

菜单栏位于屏幕的第二行，包含：File（文件）、Edit（编辑）、View（显示）、Model（模型）、Elements（元素）、Reports（报表）、Run（运行）、Window（窗口）、Help（帮助）9 个菜单选项。当单击其中一个菜单选项时，就可以打开一个对应的下拉式菜单，在该下拉式菜单下，通常还有若干个子菜单选项，当选择其中一个子菜单选项时，就可以执行一个操作。

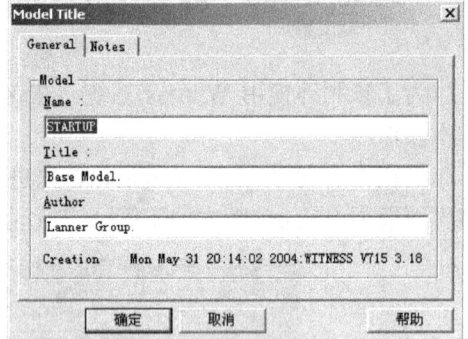

图 5.2　模型标题设置对话框

5.1.3 工具栏

Witness 系统提供了不同环境下的 8 种常用的工具栏，分别是：Standard、Model、Element、Views、Run、Reporting、Assistant、Display Edit。激活其中一个工具栏，即在屏幕上显示出一行相应的工具栏，用鼠标将其拖放到合适的位置，就可以使用这个工具栏提供的相应工具进行某些操作。

激活工具栏使用 View/Toolbars 菜单，然后选中相应的菜单即可。

5.1.4 元素选择窗口

在元素选择窗口中，有 5 项内容：Simulation、Designer、System、Type、System Function。其中 Simulation 中将显示当前建立的模型中的所有元素列表；Designer 中显示当前 Designer Elements 中的所有元素列表；System 中显示系统默认的特殊地点；Type 中显示 Witness 系统中可以定义的所有元素类型；System Function 中显示 Witness 系统中可以定义的所有函数类型。

该窗口的显示和隐藏可以使用 View/Element Selector 菜单，或者使用 Element 工具栏中的 按钮。

5.1.5 状态栏

状态栏位于屏幕的最底部，用于显示某时刻的工作状态或鼠标光标位置的工具栏按钮的作用。

5.1.6 用户元素窗口（Designer Elements）

系统提供的默认用户元素窗口中提供了各种元素的可视化效果的定义，不过在建模过程中，当这些缺省设置并不能很好地表示实际系统时，用户可以在该窗口定义自己的相关元素的名称、可视效果等，保存以便日后的使用。定义方法：用鼠标右击页框标题，将出现弹出式菜单，其中有"Add New Designer Group"、"Rename Designer Group"、"Delete Designer Group"、"Load Designer Group"菜单项，可以进行添加新页框、重命名本页框、删除本页框、加载原有设计元素组等操作。向页框中添加自定义元素的步骤一般也分为 Define、Display、Detail 三步。页框的背景色设置与系统布局窗口背景色的设置相同。自定义元素设定完毕后，需要保存成*.des 文件，通过 File/Save As 菜单，然后选定文件类型为 Designer Element Files(*.des)，输入文件名即可。

5.1.7 系统布局区

系统布局区也叫系统布局窗口，在系统布局窗口中，设置实际系统构成元素的可视化效果及它们的二维相对位置，可以清楚地显示实际系统的平面布局图。Witness 一共提供了 8 个窗口，可以通过这些窗口，使仿真项目以不同的角度显示其可视化效果。

对系统布局窗口的设置主要有三项内容：添加元素、设置窗口名称及窗口背景色。如何添加元素将在本章最后一部分介绍。设置窗口名称及窗口背景色可以通过选择菜单项 Window/Control…弹出如图 5.3 所示的窗口控制对话框。在 Name 下的文本框中输入窗口的名称；单击 Background Color 下的颜色按钮，在弹出的调色板中选定背景颜色；选择 Zoom 中的比例可以放大或缩小布局窗口中元素的尺寸。

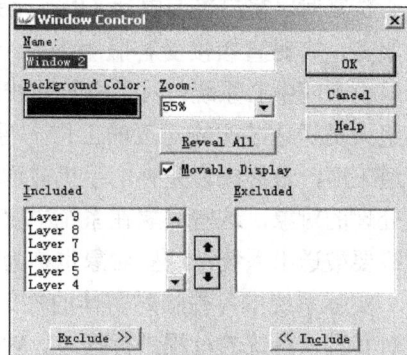

图 5.3 窗口控制对话框

5.2　Witness 建模元素

现实的商务或事物系统总是由一系列相互关联的部分组成的，如制造系统中的原材料、机器设备、仓库、运输工具、人员、加工路线或运输路线等，服务系统中的顾客、服务台、服务路线等。Witness 软件使用与现实系统组成对象相同的元素构建相应的模型，通过运行一定的时间来模拟系统的绩效。模型中的每个部件被称为元素（Element）。该仿真软件主要通过如下 5 类元素来构建现实系统的仿真模型：离散型元素、连续型元素、运输逻辑型元素、逻辑型元素、图形元素。

5.2.1　离散型元素

离散型元素是为了表示所要研究的现实系统中可以看得见的、可以计量个数的物体，一般用来构建制造系统和服务系统等。主要包括：零部件（Part）、机器（Machine）、输送链（Conveyor）、缓冲区（Buffer）、车辆（Vehicle）、轨道（Track）、劳动者（Labor）、路径（Path）、模组（Module）。

1．零部件（Part）

零部件是一种最基本的离散型元素，可以模拟在其他离散型元素间移动、储存和被处理的任何事物，在 Witness 中使用图标 ▼ 表示。Witness 中的零部件表述的是一个广义的概念，既可以模拟生产系统中进行机械加工、装配、制造的零部件和微型电子元件等，也可以模拟销售过程中的产品、大公司全程处理的项目、电话交流中一个的呼叫请求、超市中川流不息的顾客、医院中的病人、机场上的行李等。Witness 中零部件模拟的事物在系统中总是从一个地点到达另一个地点，最终被直接送出系统，或者成为最终装配品的一部分而送出系统。例如：对一个零售店进行仿真时，被销售产品（Part 元素）总是先存放在货架上，一旦有顾客需求，则被用于满足顾客需求而被顾客带出系统；对中国移动 10086 电话呼叫中心仿真时，客户咨询电话（Part 元素）不断到达呼叫中心，有时需要排入队列等待客服人员服务，有时直接接受客服服务，经过一定时间的客服应答之后，客户咨询电话下线，也即退出呼叫中心系统；对手机装配线进行仿真时，手机屏幕、键盘等（Part 元素）不断由物料组人员送达装配线对应的工位上暂存，然后逐件被装配到手机主板上，通过输送链送入下道工序，最终成为完整的手机被送出装配线。Part 元素可以模拟实际系统中那些被加工、被处理的对象，这些对象在系统中仅仅存放特定长度时间（加工、存储和运输时间之和），最终要被送出系统，这些对象也称为临时实体。

实际系统中各种临时实体的零部件进入系统的方式各具特色，但是都可以通过三种方式对其进入系统的过程进行描述。Wintess 为零部件进入系统模型设计了三种主要方式。

（1）被动式（Passive）：只要有需要，零部件可以无限量进入模型。例如，在生产型企业中，一些零部件堆放在仓库中，当生产需要时，可以随时把它取出来供应生产。

（2）主动式（Active）：零部件可以间隔固定的一段时间（如每隔 10 分钟）进入模型；可以按照一定的随机分布进入模型，如顾客到达商店的时间间隔服从均匀分布；也可以经验分布的时间间隔（如 10 分钟、20 分钟、30 分钟）到达模型中。

（3）特殊规则的主动式（Active with profile）：例如，一个餐馆，有 50 位顾客（零部件）在上午 8:00 到达那里，有 10 位顾客在上午 8:01 至 11:59 到达那里，有 50 位顾客在中午 12:00 到达，那里有 50 位顾客在 12:30 到达那里，等等，每星期都如此。在该方式中，可以使用 Active with profile 方式对零部件到达模型的时间、时间间隔、到达最大数量等选项进行设置。

Witness 零部件类型元素的细节设计对话框中提供了以上三种方式的设计，如图 5.4 所示。

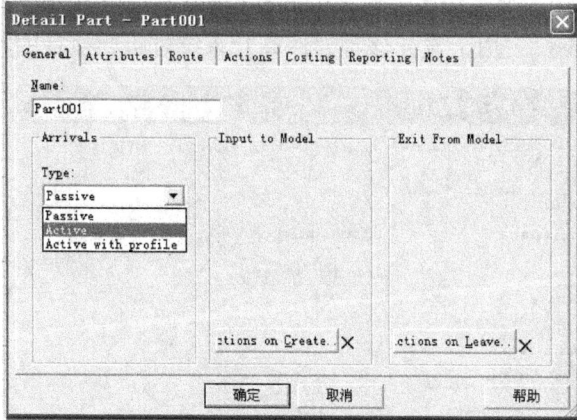

图 5.4　零部件类型元素的细节设计对话框

零部件以何种方式进入模型需要根据其所模拟的实际对象进入实际系统的模式来确定。例如：在使用仿真研究银行营业柜台开放时间和数量对服务效率的影响时，到银行营业厅的顾客将使用零部件类型的元素来模拟。由于在实际系统中，顾客是主动到达银行营业厅的，可以很容易想到顾客元素进入模型的方式为主动式，但是如何确定顾客进入模型服从的规律呢？基于排队论理论，顾客到达系统的间隔时间是服从特定随机分布的，极大可能性服从指数分布，但是对于这里研究的银行营业厅系统，顾客到达是否服从指数分布？假若顾客到达间隔时间服从指数分布，那么这个指数分布的均值为多少？这些问题都需要在建模之前通过收集实际系统数据，进行统计拟合和假设检验来解决，具体实现方法参看本书第 2 章及相关统计学教程。

对于各种类型的零部件元素在建模过程中需要进行相关细节项目的设计，以实现其模拟的实际对象的数据特征和行为特性，这些细节设计在 Witness 仿真建模中称为元素细节设计（Detail Design）。零部件细节设计过程是通过该元素的细节设计对话框完成的，下面以主动式零部件元素细节设计进行说明（其他两种类型零部件元素细节设计对话框参看后续示例教程部分），对话框如图 5.5 所示。

主动式零部件细节设计对话框 General 页面项目说明：

● Maximum：零部件进入系统的总量限制，如果没有总量限制，请保留为缺省值 Unlimited；如果有总量限制，在其下方的文本框中输入限制的数量；

● First Arrival：第一批零件进入模型的时间点，缺省情况下第一批零件在 0 时刻进入模型；

● Shift：设定零部件进入系统的班次情况；

- Inter Arrival：前后两批零件的到达间隔时间，可以是常量、变量或具有实数返回值的函数，或是这些类型数据组成的实数表达式，注意不能为负数；
- Lot Size：每批到达零件的批量；
- To...：用于设计该零部件进入系统后的去向，例如，进入某个队列，或直接进入某个车床上进行加工等；
- Actions on Create...：用于设计该零部件对象创建时所要执行的相关操作，可以是数据的计算，或者改变系统其他对象的属性等；
- Actions on Leave...：用于设计该零部件离开系统时所要执行的相关操作。

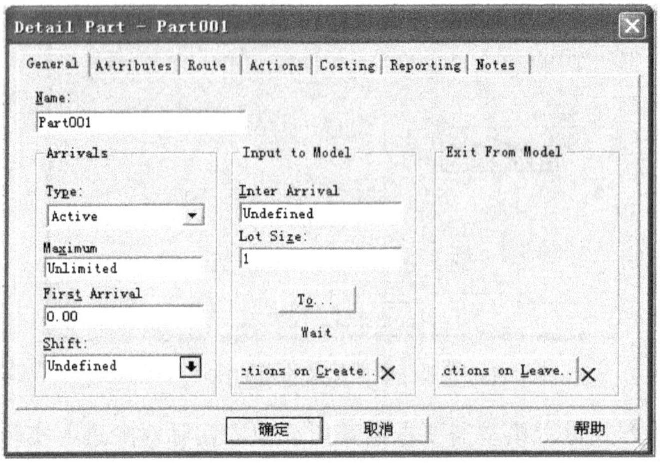

图 5.5　主动式 Active 零部件元素细节设计对话框

2. 机器（Machine）

机器（Machine）是用于模拟实际系统中获取、处理零部件对象并将其送往特定地点的对象或过程的离散型元素，在 Witness 中使用图标 表示。Witness 中的机器也是一个广义的概念，可以模拟实际生产制造系统中的特定机器设备，也可以模拟提供相关服务的柜台。例如，机器可以代表有装载、旋转、卸载、空闲和保养这五个状态的一台车床，也可以代表有空闲、工作、关闭三个状态的一个机场登记服务台（将旅客与他们的行李分开，并发放登机卡），还可以代表有焊接、空闲和保养三个状态的一个机器人焊接工，等等。

实际系统对零部件对象进行处理的过程和方式多种多样，Witness 提供了 7 种类型的机器来建立不同类型处理过程的仿真对象。

（1）单处理机（Single）。单处理机为一次只能处理一个部件，单个部件输入单个部件输出的机器或处理过程。例如，普通车床总是装上一件零件后对该零件进行机械操作，最后的完成品还是一个零件；单个银行服务柜台总是为当前的一个顾客提供服务，服务结束后还是一个顾客离开。

（2）批处理机（Batch）。批处理机为一次同时对多个零部件进行处理，处理结束后还是输出这些数量的零部件的机器或处理过程，n 个部件输入 n 个部件输出。例如，油漆车间对某些机械件的高温喷漆过程，总是先将特定数量的机械件送入喷漆箱，封闭后喷漆设备同时对这些机械件进行喷漆，喷漆过程结束将这些机械件送出喷漆箱，喷漆过程前后的零件数量不会改变。

（3）装配机（Assembly）。装配机为将输入的多个零部件组装成一个组件输出的机器或处理过程，m 个部件输入 1 个部件输出。例如，汽车装配线的发动机装配工位，在输入一个车体和一个发动机部件后开始安装，安装结束后输出一个带有发动机的车体；啤酒生产线最后的打包工序输入 12 个零部件（12 瓶啤酒）进行打包后输出一箱啤酒，即输入的零部件数量为 12，输出零部件数量为 1。

（4）生产机（Production）。生产机为将一个零部件输入后能输出多个零部件的机器或处理过程，1 个部件输入 m 个部件输出。例如，钢板切割设备输入单片钢板，加工后会输出多件钢材和一些边角料；啤酒销售柜台拆开啤酒包装箱的过程，输入的为一箱啤酒，输出的为 12 瓶啤酒。需要注意的是，生产机不仅输出原部件，而且输出带有规定生产数目的附加零部件，例如，啤酒拆卸过程，输入的为一个啤酒箱，输出的为 12 瓶啤酒，拆卸后的输出零件不仅包括一个空的啤酒箱，还包括 12 瓶啤酒。

（5）通用机（General）。通用机为输入零件数量和输出零件数量都可以进行自定义的一类机器或处理过程，m 个部件输入 n 个部件输出。例如，某台钢板切割机器输入 3 块钢板，每块钢板可以切割为 4 等份的钢材，这样需要使用通用机模拟该设备，该设备的输入零部件数量为 3，输出零部件数量为 3×4=12 件。

（6）多周期处理机（Multiple Cycle）。多周期处理机为一个作业工序需要进行连续的多道处理过程的机器或处理过程，其一个作业工序可以包括多个处理周期，在每个处理周期都可以设置输入的零部件和数量以及输出零部件的类型和数量。该类机器可以模拟这样的装配过程：该装配过程在一个工位完成，先要对 1 个 A 和 2 个 B 进行 20s 的组装，再提取 2 个 C 组装到 A 和 B 的组装成品上，组装时间为 30s；再提取 1 个 D 进行 10s 的组装。此类机器还可以模拟半自动机床的作业过程，某半自动机床在上料的 10s 和下料的 20s 需要一名工人协助，而在上料后将进行 1000s 的自动加工过程，自动加工过程不需要工人协助。

（7）多工作站机（Multiple Station）。多工作站机为多台联结在一起的机器设备组成的工作机组，零部件在该工作机组上按照同样的顺序和作业方式接受加工处理。

设定机器元素类型可以通过对 Machine 类型元素细节对话框的 Type 项进行选择，如图 5.6 所示。

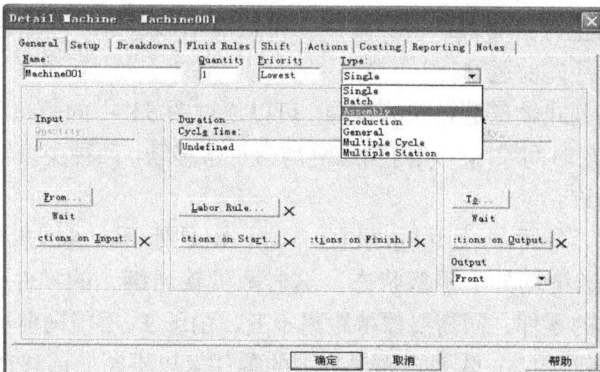

图 5.6　机器元素类型选择界面

3．输送链（Conveyor）

输送链是可以模拟系统两点间零部件运输的传送装置的离散性元素，在 Witness 中使用图标 ⚏ 表示。输送链可以模拟皮带输送链和滚轴输送链，如发动机曲轴生产线上的滚轴输送链、机场运送行李的传送带、汽车装配系统中的地链、手机装配线上的皮带输送链等。

Witness 提供了 4 种类型的输送链：移位固定式（Indexed Fixed）、移位队列式（Indexed Queuing）、连续固定式（Continuous Fixed）、连续队列式（Continuous Queuing），可以在输送链元素的细节设计对话框中进行选择设定，如图 5.7 所示。下面对固定式、队列式、移位式和连续式的特点进行详细介绍。

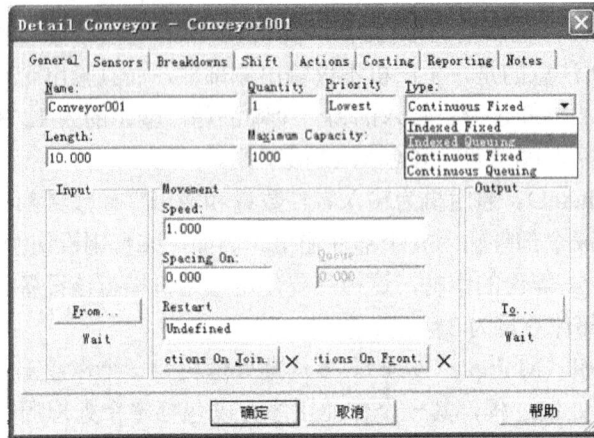

图 5.7　输送链元素的细节设计对话框

固定式 Fixed：固定式输送链表示当零部件送达该类输送链后，这些零部件按照相同的速度向前移动，它们之间的距离保持固定不变，即当某个零部件移动到输送链前端，但是不能向外输出时，整个输送链就会停止移动，其他零部件也将保持在原来的位置不动。经常用于模拟皮带输送链，当输送链前端停止时，整个皮带将会停止，其他位置的零部件将不再向前移动。

队列式 Queuing：队列式输送链允许零部件进行移动堆积，即当某个零部件移动到输送链前端，但是不能向外输出时，后面的零部件依然会向前端移动，直至靠近其前面的零部件不能再向前移动为止。该类输送链经常用于模拟滚轴输送链，当输送链前端停止时，后面的滚轴依然将零部件向前运输。

对于固定式和队列式输送链之间的差异，可以通过图 5.8 中的两幅图片进行比较，从这两幅图上可以看出：在时间段[$t_1 \sim t_2$]内输送链均为正常移动，两种类型输送链上的零件均向前移动，状态表现一致。

到了时间点 t_2 时，零件 P_5 到达输送链的前端，但是处于阻塞状态不能离开输送链，在时间段[$t_2 \sim t_3 \sim t_4$]输送链均处于阻塞状态，这时两类输送链上的零件有不同的状态表现：（1）固定式输送链上的零件之间需要保持距离不变，由于 P_5 不能向前移动，所以后续的所有零件都不能向前移动；（2）队列式输送链上的零件可以不断向前移动，直至靠近其前面的零件。所以在 t_3 时刻，P_4 移动到 P_5 左侧；t_4 时刻 P_3 移动到 P_4 左侧。

(a) 固定式输送链

(b) 队列式输送链

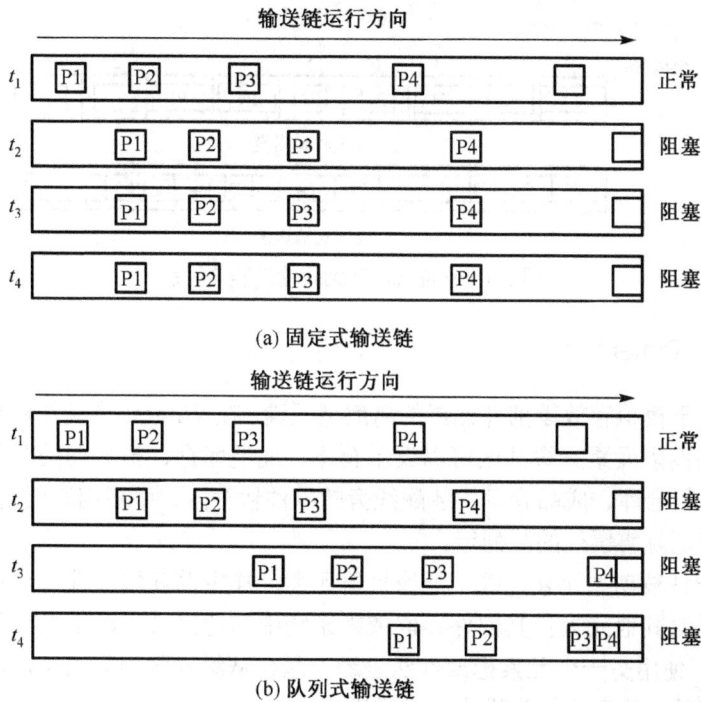

图 5.8　固定式和队列式输送链

移位式 Indexed：移位式输送链模拟的输送链是由很多零件放置位、放置沟槽组成的，每个放置位只能放置一个零件。零件从一个放置位移动到下一个放置位需要的时间称为移位时间（Index Time）。

连续式 Continuous：连续式输送链模拟的输送链为平整的连续输送链，没有严格意义上的放置位划分，只要零件的长度在输送链上可以容纳下，就不会严格区分零件的放置点。当一条连续输送链长度为 500cm 时，运输的零件为 A（长 50cm）和 B（长 100cm），如果这些零件紧挨着送上该输送链，输送链上可能运输的零件组合为 AAAAAAAAB、AAAABBB、AABBBB、BBBBB，因为这些组合的总长度均为 500cm。不可能在输送链上出现的零件组合为 BBBBAAAA，因为该组合零件的总长度已经超过了输送链的长度了。

移位式和连续式输送链的区别可以用图 5.9 进行比较。在移位式输送链中，如图 5.9(a) 所示，不论零件的长度多么的小（零件的长度必须不大于输送链的一个放置位的长度），该零件都将占据一个放置位，如图中的零件 P_3，这样在输送链上最多只能放置 9 个零件。在连续式输送链上能够放置零件的数量同输送链长度和每个零件的长度有关，因为没有严格的位置限制，零件可以一个挨着一个，如图 5.9(b)所示。

关于移位式输送线放置位的说明：图 5.9(a)为具有 9 个放置位的移位式输送线示意图，零部件总是从输送链的尾端 Rear 处进入输送链，即从编号 9 的放置位进入输送链，然后依次运行到前面的放置位，直至放置位 1 处离开输送线，即输送链的前端 Front，即移位式输送链放置位编号是沿着输送链运行方向逐渐递减的。

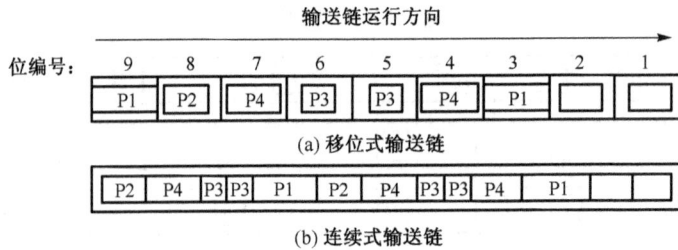

输送链运行方向

位编号：

9	8	7	6	5	4	3	2	1
P1	P2	P4	P3	P3	P4	P1		

(a) 移位式输送链

P2	P4	P3	P3	P1	P2	P4	P3	P3	P4	P1		

(b) 连续式输送链

图 5.9　移位式和连续式输送链的区别

4．缓冲区（Buffer）

缓冲区是用于模拟存放零部件元素的离散型元素，在 Witness 中使用图标 表示，缓冲区是存放部件的离散元素。缓冲区可以表示仓库、线边库存、柜台前的队列等，例如，汽车生产企业原材料仓库、成品仓库，装配线旁的零件暂存区，手机组装线边的零件储备箱，超市的货架，影剧院售票处的队列等。

缓冲区是一种被动型元素，既不能像机器元素一样主动获取部件，也不能主动将自身存放的部件运送给其他元素；其部件存取依靠系统中其他元素主动的推或拉。我们可利用输入/输出规则，使用另一个元素把部件送进缓冲区或从缓冲区中取出来。部件在缓冲区内还按一定的顺序整齐排列（如先进先出、后进先出）。

5．车辆（Vehicle）

车辆是用于模拟实际系统运载工具的一种离散型元素，在 Witness 中使用图标 表示。使用车辆可以将一个或多个零部件从一个地点运载到另一个地点，车辆元素可以表示卡车、客车、铲车、AGV 等。

车辆必须沿着轨道运动。建立了车辆模型之后，必须建立该车辆所处的运输轨道环境，然后车辆才可以实现相关的装载、卸载和运输作业。

6．轨道（Track）

轨道是用于模拟实际系统中的道路或 AGV 运输轨道的离散型元素，在 Witness 中使用图标 表示。车辆所走的路径是由一系列轨道组成的。每条轨道都是单向的。假如需要一条双向的轨道，只需定义两条沿相同线路但方向相反的轨道就可以了。车辆在"尾部"（Rear）进入轨道并向"前部"（Front）运动。一旦到达前部，该车辆可以进行装载、卸载或其他的操作。然后它将移动到下一条路线的尾部并开始向那条路线的前部运动。

7．劳动者（Labor）

劳动者为模拟系统中的共享资源的离散型元素，在 Witness 中使用图标 表示。劳动者可以模拟实际系统中的工人，也可以模拟实际系统中的维修工具等。不论是工人还是工具，他们都具有为其他元素共享的属性。例如，如果模拟的是工人，该工人可能需要同时看护多台半自动机床，为机床进行上、下料操作，当有两台以上的机床同时需要上或下料时，就会出现共享冲突，一名工人不能同时对两台机床进行操作，必然会有一台机床需要等待，进而影响整个系统的绩效。如果模拟的是工具，该工具可能在多台设备或多项操作中都需要使用，也存在共享冲突的可能。

8．路径（Path）

路径是设定部件和劳动者（或者其他资源）从一个地点到达另一个地点的移动路程的离散型元素，在 Witness 中使用图标 表示。

路径元素同输送链元素既有相同点，也有不同点。

相同之处是：两类元素都可以将零部件从一个地点运送到另一个地点，而且这个运送过程需要一定的时间。

不同之处是：路径元素可以实现控制作业人员从一个地点走到另一个地点所需要的时间；同时还可以实现由劳动者搬运零部件从一个地点移动到另一个地点；但是路径运送零部件或劳动者的过程比较简单，就是按照均匀速率从一个地点运送到另一个地点。输送链元素只能够运送零部件元素，而不能运送劳动者元素；输送链上的零部件可以实现零部件是移位式的运送，还是队列式的运输；输送链上的零部件还可以在其任意的放置位离开。

总之，只有在必要时才使用路径。假如模型中的元素有很长的作业周期时间而它们之间的行程距离很短，那就没有必要添加路径元素而增加模型的复杂性了。路径的选用应基于建模对象的特征或需要实现的功能，合理选用建模元素。

9．模组（Module）

模组是表示其他一些元素集合的离散型元素，在 Witness 中使用图标 表示。通过模组元素，可以很容易地在简单模型的基础上构建出较大的模型。例如，一个工厂由 3 个车间组成，每个车间由 3 条生产线组成，而且这些生产线的结构和作业方式相同，整个工厂结构如图 5.10 所示。

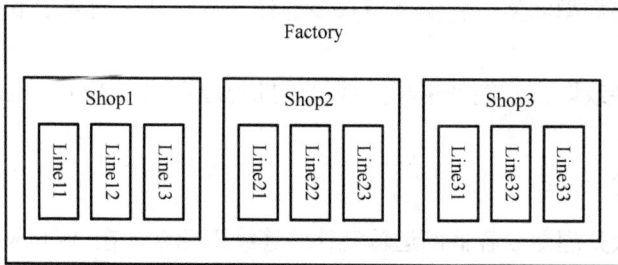

图 5.10　工厂结构示意图

在建立该工厂仿真模型时，可以先建立一条生产线的仿真模型，然后通过如下几步使用模组元素方便快捷地构建起整个工厂的仿真模型。

（1）建立一条生产线仿真模型，如 Line11，在该模型调试结束后，将 Line11 构建为一个模组元素。

（2）通过复制生产线模组，建立车间仿真模型。因为该工厂的生产线在结构和作业方式基本相同，只是在作业对象和作业时间上有差异，因此可以通过复制 Line11 模组建立 Line12 和 Line13 的生产线仿真模组，然后对 Line12 和 Line13 进行相关的修改，并建立这三条生产线之间的物料交互逻辑，最后将这三个模组组建为 Shop1 模组，即完成了车间仿真模型的构建。

（3）通过复制车间模组，建立工厂仿真模型。复制 Shop1 模组，建立 Shop2 和 Shop3 车间仿真模组，并对 Shop2 和 Shop3 进行相关修改和调整，建立三个车间之间的物料交互逻辑，最后将这三个车间模组组建为 Factory 模组，完成工厂仿真模型的构建。

通过模组方式建立仿真模型，有助于提高模型结构的可读性，并易于维护和扩展，提高仿真项目的开放效率和成功率。

5.2.2 连续型元素

同离散型元素相对应，Witness 连续型元素用来表示加工或服务对象是流体（连续体）的系统，如化工生产流程、饮料生产系统等。Witness 连续型元素主要有四种：流体（Fluid）；管道（Pipe）；处理器（Processor）；容器（Tank）。

1．流体（Fluid）

流体是一种可以用来模拟在系统中被加工、存储、移动的液体（啤酒、饮料、石油）、气体（天然气、蒸汽），或其他具有连续特征的物质（电能、热能、烟厂烟丝）等，在 Witness 中使用图标 表示。

流体的加工、运输和存储一般使用连续型元素 Processor、Pipe 和 Tank 来实现，在经过这些元素时，流体可以改变类型。例如，啤酒原料经过处理器加工后出来的就是啤酒，液化天然气通过处理器气化后出来的为气化的天然气，电能经过处理器后转变为热能等。

流体的加工、运输和存储过程有时也可以使用离散型元素来实现。例如，啤酒生产出来之后需要装入酒瓶或易拉罐，然后进行存储或运输；汽油在石化公司需要装入罐车成为离散型元素，然后运至加油站再转化为液体状态放入加油站的容器中；流体可以储存在零部件元素中，成为离散型元素，将流体装入零部件或从零部件元素中取出流体需要使用机器元素来实现。

注意：流体灌装或取出只能使用单处理机、批处理机或多工作站机，其他三种类型机器不能进行流体作业。

2．管道（Pipe）

管道是用于连接处理器或容器的运输流体的连续性元素，在 Witness 中用用图标 表示。流体元素如果处于连续状态，在模型中的运输和移动过程均使用管道元素来实现。

流体在管道中的流动方向是同管道绘制的方向一致，即管道在屏幕上的起点为流体进入点，管道在屏幕上的终点为流体输出点。

管道细节设计对话框如图 5.11 所示。

图 5.11 中 Capacity 为管道的容量，可以通过实际系统管道的长度和直径计算获得；Rate 为管道的流速；当流体进入管道或输出管道，流体颜色或类型有变化时，通过对话框中 Fluid Change 处的 Input（流体进入管道时的变化设置）或 Output（流体输出管道时的变化设置）两个按钮进行设置。其他项目的含义可以通过单击对话框右下角的"帮助"按钮打开 Witness 帮助文件进行查看。

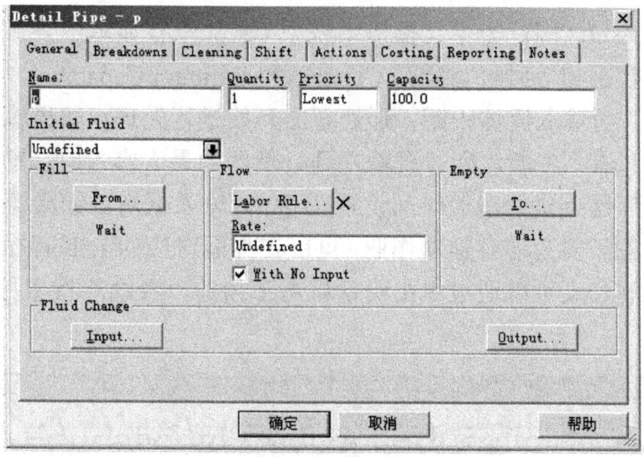

图 5.11 管道细节设计对话框界面

其他页面的项目在特定情况下进行设计：

（1）当需要设置管道维修和维护规则时，单击对话框上部的 Breakdown 配置页进行设置；

（2）当需要设置管道清洗规则时，单击对话框上部的 Cleaning 配置页进行设置；

（3）当需要设置管道运行的班次规则时，单击对话框上部的 Shift 配置页进行设置；

（4）当需要设置管道运行成本或者费率时，单击对话框上部的 Costing 配置页进行设置。

注意：如果流体在两个地点元素（处理器或容器）之间的流动（运输）时间很短，可以考虑不要建立管道元素，直接使用 Flow 规则进行流体的流动即可，以降低模型的复杂性。

Fluid Change 详解如下。

在 Witness 中流体变化主要有两种形式：流体类型的变化和流体颜色的变化，通过单击上图对话框的 Fluid Change 中的 Input 按钮，可以弹出流体变化对话框如图 5.12。

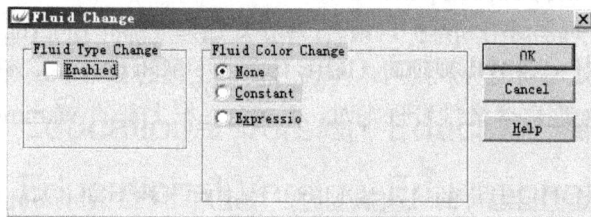

图 5.12 流体变化对话框

如果是流体类型发生变化，即从一种类型的流体转变为另一种类型的流体，如由"水"变成"啤酒"，选中上图 Enabled 选项框，然后进行新的流体元素选择。

如果仅仅是流体元素颜色发生变化，根据不同情况选中上图中间的"Fluid Color Change"进行设置。

3. 处理器（Processor）

处理器是模拟对流体进行处理的设备，如搅拌设备、净化设备等，在 Witness 中使用图标 表示。

处理器细节设计对话框显示如图 5.13 所示，其中：Capacity 为处理器的最大容量，

Minimum Process Level（图片为中文操作系统中 Level 没有显示出来）为处理器最小处理容量，当这两个参数不相等时（肯定是 Capacity>Minimum Capacity），如果输入的流体量达到最小处理容量，而输入流体中断，则处理器开始进行处理；如果输入的流体量达到最小处理容量，而输入流不中断，则一直输入到处理器的最大容量时，输入流停止，处理器开始进行处理。处理器一次处理的时间设置在 Time 输入框内。如果流体输入过程、输出过程或在处理过程中需要劳动者辅助作业，可以在界面对应的 Labor Rule 处进行劳动者规则设定。其他项目的含义可以通过单击对话框右下角的"帮助"按钮打开 Witness 帮助文件进行查看。

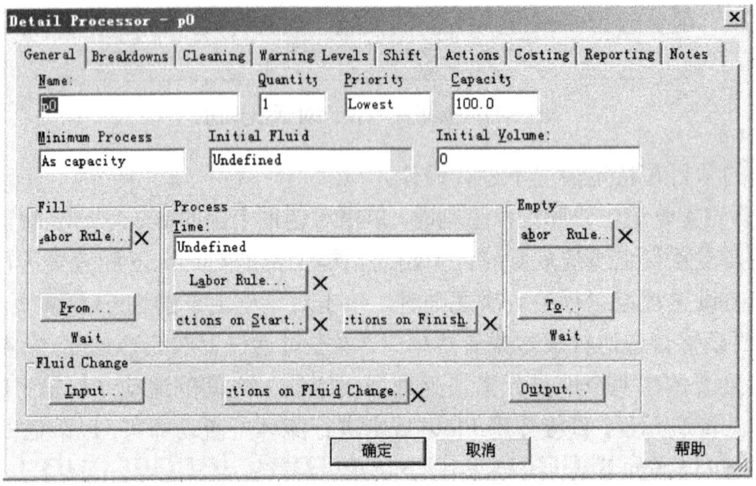

图 5.13　Processor 细节设计对话框

其他页面的项目在特定情况下进行设计：

（1）当需要设置处理器维修和维护规则时，单击对话框上部的 Breakdown 配置页进行设置；

（2）当需要设置处理器清洗规则时，单击对话框上部的 Cleaning 配置页进行设置；

（3）当需要设置处理器容量预警规则时，单击对话框上部的 Warning Levels 配置页进行设置；

（4）当需要设置处理器运行的班次规则时，单击对话框上部的 Shift 配置页进行设置；

（5）当需要设置处理器运行成本或费率时，单击对话框上部的 Costing 配置页进行设置。

处理器清洗对话框设置介绍如下。

通过选择处理器细节设计对话框上的 Cleaning 配置页，弹出处理器清洗设置对话框如图 5.14 所示，从图上可以看出，处理器的清洗激活模式有以下四项：

（1）Empty 清空时：当处理器里面的流体输出完毕，处理器清空时发生清洗作业；

（2）Value Change 变量值变化时：当指定表达式值发生变化时，处理器发生清洗作业；

（3）Fluid in Change 进入的流体类型变化时：当即将进入处理器的流体同前面的流体类型不同时，处理器发生清洗作业；

（4）Available Time 可用时间累积到特定值时：当处理器累积可用时间达到一定数值时，处理器发生清洗作业。

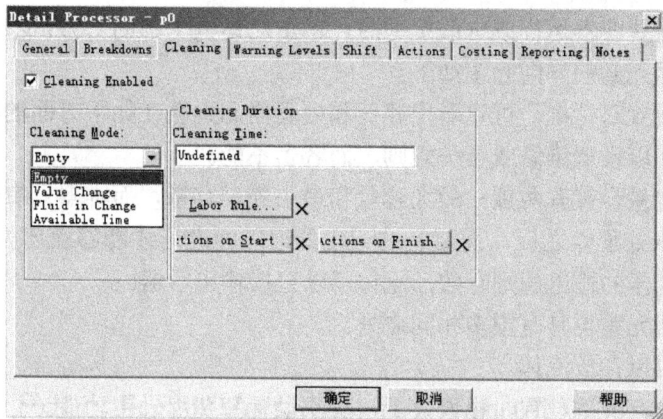

图 5.14 处理器清洗设置对话框

4．容器（Tank）

容器是用于存放流体元素的，模拟现实系统的储罐，在 Witness 中使用图标 表示。当流体输入容器的速率和输出容器的速率相等时，容器将一直保持为空的状态。

容器细节设计对话框如图 5.15 所示，其中：Quantity 为相同名称容器的数量；Priority 为容器的优先级；Capacity 为容器的最大容量；Initial Fluid 为模型初始化时容器存放的流体类型；Initial Volume 为模型初始化时容器存放的初始化流体的量；当流体进入容器或输出容器，流体颜色或者类型有变化时，通过对话框中 Fluid Change 处的 Input（流体进入容器时的变化设置）或 Output（流体输出容器时的变化设置）两个按钮进行设置。其他项目的含义可以通过单击对话框右下角的"帮助"按钮打开 Witness 帮助文件进行查看。

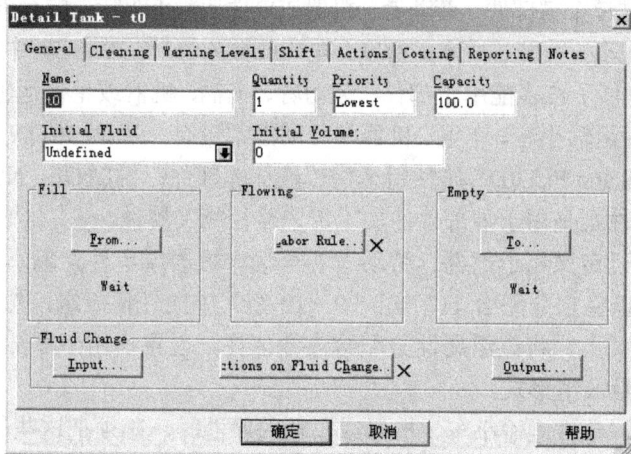

图 5.15 容器细节设计对话框

其他页面的项目在特定情况下进行设计。

（1）当需要设置容器清洗规则时，单击对话框上部的 Cleaning 配置页进行设置。

（2）当需要设置容器容量预警规则时，单击对话框上部的 Warning Levels 配置页进行设置。

（3）当需要设置容器运行的班次规则时，单击对话框上部的 Shift 配置页进行设置。

（4）当需要设置容器运行成本或费率时，单击对话框上部的 Costing 配置页进行设置。容器和处理器元素的异同介绍如下。

从元素细节设置对话框，可以看出容器和处理器元素存在如下方面的不同之处。

（1）处理器可以设置维修或维护规则，而容器不能。

（2）处理器容量设置有两项：最大容量和最小处理容量，而容器只有一个最大容量。

（3）流体进入处理器之后，需要经过一段处理时间之后才能够流出处理器，而流体进入容器后，只要容器的输出规则有效，流体可以直接输出容器。

容器和处理器元素也具有很多相同之处。

（1）两者都可以存放流体。

（2）两者都具有清洗设置、报警设置、班次设置和费用设置功能。

（3）两者都可以进行流体类型的转换。

操作练习：在 Witness 软件中分别建立这几类元素，打开这几类元素的细节对话框进行查看学习。

5.2.3 逻辑型元素

逻辑元素是用来处理数据、定制报表、建立复杂逻辑结构的元素，通过这些元素可以提高模型的质量和实现对具有复杂结构的系统的建模。主要包括：属性（Attribute）、变量（Variable）、分布（Distribution）、函数（Function）、文件（File）、零部件文件（Part file）、班次（Shift）。

1. 属性（Attribute）

属性元素是反映单个零部件、劳动者、机器或单件运输小车特性的元素，如可以用属性来形容元素的颜色、大小、技能、成本、密度、电压或数列等。在 Witness 中使用图标 📄 表示。

Witness 系统提供了许多能用于部件、劳动者、车辆、机器或单件运输小车的系统属性。例如，零部件、单件运输小车、车辆、机器和劳动者都带有"PEN、ICON、DESC and TYPE"属性；"CONTENTS and FLUID"属性用于盛放液体的部件；"STAGE、NSTAGE、R_SETUP and R_CYCLE"属性则是用于零部件的加工工艺路径相关属性。

另外也可以自己定义用于部件、劳动者、车辆、机器或单件运输小车的属性。在创建零部件属性时，可以将它分配给 11 个组（0～10 组）中的任何一组，然后在零部件细节设置对话框属性设置页上，将该组属性分配给该零部件。设置作用于零部件的属性元素可以是单维元素也可以是数组形式。

当创建劳动者、单件运输小车、机器或车辆的属性时，必须把这些属性分配给 0 组。劳动者、单件运输小车、机器和车辆的属性只能是单维元素，而不能是数组。

可以在仿真的过程中改变属性的值，一般使用元素细节对话框中各种类型的"Action on ****"来设置、检查或改变任何属性的值。例如，一个部件的"颜色"属性的值开始是"灰"，在部件通过了一台"着色"机器之后变成了红色，则可以在"着色"机器的"Action on Finish"中写入：颜色="红"，来实现零部件颜色属性值的改变。

2. 变量（Variable）

变量是用于存储特定数据的元素。在 Witness 中使用图标 ![] 表示。在定义一个变量时，需要设置其存储数据的数据类型，主要有 4 种：整型、实数型、名型、字符型。

（1）整型（integer）。整型变量用来存储不包含小数点部分的数字。在 Witness 中，可以是–2 147 483 648～2 147 483 647 之间的整数。

使用整数变量能够比较精确的存储数据，并且处理速度比实数要快。但是由于整数的"循环"性，可能会使得它们过大或过小。例如：

$$2\ 147\ 483\ 647 + 1 = -2\ 147\ 483\ 648$$
$$-2\ 147\ 483\ 647 - 2 = 2\ 147\ 483\ 647$$

（2）实型（real）。实型变量可以存储由数字（0～9）、小数点和正负号组成的数据。范围为（3.4E-38，3.4E38）。

（3）名型（name）。名型（name）变量用来存储 Witness 仿真系统组成元素的名称，如 widget，miller（3）等。

注意：函数、数值型变量、数值型属性不能够存储为名型数据。

（4）字符型（string）。字符型变量用来存储不具有计算能力的字符型数据。字符型数据是由汉字和 ASCII 字符集中可打印字符（英文字符、数字字符、空格及其他专用字符）组成，长度范围是 0～4095 个字符。

字符运算符：

● ＝ 比较前后两个字符串是否相同；
● ＋ 连接两个字符串；
● ＝ 对字符型数据赋值；
● 如果连接操作得出的字符型数据长度超出长度范围，Witness 显示出错信息。

特殊用途字符串：

● 字符型数据可以存储任何键盘上的字符，反斜线字符（\）却是一个特殊的字符。
● \" 向字符串中引入一个引号（"），引号标志字符的结束；
● \\ 向字符串中引入一个反斜线（\）；
● \n 向字符串中引入换行符；
● \r 向字符串中引入回车；
● \t 向字符串中引入 8 个空格（TAB）字符；
● \f 向字符串中引入走纸字符。如果是打印（PRINT）操作，交互窗口被清空；如果是写（write）操作，将另起一页进行写入。

Witness 变量元素的三种类型介绍如下。

（1）系统变量。这些变量是系统已经创建好了（I, M, N, TIME, VTYPE 和 ELEMENT）的，并且具有特殊意义的变量，它们存储仿真中常用的数据，如 TIME 表示现在的仿真时钟。

（2）全局变量。全局变量是个人利用"Define、Display 和 Detail"过程创建的作为 Witness 元素的变量。

与局部变量比较，用全局变量的好处在于以下几点。

- 柔性：可以从模型的任何地方检查或更新一个全局变量的值。例如，变量"TOTAL_SHIPPED"能被模型用于将部件送出模型的所有元素的更新。同样，任何函数、行为规则等都可以读取"TOTAL_SHIPPED"变量中包含的值。
- 能生成全局变量的统计报告，但不能生成局部变量的统计报告。
- 能在模型中动态显示全局变量和它们的值。
- 全局变量可以被设定为数组，能通过给一个全局变量 1 以上的下标来创建数组（行、列和数据表格），最多能创建 15 维的数组。
- 能创建一个整型或实数型的变量为动态变量，这意味着它能容纳多个值，而且该变量的长度可以动态增加或减少。在仿真运行之前，不能确定该变量需要存放的数据数量时，使用动态变量最为有效。例如，仿真过程需要使用变量 shipTime 来统计每个零部件离开模型的仿真时间，在仿真开始不知道在仿真运行过程中会有多少个零部件离开系统，因而就不容易确定变量 shipTime 数组的长度，这时设定 shipTime 为动态变量，在零部件离开系统时通过 RecordRealValue（shipTime,Time）函数将当前仿真时间记录进动态变量 shipTime，则当第一个部件离开时 shipTime 中存放了 1 个值，其长度为 1，当第二个部件离开时 shipTime 存放了 2 个值，则其长度增加为 2，以此类推。

（3）局部变量。局部变量是一个能在使用它的活动或函数中创建的变量。局部变量只能是一个数，而不能是带有下标的数组。

局部变量的定义方式如下：

DIM 变量名 {AS 数据类型} {!注释}

如果省略了数据类型的定义，系统赋予变量默认的数据类型为整型 integer。

使用局部变量的好处在于以下几点。

- 安全。局部变量只有在一个行为（action）或函数执行的时候才存在，所以不可能在另一个行为（action）或函数中使用或修改它。例如，变量"TOTAL_SHIPPED"已在一个机器的"action"中被定义了，直到结束它都只能被那一系列行为更新或读取，而不能被这台机器的其他行为或模型中的其他元素更新或读取。
- 快速。当行为和函数使用局部变量而不是全局变量时，它们能被更快地执行。
- 方便。局部变量在使用它们的行为中被定义，不必像全局变量那样先定义它们。

3. 分布（Distribution）

分布元素是一个可以用来描述经验分布的逻辑性元素。在 Witness 中使用图标 表示。当模型中的相关数据服从标准的随机分布时，可以直接使用 Witness 提供的标准随机分布来描述。当模型中出现的数据不服从标准的随机分布，但是又具有特定的规律时，可以使用分布元素定义经验随机分布。例如，对老菜馆饭店的服务员数量及班次进行优化仿真时，需要根据一天当中各个时段顾客到达规律和数量来配备合适数量的服务员，通过观察发现顾客到达并不服从标准的随机分布，但是也具有一定的规律，就是在每天的 11:00—13:00、

17:00—19:00 之间到达的人数较多，而在其他时间到达的人数相对较少，这时可以根据收集到的数据定义一个描述顾客到达饭店的规律。

Witness 提供了一些标准分布。其中有一些是将一系列理论分布返回到随机样本的分布。Witness 包含的理论分布曾在很长一段时间内被广泛研究并且被认为在仿真中是最有用的。还有一些是一系列整数和实数的分布。当使用一个标准分布时，必须为其输入一个伪随机数流和参数。

假如没有标准分布适用的情况，或者收集的现实生活中的数据是在未研究领域中的，我们可能需要在 Witness 中建立自己的分布并从中采样。Witness 中可以创建整型、实数型和名型的经验分布，并且它们可以是离散（从分布中选择实际值）的或是连续的（从一串连续值中选择一个值）。

总的来说，假如我们有详尽的现实生活的数据，那就创建自己的分布。如果没有，那么就选择 Witness 提供的最适当的标准分布。

4. 函数（Function）

函数元素是能返回有关模型状态的信息或使模型显得更具有真实性的一组命令的集合。在 Witness 中使用图标 √x 表示。

Witness 提供了大量能直接使用的系统函数，例如，Nparts（Buffer1）函数可以返回当前 Buffer1 中的零件数量；NShip(A)可以返回截至目前，使用 Ship 的方式离开系统的零部件 A 的数量。

同时也可以使用 Witness 的函数元素创建自己的函数，以实现独特的数学计算或相关功能操作。例如，假设在计算一台机器的周期时间时要考虑多种因素，而在周期时间表达式中的输入又不能超过一行，在这种情况下，就可以自己创建一个函数，想写多少行就写多少行，然后只要把这个函数的名称输入这台机器的周期时间表达式区域就可以了。

函数元素细节设计对话框如图 5.16 所示，右侧 Type 表示该函数返回值的类型，选中 Integer、Real、Name 或 String 表示该函数将返回对应类型的数值（每个函数只能返回一种类型的数值），此时函数必须以 Return 语句结束；选中 Void 表示该函数不需要返回函数值，即该函数只是需要进行相关的数据处理即可。

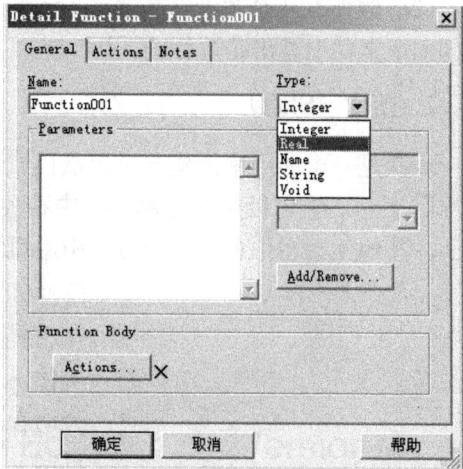

图 5.16　函数元素细节设计对话框

函数元素还可以设置参数，通过细节设计界面右侧的 Add/Remove...按钮来实现。

函数体通过单击界面下面的 Action...进行设计。

5. 文件（File）

文件是可以从仿真模型外部将数值输入模型（从一个"READ"型文件）或从模型中输

出值（到一个"WRITE"型文件）的一个元素。文件在 Witness 中使用图标 图 表示。例如，我们能从其他软件生成的文件读入周期时间这样的值，或者生成适当的报告。

使用文件时应注意以下几点。

（1）可以用文字处理工具或文本编辑工具（或其他能生成简单 ASCII 文本文件的程序）来创建"READ"文件。在这样的文件中以"!"符号开头的行被略去不读。

（2）不要在仿真运行时对同一个文件进行读和写的操作。

（3）假如有两个模型在仿真运行，应该保证它们不对同一个文件进行写入操作，但从同一个文件中读出是可行的。

（4）假如要在运行中检查"WRITE"文件，应该在检查前先把它关掉，这样才能检查到一个完全更新了的文件。

6．零部件文件（Part file）

"READ"型零部件文件是从外部数据文件读入零部件清单到模型中去的一个逻辑元素。"WRITE"型零部件文件是将零部件清单写入外部文件的逻辑元素。

零部件文件可用于从一个模型中生成输出，然后将其用于另一个模型。零部件文件在 Witness 中使用图标 图 表示。零部件文件对于追溯零部件离开仿真的确切时间和零部件在那时的属性值也是很有用的。使用零部件文件应注意以下两点。

（1）不要在一个仿真运行时对同一个文件进行读和写的操作。

（2）假如有两个模型在仿真运行，应该保证它们不对同一个文件进行写入操作，但是从同一个文件中读出是可行的。

7．班次（Shift）

班次是一个能用来创建一个班次模式或一系列班次模式的逻辑元素，在 Witness 中使用图标 图 表示。它可以用来控制系统中相关元素什么时段处于上班时间，什么时段处于下班时间。其他元素在仿真过程中可以引用班次模式。我们可以将班次应用于下列元素：

缓冲区	运输网络
传送装置	饼状图
流体	管道
劳动者	零部件文件
机器	时间序列
零部件	车辆

班次元素细节设计对话框如图 5.17 所示，该图演示的是一个每天工作 8 小时的班次元素细节设计界面。其假设仿真开始时间为凌晨 0 点，而该班次元素将在 8 点开始工作，则在班次初始时间补偿（Initial Offset）中设定了休息时间（Rest Time）为 480；该班次元素的主体部分为 4 个时间周期（Period），每个时间周期由一段工作时间（Working Time）+一段休息时间（Rest Time）+一段加班时间（Overtime）组成；该班次的主体部分为工作 180 分钟休息 15 分钟，然后工作 105 分钟休息 60 分钟（休息时间为午餐时间），然后工作 120 分钟休息 15 分钟，最后工作 75 分钟后下班休息 870 分钟（即下班回家）。

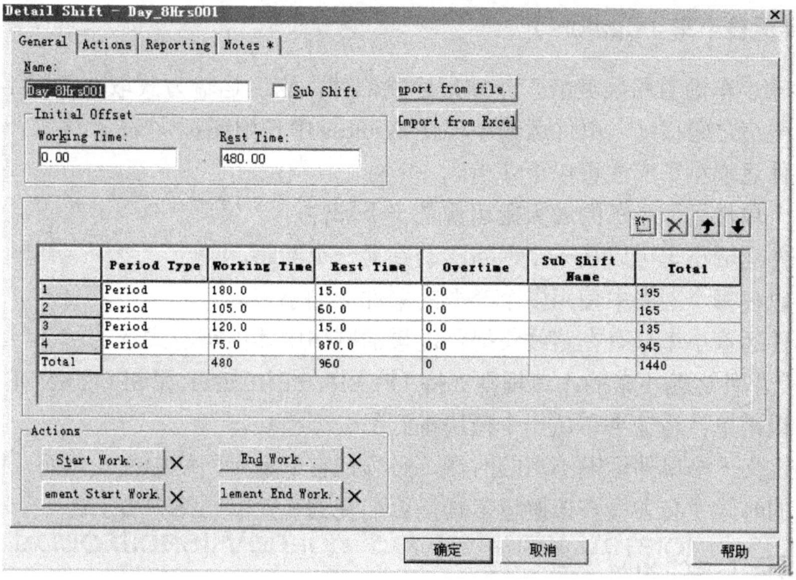

Detail Shift - Day_8Hrs001

General | Actions | Reporting | Notes *

Name:
Day_8Hrs001   □ Sub Shift   mport from file.
Initial Offset
Working Time: Rest Time: Import from Excel
0.00   480.00

	Period Type	Working Time	Rest Time	Overtime	Sub Shift Name	Total
1	Period	180.0	15.0	0.0		195
2	Period	105.0	60.0	0.0		165
3	Period	120.0	15.0	0.0		135
4	Period	75.0	870.0	0.0		945
Total		480	960	0		1440

Actions
Start Work... ×   End Work... ×
ement Start Work. × lement End Work. ×

确定   取消   帮助

图 5.17 班次元素细节设计对话框

5.2.4 运输逻辑型元素

运输逻辑型元素用于建立物料运输系统。主要包括：运输网络（Network）、单件运输小车（Carriers）、路线集（Section）、工作站（Station）。

1．运输网络（Network）

运输网络把一系列的路线集、工作站和单件运输小车组合在一起，在 Witness 中使用图标 表示。我们必须把每一个提供能量的单体元素分配到网络中去。网络的建立方式影响着其内部提供能量的单体元素的行为。

运输网络可以分为自动提供能量和路线集提供能量两种类型。如果该网络是自动提供能量型的，则单件运输小车是主动的，并推动自身向被动的路线集运动。例如，一个"ROBOT"单件运输小车在"LOAD_TUBE"工作站装载了一个"TESTTUBE"部件，沿着一条叫做"SECTION1"的固定路径移动，并且在"UNLOAD_TUBE"工作站把该部件卸下。如果该网络是路线集提供能量型的，路线集的行动类似于附带有铁钩的带传送装置。路线集上的铁钩钩起非活动性的单件运输小车并且把它们带往下一个元素，然后，放下这些单件运输小车。最后空钩子绕回路线集的起始处，准备钩起另一个单件运输小车。例如，一个"SCOOP"单件运输小车装载了一个"APPLE"部件，在一个叫做"BELT1"的路线集上把"SCOOP"单件运输小车用铁钩钩起，将它们移动到"BELT1"路线集的尾部，然后把"SCOOP"单件运输小车从铁钩上放下，空铁钩则沿着路线集返回起点。

使用运输网络应注意以下两点。

（1）在同一个网络中，只能使用路线集，工作站和单件运输小车。

（2）网络所应用的类型和班次也被应用于所有配置在该网络中的路线集、单件运输小车和工作站。

2．单件运输小车（Carriers）

单件运输小车沿着路线集或工作站来运输部件。它的运输方式取决于网络的类型。它可以在两个网络之间移动。单件运输小车在 Witness 中使用图标 表示。

使用单件运输小车应注意以下 7 点。

（1）每个单件运输小车的最大搬运量是一个部件。

（2）单件运输小车可以从一个网络移动到另一个网络。

（3）可以在每个网络中使用多个类型的单件运输小车。

（4）单件运输小车只有在路线集提供能量的网络中才能跨越式运动。

（5）一个单件运输小车的入口规则支持"PUSH、PERCENT 和 SEQUENCE"输出规则。

（6）可以把单件运输小车从一个模块推到另一个模块。

（7）当定义一个单件运输小车的时候，必须把它配置到网络中去。然而，Witness 只有在运行模型的时候才会去检查该搬运工具是否配置到有效的网络中去了。

3．路线集（Section）

路线集是一种代表为单件运输小车所走路径提供动力的单体要素，在 Witness 中使用图标 表示。在模型中，路线集是网络的组成部分。

使用路线集应注意以下 3 点。

（1）只有在运行模型时，Witness 才会去检查这个路线集是否配置到有效的网络中去了。

（2）可视规则编辑器不支持路线集连接规则。

（3）路线集连接规则支持"PUSH、PERCENT、SEQUENCE"输出规则。

4．工作站（Station）

工作站是代表一个点的提供动力的单体元素，该点在路线集的起始或末尾，在这个点上，我们能对单件运输小车或其里面的部件实施操作。工作站在 Witness 中使用图标 表示。工作站共有 4 种类型。（1）基站（Basic）。当单件运输小车（或单件运输小车上面的部件）进入、离开或在工作站内时，可以对它们进行操作。（2）装载站（Loading）。可将部件装入单件运输小车，指派劳动者去协助装载作业，并可以在单件运输小车装载部件的时候实施操作。（3）卸载站（Unloading）。可以从一个单件运输小车里卸载部件，指派劳动者去协助卸载作业，并可以在单件运输小车卸载部件的时候实施操作。（4）停泊站（Parking）。工作与缓冲十分相似，它是一个不引起路线集堵塞的可供单件运输小车等待的空间。

使用工作站应注意以下 5 点。

（1）只有运行模型的时候，Witness 才会去检查工作站是否已配置在有效的网络中。

（2）可视规则编辑器不支持工作站连接规则，但我们能利用可视的推、拉规则（如"SEQUENCE"和"PERCENT"）去将部件推进或拉出合适的工作站。

（3）所有工作站类型都支持自由处理法（在进行处理时，单件运输小车与传送装置分离），装载站和卸载站也支持由动力推动的处理方法（单件运输小车在处理的操作中始终与传送装置机构相连）。

（4）不建议使用"系列"动力工作站，因为装载/卸载操作可能在进入后一个工作站之前没有完成，而且还可能因此产生意想不到的后果。

（5）工作站连接规则支持"PUSH、PERCENT 和 SEQUENCE"输出规则。

5.2.5 图形元素

图形元素可以将模型的运行绩效指标在仿真窗口动态的表现出来。主要包括：时间序列图（Timeseries）、饼状图（Pie chart）、直方图（Histogram）。

1．时间序列图（Timeseries）

时间序列图是以图形方式来画出仿真随时间变化的值，从而表现仿真结果的图形元素，在 Witness 中使用图标△表示。垂直的 Y 轴代表值，水平的 X 轴代表时间。

可以选择以下的一种方式来表示 X 轴。

（1）仿真时间。当一个点在 X 轴上被标注时，一个仿真的时间就被记录下来了。

（2）表达式。不论何时，只要表达式被求值，一个标注点就被确定下来了，而且标注该点时的仿真时间被记录在 X 轴上。

（3）24 小时制。X 轴以 24 小时制列出小时数。

（4）12 小时制。X 轴根据 12 小时制列出小时数。

（5）8 小时制。X 轴根据 8 小时制列出小时数。

（6）小时制。X 轴以 1，2，3，……列出小时数。

时间序列在预测模型的趋势和周期方面是非常有用的，因为它们提供了给定值的历史数据及静态的平均值和标准差。

时间序列图类似于一个"pen plotter"：在仿真时标注点。Witness 在给定的时间间隔从模型中"读取"表达式的值，并且在一个图上"标注点"，在一段时间内建立一系列的值。一旦屏幕上分配给这个时间序列图的空间用完了，这个图形会"翻页"以使新的点可以被标注。虽然 Witness 时间序列的标注点以一条连续的线条显示，但这条线条是将各个在仿真时间点收集的值点连接起来的标注点连线。这条连接标注点的线条仅仅说明了值的变化方向。一个时间序列图元素上可用 7 种不同的颜色来标注 7 个值。

2．饼状图（Pie chart）

饼状图用来在仿真窗口表示仿真结果，显示如何使用一个或一组元素的图形元素，在 Witness 中使用图标●表示。例如，我们可以用一个饼状图来分块表示一个给定时段的空闲时间，装配时间和工作时间。

3．直方图（Histogram）

直方图是一种在仿真窗口用竖条式的图形来表示仿真结果的图形元素，在 Witness 中使用图标▥表示。在模型中适当的地方我们可以用"record"、"drawbar"、"addbar"行为在直方图中记下值。

4．元素应用模型

通过一个案例模型"chap05 图形元素.mod"描述这三种图形元素的基本应用，模型界面如图 5.18 所示。

该模型模拟一个制造车间有两台机床分别加工部件 A 和部件 B，部件 A 和 B 随机到达车间并存放在车间存放区 Buf，由于部件的随机到达和机床加工时间的随机性，将导致存放区中两种部件可能会有较多的存储量。使用图形元素实时统计下列项目：

（示例程序模型下载）

（1）使用 Timeseries 元素每隔 5 分钟实时统计 Buf 中部件 A 和部件 B 的存量；

（2）车间每隔 10 分钟检查一下车间部件的存放量，并将每次检查出的部件 A 存量出现的次数使用 Histogram 元素统计出来；

（3）使用 Pie Chart 元素动态统计两台机床的工作状态。

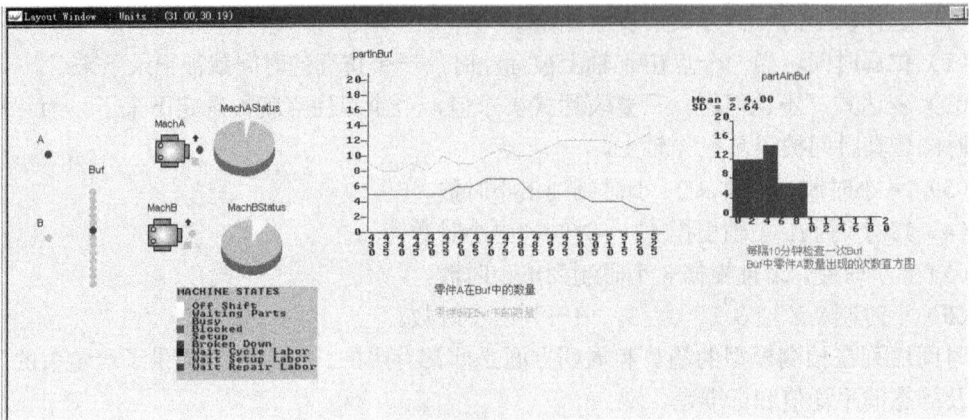

图 5.18　图形元素模型界面

在建立了模型的所有元素之后，图形元素功能的具体实现如下。

（1）Timeseries 元素功能实现。双击模型中名称为 partInBuf 的时间序列图元素，将出现时间序列图细节设计对话框，对其相关项目进行设计，界面如图 5.19 所示。

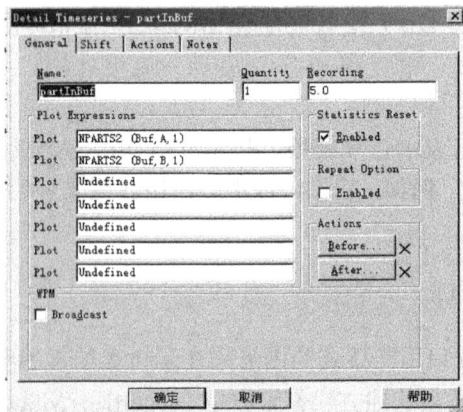

图 5.19　时间序列图细节设计对话框

其中：

● Recording 项目，设置时间序列图记录数据的时间间隔，这里设置为 5（分钟）；

● Plot Expressions 项目，可以设置 7 个数据表达式，该表达式的数据结果将以时间序列曲线的形式显示在时间序列图上，根据 Recording 设置间隔的大小不断记录数据，在示例中设置了两个表达式：NPARTS2 (Buf,A,1)，NPARTS2 (Buf,B,1)，这两个函数将返回在记录时刻存放区 Buf 中元素 A 和 B 的数量。

模型运行后，元素 partInBuf 在模型上会呈现如图 5.20 所示的动态变化状态。

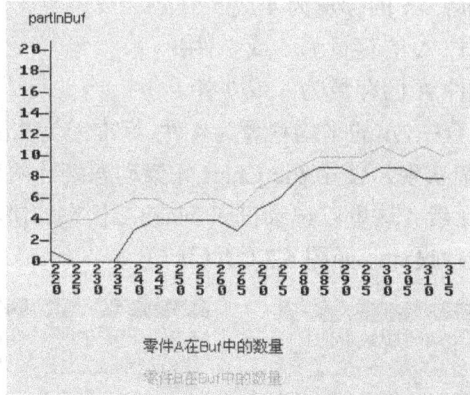

图 5.20　时间序列曲线元素 partInBuf 运行状态图

图 5.20 中纵轴表示表达式的值；横轴表示记录时刻。

（2）Histogram 元素功能实现。

在直方图中存储数据和在时间序列图记录数据的实现方式是不同的，向直方图中记录数据一般使用 Record 函数实现。例如，在本例中，为了实现每隔 10 分钟将 Buf 中部件 A 的存储量记录到直方图 partAInBuf 中，设计了一个等间隔进入模型的零件元素 every10Min（双击该元素，其细节设计对话框如图 5.21，该元素每隔 10 分钟到达一个，到达时在其 Actions on Create 设定语句：RECORD NPARTS2 (Buf,A,1) in partAInBuf，实现将当前 Buf 中部件 A 的存量记录进 partAInBuf 直方图。

图 5.21　等间隔记录功能的 part 元素细节设计对话框

运行过程中，直方图可能会呈现出如图 5.22 所示的状态。

在图 5.22 中，记录立柱的划分跨度为 2，即[0,1]为一组记录，[2,3]为一组记录，[4,5]为一组记录，依次类推。

在图 5.22 所示的状态下，每隔十分钟检查一次 Buf 中 A 的库存件数，其中：

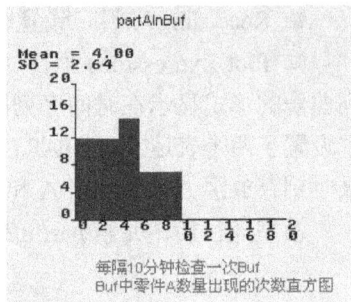

图 5.22　直方图元素运行状态图

- 有 12 次检查时，部件 A 的存量为 0 或 1 件；
- 有 12 次检查时，部件 A 的存量为 2 或 3 件；
- 有 16 次检查时，部件 A 的存量为 4 或 5 件；
- 有 7 次检查时，部件 A 的存量为 6 或 7 件；
- 有 7 次检查时，部件 A 的存量为 6 或 7 件。

在总计 54 次的库存检查中，A 的平均存量为 4 件，标准差为 2.64（Mean=4.00，SD=2.64）。

（3）Pie Chart 元素功能实现。使用 Pie Chart 元素动态统计两台机床的工作状态的操作方法为双击对应的饼状图元素（这里以记录机床 MachA 状态的饼状图 MachAStatus 为例说明），在细节设计对话框进行设计，如图 5.23 所示。

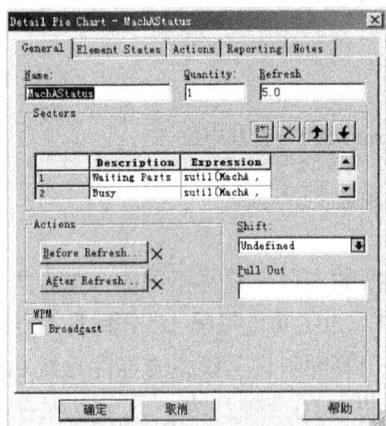

(a)

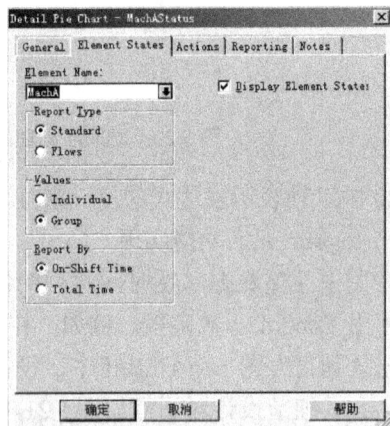

(b)

图 5.23　饼状图设计细节对话框

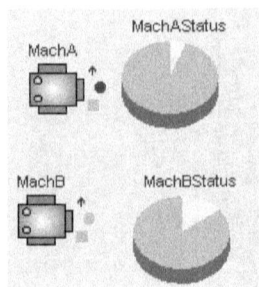

图 5.24　饼状图运行状态示意图

在图 5.23 中，(a)图中只需要设定饼状图数据更新间隔周期 Refresh 项目即可，这里设定为每隔 5 分钟更新一次数据；模型中要求饼状图能够动态显示机床处于特定状态的比率，通过选择 Pie Chart 元素细节对话框中的 Element States 页，如(b)图所示，将 Display Element States 前面的选项选中，然后在 Element Name 中选定对应的元素 MachA 即可。

模型运行中，饼状图动态显示的效果如图 5.24 所示。

在图 5.24 中，饼状图黄色区域显示的是对应机床空闲比率，绿色区域显示的是对应机床工作状态的比率。

（相关图形）

5.3　Witness 流程规则

一旦在模型中创建了元素，就必须说明零部件、流体、车辆和单件运输小车在它们之间是怎样流动的，以及劳动者是怎样分配的，这就要用到规则。

Witness 有以下几类不同的规则。

（1）输入规则（这类规则包括装载和填入规则）。输入规则控制输入元素的零部件或流体的流程。

（2）输出规则（这类规则包括连接、卸载、空闲、单件运输小车进入、车辆进入和缓冲区退场管理）。输出规则控制从元素中输出的零部件、流体、车辆或者单件运输小车的流程。

（3）劳动者规则。劳动者规则可用来详细说明劳动者的类型和机器、输送链、管道、处理器、容器、路线集或工作站为了完成一项任务而需要的劳动者的数量。

可以利用可视化规则对话框输入简单的规则，并且在模型窗口中显示流动方向，或者可以通过使用规则编辑器输入更复杂的规则。

5.3.1　输入规则（Input Rules）

输入规则控制零部件或流体进入系统的流动过程。 例如，一台空闲机器要启动的话，会按照输入规则输入零部件直到有足够的零部件启动它；一台尾部有空间的输送链在每向前移动一个位置时，按照输入规则输入零部件。

可以通过以下几种方法输入零部件或流体。

（1）从具有相同名称的一组元素中获取。

（2）从一组元素中的一个特殊的元素（需要指定那种元素的下标）中获取。

（3）在模型外的一个特定的位置（WORLD）得到零部件或流体元素。

设定输入规则的方法主要有两种。

（1）通过元素细节（detail）对话框中的"FROM"按钮。

首先选中对象，然后双击鼠标，在弹出式 detail 对话框中的 general 页中，单击"FROM"按钮就显示出输入规则编辑器。

（2）使用可视化输入规则按钮。

首先选中对象，然后单击 Element 工具栏上的"Visual Input Rules" 图标，将会显示输入规则对话框，如图 5.25 所示，然后进行输入设定。

图 5.25　输入规则对话框

通过这两种方法设定了元素的输入规则后，都会使得元素 detail 对话框 general 页框中的"FROM"按钮下方，显示出元素当前的输入规则的名称。当创建一个元素的时候，Witness会自动给它一个默认的规则——WAIT，表示其处于等待其他元素向其输入零部件或流体，而不主动输入零部件或流体。为了规定零部件和流体进入该元素，可以用一个其他的规则来代替 WAIT 规则。

要注意的是，在设定输入规则之前要先弄清楚零部件、流体、车辆和单件运输小车在模型中的路径。不能把路径弄反，举例来说，不能在元素 A 向元素 B 输入零部件的同时，元素 B 向元素 A 也输入零部件。另外，还可以考虑使用零部件路线（ROUTE）来控制它们通过模型的路线。

Witness 提供的可以在输入规则使用的命令有：

BUFFER	FLOW	LEAST	MATCH
MOST	PERCENT	PULL	RECIPE
SELECT	SEQUENCE	WAIT	

5.3.2 输出规则（Output Rules）

输出规则控制着当前元素中的零部件、流体、车辆和单件运输小车输出的目的地和数量等。例如，一台机器在完成对零部件的加工后按照一个输出规则将零部件输出到另一台机器上。如果机器出现故障不能这样做，那将会出现堵塞现象；当一个零部件到达一个有输出规则的输送链前方时，输送链将把零部件输出，如果输送装置由于故障不能将零部件输出的话，这里将会出现堵塞（固定输送链）或排长队（队列式输送链）；车辆到达有输出规则的轨道前方的时候，轨道把车辆输送到另外一个轨道上面，要是轨道输送失败，路线将会堵塞；一台有输出规则的处理器完成对流体的处理后，把流体输出；一单件运输小车到达一个有输出规则的路线集的时候，路线集输出它到下一路线集。

可以输出零部件或流体到：（1）具有相同名称的一组元素；（2）一组元素中的一种特殊的元素（指定该元素的下标）；（3）模型外的一个特定的位置（SHIP，SCRAP，ASSEMBLE，WASTE，CHANGED，ROUTE 或 NONE）。

设定输出规则的方法主要有两种。

（1）通过元素细节（detail）对话框中的"TO"按钮。首先选中对象，然后双击鼠标左键，在弹出式 detail 对话框中的 general 页中，单击"To"按钮就显示出输出规则编辑器。

（2）使用可视化输出规则按钮。

首先选中对象，然后单击 Element 工具栏上的"Visual Output Rules" 图标，将会显示输出规则对话框，如图 5.26 所示，然后进行输入设定。

图 5.26 输出规则对话框

元素 detail 对话框 general 页框中的"TO"按钮的下方，Witness 会显示元素当前的输入规则的名称。当创建一个元素的时候，Witness 会自动给它一个默认的规则——WAIT，表示没有传送零部件或流体到其他元素。

输出规则的注意点跟输入规则相类似，设置输出规则时，同样应先搞清楚零部件、流体、车辆和单件运输小车的流动路线，也可考虑使用零部件路线记录来控制它们通过模型的路线。

Witness 提供的可以在输出规则中使用的命令有：

BUFFER	CONNECT	DESTINATION	FLOW
LEAST	MOST	PERCENT	PUSH
RECIPE	SELECT	SEQUENCE	WAIT

5.3.3 劳动者规则（Labor Rules）

1．劳动者规则概述

机器、输送链、管道、处理器、容器、路线集和工作台都可能需要劳动者才能完成任务。劳动者规则可以详细说明实体元素为完成任务所需要的劳动者类型和数量。可以通过创建劳动者规则来完成的任务有：调整机器，并为它设定时间周期或修理它；修理输送链；帮助流体通过管道，并且做好清洁、清洗和修理的工作；帮助处理器处理流体，并且做好填入、清空、清洁和修理工作；帮助流体通过管道，或做修理工作；修理各种类型的工作站，在基站做好进入、处理、退出动作，在装载（卸载）站做好装载（卸载）工作，在停泊站做好停靠工作；修理路线集。

可以使用元素细节对话框设定劳动者规则。如果一个元素需要劳动者，则单击元素细节对话框中的对应按钮。一个细节对话框可能包含几种劳动者规则按钮，例如，一台机器就有装配、循环、修理几种劳动者规则。劳动者规则按钮旁边如果有打钩的标记，则表明已经为这项工作建立了劳动者规则；如果有打叉的标记，则表示没有为这个工作建立劳动者规则。单击劳动者规则按钮后，弹出规则编辑器，在这里可以输入劳动者规则。

可以使用"Visual Labor Rules" 🕴 按钮，来输入劳动者规则，但要注意在使用元素的劳动者规则之前，必须建立 Labor 元素。输入劳动者规则最简单的方法是在元素的 Labor 规则编辑框中输入需要的劳动者元素的名称，例如，一台机器需要一个操作者处理零部件，只需要输入 OPERATOR 作为劳动者规则就可以了，当然先要定义一个 Labor 元素，其名称叫 OPERATOR。

2．三种劳动者规则

在 Witness 中，可以使用如下 3 种劳动者规则，有时也可将这三种劳动者规则结合起来使用。

1）NONE 规则

在某种情况下，当元素不需要劳动者时，可以在劳动者规则中使用 NONE 规则。例如，当一个元素完成某项任务不需要劳动者时，不需要输入任何规则。该规则经常用在 IF 条件语句中，如

```
IF JOB_TYPE = RIBBON
KNOTTER
ELSE
    NONE
ENDIF
```

在这个例子中，包装机包装两种不同类型的巧克力箱：一种是有带子的，一种是没有带子的。机器包装没有带子的巧克力箱时，不需要劳动者；包装有带子的时候（JOB_TYPE=RIBBON），需要进行打结的劳动者 KNOTTER。劳动者规则指示机器当遇到有带子的巧克力箱时，获取劳动者；当遇到无带子的巧克力箱时，不获取劳动者。在这里如果使用"WAIT"规则而不是"NONE"规则时，只要无带巧克力箱一进入，机器就会阻塞。

2）MATCH 规则

在 Witness 中，既可以用 MATCH 规则作为输入规则来输入一系列相匹配的零部件或劳动者到机器，也可以用它来作为劳动者规则，设定某元素，匹配完成某项工作所需的劳动者数量。

（1）MATCH 规则的语法如下：

```
MATCH / qualifier location1 {#(qty)} {[AND | OR] location2 {#(qty)}} {...}
```

关于 qualifier 的设置在下面将会详述，location 取决于是将 MATCH 规则作为机器的输入规则还是作为劳动者规则，#(qty)是指 MATCH 规则从 location 中所选的元素的数量。它是一个整型表达式。如果不具体说明匹配的数量，则 Witness 默认数量为 1。

① 作为机器的输入规则的 location 语法如下：

```
{part_ name {from}} location _name {(index _exp)} {at position_ exp}
{with labor_ name {#labor_ qty}} {using PATH}
```

Part _name 是指模型中零部件的名称；location _name 是指元素输入或输出零部件的地方，它可能是个名字表达式或模块的名称；如果发送零件的元素数量大于 1，可以详细说明一组元素中的哪一个用来发送该零件，Index _exp 是一个含有括号的整数表达式，例如，location _name 是 PACKING，则 PACKING(3)表示第三台包装机，如果不使用 Index _exp，规则从一组元素中的任何一个元素输入零部件；如果发送或接收的零部件是输送链，可以从特殊的位置输入或输出零部件，Position _exp 是一个包含有输送链位置号的整型表达式。如果不使用该表达式，Witness 从输送链的后方输入零部件（或输出零部件到后方）；With labor _name 是模型中要求与机器项目匹配的劳动单位的名称；#labor _qty 是指被详细说明的与机器项目相匹配的劳动者数量。using PATH 指定相匹配的项目从前一地点输入机器时使用一条路径。

② 作为劳动者规则的 location 语法为：

```
{labor_ name} {(index_ exp)} {using PATH}
```

其中 labor _name 是指模型中劳动者的名称。

③ 限定词是如下几种之一。

● ANY：元素选择列出地点的任何一个。

● ATTRIBUTE attribute_ name {(attribute _index _exp)}

ATTRIBUTE 指元素具有特殊属性值（例如，SIZE = 10）；attribute_name 是指系统属性的名字或是自己创建的属性的名字；attribute_index_exp 是一个供选择的属性目录，由一个整数表达式组成。如果使用目录，规则使用一组同类属性中的一种特殊的属性；如果不使用目录，规则使用一组同类属性中的任何一种属性。

● CONDITION condition

CONDITION 是指元素的一般属性符合某种条件；condition 是一个条件，如 SIZE>10。

（2）下面是有关 MATCH 作为机器的输入规则的例子。

例 5.1　MATCH/ANY CLOCK STORE(1) #(2) AND BOX STORE(2) #(1)

在这个例子中，MATCH 规则从第一个 STORE 元素中取出任意两个钟表零部件，再从第二个 STORE 元素中取出一个盒子零部件，并把它们一起输入到机器中去。

例 5.2　MATCH/ATTRIBUTE COLOR CHASSIS_BUFF # (1) AND DOOR_BUFF # (4)

在这个例子中，MATCH 规则将从 CHASSIS_BUFF 缓冲区中取出 1 个零部件，再从 DOOR_BUFF 缓冲区中取出 4 个与之颜色属性相同零部件，并把它们输入到机器中去。

例 5.3　MATCH/CONDITION SIZE>10 STOREA #(7) OR STOREB #(7)

在这个例子中，　MATCH 规则从 STORE_A 缓冲区中取出 7 个 SIZE 属性值大于 10 的零部件或从 STORE_B 中取出 7 个 SIZE 属性值大于 10 的零部件，并将它们输入机器。

例 5.4　MATCH/ANY HELP_DESK_CALL #(1) AND SUPPORT_ENGINEER #(1)

在这个例子中，MATCH 规则使用一个 SUPPORT_ENGINEER 劳动者从 HELP_DESK_CALL 缓冲区取出 1 个零部件。

例 5.5　MATCH/ANY CLOCK STORE(1) with WORKER(1) using path #(2) AND BOX STORE(2) #(1)

在这个例子中，MATCH 规则从第二个 STORE 元素中取出一个盒子零部件，并且使用劳动者元素 WORKER(1)从第一个 STORE 元素中取出任意两个钟表零部件沿着适当的路径移动，并把它们一起输入到机器中去。

（3）下面是 MATCH 作为劳动者规则的例子（假设是机器加工需要人员辅助）。

例 5.6　MATCH/ANY (JOE #(2) AND FRED #(1)) OR (BILL #(2) AND TOM #(1))

在这个例子中，MATCH 规则设定如果有两个 JOE 劳动者与 1 个 FRED 劳动者同时可以使用，或者 2 个 BILL 劳动者与 1 个 TOM 劳动者同时可以使用，就使用一组劳动者进行辅助操作，机器方能开动。

例 5.7　MATCH ATTRIBUTE TEAM_NO DOCTOR#(1) AND NURSE#(2)

在这个例子中，如果有 TEAM_NO 属性相同的 1 个 DOCTOR 劳动者与 2 个 NURSE 劳动者同时可用，就使用他们 3 个进行辅助操作。

例 5.8　MATCH/CONDITION　SKILL>5 FITTER#(1) OR FOREMAN#(2)

在这个例子中，任意 1 个 SKILL 属性值大于 5 的 FITTER 劳动者可以辅助机器操作，或者任意 2 个 SKILL 属性值大于 5 的 FOREMAN 劳动者可以辅助机器进行操作。

例 5.9 MATCH/ANY FITTER#(5) AND FOREMAN#(1) using PATH

在这个例子中, MATCH 规则通过特定的路径匹配任意 5 个 FITTER 劳动者与任意 1 个 FOREMAN 劳动者来共同辅助机器进行操作。

3) WAIT 规则

(1) WAIT 规则定义一个元素如何等待。每个元素的输入/输出规则在默认的情况下, 都设为 WAIT 规则。为了指明模型中零部件的走向, 需要用其他规则来替代它。

例如:

```
IF NPARTS(WIDGET_BUFFER )< 50
PUSH WIDGET to WIDGET_BUFFER
ELSE
    WAIT
ENDIF
```

在作为机器输出规则的情况下, 本例表示如果缓冲区 WIDGET_BUFFER 中的零部件少于 50 个的话, 机器把 WIDGET 零部件推入缓冲区内; 如果 WIDGET_BUFFER 中的零部件不少于 50 的话, 机器等待, 直到缓冲区内的零部件数少于 50。

(2) WAIT 规则的语法如下, 它没有其他的参数。

```
WAIT
```

① WAIT 作为输入规则指的是元素等待直到元素输入零部件或流体到其中。下列元素可以用 WAIT 作为输入规则:

- 机器
- 输送链
- 轨道
- 管道
- 容器
- 处理器
- 工作站
- 路线集
- 工作站

② WAIT 作为输出规则指的是元素等待直到其中的零部件或流体被取出。如果没有其他元素从中将零部件取出, 元素将会永远被阻塞。以下元素可以用 WAIT 作为输出规则:

- 零部件
- 单件运输小车
- 缓冲区
- 机器
- 输送链
- 运载工具
- 轨道
- 零部件文件
- 流体
- 管道
- 容器
- 管道
- 处理器
- 工作站
- 路线集

③ WAIT 作为劳动者规则指的是元素等待直到劳动者有效。以下元素可用 WAIT 作为劳动者规则:

- 机器
- 输送链
- 管道
- 容器
- 处理器
- 停靠站
- 行为站
- 装载站
- 卸载站

3. 劳动者规则的例子

例 5.10 TWO _TON#1 OR ONE_TON#2

这个例子展示了劳动者作为工具或资源来使用的情况。元素需要 1 个 TWO_TON 工具或 2 个 ONE_TON 工具来完成任务，它将按照列表中的次序来选择劳动者，所以元素将会首先选择前者。

例 5.11　OPERATOR　OR NONE
　　元素需要一个操作者去执行任务，要是没有操作者可提供，Witness 允许在没有操作者的情况下继续执行任务。

例 5.12　NOVICE　AND　AUTOMATIC　OR　EXPERT　AND MANUAL
　　这个例子把操作者作为一种资源或一个工具来使用。元素需要一个初学者和一个自动工具，或者一个专家和一个手动工具一起才能完成任务，它将按照列表中的次序来选择劳动者，所以元素将会首先选择前者的组合。

例 5.13
```
IF  NPARTS(PACKING(1)) < 3
NONE
ELSEIF NPARTS(PACKING(1)) < 9
        OPERATOR AND PACK_TOOL
    ELSE
        OPERATOR#2 AND PACK_TOOL#2 OR ROBOT
    ENDIF
ENDIF
```

　　如果第一个包装机的零部件的数目小于 3，元素不需要劳动者。如果第一个包装机的零部件的数目少于 9，但是大于 3，元素需要一个单位的 OPERATOR 劳动者和一个 PACK_TOOL 工具去执行任务。如果零部件的数目等于 9 或更多，元素就需要 2 个单位的 OPERATOR 劳动者和 2 个单位的 PACK_TOOL 工具，要是劳动者和工具不能被提供，那么用 ROBOT 来代替。

思考题

1. Witness 系统中离散型元素包括下列（　　）项。
　　A．Part　　　　　　B．Machine　　　　　C．Fluid　　　　D．Bus
2. 为了研究某个车票订购点的服务效率，如顾客的平均等待时间、订票员的工作忙闲比率等，建立 Witness 仿真模型，在模型中，车票订购点相关的构成要素有订票员、顾客及顾客队列，对于顾客使用下列（　　）元素模拟较为合适。
　　A　Labor　　　　　　B．Machine　　　　　C．Part　　　　D．Bus
3. Part 类型元素细节设计对话框中控制主动型 Part 元素进入模型时间间隔的为（　　）。
　　A．Lot Size　　　　B．Maximum　　　　　C．To…　　　　　D．Inter Arrival
4. 通用型 General 的机器输入零件数量和输入零件数量的比例关系可以为（　　），其中 m 和 n 为大于 1 的整数。
　　A．1:1　　　　　　B．1:m　　　　　　C．n:n　　　　　D．m:n
5. 下列元素属于 Witness 连续性元素的是（　　）。

A. Fluid   B. Processor   C. Variable   D. Path

6. 找出下列其中一个元素同其他元素类型不同的元素（   ）。

    A. Machine   B. Part   C. Fluid   D. Buffer

7. 下列元素属于 Witness 图形元素的有（   ）。

    A. Shift   B. Timeseries   C. Pie Chart   D. Conveyor

8. 下面（   ）是时间序列图元素的图标。

    A. element9   B. element10   C. element12   D. element8

9. 时间序列图中设定数值表达式的 Plot 有（   ）个。

    A. 5   B. 7   C. 8   D. 9

10. 下面表述方式正确的是（   ）。

    A. 时间序列图中数据更新间隔设定在其细节对话框中的 Refresh 项目中

    B. 时间序列图中数据更新间隔设定在其细节对话框中的 Recording 项目中

    C. 饼状图图形刷新间隔设定在其细节对话框中的 Refresh 项目中

    D. 饼状图图形刷新间隔设定在其细节对话框中的 Recording 项目中

11. 使用一个 Part 类型元素等间隔到达模型，以实现等间隔时间检查库存 Buf，并将当前库存量数据记录到直方图 Hist 中，可以通过如下（   ）方式实现。

    A. 在 Part 元素的 Actions on Entering 中设定语句 Record Nparts(Buf) Into Hist

    B. 在 Part 元素的 Actions on Entering 中设定语句 Record Nparts2(Buf) In Hist

    C. 在 Part 元素的 Actions on Create 中设定语句 Record Nparts(Buf) In Hist

    D. 在 Part 元素的 Actions on Create 中设定语句 Record Nparts(Buf) Into Hist

12. 希望通过饼状图动态显示模型中设备 MachA 的状态比率，需要在饼状图的细节设置对话框的页框（   ）中先选中 Display Element States 选项，然后选择设备 MachA。

    A. General   B. Detail   C. Element States   D. Actions

13. 缺省情况下，饼状图显示 Machine 类型元素的工作状态比率的颜色为（   ）。

    A. 绿色   B. 黄色   C. 红色   D. 紫色

14. Witness 建模过程中，需要修改布局窗口的名称和背景颜色，可以通过怎样的菜单操作完成？

15. 在"chap05 图形元素.mod"模型基础上，修改模型，实现第四章 SQSS 和 SQMS 系统的建模，并进行仿真和绩效指标统计。

（章节自测题）

第6章 流水线生产系统建模与仿真

6.1 模型描述

某企业在一条流水线上加工一种产品，该产品所需的零部件（Widget）经过称重（Weigh）、冲洗（Wash）、加工（Produce）和检测（Inspect）等 4 个工序的操作后，形成产品离开系统，生产线布置如图 6.1 所示。

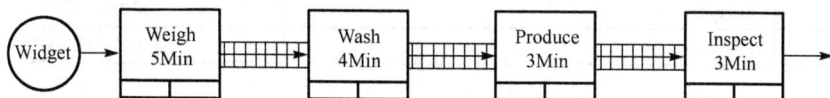

图 6.1 流水线生产系统工艺流程图

生产线上每道工序只有一台设备，零部件在每台设备上加工完毕后，由同其连接的输送链运输至下一设备，最后经过检测后被送出系统。已知该流水线中各个工序的加工时间分别为：称重 5 分钟、冲洗 4 分钟、加工 3 分钟、检测 3 分钟。每条输送链上有 20 个零件位，输送链上零件移动节拍为 0.5 分钟。零部件的供应是源源不断的，不存在缺货现象。使用 Witness 建立该系统的仿真模型界面如图 6.2 所示，模型参看"chap06 流水线生产系统.mod"。

（示例程序模型下载）

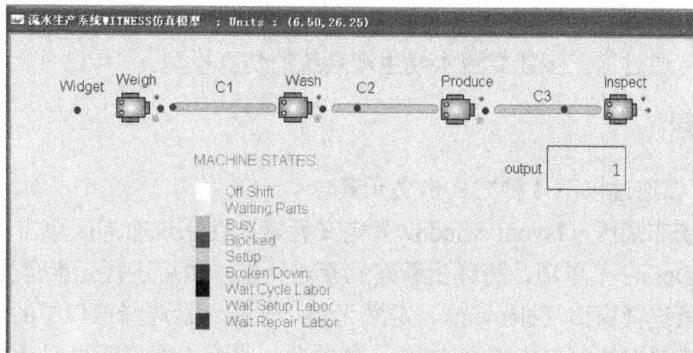

图 6.2 流水线生产系统 Witness 仿真模型界面

6.2 系统分析

6.2.1 元素说明

该流水线系统的组成元素主要为被加工的零部件、4 台设备和 3 条输送线，因此该系统仿真模型的元素如表 6.1 所示：被加工的零部件由 widget 表示，4 道工序分别由 4 台机器表示，C1、C2、C3 表示输送链，而最后的实际产量由变量 output 统计和可视化显示。

表 6.1　模型元素介绍

元素名称	元素类型	元素数量	元素作用
Widget	Part	1	模拟被加工的零件
Weigh	Machine(Single)	1	模拟称重机器
Wash	Machine(Single)	1	模拟清洗机器
Produce	Machine(Single)	1	模拟加工机器
Inspect	Machine(Single)	1	模拟检测机器
C1	Conveyor	1	模拟输送链 1
C2	Conveyor	1	模拟输送链 2
C3	Conveyor	1	模拟输送链 3
output	Variable:Integer	1	统计产成品数量

6.2.2　系统运行时间

仿真运行终止时间为：一天 8 小时=8×60=480 分钟。

6.3　模型建立

使用 Wintess 建立仿真模型的过程一般分为如下三步：

（1）定义元素；

（2）元素细节设计；

（3）仿真实验和数据分析。

下面描述如何通过这三步建立流水线生产系统的仿真模型。

6.3.1　定义元素

Witness 中可以通过以下 4 种方式定义元素。

（1）通过系统布局区（layout window）定义元素：在系统布局区单击鼠标右键，在弹出的菜单中选择 Define 菜单项，将弹出新建元素对话框，然后进行元素定义。

（2）通过元素选择窗口（elements）定义元素：选择元素选择窗口中的 simulation 项，单击鼠标右键，在弹出的菜单中选择 Define 菜单项，将弹出新建元素对话框，然后进行元素定义。

（3）使用工具栏进行元素的定义：单击工具栏中的新建元素图标 ，将弹出新建元素对话框，然后进行元素定义。

（4）通过用户元素窗口（designer elements）元素模板定义元素：在该窗口中，鼠标选中所需建立的元素类型图标，然后在系统布局区中单击鼠标左键进行元素定义。

在此，选择第四种方法来对元素进行定义，该方法直观简单，便于初学者掌握。下面演示该模型的元素定义过程。

（1）通过：开始→所有程序→Witness 2008→Witness 2008 Manufacture Performance Edition，打开 Witness 软件，软件主界面如图 6.3 所示。

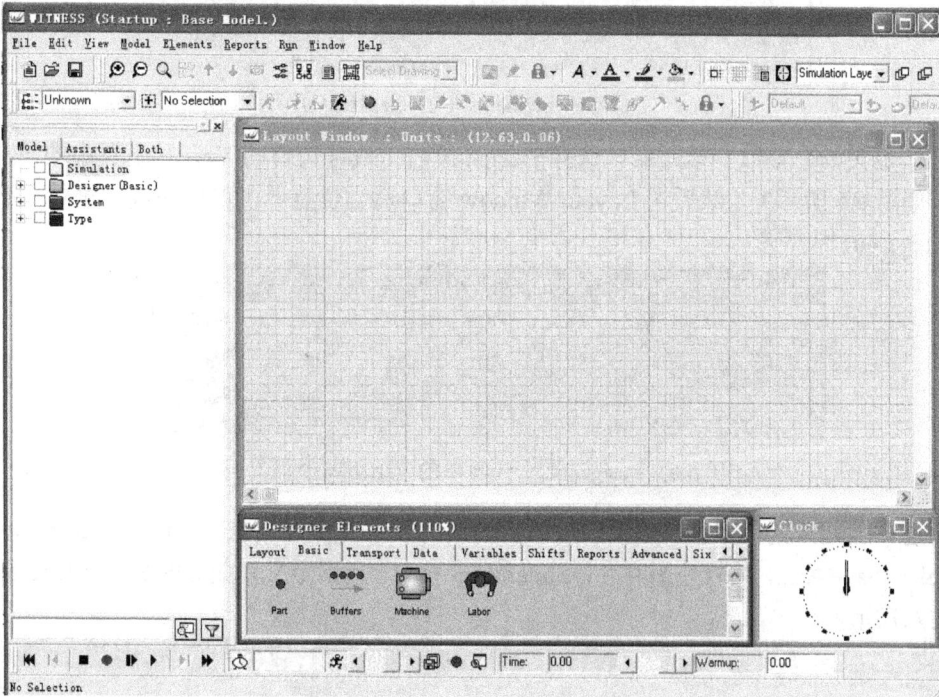

图 6.3　Witness 软件主界面

（2）建立一个零部件元素。在图 6.3Witness 界面下方的 Designer Elements 窗口的 Basic 页中，鼠标单击选中 Part 元素图标，使得整个 Part 图标外围被一个黑色方框圈中，如图 6.4 所示，然后移动鼠标，在 Layout Window 窗口适当位置单击鼠标左键，将建立一个名称为 Part001 的元素。

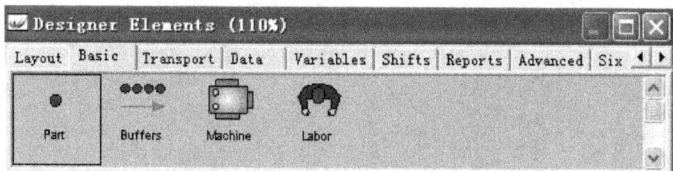

图 6.4　Designer Elements 界面

（3）建立 4 个机器元素。同建立 Part001 零部件元素过程相似，依次选择 Designer Elements 窗口的 Basic 页中的 Machine 元素图标，然后在 Layout Window 窗口适当位置单击鼠标左键，分别建立名称为 Machine001、Machine002、Machine003 和 Machine004 等 4 个机器元素。

（4）建立 3 个输送链元素。同建立 Part001 零部件元素过程相似，依次选择 Designer Elements 窗口的 Transport 页中的 Conveyor 元素（如图 6.5 所示），然后在 Layout Window 窗口适当位置单击鼠标左键，分别建立名称为 Conveyor001、Conveyor002、Conveyor003 等 3 个输送链元素。

图 6.5　Designer Elements 中的 Transport 页面界面

（5）定义一个整数变量元素。选择 Designer Elements 窗口的 Variables 页中的 VInteger 元素（如图 6.6 所示），然后在 Layout Window 窗口适当位置单击鼠标左键，建立一个名称为 VInteger001 的变量。

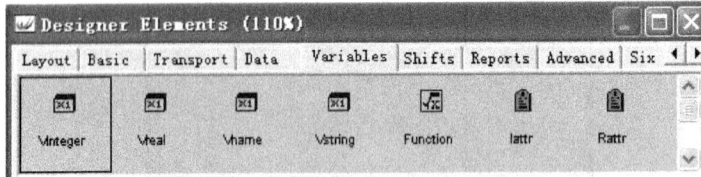

图 6.6　Designer Elements 中的 Variables 页面界面

经过如上元素定义步骤，该模型所需要的所有元素都已经建立了，通过 Witness 软件的菜单 File→Save As...，将模型另存为：StreamLine.mod，元素定义完成后的 StreamLine 模型界面如图 6.7 所示。

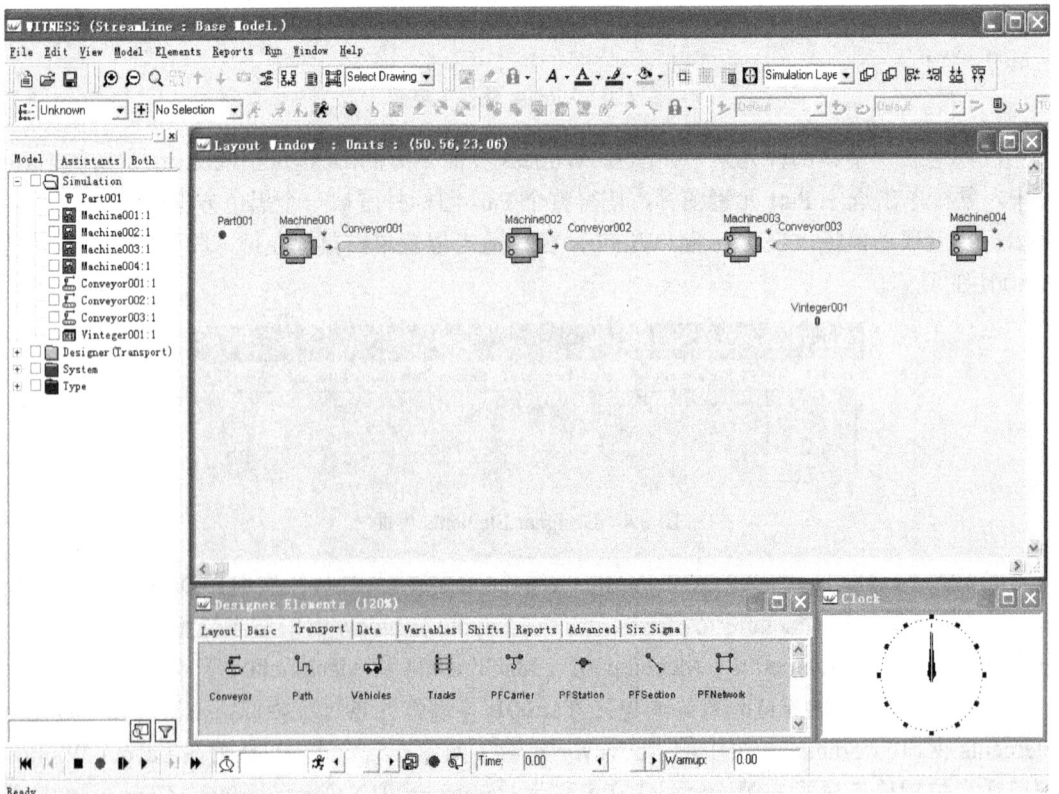

图 6.7　元素定义完成后的 StreamLine 模型界面

6.3.2 元素细节设计

在上一节完成系统元素定义的模型上尚不能做仿真实验，因为这些元素还没有设置符合流水线系统运行行为的数据和特征，如机器设备每次的作业时间、机器设备完成某件产品作业后将产品送到何处去、输送线的长度和速度等。在 Witness 建模与仿真过程中，对模型元素的运行行为和特征进行设计称之为对元素的细节设计。元素细节设计是建立仿真模型中最为重要的一个阶段，如果元素的作业时间设计不准确，或者元素的输入/输出规则设计不准确，都将使得仿真模型的运行行为同实际系统不匹配，导致仿真结果不能正确地反映实际系统的运行状态和存在的问题。

进行元素细节设计需要使用元素细节设计对话框，打开细节设计对话框的途径有：

（1）在布局区中对应元素的可视化图标上双击鼠标左键；

（2）在布局区中对应元素的可视化图标上单击鼠标右键，在弹出的菜单中选择菜单项 Detail...；

（3）在元素列表窗口的 Simulation 中对应元素名称上双击鼠标左键；

（4）在元素列表窗口的 Simulation 中对应元素名称上单击鼠标右键，在弹出的菜单中选择菜单项 Detail...；

（5）在布局区选中对应建模元素的可视化图标，然后单击标准工具栏中的图标 ☝。

1. 零部件元素细节设计

在布局区双击 Part001 元素图标，在弹出的对话框中进行相关设计，如图 6.8 所示。

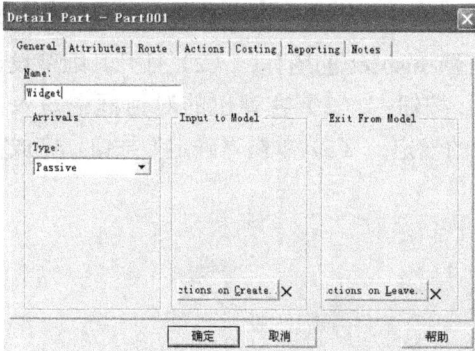

图 6.8 Widget 元素设计细节对话框

因为在流水线生产系统中，零部件的数量足够多，只要第一道工序空闲，需要提取零部件进行加工就可以获得零部件，因此设计零部件元素类型为缺省值：被动型（Passive）。然后在 Name 栏中将零部件名称由 Part001 改为 Widget，设计完毕后，零部件细节设计对话框的界面如图 6.8 所示。单击"确定"按钮，完成零部件元素细节设计。

2. 变量细节设计

本模型中建立了一个变量 VInteger001，用于记录和实时显示流水线产出的零件的数量。对于该变量的细节设计只需要修改其名称即可，方法为在布局区中双击该变量的可视化图标，在弹出的细节设计对话框中将名称修改为 output 即可。

3. 机器细节设计

双击 Machine001 元素，在弹出的机器细节设计对话框中修改如下项目：

（1）在 Name 栏中输入 Weigh，修改 Machine001 的名称；

（2）在 Cycle Time 栏中输入 5，表示零部件在该台机器上所需的加工时间为 5 个仿真时间，在模型中，取每个仿真时间单位表示实际系统的 1 分钟。

修改之后的细节设计对话框如图 6.9 所示，单击"确定"按钮，完成称重机器的细节设计。

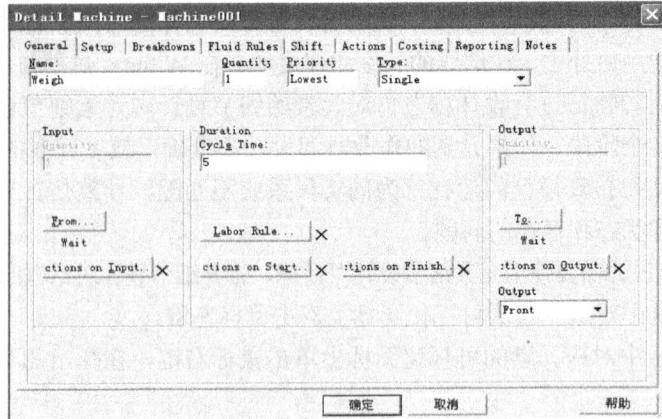

图 6.9 称重机器细节设计对话框

双击 Machine002 元素图标，在细节设计对话框的 Name 栏中输入 Wash，在 Cycle Time 栏中输入 4，单击"确认"按钮确定。

双击 Machine003 元素图标，在细节设计对话框的 Name 栏中输入 Produce，在 Cycle Time 栏中输入 3，单击"确认"按钮确定。

双击 Machine004 元素图标，在细节设计对话框的 Name 栏中输入 Inspect，在 Cycle Time 栏中输入 3，单击"确认"按钮确定。本模型还需要实时统计该流水线加工完成的零件数量，并将其记录在变量 output 中，这需要每当 Inspect 机器加工完成一个零件，变量 output 的数量要增加 1，实现该功能的步骤为：（1）双击机器 Inspect 的图标；（2）打开其细节设计对话框，在其对话框中单击 Actions on Finish...按钮；（3）在弹出的对话框中写入：output=output+1；（4）单击 OK 按钮，完成语句的设定；（5）单击"确定"按钮，完成机器细节设计。设计过程如图 6.10 所示。

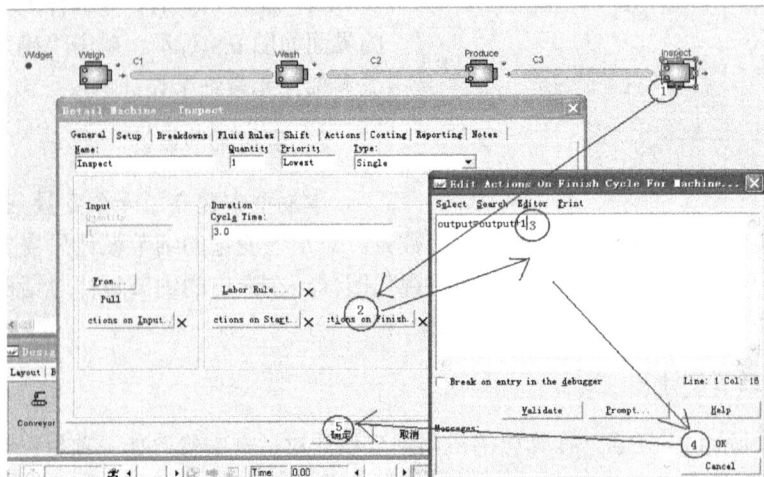

图 6.10 检测机器中统计产出数据设计过程图

4．输送链细节设计

双击 Conveyor001 图标，出现图 6.11 所示的输送链元素细节设计对话框。在 Name 栏中输入 C1，在 Index Time 栏中输入 0.5，设定输送链将零件向前移动一个放置位所需要的时间为 0.5 分钟。在 Length in Parts 栏中输入 10，设定移位式输送链（Indexed Queuing）的放置位为 10 个。如果没有遇到阻塞等异常情况，零件通过整个输送链将需要耗费 5 分钟（放置位数量×移位节拍=10×0.5=5）的时间。

双击 Conveyor002、Conveyor003 的图标。在弹出的细节设计对话框的 Name 栏中分别输入 C2、C3，修改输送链的名称，其他项目设计与输送链 C1 的设计相同。

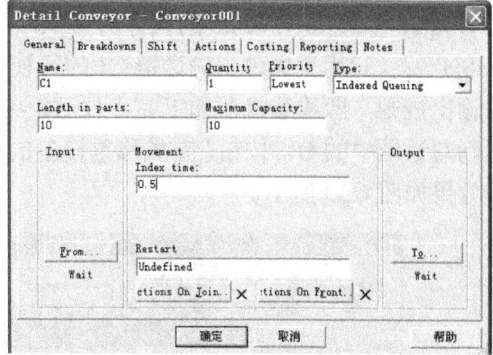

图 6.11 输送链元素细节设计对话框

5．输入/输出规则设计

输入/输出规则设计是元素细节设计的一部分，主要是设定零部件在系统各个地点（机器、输送链、缓冲区等）之间的移动规则。在本模型中，需要设计的输入/输出规则主要有加工设备怎样获得被加工的零部件、加工完毕如何将零部件送出该设备。

称重机器 Weigh 的输入规则设计：模型中假设 Widget 数量足够多，从来没有出现过缺货，表示称重机器空闲时都可以获取到零件，像这种情况，一般总是假设零件为被动式的（在 Widget 的细节设计中，保留了其进入模型的类型为缺省的 Passive），由主动的机器在空闲时去提取它，即本案例中称重机器的输入规则为提取被动式的零部件。操作步骤为：（1）选中 Weigh 机器；（2）用鼠标单击 Element 工具栏中的 Visual Input Rule 设计图标，出现 Input Rule for Weigh 对话框，规则文本框的缺省值为 Pull；（3）在规则文本框中输入 PULL Widget out of WORLD，该规则定义了机器 Weigh 在空闲时，将从本系统模型的外部（WORLD）拉进一个 Widget 进行加工；（4）单击 OK 按钮确认，完成 Weigh 设备的输入规则设计。该设计过程在界面上的操作步骤和效果如图 6.12 所示。

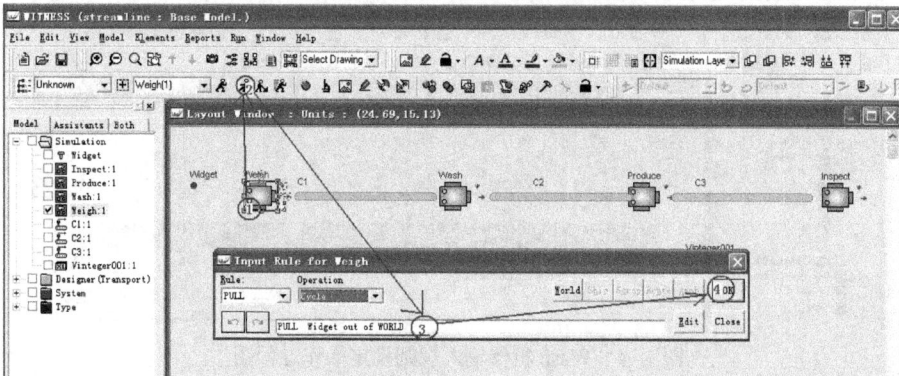

图 6.12 Weigh 机器输入规则设定操作过程图

称重机器 Weigh 的输出规则设计：称重机器将零件加工完毕后要送到其后面的输送链 C1 上，然后由 C1 将零件送给后续的清洗工序加工。称重工序输出规则为输送到输送链 C1，具体设计步骤为：（1）选中 Weigh 机器；（2）用鼠标单击 Visual Output Rule 图标 🏃，弹出 Output Rule for Weigh 的设计对话框，此时该对话框中的规则框内仅有缺省输出规则：PUSH ；（3）用鼠标单击输送链 C1 的可视化图标，则在输出设计对话框中形成 PUSH C1(1) 的输出规则，即称重机器加工完零件后，将零件推到输送链 C1(1) 的末端；（4）单击输出规则对话框中的 OK 按钮，完成称重设备的输出规则设计。该设计过程在界面上的操作步骤和效果如图 6.13 所示。

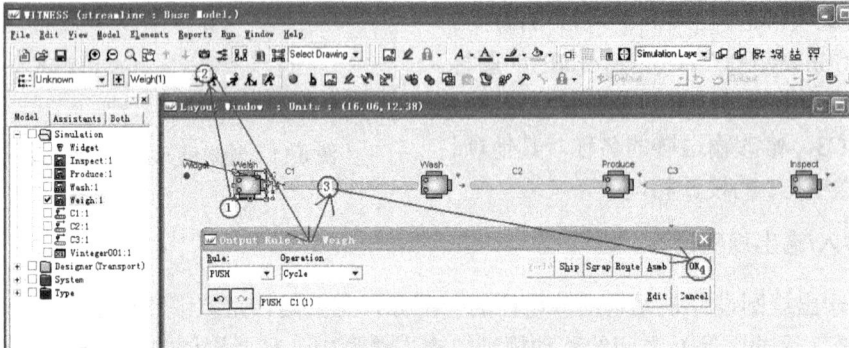

图 6.13　Weigh 机器输出规则设定操作过程图

清洗机器输入/输出规则设计：Wash 机器的输入规则为从输送链 C1 的前端获取零件 Widget，输出规则为加工完毕后送入输送链 C2 的尾端。其输入规则的屏幕操作过程为：（1）选中 Wash 机器；（2）用鼠标单击 Element 工具栏中的 Visual Input Rule 设计图标 🏃，出现 Input Rule for Wash 对话框；（3）用鼠标单击输送链 C1 的可视化图标，则在输入设计对话框中形成 PULL C1(1) 的输入规则，即清洗机器空闲时，总是搜索输送链 C1(1) 最前端的零件放置位，如果该位置有零件，则取过来进行加工；如果该位置没有零件，则该机器将保持等待，直至该位置有零件；（4）单击 OK 按钮，完成清洗机器输入规则的设定。该设计过程在界面上的操作步骤和效果如图 6.14 所示。

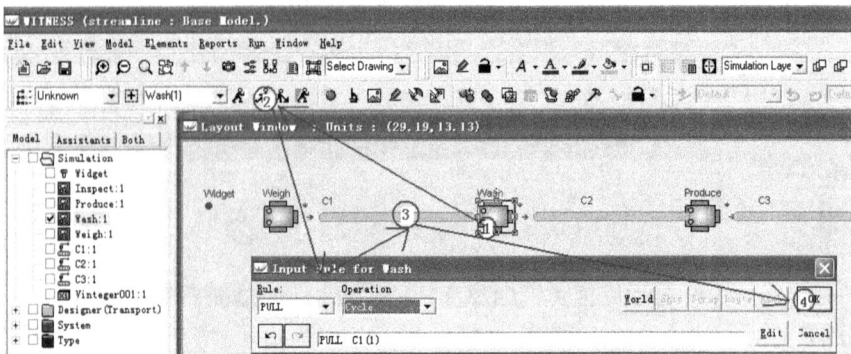

图 6.14　Wash 机器输入规则设定操作过程图

清洗机器输出规则设计过程为：（1）选中 Wash 机器；（2）用鼠标单击 Visual Output

Rule 图标 🏃，弹出 Output Rule for Wash 的设计对话框，此时该对话框中的规则框内仅有缺省输出规则：PUSH；（3）用鼠标单击输送链 C2 的可视化图标，则在输出设计对话框中形成 PUSH C2(1) 的输出规则，即清洗机器加工完零件后，将零件推到输送链 C2(1) 的末端；（4）单击输出规则对话框中的 OK 按钮，完成清洗设备的输出规则设计。该设计过程在界面上的操作步骤和效果参看称重机器输出规则设计的图示。

加工机器 Produce 输入/输出规则设计：Produce 机器的输入规则为从输送链 C2 的前端获取零件 Widget，输出规则为加工完毕后送入输送链 C3 的尾端。其输入规则的屏幕操作过程为：（1）选中 Produce 机器；（2）用鼠标单击 Element 工具栏中的 Visual Input Rule 设计图标 🏃，出现 Input Rule for Produce 对话框；（3）用鼠标单击输送链 C2 的可视化图标，在输入设计对话框中形成 PULL C2(1) 的输入规则，即加工机器空闲时，总是搜索输送链 C2(1) 最前端的零件放置位，如果该位置有零件，则取过来进行加工；如果该位置没有零件，则该机器将保持等待，直至该位置有零件；（4）单击 OK 按钮，完成加工机器输入规则的设定。该设计过程在界面上的操作步骤和效果参看清洗机器输入规则设计的图示。

加工机器输出规则设计过程为：（1）选中 Produce 机器；（2）用鼠标单击 Visual Output Rule 图标 🏃，弹出 Output Rule for Produce 的设计对话框，此时该对话框中的规则框内仅有缺省输出规则：PUSH；（3）用鼠标单击输送链 C3 的可视化图标，则在输出设计对话框中形成 PUSH C3(1) 的输出规则，即加工机器加工完零件后，将零件推到输送链 C3(1) 的末端；（4）单击输出规则对话框中的 OK 按钮，完成 Produce 设备的输出规则设计。该设计过程在界面上的操作步骤和效果参看称重机器输出规则设计的图示。

检测机器 Inspect 输入/输出规则设计：Inspect 机器的输入规则为从输送链 C3 的前端获取零件 Widget，输出规则为加工完毕后送出系统。其输入规则的屏幕操作过程为：（1）选中 Inspect 机器；（2）用鼠标单击 Element 工具栏中的 Visual Input Rule 设计图标 🏃，出现 Input Rule for Inspect 对话框；（3）用鼠标单击输送链 C3 的可视化图标，则在输入设计对话框中形成 PULL C3(1) 的输入规则，即检测机器空闲时，总是搜索输送链 C3(1) 最前端的零件放置位，如果该位置有零件，则取过来进行加工；如果该位置没有零件，则该机器将保持等待，直至该位置有零件；（4）单击 OK 按钮，完成检测机器输入规则的设定。该设计过程在界面上的操作步骤和效果参看清洗机器输入规则设计的图示。

检测机器输出规则设计过程为：（1）选中 Inspect 机器；（2）用鼠标单击 Visual Output Rule 图标 🏃，将弹出 Output Rule for Inspect 的设计对话框，此时该对话框中的规则框内仅有缺省输出规则：PUSH；（3）用鼠标单击输出规则对话框上的 Ship 按钮，则在输出设计对话框中形成 PUSH SHIP 的输出规则，即检测机器检测完零件后，将零件发运出去，即零件退出系统；（4）单击输出规则对话框中的 OK 按钮，完成 Inspect 设备的输出规则设计。该设计过程在界面上的操作步骤和效果参看图 6.14。

6. 机器颜色标志设计

在模型运行过程中，模型元素会经历多种不同的状态，Witness 软件为多种元素设计了标准化的颜色标志键，如黄色通常表示空闲、等待，绿色表示正常工作，红色表示故障、维护维修等。在本模型中，每个机器设备可视化图标的右下角有个正方形图标，该图标的颜色将在仿真运行过程中随着机器状态的变化而呈现不同颜色。为了便于理解不同颜色表示的机器状态，这里先设置机器设备的颜色标志。

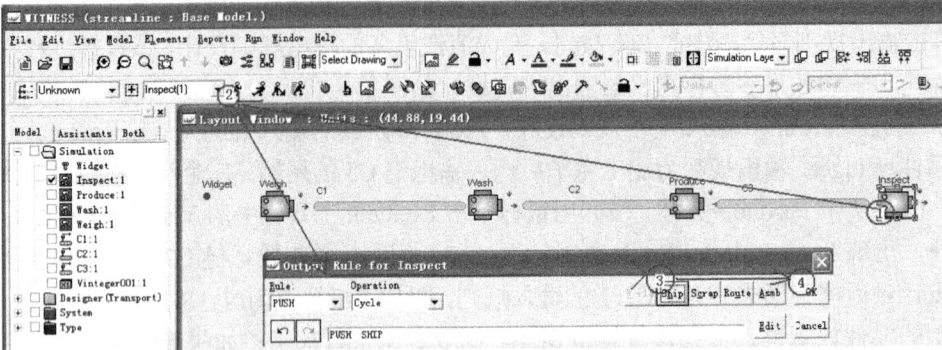

图 6.14　Inspect 机器输出规则设定操作过程图

　　设计步骤为：（1）通过 Witness 软件菜单 View→Keys→Machine，打开机器标志键设计对话框；（2）在对话框中单击 Draw 按钮，当光标变成十字尖头的形状，将光标移动到布局区中合适的位置，然后单击鼠标左键，完成标志键的设计。设计过程和设计后的效果如图 6.15 所示。

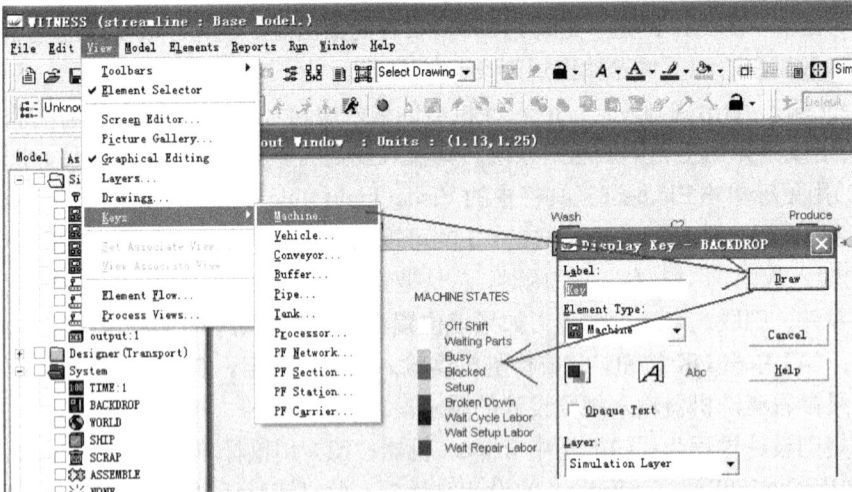

（扫二维码看彩图）

图 6.15　机器状态标志键设计过程图

　　从图 6.15 的机器标志键中可以看出，机器状态显示图标与机器状态之间的关系如下：

白色——机器处于不当班时间；

黄色——等待零件的状态，即机器处于空闲状态；

绿色——机器处于忙的状态，即正常作业状态；

粉红色——机器处于阻塞状态，即机器完成了当前的操作，但是因为其后续输出对象在这个时间不能接受零件的输入，则该机器上面的零件就不能送到其后续工序，机器处于阻塞状态，也就不能进行下一个作业的加工；

兰色——机器处于换模状态，或者等待换模操作工的状态；

红色——机器处于故障维修状态，或者等待故障维修工的状态；

蓝色——机器处于等待操作员工状态，即机器正常作业过程需要员工辅助作业，但是该类员工人数不足，不能准时到达该机器，则该机器的作业处于暂停状态。

6.4　运行模型

6.4.1　仿真运行工具栏

首先介绍运行工具栏及工具栏中各个按钮的作用，如图 6.16 所示。

图 6.16　Witness 仿真运行工具栏

⏮：进行仿真的复位操作，单击该按钮，系统仿真时钟和逻辑型元素（变量、属性、函数）的值将置零。

■：停止仿真运行的按钮。

▮▶：控制模型以步进的方式运行，同时在 interact box 窗口中显示仿真时刻所发生的事件，便于理解和调试模型。

▶：控制模型的连续运行，如果没有设定运行时间，模型将一直运行下去，直到按 stop 按钮，如果设定了运行时间，模型连续运行到终止时刻。

⏱：包括一个按钮和一个输入框，用来设定仿真运行时间，按钮决定仿真是否受到输入框中的输入时间点控制，输入框输入时间点。

🏃◀　▶：包括一个按钮和一个滑动条，用来设定仿真连续运行时，仿真运行的速度。

6.4.2　结果分析

例如，在运行工具栏 run toolbar 中按下 stop run at 按钮⏱，在输入框中输入模型运行终止时间 480，然后单击 run 按钮 ▶ 开始运行模型，直至仿真模型运行至 480 时刻点自动停止运行。

Witness 软件设计了各种类型建模元素的标准统计项目，仿真运行过程中系统将自动收集这些统计数据，在仿真模型停止后，可以通过打开各种（类）元素的统计报告窗口进行查看，分析系统的运行瓶颈和可能改善点。

1. 打开元素统计报告窗口的方法

（1）左键选中所要查询的元素，单击鼠标右键，在弹出的快捷菜单中选择 Statistics...菜单项，即可弹出该元素的统计报告窗口。

（2）左键选中所要查询的元素，单击 Reports 菜单栏，在弹出的下拉菜单中选择 Statistics...菜单项，即可弹出该元素的统计报告窗口。

（3）左键选中所要查询的元素，单击 Reports 工具栏中的第一个按钮，如图中阴影区域

，将鼠标放置在该按钮上，会显示 Staticstics Report 文字提示，即可弹出该元素的统计报告窗口。注：如果 Witness 软件界面没有该工具栏，请通过菜单：View→Toolbars→Reporting 打开该工具栏。

2. 模型元素统计分析

下面分别打开本模型中四类（Part、Machine、Conveyor、Variable）元素的统计报告窗口，查看各元素的统计指标，并进行相关分析和说明。

1）零部件 Widget 的统计指标

使用第一种方法打开 Widget 元素统计报告窗口，如图 6.17 所示。

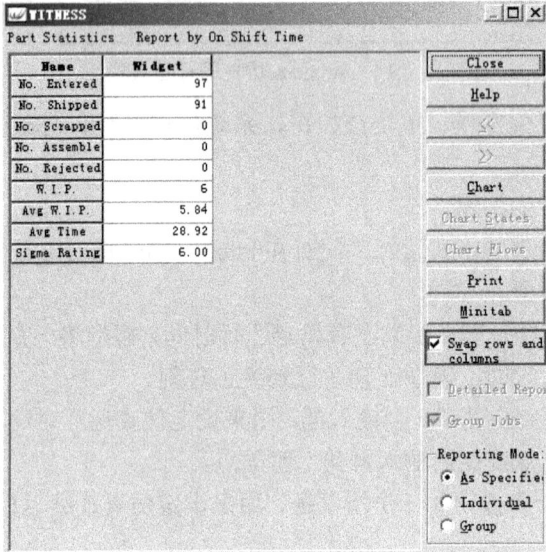

图 6.17　part 元素统计界面

上图为 Part 类型零件的标准统计报表，如果统计表格不是上图的竖列，而是横向的，使用图上方框区域进行横、竖向转换。Part 统计项目含义如表 6.2 所示。

表 6.2　Part 类型元素统计项目含义

统计项	含义
No. Entered	该零件进入系统的数量
No. Shipped	该零件被 Ship 掉的数量，即出系统的数量
No. Scrapped	该零件作为废料被抛弃的数量
No. Assembled	该零件被组装掉的数量
No. Rejected	该零件被拒绝的数量
W.I.P.	当前该零件的库存量
Avg W.I.P.	在整个仿真时间段内，该零件的平均库存量
Avg Time	所有零件在模型中平均滞留时间
Sigma Rating	废品在总体中所占的比率，以 Sigma 方式表示出来

Widget 元素统计报表说明如下。

（1）零件 Widget 在 480 分钟这个时刻点由第一道工序 Weigh 提取进入模型的总数量为 97 个（No. Entered），通过最后一道工序 Inspect 检测完成并排出系统的 Widget 为 91 个（No. Shipped）。

（2）因为在模型中，零件在各道加工工序上只是做简单的加工处理，没有设置报废和组装作业，所以零件 Widget 最后的统计中没有作为废料处置的（No. Scrapped），也没有被组装的（No. Assembled）。

（3）因为零件 Widget 为被动型零件，由机器设备 Weigh 在空闲时提取进入模型，所以也就没有被拒绝的（No. Rejected）的零件。

（4）在时刻点 480，模型中零件的库存量为 6，包括在机器上正处于加工的零件和在输送链上处于运输或排队状态的零件。

（5）在整个仿真时间段内，模型中零件的平均库存量 Avg W.I.P 为平均库存量 5.84；总的进入模型的 97 个零件在模型中平均等待时间 Avg Time 为 28.92 分钟。

（6）因为模型中没有设置报废和次品的处理逻辑，所以零件的次品率为 0%，折合为 6 西格玛率也是 0。

2）机器元素统计报告

统计 4 台机器设备的相关数据，如图 6.18 所示。从 6-18 中中我们可以看出，weigh 机器是最繁忙的，其繁忙率为 100%，这跟其主动获取零件有关，而其他三台设备的忙率均不是太高。

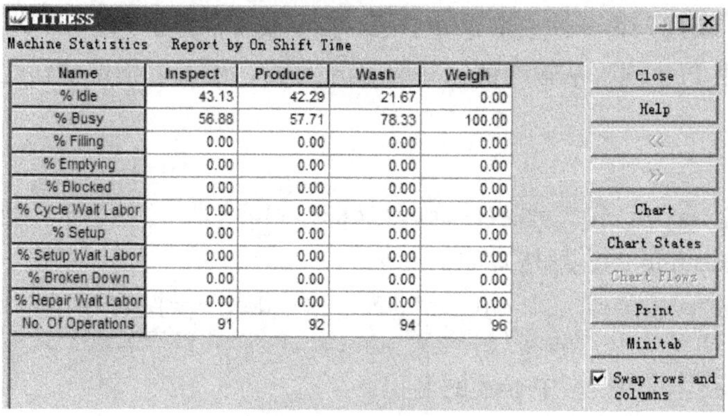

Name	Inspect	Produce	Wash	Weigh
% Idle	43.13	42.29	21.67	0.00
% Busy	56.88	57.71	78.33	100.00
% Filling	0.00	0.00	0.00	0.00
% Emptying	0.00	0.00	0.00	0.00
% Blocked	0.00	0.00	0.00	0.00
% Cycle Wait Labor	0.00	0.00	0.00	0.00
% Setup	0.00	0.00	0.00	0.00
% Setup Wait Labor	0.00	0.00	0.00	0.00
% Broken Down	0.00	0.00	0.00	0.00
% Repair Wait Labor	0.00	0.00	0.00	0.00
No. Of Operations	91	92	94	96

图 6.18　机器统计结果

3）输送链统计报告

统计 3 条输送链的相关数据，如图 6.19 所示。从中我们可以看出，三条输送链上平均零件数量均较低，它们的 Avg Size 分别为 0.99、0.97、0.95，即三条输送链上基本没有零件等待的情况发生。

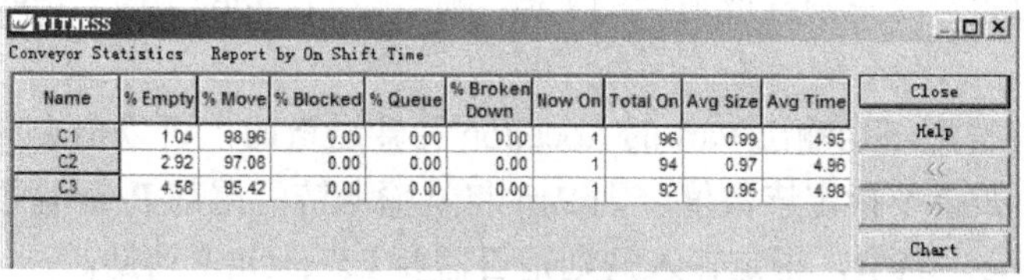

Name	% Empty	% Move	% Blocked	% Queue	% Broken Down	Now On	Total On	Avg Size	Avg Time
C1	1.04	98.96	0.00	0.00	0.00	1	96	0.99	4.95
C2	2.92	97.08	0.00	0.00	0.00	1	94	0.97	4.96
C3	4.58	95.42	0.00	0.00	0.00	1	92	0.95	4.98

图 6.19　输送链统计报表

6.5 系统规则和变量说明

在进行输入/输出规则设计过程中，使用了输入/输出规则：Pull 和 Push，以及特殊的地点变量 World 和 Ship。

Witness 仿真模型中输入规则或输出规则必须包含地点变量，地点可能是模型中存在的能够存有 Part 类型元素的机器、输送链或缓冲区，也可以是特殊地点：World 和 Ship。World 一般使用在输入规则中表示模型系统本身，该地点变量一般使用形式为：Pull PartX Out of World，即从模型系统之外拉 PartX 进入系统。Ship 一般在输出规则中使用，而且是某种类型 Part 被加工处理后，没有必要存在于模型系统之中的时候，则被输出到 Ship，可理解为 Part 元素被运出系统之外。

Witness 仿真系统中输入/输出规则很多，本章使用了 Pull 和 Push 规则。其中 Pull 规则实现对象在空闲时如何获取 Part 元素，Push 规则实现对象在将 Part 元素加工完毕后如何输出，这两个规则的语法结构形式基本相同，只是一个实现输入 Part 元素的功能，一个实现输出 Part 元素的功能，下面仅以 Pull 语法进行为例进行说明。

6.5.1 Pull 规则语法结构

输入规则 Pull 将从其他元素中拉动 Part 进入使用该规则的元素。如果 Pull 规则指定了几种输入的 part，该规则将一次获取这些 Part，直至条件满足。

注：如果使用 Pull 规则从输送链上获取 Part 元素，还可以指定从输送链的第几个位置获取 Part 元素。

语法：

```
PULL {from} location1 {, location2 ...}
```

其中，每个 location 的详细格式如下：

```
{part_name {from}} location_name {(index_exp)} {at position_exp}
    {with labor_name {#labor_qty}} {using PATH}
```

part_name：名型，为模型中 part 的名称。

location_name：名型，可以是元素的名称，也可以是模块 Module 的名称，part 将从该元素被拉出。

index_exp：整型，当输出 Part 的 Location 元素的对象数量多于 1 时，可以指定 Pull 规则具体地从该 Location 的第几个对象中提取 Part。例如，如果 Location 的名称为 Buffer001，那么 Buffer001（2）表示 Buffer001 中的第二个对象。如果不指定 Index_exp，Pull 规则将从该 Location 元素的所有对象中提取适当的 Part，顺序为 Location（1），Location（2），……，Location（n）。

position_exp：整型，当输出 Part 的 Location 为输送链时，可以指定 Part 从输送链的具体位置上被取出，如果不指定该数值，则 Part 将从输送链的尾部 Rear 被取出。

with labor_name：名型，指定输入规则是否需要 Labor 元素协助。

#labor_qty：整型，需要 Labor 元素协助时，需要的 Labor 元素的数量。

using PATH：名型，指定从一个 Location 中提取 Part 进入本元素，是否需要使用特定的路径，让 part 沿着该路径搬运至本元素。

6.5.2　Pull 规则示例

例 6.1　PULL WIDGET FROM WORLD

在这个例子中，输入规则 Pull 从 World（模型之外）拉动一个 Part 元素 WIDGET 进入模型。

例 6.2　PULL FROM ASSEMBLY, STORE(1), STORE(2)

在这个例子中，PULL 规则将从 ASSEMBLY, STORE(1), STORE(2)中提取 Part，如果 ASSEMBLY 元素中没有 Part 了，则从 STORE(1)中提取，如果 STORE(1)中也没有 Part 了，则从 STORE(2)中提取 Part，如果这三个 Location 中都没有 part 了，则等待。

例 6.3　PULL FROM ASSEMBLY WITH ENGINEER#1 USING PATH

在这个例子中，Pull 规则需要一个名为 ENGINEER 的 labor 从 ASSEMBLY 元素中提取 Part，然后使用合适的路径运送回该规则的作用元素。

例 6.4　PULL WIDGET FROM ASSEMBLY(3) WITH ENGINEER#2 USING PATH, WIDGET FROM ASSEMBLY(5)

在这个例子中，Pull 规则将使用两个工程师 ENGINEER 从第三个 ASSEMBLY 中提取 Part，然后通过合适的路径运送到规则的作用元素，如果不能从 ASSEMBLY(3)中提取 part，将直接从第五个 ASSEMBLY 中提取名为 WIDGET 的 Part。

思考题

1. 在选中一个元素后，可以通过单击下列（　　）图标进行输入规则的设计。
   A. 　　　　B. 　　　　C. 　　　　D.

2. 在选中一个元素后，可以通过单击下列（　　）图标进行输出规则的设计。
   A. 　　　　B. 　　　　C. 　　　　D.

3. 修改本章模型中的全部输送链设计，实现零件从输送链一端移动到另一端的时间为 20 分钟，运行仿真模型至 480 分钟，统计分析生产线总产量为多少？每台机器的忙率为多少？

4. 修改本章模型中全部机器的作业时间满足特定类型的分布，其中称重和清洗分别满足均值为 5 分钟和 4 分钟的指数分布，而加工和检测分别满足[2，4]分钟和[1，5]分钟的均匀分布，运行仿真模型至 480 分钟，统计分析生产线总产量为多少？每台机器的忙率为多少？并同原模型统计结果进行比较分析。（提示: Witness 中产生[0,1]区间均匀随机数的函数为 RANDOM()，产生满足特定均值的指数分布随机数函数为 NEGEXP()。）

5. 在第 4 题的模型基础上，添加一个 Timeseries 元素，用于每个 5 分钟统计一下每条输送链上所存放的零件的数量；添加一个 Piechart 元素，用于动态显示加工机器的状态。

6. 物流中心主要有三个库区对三大类物品进行存储和转运，假设这三大类物品分别命名为 A、B 和 C。三类物品等间隔到达物流中心，其中 A 类每隔 1 分钟到达一件，B 类每隔 2 分钟到达一件，C 类每隔 3 分钟到达一件。物品到达物流中心后，先由上件人员将其放入自动输送线，然后通过各个分拣点将每类物品分拣送至对应的存储区，布局简图如下。

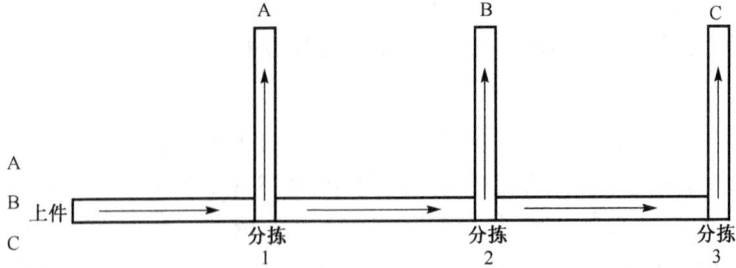

在该物流中心的分拣运输系统中，上件点—分拣 1、分拣 1—分拣 2、分拣 2—分拣 3 的距离均为 30 米，而各个分拣点至存储点的距离为 20 米；上件点抓手机器人上件需要耗时 40 秒/件，各分拣点分拣耗时为 20 秒/件，输送链速度为 1 米/秒。

试构建该物流分拣系统的仿真模型，并运行 480 分钟，统计上件点、各个分拣点作业人员的忙闲比率及各类产品的入库数量。（提示：Witness 中判断元素名称的专有属性 TYPE，如判断当前元素是否为 A，可以写 IF TYPE=A。）

7. 假设第 6 题中的各类物品的到达时间间隔不是常量，而是分别服从均值为 1 分钟、2 分钟和 3 分钟的指数分布，试修改模型，并运行 480 分钟，统计上件点、各个分拣点作业人员的忙闲比率及各类产品的入库数量，并将其同第 6 题中到达间隔为常量状态下的结果进行对比，分析异同。

（章节自测题）

第7章 座椅组装生产物流系统建模与仿真

7.1 模型描述

一个座椅生产工厂由多个车间组成，板材制作车间将座椅组装过程需要的靠背（Back）、椅面（Seat）及椅腿（Legs）制作完成后，按照 2 分钟一套的速度送达组装车间，然后由组装车间进行组装、油漆、检测和包装工序的作业，组装车间的座椅组装作业流程如图 7.1 所示，其中：

（1）Back、Seat 和 Legs 每隔 2 分钟各到达该车间一套，分别存放到不同的存放区队列中；

（2）组装工序从三个队列中各取 1 个 Back、1 个 Seat 和 1 个 Legs 进行组装，组装需要 2 分钟；

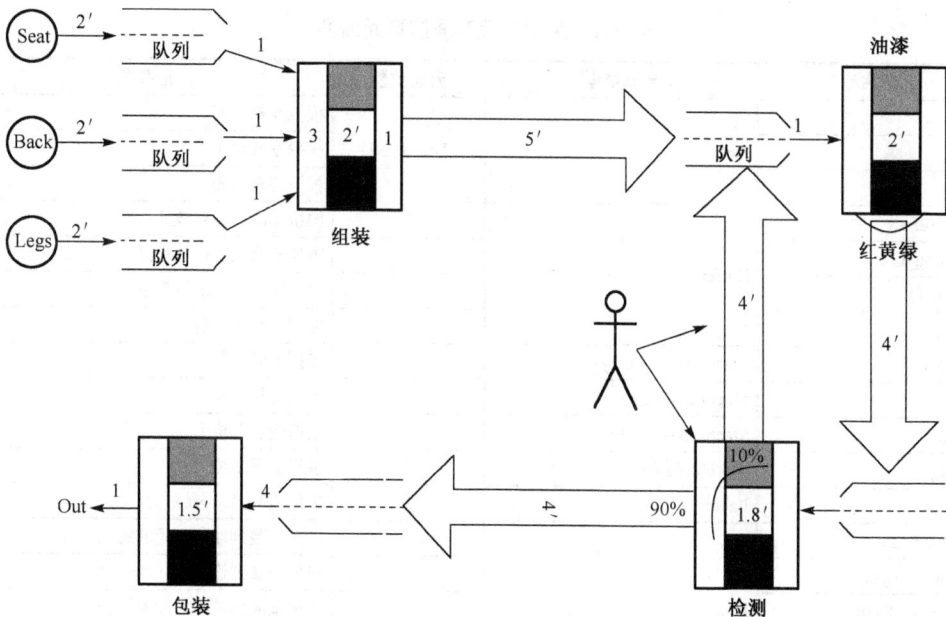

图 7.1 座椅组装作业流程图

（3）组装工序组装完毕后形成座椅，运往油漆工序的队列中，运输过程需要 5 分钟；

（4）油漆工序每次提取一个座椅进行油漆，油漆耗时 2 分钟，每次随机将座椅油漆成红、黄、绿三种颜色中的一种；

（5）油漆完毕的座椅运往检测工序的队列中，运输过程需要 4 分钟；

（6）检测过程为人工通过视觉检查座椅油漆面的光滑程度，检测耗时 1.8 分钟；

（7）通过以往的统计数据，获悉座椅在检测工序会出现 10%的油漆质量不合格，这些不合格品由工人搬运至油漆工序队列重新排队并油漆；检测合格的座椅将直接运往包装工序的队列，运输时间为 4 分钟；

（8）包装工序将其队列中颜色相同的 4 把座椅打成一包，打包时间为 1.5 分钟；

（9）座椅打包结束即送出该车间。

通过 Witness 建立该作业流程的仿真模型，运行仿真 10 天（4800 分钟），收集如下数据：

（1）各道工序的忙闲状态比率；

（2）工人的忙闲比率；

（3）检测不合格品的数量；

（4）包装完工的座椅的数量；

（5）识别系统的瓶颈资源，并提出一种改善方案，在改善方案的基础上重新运行模型，对比前述四项数据的变化。

7.2 系统分析

该模型中所用到的元素及元素在模型中所起的作用如表 7.1 所示。

表 7.1　座椅组装车间仿真元素列表

元素名称	元素类型	元素数量	元素作用
back	Part	Unlimited	模拟座椅靠背
legs			模拟座椅四条腿
seat			模拟座椅椅面
shopInBuf	Buffer	3	模拟车间原料存放区
inspecting_Q		1	模拟检测工位前暂存区
packing_Q		1	模拟包装工位前暂存区
paint_Q		1	模拟油漆工位前暂存区
assembly	Machine(Assembly)	1	模拟组装工位
inspection	Machine(Single)	1	模拟检测工位
packing	Machine(Assembly)	1	模拟包装工位
painting	Machine(Single)	1	模拟油漆工位
inspector	Labor	1	模拟检测员
pathAss2Paint	Path	1	模拟组到油漆之间的路径
pathPaint2Inspect		1	模拟油漆到检测之间的路径
pathInspect2Paint		1	模拟检测到油漆之间的路径
pathInspect2Pack		1	模拟检测到包装之间的路径
pathPack2Ship		1	模拟包装出车间的路径

建立的 Witness 仿真模型最终界面如图 7.2 所示，模型参看"chap07 座椅组装生产物流系统"。

（示例程序模型下载）

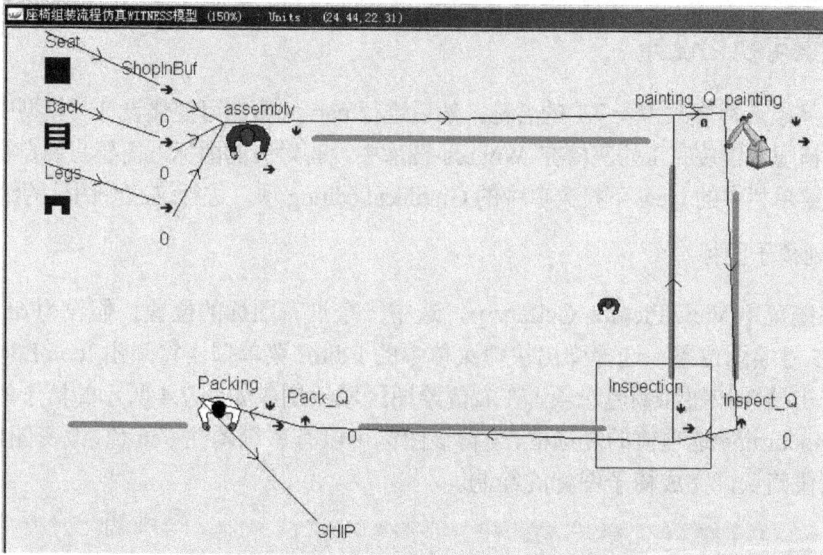

图 7.2　座椅组装 Witness 仿真模型界面

7.3　建立模型

7.3.1　元素定义

新打开一个 Witness 建模界面，通过 Designer Elements 窗口拖动表 7.1 中对应类型的元素对象在布局窗口新建座椅组装流程所需的元素，并进行布局的简单调整，获得初步设计界面如图 7.3。

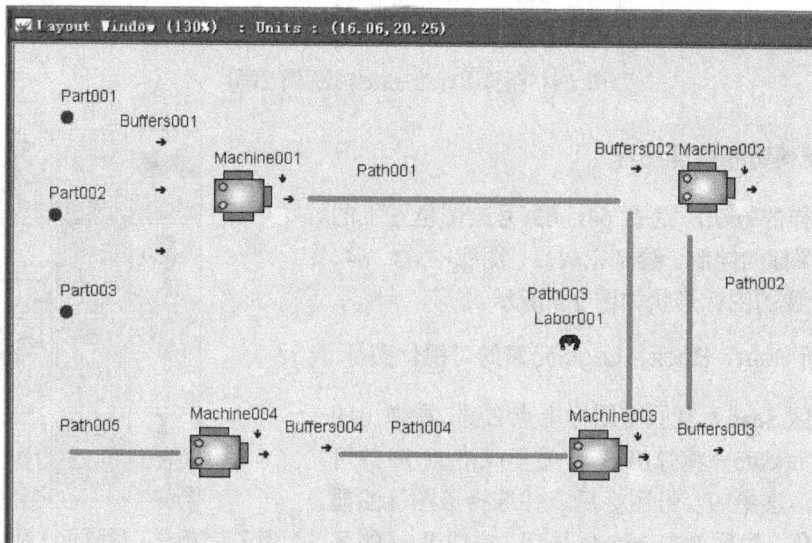

图 7.3　定义完成相关元素后的布局界面

7.3.2　元素可视化设计

将模型元素名称修改为表 7.1 的名称，然后进行 part 元素的可视化设计。模型中即将使用到的椅背、椅腿及组装完工的座椅在 Witness 图库中没有对应的图标，需要我们自行绘制，因此首先选择菜单栏中的 view 下拉菜单中的 Graphical editing 项，进行这三个图标的绘制。

1．绘制椅子图标

选择系统菜单 View/Picture Gallery…，选中一个没有图标的位置，假设为 65 号位置；鼠标右击 65 号绘图位置，选择弹出快捷菜单中的 Editor 菜单项，将弹出 Icon Editor 窗口，然后通过单击绘图按钮和颜色选项，在右侧绘图区域绘制成如图 7.4 所示的椅子的形状，选定单色 Monochrome 选项前的复选框，使得该图标可以有系统属性 Pen 值，改变图标的颜色；单击 OK 按钮确认，完成椅子图标的绘制。

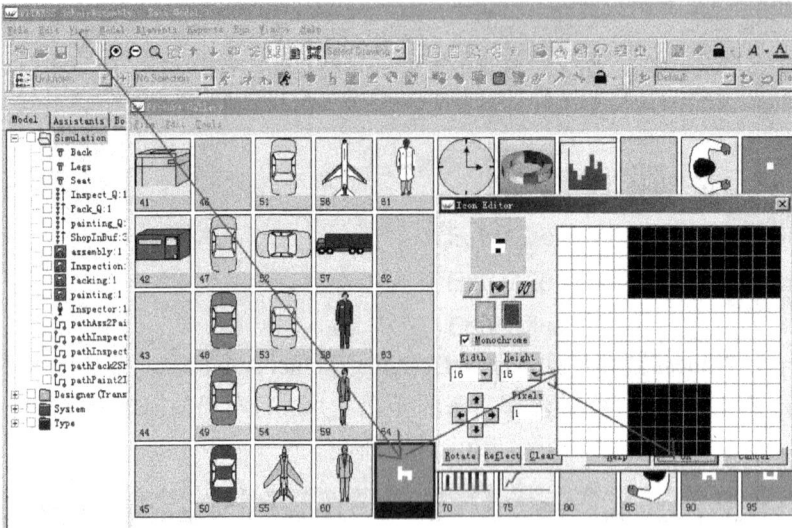

图 7.4　座椅图标绘制操作过程示意图

2．绘制椅背和椅腿图标

按照同样的方法，完成 64、63 号绘图位置上的椅背、椅腿图标的绘制。绘制完成后，图库中 63、64、65 号绘图位置的图标形状如图 7.5 所示。

3．更新 Seat、Back、Legs 元素的可视化图标

在布局区 Seat 元素原有图标上点右键，在弹出的菜单中选择 update，将弹出 Seat 显示风格 style 的可视化编辑框，选中 94 号图标后，并选择该图标的显示颜色为蓝色，然后单击 update 按钮，完成 Seat 的可视化图标设计，具体操作步骤及其界面如图 7.6 所示。

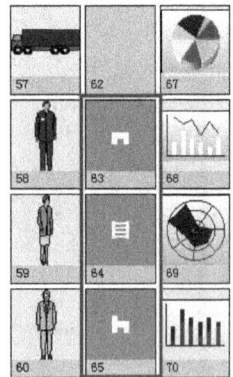

图 7.5　椅背、椅腿和座椅图标绘制完毕后 Witness 图库中状态图

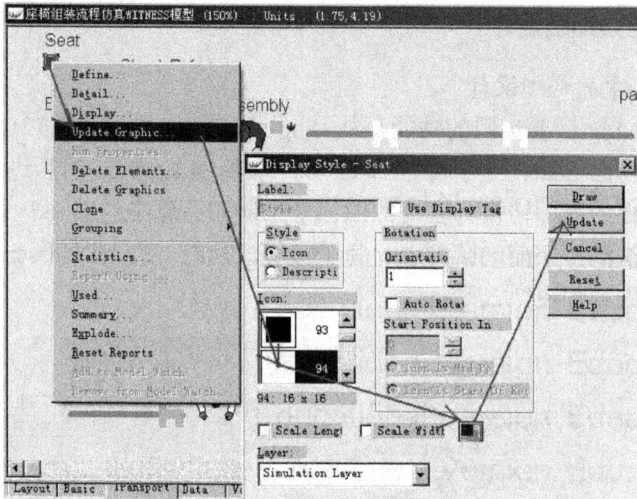

图 7.6　Seat 可视化图标修改操作过程图

依次按照上述方法，将 Back 和 Legs 的可视化图标设定为图库中对应的 64、63 号图标。

4．机器图标更新

参考 3.2.3 中零件图标更新的方式，依次将本座椅组装作业流程中的四个工序的机器图标设定为图 7.2 所示的界面，其中检测工序 Inspection 不需要显示图标，而是绘制了一个矩形框表示该工序作业的工作站位置。

7.3.3　元素详细设计

1．part 元素详细设计

三类 Part 类型元素 Back、Seat、Legs 是主动到达装配车间的，到达时间间隔为 2 分钟，到达批量为 1，到达车间后暂存于车间对应的存放区，即模型中的 shopInBuf(1)，shopInBuf(2) 和 shopInBuf(3)。具体设置为依次在布局区双击这三个元素的图标，在弹出的细节设计对话框中完成如下设置。

Seat 元素细节设计：

```
Arrival Type: active
Inter Arrival:2
to...:push to shopInBuf(1)
```

Back 元素细节设计：

```
Arrival Type: active
Inter Arrival:2
to...:push to shopInBuf(2)
```

Legs 元素细节设计：

```
Arrival Type: active
Inter Arrival:2
to...:push to shopInBuf(3)
```

2．machine 元素详细设计

1）assembly 元素的详细设计

组装机器 assembly 需要实现的功能是从 shopInBuf(1)、shopInBuf(2)、shopInBuf(3)中各取一个部件（一个椅面 Seat、一个椅背 Back 和一套椅腿 Legs），然后进行 2 分钟的组装，组装完毕后将成品件的图标转换为座椅的图标（绘制的图库中的第 65 号图标），然后将座椅通过路径运送到油漆工序前的队列中。为了实现该功能，需要对 assembly 机器进行如下项目的设定，设定内容如图 7.7 所示。

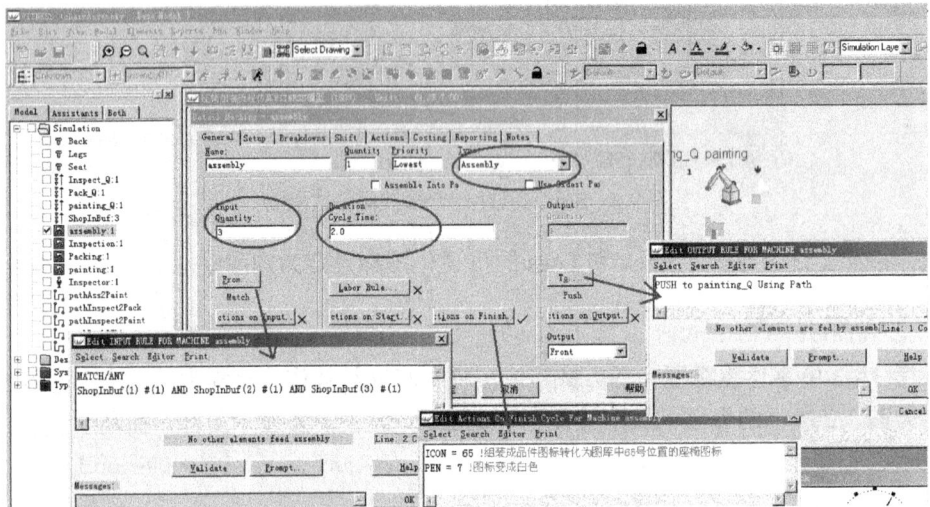

图 7.7　assembly 元素详细设计示意图

（1）机器类型设定为：assembly。

（2）输入规则设定为：MATCH/ANY ShopInBuf(1) #(1) AND ShopInBuf(2) #(1) AND ShopInBuf(3) #(1)。

（3）加工结束活动 Actions on Finish 设定为：

ICON = 65 !组装成品件图标转化为图库中 65 号位置的座椅图标；

PEN = 7 !图标变成白色。

（4）输出规则设定为：PUSH to painting_Q Using Path。

（5）输入数量 Input Quantity：3。Cycle Time：2。分别设定组装所需部件数量为 3 个，组装作业时间为 2 分钟；

Macth 规则详细介绍参看 5.3.2 节。

2）painting 元素的详细设计

油漆机器实现的功能是从其缓冲区中每次提取一个座椅进行油漆作业，作业时间为 2 分钟，而且每次随机将座椅油漆成红、黄、绿三种颜色中的一种，并送到检测工序前的缓存中，因此其细节设计如下：

输入规则 From：Pull from painting_Q。

输出规则 To：PUSH to Inspect_Q Using Path。

加工结束活动 Actions on Finish：PEN = IUNIFORM (1,3) !随机着色。

其中加工结束活动中，通过一个(1,3)的整数均匀分布随机将 1，2，3 这三个数赋给当前机器加工完毕的零件的系统属性 Pen，进而使得完工部件呈现为红、黄、绿三种颜色中的一种。

其中系统属性 Pen 详细介绍参看 7.5 节。

3）inspection 元素的详细设计

检测机器（工作台）实现的功能是从其缓冲区中提取一个座椅进行油漆合格性检查，而检查作业需要工人辅助，同时检查结束将有 10%座椅不合格需要工人搬运至油漆缓存排队进行重新油漆，另 90%直接送往包装工序进行包装，因此其细节设计如下：

输入规则 From：Pull from Inspect_Q。

作业员规则 Labor Rule：Inspector#1。

输出规则 To：PERCENT /122 painting_Q With Inspector#(1) Using Path 10.00 ,Pack_Q Using Path 90.00。

其中：

作业员规则实现每次作业必须有一个 Inspector，方可开工；

输出规则实现该工序 10%不合格品的处理；

PERCENT 规则详细说明参看 7.5 节。

4）packing 元素的详细设计

packing 元素实现将其前面的缓存区中的 4 把相同颜色的座椅打成一包发送出去，该功能实现需要在 packing 元素的细节设计对话框中进行如下设计。

在 type 栏中选择：assembly。

在 quantity 栏中输入 4，表示一捆是由 4 个椅子捆扎而成的。

单击 from…按钮，输入"MATCH/ATTRIBUTE PEN packing_Q #(4) !"，表示根据系统属性 PEN 选择相同属性的 4 个椅子进行捆扎。

单击 To…按钮，输入 push to ship。

3．buffer 元素详细设计

该模型中使用了 4 个 buffer 类型的元素，其中除了 Pack_Q 需要设定其 OutputOption 为 Any，ShopInBuf 需要设定其 Quantity 为 3 之外，其他元素保留缺省设置即可。

4．path 元素详细设计

该模型中有 5 个 path 元素，用于连接不同工位之间的物料运输通道，下面以 pathAss2Paint 的设置界面进行相关设置项目的介绍。

pathAss2Paint 元素是连接组装工位和油漆工位的路径，其详细设计如图 7.8 所示。

其中：

（1）通过时间 Path traverse time = 5.0!设定路径通过时间，表示零件从一端移动到另一端所需的时间；

（2）间隔 Path update interval = 0.1 设定路径的图形刷新率，数字越小，刷新越频繁，图形显示越连续；

（3）原点元素 Source element = Assembly！设定 pathAss2Paint 的起始元素为机器 Assembly；

（4）终点元素 Destination element = Paint_Q！设定 pathAss2Paint 的目的地元素为缓冲区 Paint_Q。

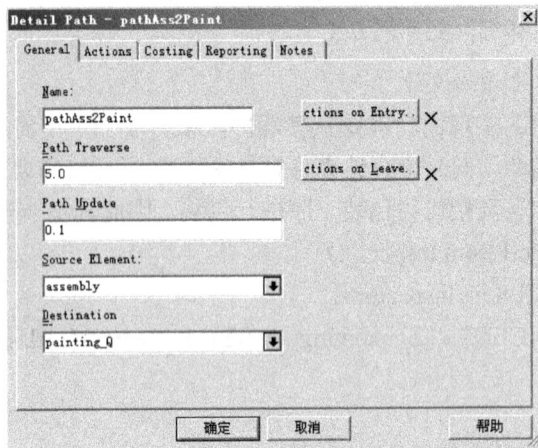

图 7.8　pathAss2Paint 元素详细设计

其他四个 path 元素根据各自的功能，细节设计如表 7.2 所示。

表 7.2　Path 元素细节设计

元素名称	通过时间	刷新间隔	原点元素	终点元素
pathPaint2Inspect	4	0.1	Painting	Inspect_Q
pathInspect2Paint	4	0.1	Inspection	Painting_Q
pathInspect2Pack	4	0.1	Inspection	Pack_Q
pathPack2Ship	3	0.1	Packing	Ship

7.4　仿真实验及结果分析

将仿真模型运行至 4800，分别对相关元素进行统计，可以获得所需要的绩效指标数据。

7.4.1　工序忙闲状态

工序忙闲状态为各个设备的工作状态，所有机器设备的统计如表 7.3 所示。

表 7.3　机器设备状态统计表

Name	% Idle	% Busy	% Cycle Wait Labor	No. Of Operations
assembly	0	100	0	2400
Inspection	0.32	80.94	18.74	2158
Packing	84.94	15.06	0	482
painting	0.15	99.85	0	2396

从仿真结果可以看出，组装设备忙率最高，为 100%，即该工序没有空闲时间，不断进

行组装作业，油漆设备 painting 忙率也非常高，达到 99.85%；检测设备 Inspection 的忙率虽然相对较低，为 80.94%，但是加上其等待工人的时间比例 18.74%，总的零件占用时间比率也达到了 99.68%；整个系统中的工位只有打包工位相对空闲，忙率仅为 15.06%。

7.4.2 系统平均库存水平

通过各个缓存中物料的存储情况，进一步了解系统的工位能力。对各个存储区中物料的存储情况进行统计，所有存储区的统计如表 7.4 所示。

表 7.4 分存储区域库存统计信息表

Name	Total In	Total Out	Now In	Max	Avg Size	Avg Time
Inspect_Q	2394	2159	235	238	119.1	238.8
Pack_Q	1931	1928	3	10	4.43	11.01
painting_Q	2622	2397	225	226	112.72	206.36
ShopInBuf(1)	2401	2401	0	1	0	0
ShopInBuf(2)	2401	2401	0	1	0	0
ShopInBuf(3)	2401	2401	0	1	0	0

从表 7.4 中可以看出，检测工序和油漆工序前的库存量非常大，当前存量分别为 235 和 225 件，平均存量分别为 119 和 112 件，结合设备的忙闲状态统计，可以初步断定这两个工位的能力不足，如果希望提高系统产能，则需要对这两个工位的作业过程进行改善和优化。

7.4.3 Labor 元素忙闲状态统计

模型中 Labor 元素有两个，一个模拟行车的 crane 和一个模拟工人的 workerB，通过分析这两个元素的状态信息，以确定其配置数量是否充足。Labor 元素统计数据如表 7.5 所示。

表 7.5 Labor 元素状态统计信息表

Name	% 忙率	% 闲率	开工数	完工数	当前工作	平均工时
Inspector	99.69	0.31	2384	2383	1	2.01

工人 Inspector 的忙率达到 99.69%，可以看出工人既需要进行检测工作，又需要进行缺陷品的搬运工作，工作负荷较高。

7.5 系统规则和属性说明

7.5.1 Percent 规则语法结构

该规则既可作为输入规则，也可作为输出规则，实现按照一定的概率，从不同的 Location 中提取 Part 输入到规则作用元素，或者按照一定概率将规则作用元素上的 part 输出到相关的 Location。

Percent 规则语法结构：

```
PERCENT/{stream, substream}, location1 percentage,location2 percentage
       {,location3 percentage...}
```

其中：

Location：详细组成参看 6.5 节 Pull 规则的 Location 组成介绍。

Stream，substream：整型，随机数流，在设计过程中，只需要指定它们为整数即可。

（1）如果仅指定 stream 参数，该参数的取值范围为：−2 000 000 000～2 000 000 000。

（2）如果同时指定了 stream 参数和 substream 参数，steam 的取值范围为[1，400000]，substream 的取值范围为[1，10000]。

percentage：该参数为实数常量，指定从特定 Location 中提取 Part、vehicles 或 carriers 的概率。如果指定的所有 percentage 数值和小于 100，Witness 将自动将它们处理为总合为 100 的数值。

7.5.2　Percent 规则示例

例 7.1　PERCENT/57 MACH1 30, MACH2 30, MACH3 40

在例子中，Percent 规则可能从三个 Location（MACH1，MACH2，MACH3）中提取 Part 元素，其中从 MACH1 种提取 Part 的概率为 30%，从 MACH2 中提取 Part 的概率为 30%，从 MACH3 中提取 Part 的概率为 40%。该规则使用的随机数流为 57。

例 7.2　PERCENT/3 AGV T(1) 55, T(2) 10, T(3) 5, T(4) 30

在例子中，Percent 规则将以 55%的概率从 T（1）中提取车辆 AGV，以 10%的概率从 T（2）中提取车辆 AGV，以 5%的概率从 T（3）中提取车辆 AGV，以 30%的概率从 T（4）中提取车辆 AGV。

例 7.3　PERCENT/1 C1 AT FRONT 50.5 WITH OPERATOR USING PATH, C2 AT FRONT 49.5 WITH OPERATOR USING PATH

在例子中，Percent 规则将以 50.5%的概率使用 OPERATOR 从输送链 C1 的前端提取 Part，然后通过适当的路径输送到规则作用的元素；以 49.5%的概率使用 OPERATOR 从输送链 C2 的前端提起 Part，然后通过适当的路径输送到规则作用的元素。

例 7.4　PERCENT MACH1 50, MACH2 50

在这个例子中，没有指定随机数流，Witness 自动为 Percent 规则设定随机数流，使得该规则按照 50%的概率从 MACH1 中提取 Part，以 50%的概率从 MACH2 种提取 part。

7.5.3　系统属性 Pen

PEN 是一个整型数值的系统属性元素，用于控制以下类型元素在仿真模型中动态显示的图标前景和背景颜色：

（1）零件 Part；

（2）运输器 Carrier；

（3）车辆 Vehicle；

（4）劳动者 Labor；

（5）交互窗口文本 Interact Box。

系统属性 PEN 经常用于改变零件或劳动者显示图标的颜色，以反映零件或劳动者状态的改变。通常在动作中设置代码改变零件的 PEN 属性数值。Part 类型元素系统属性 PEN 取值不同所对应的 Part 元素显示颜色，如表 7.6 所示。

表 7.6　系统属性 Pen 对应的颜色

PEN 值	前景/背景色	PEN 值	前景/背景色
0	元素图标缺省颜色	13	黑/紫红
1	红/黑	14	黑/青
2	绿/黑	15	黑/白
3	黄/黑	16	白/黑
4	蓝/黑	17	红/红
5	紫红/黑	18	绿/绿
6	青/黑	19	黄/黄
7	白/黑	20	兰/兰
8	黑/黑	21	紫红/紫红
9	白/红	22	青/青
10	黑/绿	23	白/白
11	黑/黄	24	黑/黑
12	白/兰		

注意，要想实现 Pen 控制相关元素的动态图标颜色，这些元素 Style 可视化项目对应的图标必须是在 Witness 中的 Picture Gallery 中设定的单色图标，而不能是 JPG、BMP 等图像，单色图标设定参考图 7.4。

思考题

1. 在原模型基础上，进行如下修改，并进行仿真实验，将结果同原模型的结果进行比较：
（1）将工人 Inspector 的数量设定为 2；
（2）将油漆工位作业时间修改为 1.5 分钟；
（3）将座椅返工比率修改为 20%、5%。

2. 将原模型运行至 48000 仿真时间，查看系统状态，并分析原因。

3. 从网络上查找合适的设备图标并保存下来，将模型中四个设备元素的可视化图标修改为保存下来的图标。

4. 在 Witness 图库中，手工绘制模型中的 part 元素 Seat、Back、Legs 图标，并将其同元素连接起来。

5. 将模型中机器或工位的作业时间都设定为满足[0.5t, 1.5t]的均匀分布，其中 t 为模型中的原有时间，仿真至 4800 分钟，查看系统状态，并同原模型进行比较，分析原因。

6. 假设每台机器的日（8 小时/天）作业成本依次为 400 元/天、600 元/天、200 元/天、300 元/天，工人的日工资为 100 元，座椅销售利润为 40 元/把。现在工厂愿意进行系统改善，改善的可能方案为最多增加两台机器和增加 1 名工人，但是管理者不确定增加哪些工位的设备，也不确定是否有必要增加工人，试通过仿真方法辅助管理人员进行决策，实现工厂利润的最大化。

7. 在原模型中油漆工位将座椅油漆为不同颜色采取的是随机性规则，但是工厂实际作业中一般是进行批量油漆，即连续油漆一种颜色之后，再连续油漆另一种颜色，假设工厂根据市场的需求预测，认为市场对三种颜色座椅的需求量比例为 1:2:3，因此在油漆工序颜色控制为先油漆 100 件红色，然后再油漆 200 件黄色，再油漆 300 件绿色，……如此循环下去。试修改模型实现这样的生产控制。

8. 在原模型中，检测不合格的座椅被送至油漆工位进行重修油漆，油漆的颜色同其已有颜色无关，但是实际生产过程，一般对喷漆不合格座椅还是会油漆成原来的颜色，试修改原模型实现这样的生产控制。

9. 在超市入口有一台银行 ATM 机，用于客户提取现金，假设需要提取现金的客户到达时间间隔服从均值为 2 分钟的指数分布，客户提取现金所需的时间服从均值为 1.8 分钟的负指数分布；模拟客户具有下列特性时的系统：

（1）客户到达 ATM 机，不论队列有多长，都会等待直至完成取款；

（2）客户到达 ATM 机，如果已经有 4 个人在排队了，他/她将自动离开，不再取款；

（3）客户到达 ATM 机，如果发现已经有 4 个人在排队了，他/她将先进入超市购物，购物时间服从[3, 20]分钟的均匀分布，购物完毕后，他/她再来取款，此时他/她将不再考虑队列长度，直至完成取款；

（4）客户到达 ATM 机，如果发现已经有 4 个人在排队了，40%的顾客选择先进入超市购物，购物时间服从[3, 20]分钟的均匀分布，购物完毕后，他/她再来取款，此时他们不再考虑队列长度，直至完成取款；30%顾客选择直接离开；30%的顾客选择直接排队，不在乎排队等待时间长短。

模拟一天 12 小时的时间，以上四种情况下，完成取款的人数、取款顾客平均等待时间、最大队列长度、没有完成取款的人数，对第（3）和（4）种情况下，进入超市购物的人数等。

（章节自测题）

第8章 车辆生产物流系统概述

前述章节介绍了系统建模与仿真的基本理论、概念，并对仿真平台 Witness 进行了简单的介绍。本书后续章节将结合一个相对系统性的生产物流系统案例，对相关运作过程的建模分析过程和建模技巧进行介绍，以实现对实际生产物流系统中常见控制流程和运作流程建模能力的提升。

8.1 车辆生产物流系统简介

车辆生产物流系统（Vehicle Production and Logistic System，VPLS）是典型的复杂系统，对其进行建模、仿真和优化，可以实现交货期、库存、资源利用率、生产均衡性等方面的改善和优化。VPLS 的复杂性主要体现在如下几方面。

（1）车辆的类型和结构多种多样，有客用小型轿车、中型客车、大型客车，有货运的平板车、小型卡车、中型卡车，有工程用的装载机、压路机等，不同类型车辆其结构形式各不相同，且不同车辆制造商的生产物流系统之间只能借鉴而不能够直接复制，必须根据自身制造车型和规模进行独一无二的规划和设计。

（2）车辆的组成部件数量庞大，每辆车都是由成千上万个零部件组成，这些零部件主要包括组成车辆动力系统的发动机及其配件，如皮带、消声器、化油器、油箱、水箱、连杆总成等，转向系统中的转向节、转向机总成、转向拉杆等，行走系统中的轮毂、钢板弹簧、前桥、后桥、车架总成、轮胎等，制动系统中的空气压缩机、制动器总成、液压制动泵、刹车盘等，传动系统中的传动轴、差速器、变速器、减速器、齿轮等，电器系统中的线束、传感器、发电机、蓄电池、汽车仪表、报警器等，其他附件，如雨刮器、汽车空调、安全气囊、安全带、相关标准件和紧固件等。这些总成或零部件有的车辆制造厂采用自制的方式进行生产，有的则采用外协或外购的方式直接从供应商处获取；有的是钢铁结构件，有的是电子元器件；工件形式的不同造成它们的生产和运输管理形式也存在着差异。

（3）工件和物料的运输方式和运输工具多种多样，运输方式包括单件运输、多件运输、自营运输或第三方物流运输；运输工具可能有叉车、平板车、行车、卡车等。

（4）生产组织形式多种多样，如面向订单生产、面向库存生产、面向订单装配等。面向订单生产（Make-to-Order，MTO）也叫订货型生产，是指按用户订单进行的生产，用户可能对产品提出各种各样的要求，经过协商和谈判，以协议或合同的形式确认对产品性能、质量、数量和交货期的要求，然后组织设计和制造。面向库存生产（Make-to-Stock，MTS）也称存货型生产或备货型生产，是在对市场需求量进行预测的基础上，有计划地进行生产，产品有库存。面向订单装配（Assemble-to-Order，ATO）是指在生产的最后阶段，用库存的通用零部件装配满足客户订单需求的产品。这些通用的零部件是在客户订货之前就计划、生产并储存入库的。收到客户订单后，就把它们装配成最终产品。当产品有许多可选特征，而客户又不愿等备料及生产所需的时间时，就可以采用这种生产计划方法。

虽然车辆生产物流系统比较复杂，但是在车辆制造过程中，不论布局和生产组织形式的外在表现如何，其一般都包含了如下五大工艺。

（1）下料工艺。下料是所有结构件生产工序的第一步，根据结构件钢板厚度的不同，一般采取两种类型的下料工艺：冲压成型和数控切割。对于薄板件可以直接使用压型机和相应的模具进行冲压成型，每种工件都有一个模具，只要把各种各样的模具装到冲压机床上就可以冲出各种各样的工件，其中模具的作用是非常大的，模具的质量直接决定着工件的质量。对于那些厚度较大的结构件，无法直接使用冲压成型，则需要使用激光或等离子切割机，通过数控编程，在一张钢板上切割出不同类型的结构件。

（下料车间作业视频）

（2）机加工艺。下料后的工件需要进行切、铣、磨、钻、镗等机加工序，在工件上进行打工、攻丝、切角或打磨等作业，使用的机床通常会有通用机床、专用机床、自动机床、半自动机床，布局方式有流水线型的，也有成组布局的。机加工序是为了在后续的焊装或涂装作业之前将工件可能的物流形状变化处理完毕，以便焊装、总装等工序的开展。

（机加车间作业视频）

（3）焊装工艺。对经过机加作业后的工件局部加热、加压而接合在一起形成装配件总成。在车辆制造过程中，焊接的好坏直接影响了装配件的强度。所以很多厂家在谈到其车身结构的时候会特别强调是"激光焊接"，因为激光焊接能够精准对对准焊件，光束集中，焊接效率高。在国内大部分生产厂家还是人工焊接，以便节省成本。

（焊装车间作业视频）

（4）涂装工艺。涂装有两个重要作用，第一防腐蚀，第二增加美观。涂装工艺过程比较复杂，技术要求比较高，主要有以下工序：漆前预处理和底漆、喷漆工艺、烘干工艺等，整个过程需要大量的化学试剂处理和精细的工艺参数控制，对油漆材料及各项加工设备的要求都很高，因此涂装工艺一般都是各公司的技术秘密。

（涂装车间作业视频）

（5）总装工艺。总装就是把车身、发动机、变速器、仪表盘、车灯、座椅等各零件安装组合到一起。装配工艺的水平直接影响到汽车的性能，实际中可以看到有些汽车钣金的接缝比较均匀，而有些汽车钣金接缝不均匀，这与装配工艺水平有较大关系。20世纪90年代底兴起的组合单元化，即模块化装配方式的采用使得总装生产线上的工序得到简化，生产线缩短，成本大幅度降低。一般的总装车间主要有四大模块，即前围装配模块、仪表板装配模块、车灯装配模块、底盘装配模块。经过各模块

（总装车间作业视频）

装配和各零部件的安装，再经过车轮定位、车灯视野检测等检验、调整后，整辆车就可以下线了。

车辆生产物流系统布局及流程简介

通过上述分析可以看出，实际的车辆生产物流系统非常复杂，但在复杂中又具有一些基本的共性单元，本书对 VPLS 运作过程中典型的作业形态进行抽象和分析，构建出包含尽可能多的、具有不同作业形态的作业单元，又进行了充分的简化以便适用于教学。通过对这些典型的作业单元进行分析和建模的学习，可以为将来对实际 VPLS 建模和仿真积累一定的基础知识和技能。

（车间物流作业视频）

由于车辆组成部件数量繁多，案例模型仅以六种组成件 A、B、C、D、E、F 的加工过程为例进行建模，同时在组装工序中考虑外协件（车辆轮胎）和其他车间的加工工件（车架总成）的采购和供应过程，VPLS 布局设计如图 8.1 所示。

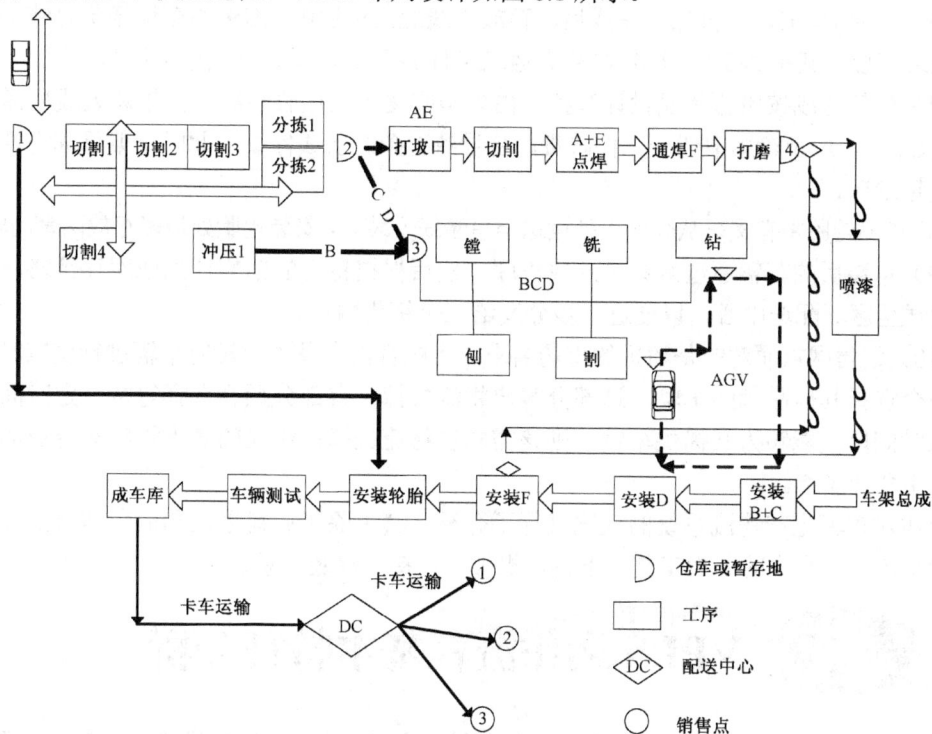

图 8.1　车辆生产物流系统整体布局图

图 8.1 所示的生产物流布局运作流程简述如下。

（1）工厂从供应商处采购钢材和轮胎两种产品，这些产品通过拖车运输至仓库 1 中；

（2）仓库 1 中的钢材按照特定生产计划分配到 4 台切割设备，被切割成四种部件。

其中切割机 4 仅按照部件 B 的尺寸对钢材进行切割，切割完毕后由行车吊运至冲压 1，冲压成型后由叉车运送至仓库 3；

切割机 1、切割机 2、切割机 3 为激光切割机，每次上一块钢板，根据数控程序切割出 A、C、D、E 不同组合及数量的工件，这些工件在切割机上被切割成型后，不直接将其同边角料分离，而由行车通过吸盘将整块钢板搬运至分拣 1 或分拣 2，然后由工人在分拣地将工件同边角料分开，即形成所需的工件胚件并存放于仓库 2，以便提高激光切割机的利用率。

（3）仓库 2 中的物料 A、E 直接由工人手工搬运至打坡口机器，坡口结束后的 A 或 E 再进行切削作业，经过切削作业后的 A 和 E 焊接成部件 F，焊接需要经过两道工序，首先进行点焊，然后进行通焊，通焊结束后的部件 F 需要进行焊缝打磨，其中每项作业均有一名工人进行操作，打磨结束的工件存放于仓库 4。

（4）仓库 2 中的物料 C、D 由叉车运送至仓库 3，由工人使用托盘车运输至相关机加工工位（镗、铣、钻、刨和割），该区域有一辆托盘车和两名工人，其中工人负责将工件从仓库 3 搬运至工位旁，以及工位的上下件作业，五种机床均为半自动机床，只需要工人辅助进行上下料即可，在机加过程中，不需要工人进行其他操作。

（5）工件 F 打磨之后在仓库 4 处通过集放链运送至喷漆工段进行喷漆处理，处理完毕后的工件 F 将被送至总装线上的指定工位安装。

（6）工件 B、C、D 机加工完成后，存放于线边，然后由 AGV 小车运送至总装工位的指定安装工位，其中 AGV 小车每次或者运送工件 B 和 C，或者只运输工件 D。

（7）车架总成按照总装线设计节拍，由外车间逐个送达总装线，如果总装线所需的工件 B、C、D、F 及轮胎中任一工件缺货，将导致整条总装线停线，此时车架总成将堆积在总装线起始端。

（8）车辆轮胎将有叉车从仓库 1 处运送至总装线安装处，安装轮胎处最多存放两套的轮胎。

（9）总装后的车辆通过测试进入成车库，然后根据特定的销售计划或库存策略，通过卡车运送至区域配送中心，以便进一步分发给三个销售网点。

（10）销售网点面对的是随机的市场需求，当顾客需求发生而没有车辆进行供应时，部分客户会选择其他品牌的车辆，这部分客户将流失掉；有部分顾客选择等待一定时间，如果在该时间段没能够为其提供车辆，则该需求也将流失掉；流失的需求均将对企业品牌及收益产生负面影响。

上述对车辆生产物流系统的概况进行了介绍，其中除了原料采购和成车销售部分，余下的就是车辆生产中的五大工艺：下料、机加、焊接、涂装、总装。

8.3 VPLS 运作流程基本特征分析

图 8.1 所示的 VPLS 中，不同的运作模块有多种可供选择的运作模式，不同运作模式会引起系统的生产和物流效率及效益的差异。通过仿真建模分析和仿真实验，可以深入研究车辆生产物流系统运作模式同系统效率之间的关系。下面对各个相对独立的运作模块的基本特征进行分析，以便对 VPLS 有个概括的认识，各个模块运作特征具体分析将在后续的相关章节详细展开。

8.3.1 采购模块

物料采购是一个复杂而具体的库存和采购决策过程，需要选择适合的库存管理模型，既要保证生产过程物料不缺货，也要保证不能积压太多的库存，还需要考虑供货商的最小供应批量及运输成本，最终需要在保证正常生产和供应的基础上，合理压缩物流和库存成本，以得到较好的经济效果。

1915 年，美国的 F·W·哈里斯发表关于经济订货批量的模型，开创了现代库存理论的研究。在此之前，意大利的 V·帕雷托在研究世界财富分配问题时曾提出帕雷托定律，用于库存管理，即 ABC 分类法。随着管理工作的科学化，库存管理的理论有了很大的发展，形成许多库存模型，在企业管理中已得到显著的效果。

不同的生产和供应情况应采用不同的库存模型，现代库存管理模型分类如下。

（1）按订货方式可分为 5 种订货模型。

① 定期定量模型：订货的数量和时间都固定不变。

② 定期不定量模型：订货时间固定不变，而订货的数量依实际库存量和最高库存量的差别而定。

③ 定量不定期模型：当库存量低于订货点时就补充订货，订货量固定不变。

④ 不定量不定期模型：订货数量和时间都不固定。

⑤ 有限进货率定期定量模型：货源有限制，需要陆续进货。

前 4 种模型属于货源充足、随时都能按需求量补充订货的情况，第五种则有货源的限制。

（2）库存管理模型按供需情况分类有以下两种。

① 确定型模型：主要库存决策参数都已确切知道。

② 概率型模型：主要库存决策参数中部分为随机的。

库存管理的模型虽然很多，但综合考虑各个相互矛盾的因素求得较好的经济效果则是库存管理的原则。

8.3.2 下料模块

下料模块中包含的资源有切割机床 1、2、3、4，冲床 1 和两个分拣工作站，一台行车，其中冲床和两个分拣站各配备一名工人。

1. 切割机 4 的作业过程分析

切割机 4 的切割过程是在切割机空闲时，行车到仓库 1 吊起一块板材并将其放到切割机上，切割机自动将板材切割成 4 块用于冲压工件 B 的板材，然后由冲压工人将板材从切割机 4 上逐块拿下来，放在冲压设备前面的缓存中。

其中：

（1）切割设备的切割时间为 $4t_b$，t_b 为切割单块工件 B 所需时间；

（2）行车（Crane）行驶速度为 speed_c；

（3）行车装卸钢板时间分别为 $\text{load}T_c$ 和 $\text{unload}T_c$；

（4）切割机 4 距离仓库 1 的距离为 Dist_4；

（5）工人（Labor）从切割机上取下一块工件的时间为 unload_1；

（6）工人行走时间忽略不计。

则切割机 4 完成一个周期的作业时间如图 8.2 所示。

$$CT_4 = \text{load}T_c + \frac{\text{Dist}_4}{\text{speed}_c} + \text{unload}T_c + 4t_b + 4\text{unload}_l$$

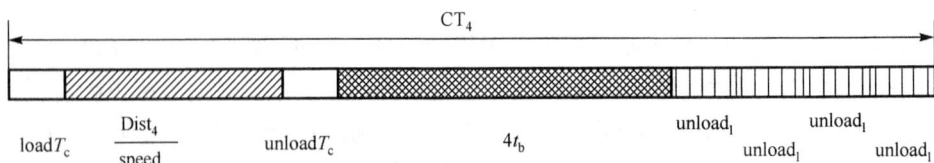

图 8.2　切割机 4 的作业周期时间组成

2. 切割机 1、2、3 的作业过程

这三台切割机作业过程基本相同，当某个切割机空闲时，由行车到仓库 1 吊起一块板材将其放到某台切割机上，然后由切割机自动将板材切割成 A、C、D、E 的组合，具体单块板材下料种类和数量由排料图（如图 8.3 所示）确定。

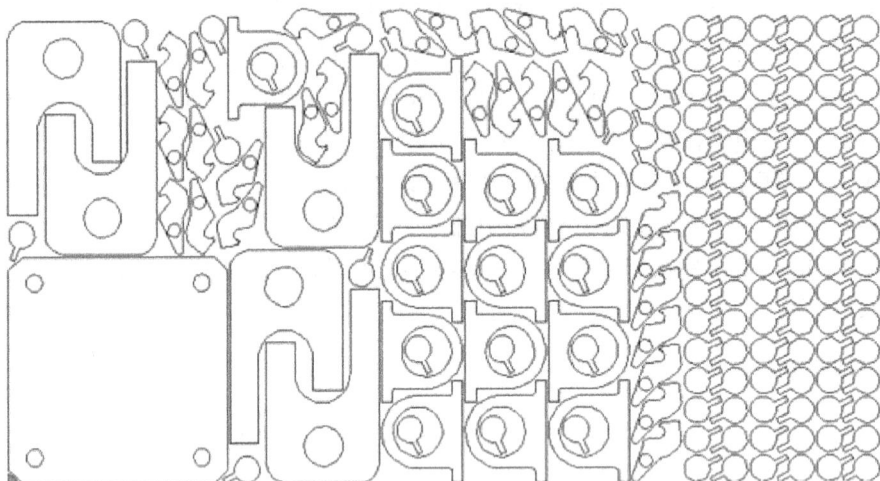

图 8.3　排料图样例

切割机切割时间由下式确定：

$$CT = Q_a t_a + Q_c t_c + Q_d t_d + Q_e t_e$$

式中，Q_a、Q_c、Q_d、Q_e 分别为单块板材上切割的工件 A、C、D 和 E 的数量；t_a、t_c、t_d、t_e 分别为单个工件 A、C、D、E 的切割时间。

切割机 1、2、3 完成一个周期的作业时间如图 8.4 所示。

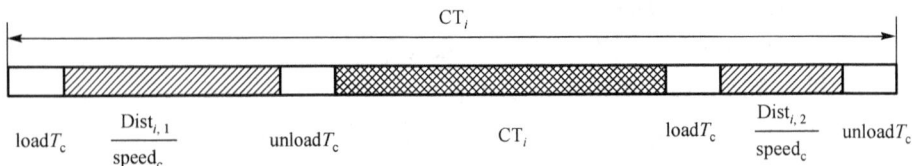

图 8.4　切割机 1、2、3 周期作业时间组成示意图

$$CT_i = \text{load}T_c + \frac{\text{Dist}_{i,1}}{\text{speed}_c} + \text{unload}T_c + CT_i + \text{load}T_c + \frac{\text{Dist}_{i,2}}{\text{speed}_c} + \text{unload}T_c, \quad i = 1, 2, 3$$

式中：$\text{Dist}_{i,1}$ 为第 i 台切割机距离仓库 1 的距离；$\text{Dist}_{i,2}$ 为第 i 台切割机距离分拣点的距离。

切割完成后，所切割的工件仍然附着在钢板上，这时由行车带着一个吸盘将整块钢板吸附起来，然后运送到分拣工位（注：必须有至少一个分拣工位空闲时，行车方可进行吸附和运输工作），然后由工人将工件从钢板上分拣出来。

3．冲压机床

冲压机床每次冲压一件工件 B，冲压全过程需要冲压工人参与，冲压结束后工件直接摆放在冲床旁，然后由叉车运输至仓库 3。

4．分拣工位

当行车将整块已经切割完成的钢板送达分拣工位时，工人将工件从钢板上逐个分拣出来，整块钢板的分拣时间为：

$$CT = Q_a t_a' + Q_c t_c' + Q_d t_d' + Q_e t_e' + t_0$$

式中：t_a'、t_c'、t_d'、t_e' 分别为单个工件 A、C、D、E 的分拣时间；t_0 为钢板边角料处理时间，即工人在将全部工件分拣出来后，将钢材边角料处理掉的时间。

分拣完成的工件将放入仓库 2，其中 A、E 将进行流水线式机加和焊接作业，不需要考虑运输过程，而 C、D 将进行成组机加单元进行机加作业，它们需要使用叉车搬运。

8.3.3 AE 机加焊接线

部件 A、E 首先需要进行打坡口、然后进行切削，再在点焊工位将 1 个 A 和 2 个 E 点焊成 1 个 F，并最终由通焊工位进行全面焊接成型，然后在打磨工位将 F 的焊缝进行磨平，从而完成了装配件 F 的加工过程。

打坡口和切削工位在进行 A 或 E 产品转换时，需要进行工位器具调整和工装准备，该过程耗时较长，因此为了防止频繁进行工装调整造成工时损耗，对 A 或 E 产品进行加工时，都采取批量加工的形式，即先加工 n 个 A，然后在加工 m 个 E 的方式进行作业。为了在焊接工位 A 和 E 成套，总是设定 $m = 2n$，以防止在点焊工位一种工件过多，而另一种工件缺少，导致点焊工位无法成套，造成工位等待损失。

在打磨工位，工人需要从事两项作业：打磨和上挂，其中上挂作业具有较高的优先级，即在工人空闲时，需要将 F 挂到集放链上，工人直接将工件 F 上挂；若工人正在进行打磨作业，虽然没有打磨结束，但是集放链的空挂到达上挂点，需要上挂，则工人暂停打磨作业，而优先完成工件上挂。

8.3.4 BCD 机加线

BCD 工件所需的工艺路线各不相同，而且不同工件在同一台设备上的加工时间也可能不同，BCD 的工艺路线和工艺时间如表 8.1 所示。

表 8.1　BCD 工艺路线和工时表

工件	工艺路线	工时				
B	镗—刨—铣—钻	$t_{2,1}$	$t_{2,2}$	$t_{2,3}$	$t_{2,4}$	
C	镗—刨—铣—割—钻	$t_{3,1}$	$t_{3,2}$	$t_{3,3}$	$t_{3,5}$	$t_{3,4}$
D	刨—铣—钻—割	$t_{4,2}$	$t_{4,3}$	$t_{4,4}$	$t_{4,5}$	

其中工时编号含义如下图 8.5 所示。

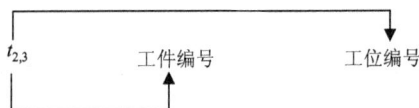

图 8.5　工时编号含义注解图

其中：第一个下标为工件编号，工件 B、C、D 的编号分别为 2、3、4；第二个下标为工位编号，镗、刨、铣、钻、割工位的编号依次为 1、2、3、4、5。

由于这五个工位在加工不同工件时所需的设备调整时间相对较少，因此每个工位对其待加工工件的加工规则为 FIFO（First In, First Out），如果当前加工的零件同上一加工零件种类不同，则进行一个工位调整，否则直接加工。每个工位的调整时间均为 st。其中 B、C 工件进过最后一道工序"钻"之后，存放于钻床旁的暂存区，等待 AGV 进行运输；D 工件经过最后一道工序"割"，存放于切割机床旁的暂存区，等待 AGV 进行运输；B、C、D 在中间工序加工完毕后，由本工位工人将加工完毕的工件送至后道工序机床盘，工人每次只能搬运一件工件。

8.3.5　F 工件喷漆集放链

工件 F 按照总装节拍从仓库 4 处上挂，然后被送入喷漆室进行喷漆、冷却和打磨等作业，由于喷漆室中的作业是流畅的线性作业过程，在建模过程可以将其视为一个黑匣子进行简化处理，即只需要设定喷漆室的长度、集放链在喷漆室中的移动速度即可，这两项参数决定了喷漆室中最多可以放置几件工件 F，每隔多长时间会有一个完成喷漆的工件 F 从喷漆室中输出。

令：实挂集放链的链速为 speedFull，喷漆室中集放链的链速为 speedPaint，空挂集放链的链速为 speedEmpty，上挂点（仓库 4）到喷漆室入口的距离为 length1，喷漆室长度为 length2，喷漆室出口到下件点（总装：安装 F 工位）的距离为 length3，下件点到上挂点的距离为 length4，则在流畅的输送环境下，一个实挂从上挂点开始出发，经过喷漆室，经过下件点，再回到上挂点所需的时间为：

$$CT = \frac{length1}{speedFull} + \frac{length2}{speedPaint} + \frac{length3}{speedFull} + \frac{length4}{speedEmpty}$$

$$= \frac{length1 + length3}{speedFull} + \frac{length2}{speedPaint} + \frac{length4}{speedEmpty}$$

上述时间是在装配工位能够顺利装配，总装线不存在停线待料情况下的最短周期时间。由于实挂之间必须保证一定的间距，以免工件之间发生碰撞，造成工件表面光洁度和物理结构的损伤，因此整条集放链上可用于存放的工件 F 的数量是有限的。每段集放链上最多能够存放的实挂或空挂数量由集放链的长度和实挂之间的间距确定的。在实际运作过程中，如果总装线停线，经过喷漆后的实挂将暂存在下件点后面的集放链上，在待料时间过长的情况下，有可能下件点和喷漆室出口之间存满了实挂，导致喷漆室停工。

8.3.6 总装线作业特征分析

总装线为地面输送链。车架总成由其他生产单元装配完毕后，按照节拍时间送至总装线，如果总装线正常运行，则直接送到总装输送链起始位置，如果总装线出现缺件等待，车架总成则存放于总装输送链起点旁。

装配工位（安装 B+C、安装 D）的物料由 AGV 采用托盘送达，由于装配线旁空间有限，只能存放有限数量的托盘，即 AGV 运输指令同线边存放数量连接起来。托盘中能够存放的工件台套数、AGV 运输速度及 BCD 机加单元的作业能力将决定总装线是否存在这三种物料的缺货现象。安装 F 件工位直接从吊具上将 F 件取下并安装，即该装配工位没有线边库存。安装轮胎工位每次安装 4 个轮胎，线边有一定的库存量，当线边轮胎库存量低于一定数值时，将由叉车从仓库 1 中搬运一定数量的轮胎送至装配线边。

总装结束的车辆通过检测工序后将存放于成车库，以等待向配送中心运输。

8.3.7 销售模块

销售模块负责将成车库中的车辆发运到配送中心（Distribution Center，DC），然后再由 DC 运送到各个销售点，并在销售点满足市场需求。假设公司有两辆运输卡车专门负责将成车库中的车辆运输至配送中心，每辆卡车每次都要等待装满货之后才发车；另有一辆卡车负责将 DC 中的车辆运输至销售点，运输的基本规则为优先向库存少的销售点运输，销售点之间不能进行车辆的相互调配。由于车辆在 DC 的库存和保养费率较低，而且易于平衡各个销售点的供需，在销售点的成车库存量维持在较低水平。

销售点面对的是随机的市场需求，当客户需求产生而销售点又没有存车时，有一定比率的顾客可能会直接选择其他品牌的车辆，造成销售损失 lost1；还有一定比率的顾客将会选择等待一定时间，只要销售点能够在该时间段为其提供车辆即可，如果销售点不能在该时段为其提供车辆，则造成销售损失 lost2（lost2 > lost1）。

8.3.8 叉车运输

VPLS 仅配置一台叉车，该叉车负责将仓库 1 中的轮胎运输至总装线的轮胎装配工位、将仓库 2 中的工件 C、D 运输至仓库 3、、将冲压 1 旁的工件 B 运送至仓库 3。

叉车装载规则可以描述如下。

（1）叉车一次可以装运多件 C 和 D，而且 C 和 D 可以混装，具体能够装载的数量由 C 和 D 重量和及车的装载吨位确定。

（2）叉车在装载了 C、D 之后，即使没有满载，也不再到 B 处装载工件 B，而是直接送至仓库 3。

（3）叉车装载 C、D 的触发条件为：当仓库 3 中的 C 和 D 总存量低于特定数量，同时仓库 2 处的 C 和 D 存量总重量必须达到叉车的最小起运重量。

（4）叉车装载 B 的触发条件为：当仓库 3 中的 B 存量低于特定数量，同时冲压机床旁的 B 存量总重量必须达到叉车的最小起运重量。

（5）叉车装载轮胎的触发条件为：当总装线边轮胎数量低于特定数量，同时仓库 1 中的轮胎存量的总重量必须达到叉车的最小起运重量。

（6）在三个地点装运的触发条件均成立的前提下，叉车优先装载下游存量最低的工件，用数学模型表示如下：

$$y = \begin{cases} 1 & \alpha_1 - \beta_1 \leqslant \min(\alpha_2 - \beta_2, \alpha_3 - \beta_3) \\ 2 & \alpha_2 - \beta_2 \leqslant \min(\alpha_1 - \beta_1, \alpha_3 - \beta_3) \\ 3 & \alpha_3 - \beta_3 \leqslant \min(\alpha_2 - \beta_2, \alpha_1 - \beta_1) \end{cases}$$

式中：$y=1$ 表示需要运输轮胎；$y=2$ 表示需要运输 C 和 D；$y=3$ 表示需要运输 B；α_i：下游存储点相关物料 i 的当前存量，其中 $i=1$、2、3 分别表示总装线轮胎、仓库 3 中的 C 和 D，仓库 3 中的 B；β_i：下游存储点相关物料 i 的最低存量，该存量为激活叉车装运的临界值。

在实际生产运作过程中，叉车这个共享资源的运输能力将受其自身的运输速度、运输吨位、最低起运重量、工件的重量等参数影响，可能会因为无法及时进行工件运输而使得总装线停线。

8.3.9　AGV 运输

自动导引小车（Automated Guided Vehicle，AGV），通常也称为 AGV 小车，指装备有电磁或光学等自动导引装置，能够沿规定的导引路径行驶，具有安全保护及各种移载功能的运输车，工业应用中不需驾驶员的搬运车，以可充电的蓄电池为其动力来源。一般可通过电脑来控制其行进路线及行为，或利用电磁轨道（electromagnetic path-following system）来设立其行进路线，电磁轨道粘贴在地板上，AGV 小车依循电磁轨道所带来的信息进行移动与工作。

在本案例 VPLS 中，AGV 小车负责将 B、C、D 工件通过托盘搬运至总装线的特定工位，其中工件 B 和 C 存放钻床附近的缓存区，由该工位的操作工人将其成对放入空托盘中，当托盘装满后，就可以由 AGV 小车将其运至总装线旁；工件 D 存放在割床附近的缓存区，由该工位的操作工人将其放入空托盘，当托盘装满后，就可以由 AGV 小车将其运至总装线旁。AGV 小车如果是将 B、C 实盘运至总装线后，当有实盘存储位时，则将实盘卸下，然后查看是否有空盘，有空盘则将空盘带走，如果没有空盘，则行进到总装线"安装 D"的工位边，查看是否有空盘，有空盘则将空盘带走，没有空盘则直接离开；如果是将 D 实盘运至总装线，当该处有实盘存储位时，将实盘卸下，然后查看是否有空盘，有则将空盘带走，没有则直接离开。如果 AGV 装载的空盘，则其行驶到装载点时，将空盘放下，即如果根据条件，AGV 需要在割床附近装载 D，则其行进到割床停止位，将空盘卸下，而装载一个实盘；如果 AGV 需要到钻床附近装载 B 和 C，则其行进到钻床停止位，将空盘卸下，而装载一个实盘。如此可以保持割床或钻床附近的空盘数量的平衡。

8.4 车辆生产物流系统绩效指标

仿真项目开工之前必然有着明确的目的，一般情况下对正在运行的生产物流系统进行建模和仿真分析，其目的可能有如下几点：

（1）评估不同采购策略对系统产能的影响；

（2）评估系统的最大产能；

（3）评估系统的库存水平；

（4）识别影响系统产出的瓶颈资源；

（5）分析各类资源的工作负荷；

（6）评估系统在不同资源配置下的销售收入、赢利水平、缺货造成的商誉损失；

（7）深入了解系统运行状态，挖掘改善方案。

为了实现这些不同的仿真目的，仿真模型需要能够具备统计相应绩效指标的功能。绩效指标的构建将在后续章节中进行阐述，此处不进行具体说明。

第 9 章 采购过程建模与仿真

在车辆生产物流系统 VPLS 中，需要通过供应商采购的产品或物料有轮胎和钢板，假设这两类产品的采购过程分别使用两种采购模式：定期定量的（Q，T）模式和定期不定量的（s，S，T）模式，本章对这两类采购模型进行建模和仿真。

（采购理论）

9.1 模型描述

轮胎采购采取定期定量（Q，T）模式。在本案例 VPLS 中，总装线的节拍为 2 分钟，则一天 480 钟内总装线装配计划为 240 台，每台车辆需要一套轮胎，一套轮胎为 4 只，在案例中以套数计量。采购部门对轮胎的采购采用定期定量模型进行采购，其中订货周期 T 为 3 天，每次订货量 Q 为 720 套，从发出订单到轮胎入库的采购提前期服从 uniform（480,960）均匀随机分布，在模型初始时刻假设车间有轮胎 500 套。

钢板采购采取定期不定量（s，S，T）模式。虽然案例中的总装节拍是固定的，理论上所需的板材件数量也是固定的，但是由于钢板切割时具有多种下料组合，使得实际使用的钢板数量具有一定随机性，因此系统对钢板的采购模式使用（s，S，T）模型。在模型中，设定 s 为 100，S 为 300，T 为 480，即每天（480 分钟）开始时进行库存量统计，如果当前库存低于 s，则进行采购，采购数量 $Q=S-$ 当前库存量，采购提前期服从 uniform（240,720）的均匀随机分布，在模型初始时刻假设车间有 150 张钢板。

系统进行如下假设：

（1）不论是轮胎还是钢板，在途的订单最多只能有一个；

（2）钢板消耗时间间隔服从均值为 8 分钟的负指数分布；

（3）轮胎消耗间隔为 2 分钟一套。

通过 Witness 仿真，运行 10 天（10 天×8 小时/天×60 分钟/小时=4800 分钟），统计如下数据：

（1）车间两类产品的平均存放量、最大存放量；

（2）车间两类产品的缺货数量；

（3）钢板订货次数、订货总量。

在学习过程中，主要关注如下功能的实现：

（1）两种采购模式的实现；

（2）采购提前期的实现；

（3）缺货统计功能的实现。

9.2 模型设计

9.2.1 建模元素定义

该模型中所用到的元素及元素在模型中所起的作用如表 9.1 所示。

表 9.1 采购过程仿真元素列表

元素名称	元素类型	元素数量	元素作用
board	Part	Unlimited	模拟钢板
buyerBoard			模拟钢板购买决策者
buyerTyre			模拟轮胎购买决策者
lostBoard			模拟缺货钢板
lostTyre			模拟缺货轮胎
order			模拟采购订单
tyre			模拟轮胎
buf1	Buffer	2	模拟车间库存
boardRoad	Machine(Production)	1	模拟钢板采购运输过程
tyreRoad		1	模拟轮胎采购运输过程
useBoard	Machine(Single)	1	模拟钢板消耗过程
useTyre		1	模拟轮胎消耗过程
boardQty	Variable	1	记录需要采购的钢板数量
tyreQty		1	记录需要采购的轮胎数量

建立的 Witness 仿真模型最终界面如图 9.1 所示，模型见 "chap9 采购过程.mod"。

（示例程序模型下载）

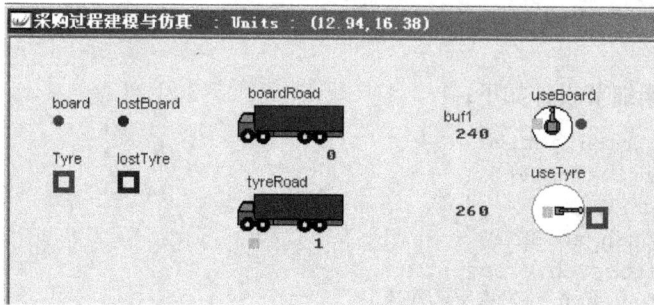

图 9.1 采购过程仿真模型最终界面

9.2.2 模型细节设计

1. Part 类型元素设计

模型中有七类 part 元素，其中 lostBoard、lostTyre 和 order 元素保留缺省设计即可。board

和 tyre 元素需要实现在模型初始化时，释放一定数量进入车间仓库中，其中 board 为 150、tyre 为 500。buyerBoard 和 buyerTyre 元素实现购买决策功能，buyerBoard 用于实现每隔 480 分钟，对当前系统中钢板的存量同 s 进行比较，决定是否进行钢板采购及具体的采购量；buyerTyre 用于实现每隔 1440 分钟，发出一个轮胎采购订单，采购量为固定值 720 套。

board 元素细节设计如下：

```
Arrival Type: active
Inter Arrival: 5
Maximum: 150
Lot Size: 150
To...:push to buf1(1)
```

tyre 元素细节设计如下：

```
Arrival Type: active
Inter Arrival: 5
Maximum: 500
Lot Size: 500
To...:push to buf1(2)
```

其中这两类元素在第一批到达之后就已经达到了最大值 Maximum，不会主动地送第二批进入系统，所以它们的到达间隔（Inter Arrival）可以任意设定一个正数即可，模型中设定为 5 分钟。

buyerBoard 元素细节设计如下：

```
Arrival Type: active
Inter Arrival: 480
Lot Size: 1
To...: push to SHIP
Actions on Create:
IF boardQty = 0   !没有采购在途
   IF NPARTS (buf1(1)) < 100
       boardQty = 300 - NPARTS (buf1(1))
   ENDIF
ENDIF
```

buyerTyre 元素细节设计如下：

```
Arrival Type: active
Inter Arrival: 1440
Lot Size: 1
To...: push to SHIP
    Actions on Create:
IF tyreQty = 0   !没有采购在途
   tyreQty = 720
ENDIF
```

2．Machine 类型元素细节设计

本模型中设计了用于实现物料采购过程的设备 boardRoad 和 tyreRoad，其中 boardRoad 根据变量 boardQty 决定是否获得订单 order，如果获得订单后，经过一定时间的提前期后，

将 boardQty 数量的钢板送入车间仓库；tyreRoad 根据变量 tyreQty 决定是否获得订单 order，如果获得订单后，经过一定时间的提前期后，将 tyreQty 数量的轮胎送入车间仓库。

1）boardRoad 细节设计

设备类型 Type：Production。

输入规则 From：

```
IF boardQty > 0
    PULL from order out of WORLD
ELSE
    Wait
ENDIF
```

周期时间 Cycle Time：UNIFORM (240,480)。

输出数量 Output Production Quantity：boardQty。

输出工件类型 Part Type：board。

输出规则：PUSH order to SHIP,board to buf1(1)。

工件输出时的程序处理 Actions on Output：

```
IF NPARTS (ELEMENT) = 1
boardQty = 0
ENDIF
```

2）tyreRoad 细节设计

设备类型 Type：Production。

输入规则 From：

```
IF tyreQty > 0
    PULL from order out of WORLD
ELSE
    Wait
ENDIF
```

周期时间 Cycle Time：UNIFORM (480,960)。

输出数量 Output Production Quantity：tyreQty。

输出工件类型 Part Type：tyre。

输出规则：PUSH order to SHIP,tyre to buf1(2)。

工件输出时的程序处理 Actions on Output：

```
IF NPARTS (ELEMENT) = 1
    tyreQty = 0
ENDIF
```

上述两个设备元素的细节设计过程基本相同，在输入规则中，需要判断采购决策人员是否设定了采购数量，即 boardQty 或 tyreQty 大于 0，如果设定了采购数量，则获得一个订单；然后经过 Cycle Time 的时间（采购提前期），将相应的工件放入 buf1 中对应的库区；在将工件放入库区的过程中，当最后一个工件放出时，将对应的采购数量（boardQty 或 tyreQty）置 0，表示前一采购订单完成。

3）useBoard 细节设计

输入规则 From：PULL from buf1(1),lostBoard out of WORLD。

周期时间 Cycle Time：NEGEXP(8)。

输出规则：PUSH to SHIP。

该设备空闲时，首先判断 buf1（1）是否有钢板，如果有，则将钢板提取出来，如果没有，则提取一个 lostBoard，然后进行一个周期的作业，并送出系统，仿真实验结束，通过统计 lostBoard 的数量，可以得出钢板的缺货数量。

4）useTyre 细节设计

输入规则 From：PULL from buf1(2),lostTyre out of WORLD。

周期时间 Cycle Time：2。

输出规则：PUSH to SHIP。

该设备空闲时，首先判断 buf1（2）是否有轮胎，如果有，则将轮胎提取出来，如果没有，则提取一个 lostTyre，然后进行一个周期 2 分钟的作业，并送出系统，仿真实验结束，通过统计 lostTyre 的数量，可以得出轮胎的缺货数量。

9.3 仿真实验及结果分析

将仿真模型运行至 4800 分钟，分别对相关元素进行统计，可以获得所需要的绩效指标数据。

9.3.1 工序忙闲状态

工序忙闲状态为各设备的工作状态，所有设备的统计报告如表 9.2 所示。

表 9.2　机器设备状态统计表

Name	% Idle	% Busy	No. Of Operations
boardRoad	76.91	23.09	3
tyreRoad	41.6	58.4	3
useBoard	0	100	611
useTyre	0	100	2400

从表 9.3 中可以看出，board 和 tyre 的订单在途时间比率分别为 23.09%和 58.4%，各完成采购次数为 3 次；钢板消耗和轮胎消耗数量分别为 611 件和 2400 件。

9.3.2 系统平均库存水平

通过各个缓存中物料的存储情况，进一步了解系统的工位能力。对各个存储区中物料的存储情况进行统计，数据如表 9.3 所示。

表 9.3　分存储区域库存统计信息表

Name	Total In	Total Out	Now In	Max	Min	Avg Size	Avg Time
buf1(1)	845	605	240	260	0	127.32	723.23
buf1(2)	2660	2400	260	911	0	464.04	837.37

从表 9.3 中可以看出，钢板和轮胎在车间的存储状态，平均存储时间分别为 723 和 837 分钟，平均存储量分别为 127 件和 464 件。

从表 9.4 中可以看出，总的进入车间的钢板和轮胎数量分别为 845 和 2660 件，总的出系统的数量分别为 604 和 2399 件；已进行的钢板和轮胎采购决策的次数分别为 11 次和 4 次；钢板的缺货数量为 7 件，而轮胎的缺货数量为 1 件，由于下游消耗设备 useBoard 和 useTyre 在仿真 0 时刻就判断 buf1 中存放的两类工件的数量，此时这两类工件初始化的工件尚没有进入 buf1，导致在 0 时刻，两台消耗设备分别提取了一个 lostBoard 和 lostTyre，因此实际因为采购原因造成的缺货数量：board 缺货 6 件，而 tyre 没有缺货。

表 9.4　分工件统计信息表

Name	No. Entered	No. Shipped	W.I.P.	Avg W.I.P.	Avg Time
board	845	604	241	128.31	728.85
buyerBoard	11	11	0	0	0
buyerTyre	4	4	0	0	0
lostBoard	7	7	0	0.01	7.07
lostTyre	1	1	0	0	2
order	7	6	1	0.81	558.74
tyre	2660	2399	261	465.04	839.17

思考题

1. 在原模型基础上，进行如下修改，并进行仿真实验，将结果同原模型的结果进行比较：
（1）轮胎采购周期设定为 2 天，每次采购数量为 480；
（2）钢板采购决策周期设定为 0.5 天；
（3）钢板采购决策控制变量 s 和 S 分别设定为（50,150）、（100,250）、（150,350）；

2. 在原模型的基础上，统计钢板每次采购的数量。

3. 若钢板采购策略采用（Q，R）模型，即系统随时扫描，一旦发现车间存储量低于 Q，则发出一个采购订单，采购量为 R，令 Q 为 80，R 为 200，试修改模型实现该过程，并进行仿真实验，与原有模型进行结果比较。

4. 现在需要进行采购过程的成本计算，假设钢板每次采购需要耗费固定成本 50 元，运输成本 150 元，单位产品存储费率为 3 元/件/天，缺货费用为 30 元/件；轮胎每次采购需要耗费固定成本 80 元，运输成本 200 元，单套轮胎存储费率为 5 元/件/天，缺货费用为 40 元/件。每块钢板产成品可以实现营收 30 元（销售单价-采购单价），每套轮胎可以实现营收 15 元。试修改原仿真模型，实现利润和成本统计功能，并运行 4800 分钟，统计总利润（总营收-总成本）。

（章节自测题）

第10章　下料生产过程建模与仿真

在车辆生产物流系统中，所涉及的组装件 A、B、C、D 和 E 都是由钢板进行切割之后经过一系列加工过程而得到的。本章对将钢板转变为这几类组装件的下料生产过程进行建模和仿真。

10.1 下料生产过程

10.1.1 下料生产过程系统描述

在本案例 VPLS 中，下料生产过程由 4 台切割设备、1 台冲压设备、2 个分拣工位及一架行车组成，其中冲床和两个分拣站各配备一名工人，设施布局如图 10.1 所示。

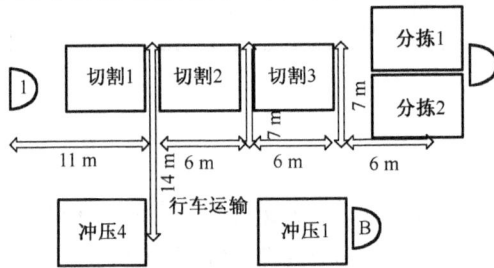

图 10.1　下料设备布局图

1. 切割机 4 的作业过程

切割机 4 的切割过程是在切割机空闲时，行车到仓库 1 吊起一块板材并将其放到切割机上，切割机自动将板材切割成 4 块用于冲压工件 B 的板材，然后由冲压工人将板材从切割机 4 上逐块拿下来，放在冲压设备前面的缓存中。

其中：

（1）切割设备的切割时间为 $4t_b$，t_b 为切割单块工件 B 所需时间，为 3 分钟；

（2）行车（Crane）行驶速度为 $speed_c$，为 10 米/分钟；

（3）行车装卸钢板时间分别为 $loadT_c$ 和 $unloadT_c$，均为 2 分钟；

（4）切割机 4 距离仓库 1 的距离为 $Dist_4$，为 11 米；

（5）工人（Labor）从切割机上取下一块工件的时间为 $unload_l$，为 1 分钟；

（6）工人行走时间忽略不计。

2. 切割机 1、2、3 的作业过程

这三台切割机作业过程基本相同，当某个切割机空闲时，由行车到仓库 1 吊起一块板材将其放到某一切割机上，然后由切割机自动将板材切割成 A、C、D、E 工件的组合，具体单块板材下料种类和数量由钢板形状和四种工件的形状确定，假设有表 10.1 所示的几种组合。

表 10.1　A、C、D 和 E 排料图

序号	A	C	D	E
1	10	5	3	0
2	0	10	0	2
3	0	0	6	3
4	6	0	0	6
5	5	5	5	0

切割机切割时间由下式确定：

$$\mathrm{CT} = Q_\mathrm{a}t_\mathrm{a} + Q_\mathrm{c}t_\mathrm{c} + Q_\mathrm{d}t_\mathrm{d} + Q_\mathrm{e}t_\mathrm{e}$$

式中，Q_a、Q_c、Q_d、Q_e 分别为单块板材上切割的工件 A、C、D 和 E 的数量，由具体排料组合确定；t_a、t_c、t_d、t_e 分别为单个工件 A、C、D、E 的切割时间，分别为 1、2、3、4min；

切割机 1、2、3 完成一个周期的作业时间如图 10.2 所示。

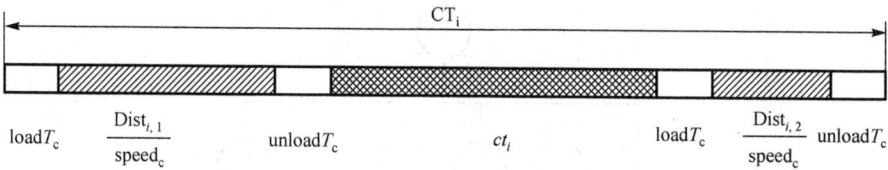

图 10.2　切割机 1、2、3 周期作业时间组成示意图

$$\mathrm{CT}_i = \mathrm{load}T_\mathrm{c} + \frac{\mathrm{Dist}_{i,1}}{\mathrm{speed}_\mathrm{c}} + \mathrm{unload}T_\mathrm{c} + ct_i + \mathrm{load}T_\mathrm{c} + \frac{\mathrm{Dist}_{i,2}}{\mathrm{speed}_\mathrm{c}} + \mathrm{unload}T_\mathrm{c}, \quad i = 1,2,3$$

式中，$\mathrm{Dist}_{i,1}$ 为第 i 台切割机距离仓库 1 的距离，依次为 18、24、30 米；$\mathrm{Dist}_{i,2}$ 为第 i 台切割机距离分拣点的距离，依次为 25、19、13 米；速度和装卸时间同切割机 4 中的参数。

切割完成后，所切割的工件仍然附着在钢板上，这时由行车带着一个吸盘将整块钢板吸附起来，然后运送到分拣工位（注：必须有至少一个分拣工位空闲时，行车方可进行吸附和运输工作），然后由工人将工件从钢板上分拣出来。

3．冲压机床

冲压机床每次冲压一件工件 B，冲压全过程需要冲压工人参与，冲压工时为 1 分钟，冲压结束后工件直接摆放在冲床旁，然后由叉车运输至仓库 3。

4．分拣工位

当行车将整块已经切割完成的钢板送达分拣工位时，工人将工件从钢板上逐个分拣出来，整块钢板的分拣时间为：

$$\mathrm{CT} = Q_\mathrm{a}t'_\mathrm{a} + Q_\mathrm{c}t'_\mathrm{c} + Q_\mathrm{d}t'_\mathrm{d} + Q_\mathrm{e}t'_\mathrm{e} + t_0$$

式中，t'_a、t'_c、t'_d、t'_e分别为单个工件 A、C、D、E 的分拣时间，分别为 1、1.5、1.5、2 分钟；t_0 为钢板边角料处理时间，即工人在将全部工件分拣出来后，将钢板边角料处理掉的时间，为 3 分钟。

分拣完成的工件将放入仓库 2，其中 A、E 将进行流水线式机加和焊接作业，不需要考虑运输过程，而 C、D 将进行成组机加单元进行机加作业，它们需要使用叉车搬运。

5．基本假设

在对该系统进行分析时，不考虑钢板的供应问题，即假设钢板存量足够，切割工序需要钢板进行加工时，行车在仓库 1 中就可以获得钢板。

10.1.2 排料计划制定原则

该下料生产过程对应的总装计划为每天 240 台车，每台车的 BOM 结构如图 10.3 所示，其中由 1 个 A 和 2 个 E 组装成 1 个组成件 F，车辆需要 1 个车架、4 个轮胎、1 个 F、2 个 D、1 个 B 和 1 个 C 组成。则一天总装计划需要组成件数量分别为：A（240）、B（240）、C（240）、D（480）、E（480），车架和轮胎不需要下料，暂不考虑。在进行生产准备工作过程中，必须制定出切割机 1、2、3 在当日的切割组合顺序，以及切割机 4 当日的切割数量。

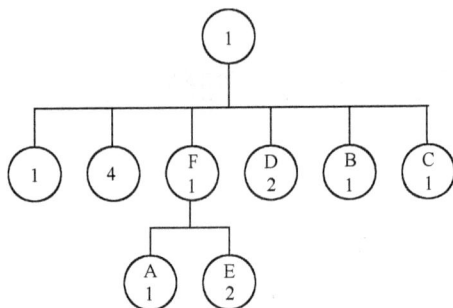

图 10.3　车辆 BOM 结构图

根据总装计划 240 台车/天，切割机 4 需要出 240 件工件 B，而每张钢板可以切割出 4 块冲压工件 B 的板材，因此需要向切割机 4 投入 60 块钢板，当切割机 4 将一天的 60 块钢板切割任务完成之后，该切割机将停止作业，直至第二天计划下达方继续作业。

而切割机 1、2、3 所能切割出来的工件 A、C、D、E 为组合数量，需要按照一定的原则制定不同切割组合向这三台切割机下达生产任务的排料计划，假设排料计划已知。

通过 Witness 仿真，运行 10 天（10 天×8 小时/天×60 分钟/小时=4800 分钟），统计如下数据：

（1）各个存放区的平均存放量、最大存放量；

（2）行车的忙闲状态比率；

（3）工人的忙闲状态比率；

（4）切割机和冲压设备的忙闲状态比率；

（5）下料生产过程是否能够满足总装计划。

在学习过程中，主要关注如下功能的实现：

（1）Witness 读取 Excel 数据；

（2）根据排料计划数组进行钢板的投料；

（3）根据钢板上下料排列计算切割、分拣工序时间；

（4）钢板通过行车送至切割机过程的实现；

（5）钢板下料成多个工件过程的实现。

10.2 模型设计

10.2.1 建模元素定义

在该模型设计中，将实现相同功能的元素集中在一个模组中，以便模型的结构更加清晰。该模型中设计了 5 个模组：att 模组组织模型中用到的属性元素，boardIn 模组用于控制每日按照计划向系统投放的各种类型的原料板材，making 模组模拟系统主要的切割、冲压、分拣作业过程，TransNet 模组将行车运输所需的元素组织在一起，v 模组将模型中所涉及的变量或数组组织在一起。各个模组中的元素及元素在模型中所起的作用如表 10.2 所示。

表 10.2 下料生产过程仿真元素列表

模组	元素名称	元素类型	元素作用
att	combineId	attribute	记录钢板所用排料组号
	cutQty	attribute	记录钢板切割出的工件总数量
	partId	attribute	记录工件序号(1、2、3、4、5)
	toWho	attribute	记录钢板上的切割机号
boardIn	Board	part	模拟钢板
	rmBuf	buffer	模拟下料前钢板存放区
	dayInput	machine	模拟每日运送计划钢板的功能
make	assPart	part	模拟下出的工件
	Buf2	buffer	模拟存放 A、C、D、E 的库区
	bufB	buffer	模拟存放 B 的库区
	cutter	machine	模拟切割设备 1、2、3
	cutter4	machine	模拟切割设备 4
	picker	machine	模拟分拣设备
	punch	machine	模拟冲床
	workerB	labor	模拟冲床工人
	funCutTime	function	计算切割所需时间的函数
	funPickTime	function	计算分拣所需时间的函数
tranNet	node1	part	路径连接节点 1
	node2	part	路径连接节点 1
	crane	labor	模拟行车
	fromOnline	path	连接上线点到行车休息位的路径
	toCut1	path	连接行车休息位到切割机 1 的路径
	toCut2	path	连接节点 1 到切割机 2 的路径

模组	元素名称	元素类型	元素作用
	toCut3	path	连接节点 2 到切割机 3 的路径
	toCut4	path	连接行车休息位到切割机 4 的路径
	toNode1	path	连接行车休息位到节点 1 的路径
	toNode2	path	连接节点 1 到节点 2 的路径
	toPick	path	连接节点 2 到分拣设备的路径
	online	machine	模拟钢板上行车的过程
v	craneSpeed	variable	存储行车速度
	cutArray	variable	存储下料工件数量组合
	dayBoardQty	variable	存储计划每日投产钢板数量
	dayTime	variable	存储每天时长
	inputPlan	variable	存储日下料计划
	needTrans	variable	记录各切割机是否需要运送钢板
	totalBoard	variable	记录一日下料的钢板总数
	unitCutTimes	variable	存储单个工件切割时长
	unitPickTimes	variable	存储单个工件分拣时长
output		machine	模拟 5 个消耗各种工件的过程

建立的 Witness 仿真模型最终界面如图 10.4 所示，模型见 "chap10 下料生产过程.mod"。

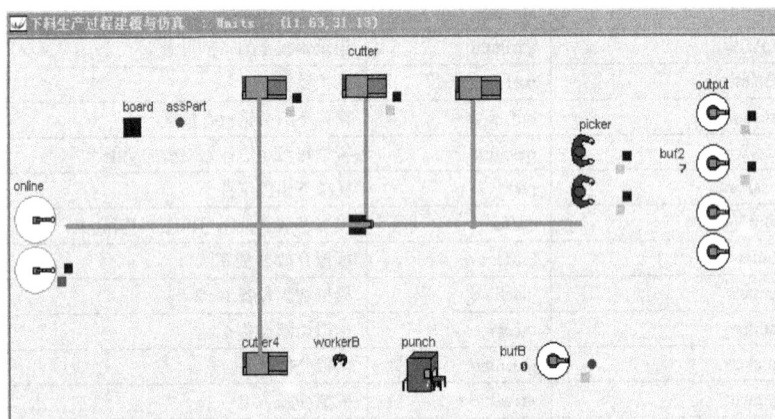

（示例程序模型下载）

图 10.4　下料生产过程仿真模型最终界面

10.2.2　模型细节设计

1. 模型数据初始化

模型的运行需要相关的数据支持，主要有 A、C、D、E 的下料组合数据、下料计划、单位切割工时和分拣工时，这些数据存放于 Excel 数据表中，在模型运行开始时，将其读入模型存放于对应的数组元素中，以便模型后续的调用。模型数据文件命名为"chap10.xls"，设计的输入数据存放在 sheet1 工作表中，格式和布局如图 10.5 所示，图中黄色区域部分的数字为需要读入模型中的数据。

（示例模型表格）

下料排列可能组合

序号	A	C	D	E
1	10	5	3	0
2	0	10	0	2
3	0	0	6	3
4	6	0	0	6
5	5	0	5	0

单位工时

作业	A	C	D	E
切割	1	2	3	4
分拣	1	1.5	1.5	2

日排料计划

计划号	排料组合号	批量
1	1	5
2	4	4
3	3	2
4	4	1
5	4	4
6	2	1
7	5	5
8	1	5
9	2	4
10	5	3
11	4	4
12	1	4
13	5	1
14	5	4
15	3	1
16	4	4
17	1	5
18	5	2

图 10.5 下料生产过程输入 Excel 数据界面

模型初始化（Initialize Actions）程序设计如下：

```
!数据初始化
DIM ii AS INTEGER
XLReadArray ("chap10.xls","sheet1","cutArray",v.cutArray)
XLReadArray ("chap10.xls","sheet1","inputPlan",v.inputPlan)
XLReadArray ("chap10.xls","sheet1","$B$11:$E$11",v.unitCutTimes)
XLReadArray ("chap10.xls","sheet1","$B$12:$E$12",v.unitPickTimes)
v.dayTime = 480
v.needTrans (1) = 1
v.needTrans (2) = 1
v.needTrans (3) = 1
v.needTrans (4) = 1
v.craneSpeed = 20
!统计有效的下料计划行数以及每日的总钢板数量
FOR ii = 1 TO 18
    IF v.inputPlan (1,ii) > 0 AND v.inputPlan (2,ii) > 0
        v.planRow = ii
        v.totalBoard = v.totalBoard + v.inputPlan (2,ii)
    ELSE
        GOTO outFor
    ENDIF
NEXT
LABEL outFor
v.dayBoardQty (1) = v.totalBoard
v.dayBoardQty (2) = 60
```

第一行：定义局部变量 ii。

第二行到第五行：将数据表中的数据读入模型中的对应变量中，其中第二、三行读入的数据分别为"下料排列可能组合"和"日排料计划"，这两项数据在数据表中分别给予名称为"cutArray"和"inputPlan"，放在 XLReadArray 函数的第三个参数；第四行和第五行读取的为单个产品切割时间和分拣时间数据。

（XLReadArray 详细介绍）

第六行：对每日工作时长进行赋值，8 小时 480 分钟，用于控制在仿真过程中日投料计划。

第七至第十行：对数组 needTrans 进行赋值，needTrans(*i*)=1 表示切割机 *i* 空闲，需要行车向上运输钢板，needTrans(i)=0 表示切割机 *i* 已经安排钢板了（有两种状态：在行车运输途中或已经放到切割机 *i* 上），且该钢板尚没有切割完毕，不再需要安排钢板的运输，该变量在仿真运行过程中，不断变化。

第十一至十九行：FOR 循环语句，通过对日排料计划数据进行顺序扫描，获取有效的排料计划行数存入变量 planRow，累计日排料计划中钢板总数量存入 totalBoard。

第二十行：设定每天排料切割的钢板数量，即用于切割 A、C、D、E 的钢板数量。

第二十一行：设定每天用于切割 B 组成件的钢板的数量。

2．boardIn 模组元素细节设计

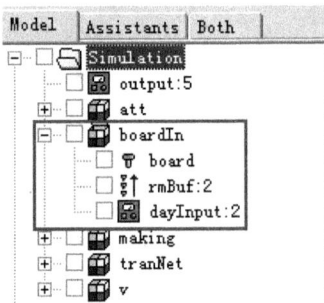

图 10.6　boardIn 模型结构图

boardIn 模组实现的功能是每个工作日开始，将当日所需的钢板送入车间的库存。该模组结构如图 10.6 所示，主要有三个元素：模拟板材的 board、模拟车间库存 rmBuf 和模拟每日钢板投放过程的 dayInput，其中 rmBuf 元素数量为 2，rmBuf（1）存放切割机 1、2、3 所用的钢板，rmBuf（2）存放切割机 4 所用的钢板，与之对应，dayInput（1）投放切割机 1、2、3 所用的钢板，dayInput（2）投放切割机 4 所用的钢板。

这三个元素中，board、rmBuf 保留缺省设计即可，主要功能的实现由 dayInput 的设计完成。dayInput 细节设计如图 10.7 所示。

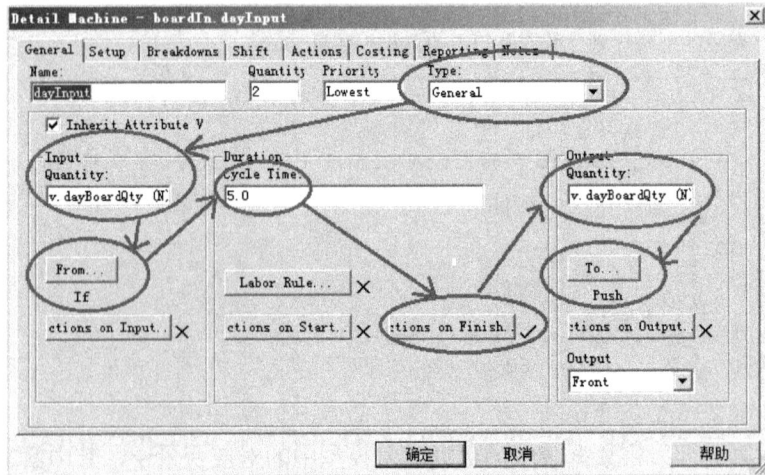

图 10.7　投料设备 dayInput 细节设置操作步骤示意图

对投料设备 dayInput 的细节设计主要有如下几项。

（1）设计 dayInput 的设备类型为 General，使得该设备可以在每日开始时，根据下料计划能够将每日所需数量的钢板投入 rmBuf 中。

（2）该设备的数量 Quantity 设定为 2，分别向车间投送两种方式下料的钢板。第一台设备投放排料表所确定的 A、C、D 和 E 下料所需的钢板，第二台设备投放切割 B 所需的钢板。所以这两台设备每天投入到车间的钢板数量"Input Quantity"设定为 v.dayBoardQty (N)；输出的钢板数量同输入钢板数量，所以其"Output Quantity"也设定为"v.dayBoardQty (N)"。

（3）投料时间假设为 5 分钟，设定 Cycle Time：5。

（4）输入规则 From：

```
IF NOPS (ELEMENT) <= TRUNC (TIME / v.dayTime) !每日执行一次
    PULL from board out of WORLD
ELSE
    Wait
ENDIF
```

注：上述程序实现每隔 v.dayTime 执行一次，即每日投料一次。

（5）输出规则 To：PUSH to rmBuf(N)。

注：投料设备 dayInput（1）将钢板送入 rmBuf（1），投料设备 dayInput（2）将钢板送入 rmBuf（2）。

（6）钢板准备结束后，进行钢板上的排料数据处理，即设定该机器 dayInput 的 Actions on Finish：

```
!根据排料计划数据，对板材附上排料组号
DIM ii AS INTEGER
DIM midRow AS INTEGER
DIM midQty AS INTEGER
IF N = 1  !为下料 A、C、D、E
    IF NPARTS (ELEMENT) = v.dayBoardQty (N)
        midRow = 1
        FOR ii = 1 TO NPARTS (ELEMENT)
            midQty = midQty + 1
            ELEMENT AT ii:att.combineId = v.inputPlan (1,midRow)
            IF midQty = v.inputPlan (2,midRow)
                midQty = 0
                midRow = midRow + 1
            ENDIF
        NEXT
    ENDIF
ENDIF
```

上述程序实现的功能是：在第一个物料投料设备投入当天钢板时，根据日排料计划量对每块钢板所使用的排料组合序号进行赋值（combineId 属性），以便切割机在进行切割时，可以根据 combineId 属性和 cutArray 数组决定该钢板切割出的各类工件类型及其数量。

3. making 模组元素细节设计

making 模组实现下料生产过程的全部生产作业过程：切割、冲压和分拣，其元素组成结构如图 10.8 所示。making 模组涉及的实体元素有模拟切割机 1、2、3 的设备 cutter、模拟切割机 4 的设备 cutter4、模拟冲床的设备 punch、模拟分拣工人的设备 picker、模拟冲床作业工人的 workerB、模拟 A、C、D 和 E 存放区的 buf2、模拟工件 B 存放区的 bufB、模拟工件的 assPart、进行切割工时计算的函数 funCutTime 和进行分拣工时计算的函数 funPickTime。切割机切割后的工件都用 assPart 元素模拟，根据其属性值 att.partId 区分该工件是 A、B、C、D、E 中的哪一种，这五种工件对应的 att.partId 的值依次为 1、5、2、3、4。

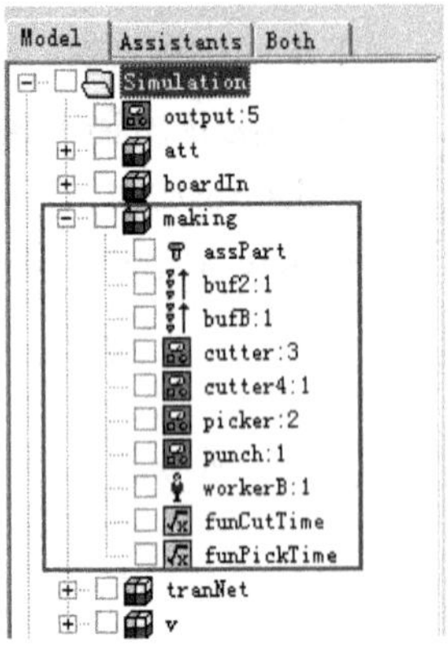

图 10.8　Making 模型元素结构图

Making 模组中的元素 assPart、buf2、bufB、workerB 保留缺省设计即可（可视化参考示例模型进行编辑），下面对其他元素的细节设计进行分别介绍。

1）cutter 元素细节设计

cutter 元素模拟切割机 1、2、3，在获得钢板之后，需要根据钢板的下料组合号 combineId 和下料组合数组 cutArray 及各物料的切割工时 unitCutTimes，计算该钢板的切割工时，经过这段工时之后，判断是否有分拣工位为空，有则请求行车将钢板运送至分拣工位，若没有分拣工位为空，则等待，具体设计如下：

```
切割工时 Cycle Time: funCutTime()
```

注：funCutTime() 为根据工件的 combineId 进行切割工时计算的函数，具体参看 funCutTime() 细节设计的介绍。

输出规则 To:

```
IF ISTATE (picker(1)) = 1 OR ISTATE (picker(2)) = 1 !只有在任一分拣工位
      空闲时，方运输
    PUSH to picker With tranNet.crane Using Path
ELSE
    Wait
ENDIF
```

注：第一句判断语句用于判断两个分拣工位有一个为空闲。

工件输出时的程序处理 Actions on Output：v.needTrans (N) = 1。

注：当任一切割机将钢板输出时，则该切割机可以进行下一个钢板的切割，将 v.needTrans(N) 变量置为 1。

2）picker 元素细节设计

picker 元素模拟两个分拣工序，当切割机 cutter 将切割后的钢板通过行车送到分拣工序后，分拣工序需要将钢板上的工件分拣出来，并放到存放区 buf2，该过程所需的工时同钢板上的工件数量和类型相关，其细节设计如下：

设备类型 Type：Production。

选型"Inherit Attribute Values"：选中。

作业周期 Cycle Time：funPickTime()。

输出数量 Output Quanity：att.cutQty。

输出元素类型 Output Part Type：assPart。

输出规则 To…：PUSH boardIn.board to SHIP,assPart to buf2。

工件输出时的程序处理 Actions on Output：

```
!根据排料组号,对分拣后的工件附上物料种类号
DIM ii AS INTEGER
DIM jj AS INTEGER
DIM midId AS INTEGER
DIM midQty AS INTEGER
IF NPARTS (ELEMENT) = att.cutQty + 1
    FOR ii = 1 TO 4
        IF v.cutArray (ii,att.combineId) > 0
            midId = ii
            GOTO outFor1
        ENDIF
    NEXT
    LABEL outFor1 !获得该排料组中第一类物料序号
!对各物料附上物料号
    FOR ii = 2 TO NPARTS (ELEMENT)
        midQty = midQty + 1
        ELEMENT AT ii:att.partId = midId
        IF midQty = v.cutArray (midId,att.combineId)
            midQty = 0
            FOR jj = midId + 1 TO 4
                IF v.cutArray (jj,att.combineId) > 0
                    midId = jj
                    GOTO outFor2
                ENDIF
            NEXT
            LABEL outFor2
        ENDIF
    NEXT
ENDIF
```

4．工时函数细节设计

1）funCutTime 函数细节设计

funCutTime 函数根据钢板的下料组合号 combineId 和下料组合数组 cutArray 及各物料的切割工时 unitCutTimes，计算该钢板的切割工时，其细节设计如下：

```
DIM midTime AS REAL
DIM ii AS INTEGER
```

```
!根据当前板材下料组合的序号，确定切割时长
FOR ii = 1 TO 4
    midTime = midTime + v.cutArray (ii,att.combineId) * v.unitCutTimes (ii)
NEXT
RETURN midTime
```

第一、二行：定义两个局部变量。

第三至五行：FOR 循环根据 cutArray 中第 combineId 行的数据进行切割工时累加计算。

第六行：将切割总工时值返回。

2）funPicTime 函数细节设计

funPickTime 函数根据钢板的下料组合号 combineId 和下料组合数组 cutArray 及各物料的切割工时 unitPickTimes，计算该钢板的分拣工时，同时累计该钢板能够分拣出的工件数量，记录到属性值 att.cutQty 中，其细节设计如下：

```
DIM midTime AS REAL
DIM ii AS INTEGER
!根据当前板材下料组合的序号，确定分拣时长，并累计分拣出的工件数量
FOR ii = 1 TO 4
    midTime = midTime + v.cutArray (ii,att.combineId) * v.unitPickTimes (ii)
    att.cutQty = att.cutQty + v.cutArray (ii,att.combineId)
NEXT
midTime = midTime + 3 !将边角料处理时间加到分拣时长中
RETURN midTime
```

注：第一、二行：定义两个局部变量。

第三至六行：FOR 循环根据 cutArray 中的第 combineid 行数据进行工时累加和切割出的工件数量累加。

第七行：总分拣工时累计上边角料处理的 3 分钟。

第八行：总分拣工时值返回。

5．tranNet 模组元素细节设计

tranNet 模组中的元素用于实现将钢板从原来存放区运输至切割机，以及将切割机上加工完毕的钢板运输至分拣工位，其组成结构如图 10.9 所示。该模组中的元素有行车 crane 和行车装载工位 online，连接各个节点之间的路径元素。

1）online 元素细节设计

online 元素有两台设备，第一台设备用于从原料存放区 rmBuf(1)中提取切割为其他四种工件的钢板，其第二台设备用于从原料存放区 rmBuf(2)提取切割为 B 工件的钢板，其中第一台设备需要在切割机 1、2、3 有某台设备空闲，需要运输钢板时方进行提取作业，第二台设备需要在切割机 4 空闲，需要运输钢板时方进行提取作业。

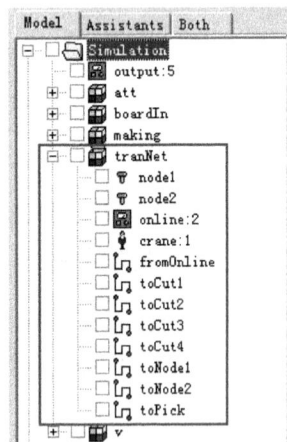

图 10.9　tranNet 模组元素结构图

online 元素细节设计如下：

输入规则 From：

```
IF N = 1 !第一台设备向 cutter1、2、3 运输钢板
    IF v.needTrans (1) + v.needTrans (2) + v.needTrans (3) > 0
            !至少有一个 cutter 需要备料
        PULL from boardIn.rmBuf(1)
    ENDIF
ELSE  !向切割机 4 运输钢板
    IF v.needTrans (4) = 1
        PULL from boardIn.rmBuf(2)
    ENDIF
ENDIF
```

注：两台提取设备通过判断对应的切割机是否需要运输钢板，已决定是否从原来存放区提取钢板。

作业开始时 Actions on Start：

```
IF N = 2
    v.needTrans (4) = 0
ENDIF
IF N = 1
    IF v.needTrans (1) = 1
        att.toWho = 1
    ELSEIF v.needTrans (2) = 1
        att.toWho = 2
    ELSE
        att.toWho = 3
    ENDIF
    v.needTrans (att.toWho) = 0
ENDIF
```

第一至三行：IF 判断语句实现在第二台设备（N=2）提取钢板后，将变量 v.needTrans(4) 置 0，表示切割机 4 已经安排了钢板。

第四至十三行：IF 判断语句在第一台设备提取钢板后执行，主要执行工作有两项。第一项工作在第五至十一行的判断语句执行，实现根据当前哪个切割机需要运输钢板，将当前钢板的属性 toWho 附上对应的值，以确定当前提取的钢板接下来送给 cutter 中的哪个切割机；第二项工作在第十二行的语句，在给 toWho 切割机安排了钢板后，将该切割机对应的运输变量置为 0。

输出规则 To：

```
IF N = 2
    PUSH to making.cutter4 With crane Using Path
ELSEIF N = 1
    PUSH to making.cutter(att.toWho) With crane Using Path
ELSE
    Wait
ENDIF
```

2）路径元素细节设计

在该路网中有路径元素 8 个，它们的细节设计如表 10.3 所示。

通过时间的表达式中，第一个数字为该路径的长度，第二项变量为行车的速度，第三项数字 1/2（对于有第三项数字的元素）表示该车辆在该路径上需要进行装载或卸载作业，由于装卸作业需要时间为 1 分钟，而行车进行装卸作业需要通过该路径两次，因此将作业时间均为到行车在该路径上的通过时间上。

表 10.3　路网中的路径元素细节设计

元素名称	通过时间	连接起点 Source Element	连接终点 Destination Element
fromOnline	11 / v.craneSpeed+1/2	online	crane
toCut1	7 / v.craneSpeed + 1 / 2	crane	making.cutter(1)
toCut2	7 / v.craneSpeed + 1 / 2	crane	making.cutter(2)
toCut3	7 / v.craneSpeed + 1 / 2	crane	making.cutter(3)
toCut4	7 / v.craneSpeed + 1 / 2	crane	making.cutter4
toNode1	6 / v.craneSpeed	crane	node1
toNode2	6 / v.craneSpeed	crane	node2
toPick	6 / v.craneSpeed + 1 / 2	node2	Making.picker

6. output 元素细节设计

output 元素中的五个对象分别模拟系统对这五种工件的需求，由于总装工序的节拍为 2 分钟，因此根据 BOM 结构，可以看出对 A、B、C、D、E 的需求节拍分别为 2、2、1、1、2。为了简便起见，设定对这五种工件的需求节拍均为 2 分钟，于是 output 的细节设计如下：

输入规则 From：

```
IF N <= 4
    MATCH/CONDITION (att.partId = N)
making.buf2 #(1)
ELSE
    PULL from making.bufB
ENDIF
```

注：output 前四个对象分别处理工件 A、C、D 和 E，第五个对象处理工件 B。

作业时间 Cycle Time：2。

输出规则 To：PUSH to SHIP。

10.3　仿真实验及结果分析

将模型运行至 4800 分钟，统计相关绩效指标数据。

10.3.1　工序忙闲状态

工序忙闲状态为各个设备的工作状态，所有设备的统计报告如表 10.4 所示。

表 10.4 机器设备状态统计表

Name	% Idle	% Busy	% Blocked	% Cycle Wait Labor	No. Of Operations
boardIn.dayInput(1)	98.96	1.04	0	0	10
boardIn.dayInput(2)	98.96	1.04	0	0	10
making.cutter(1)	19.01	71.12	9.87	0	115
making.cutter(2)	16.48	70.77	12.75	0	115
making.cutter(3)	20.32	70.73	8.95	0	115
making.cutter4	27.67	57.29	14.31	0.72	229
making.picker(1)	18.54	81.46	0	0	172
making.picker(2)	18.8	81.2	0	0	171
making.punch	80.92	19.08	0	0	916
output(1)	11.13	88.87	0	0	2132
output(2)	47.41	52.59	0	0	1262
output(3)	64.91	35.09	0	0	842
output(4)	69.75	30.25	0	0	726
output(5)	61.83	38.17	0	0	916
tranNet.online(1)	60.65	7.23	32.12	0	347
tranNet.online(2)	81.53	4.79	13.67	0	230

从表 10.4 可以看出以下情况。

（1）日计划投料设备（dayInput）各投放了 10 次钢板，因为仿真到 4800 分钟，为 10 天。

（2）切割机 1、2、3（cutter）各切割了 115 块钢板，每个切割机还有 10%左右的阻塞率（%Block），这是由于切割机切割结束需要将钢板运往分拣工序时，需要等待行车的运送。

（3）切割机 4（cutter4）切割了 229 块钢板，忙率为 57.29%，阻塞率为 14.31%，该设备的阻塞是在其完成了切割后，希望运至冲床上进行冲压，但是冲床上正在进行前一工件的冲压，无法接受该切割机上的工件 B 造成的；等待工人的时间比率（Cycle Wait Labor%）有 0.72%，表示钢板已经放置在切割机 4 上，但是 workerB 尚在冲压机床上作业，因此导致切割机 4 等待工人。

（4）分拣设备（picker）忙率在 81%以上，总的进行了 171+172=343 次分拣作业。

（5）钢板提取设备 online 分别提取了 347 块钢板和 230 块钢板，其中 347 块钢板是用于切割 A、C、D、E 的，而该钢板日计划量为 57 块，十天即为 570 块，可以看出没能完成计划钢板的切割；230 块钢板是用于切割 B 的，而该钢板的日计划量为 60，十天即为 600，也没有完成计划量。

（6）输出设备 output 是模拟系统对这五种物料的需求或消耗，当这几台设备忙率能够达到 100%时，表示下料工序的能力是充足的，但是从仿真结果可以看出，五台设备的忙率都没有达到 100%。最大的忙率为 output（1），达到 88.87%，表示工件 A 的下料速度达到总装需求的比率为 88.87%；output（2）的忙率为 52.59%，表示工件 C 的下料速度达到总装需求的比率为 52.59%；output（3）的忙率为 35.09%，表示工件 D 的下料速度达到总装需求的比率，而单台车需要工件 D 的数量为 2，可以推算出 D 的下料速度仅为总装需求的 17.5%；output（4）的忙率为 30.25%，表示工件 E 的下料速度达到总装需求的比率，而单车需要工件 E 的数量为 2，可以推算出 E 的下料速度仅为总装需求的 15.13%；output（5）的忙率为 38.17%，表示工件 B 的下料速度达到总装需求的比率为 38.17%。

从仿真结果可以看出，下料生产过程的效率没有达到计划的产量，而且远低于计划的产量，如果按照这种配置进行系统的运行，总装线 10 天的产量最多为计划产量的 15.13%，即计划产量 2400 台×15.13%=363 台。同时可以看出，下料计划中 A 的产出数量较多，而 C、D、E 的产出较少，即排料计划不均衡。

10.3.2 系统平均库存水平

通过各个缓存中物料的存储情况，进一步了解系统的工位能力。对各个存储区中物料的存储情况进行统计，数据如表 10.5 和表 10.6 所示。

表 10.5　分存储区域库存统计信息表

Name	Total In	Total Out	Now In	Max	Avg Size	Avg Time
boardIn.rmBuf(1)	570	348	222	257	138.5	1166.84
boardIn.rmBuf(2)	600	230	370	393	215.04	1721.01
making.buf2	4986	4967	19	39	13.17	12.68
making.bufB	916	916	0	2	0.29	1.5

表 10.6　分工件库存统计信息表

Name	No. Entered	No. Shipped	W.I.P.	Avg W.I.P.	Avg Time
boardIn.board	1172	572	600	359.18	1471.65
making.assPart	5902	5881	21	16.38	13.33

从上述两表中可以看出，切割机能力不足，造成大量的钢板存储在车间原料存放区，其中 rmBuf(1)中平均存放 138 块钢板，rmBuf（2）中平均存放 215 块钢板，存放时间分别在 1166 和 1721 分钟。而用于下道工序使用的中间库存 buf2 和 bufB，工件存放时间很短，平均存储时间仅有 12.68 分钟和 1.5 分钟。

造成大量钢板存放在原料存放区的原因可能有两方面：（1）切割机切割能力不足，可以通过降低工时，或增加切割机实现产能的提升；（2）行车运输能力不足，不能及时将钢板运至切割机，可以通过增加 1 台行车，让一台行车专门负责将原料存放区的钢板运至切割机，另一台行车负责将切割机上的钢板运至分拣工位。

10.3.3 Labor 元素忙闲状态统计

模型中 Labor 元素有两个，一个模拟行车的 crane 和一个模拟工人的 workerB，通过分析这两个元素的状态信息，以确定其配置数量是否充足。Labor 元素统计数据如表 10.7 所示。

表 10.7　Labor 元素统计信息表

Name	% 忙率	% 闲率	开工数	完工数	当前工作	平均工时
workerB	76.38	23.62	1146	1145	1	3.2
crane	74.75	25.25	923	922	1	3.89

workerB 的忙率为 76%，看起来 workerB 的忙率并不高，但是结合 cutter4 的等待工人比率 0.74% 和阻塞率 14.3%，可以看出在当前运作方式下，workerB 能力不足，会影响系统的产能；workerB 的空闲比率是 cutter4 等待行车将钢板运送过来的时间比率。Crane 忙率为 74.75%，还有 25.25% 的空闲，但是这个空闲时间比率是由于在某些时间切割机均处于工作状态，而不需要行车作业造成的；而有些时候，同时会有两个以上的切割机需要行车进行装、卸作业，这就导致行车虽然看起来忙率不高，但是仍然是系统瓶颈的结果。

思考题

1. 在原模型基础上，修改模型，实现下列功能。
（1）将每种工件的单位切割时间和单位分拣时间都降为原来的一半，进行仿真实验，对结果进行比较分析。
（2）增加一台行车用于钢板的装卸载，假设其运作方式同第一台行车完全一样，且不考虑行车在运行过程中的空间冲突，进行仿真实验，并对结果进行比较分析。
（3）增加一名 workerB，进行仿真实验，并对结果进行比较分析。

2. 在原模型基础上，调整数据文件中日排料计划，以便 A、C、D、E 的产量趋于均衡，并通过仿真实验，验证修改后的效果。

3. 在冲床前增加一个容量为 100 的 buffer，切割机 4 切割下来的物料直接放到该 buffer，而冲床从该 buffer 中提取工件 B 进行冲压，试修改原模型，进行仿真实验，统计结果有何变化。

4. 根据如下的排料原则，试通过编程进行每日的排料计划制定。
（1）保证 A、C、D 和 E 的下料数量基本均衡。
（2）保证能够满足当日的总装计划量。
进行仿真实验验证排料效果。

（章节自测题）

第11章 流水布局机加焊接作业系统建模与仿真

11.1 模型描述

一个机加焊接车间需要对工件 A 和 E 进行加工作业，最后将这两个部件焊接为最终产品 F，具体设备布局如图 11.1 所示。其中工件 A 和 E 随机到达仓储区 2，然后进行打坡口、切削作业，再在点焊工位将 1 个 A 和 2 个 E 点焊成 1 个 F，并最终由通焊工位进行全面焊接成型，然后在打磨工位将 F 的焊缝进行磨平，从而完成了装配件 F 的加工过程，基本工艺过程和设备布局如图 11.1 所示。

图 11.1 流水布局机加焊接作业工艺过程和设备布局图

各道工序的作业工时如表 11.1 所示。

表 11.1 工序作业工时表

作业	A打坡口	E打坡口	A切削	E切削	点焊	通焊	打磨
工时：分钟	2	3	2.5	2.5	3	7	5

打坡口和切削工位换模时间为 20 分钟，工件 A 到达间隔服从均匀分布 uniform(30,50) 随机分布，每次到达批量服从整数均匀分布 iuniform(3,8)，工件 E 到达间隔服从均匀分布 uniform(30,60)，每次到达批量服从整数均匀分布 iuniform(9,15)。为了防止打坡口和切削工位频繁换模，工人对 A 或 E 产品采用整批的方式进行加工，即先加工 10 个 A，然后再加工 20 个 E 的方式进行作业，当某类产品对应批量加工完毕后，另一类产品尚没有存量，则直接停工，直至另一类产品到达。

通过 Witness 仿真，运行 50 天（50 天×8 小时/天×60 分钟/小时=24000 分钟），统计如下数据：

（1）各道工序的忙闲状态比率；

（2）系统平均库存水平；

（3）工作负荷不平衡系数；

（4）产线产量；

（5）调整打坡口和切削工位对两种产品的加工批量，运行模型，比较上述四项指标的差异。

在学习过程中，主要关注如下功能的实现：

（1）打坡口、切削工位两种产品加工的批量转换；

（2）打坡口、切削工位调整功能的实现；

（3）打坡口、切削工位两种产品作业时间的设置；

（4）点焊过程中产品类型的转换。

11.2 模型设计

11.2.1 建模元素定义

该模型中所用到的元素及元素在模型中所起的作用如表 11.2 所示。

表 11.2　AE 机加焊接作业仿真元素列表

元素名称	元素类型	元素数量	元素作用
A	Part	Unlimited	模拟工件 A
E			模拟工件 E
F			模拟工件 F
midBuf1	Buffer	1	模拟切削工位前暂存区
midBuf2		1	模拟点焊工位前暂存区
midBuf3		1	模拟通焊工位前暂存区
midBuf4		1	模拟打磨工位前暂存区
stock2		1	模拟打坡口工位前暂存区
stock4		1	模拟打磨结束后成品暂存区
打坡口	Machine(Single)	1	模拟打坡口工位
切削	Machine(Single)	1	模拟切削工位
点焊	Machine(Assembly)	1	模拟点焊工位
通焊	Machine(Single)	1	模拟通焊工位
打磨	Machine(Single)	1	模拟打磨工位
pokouTime	Attribute(Real)	1	记录工件打坡口工时
qiexiaoTime	Attribute(Real)	1	记录工件切削工时
poKouQty	Variable(Integer)	1	记录打坡口已经完工某种零件当前批的数量
poKouWhat		1	记录打坡口当前处理的零件类型，0-A，1-E
qiexiaoQty	Variable(Integer)	1	记录切削已经完工某种零件当前批的数量
qiexiaoWhat		1	记录切削当前处理的零件类型，0-A，1-E

建立的 Witness 仿真模型最终界面如图 11.2 所示，模型见"chap11 AE 机加焊接.mod"。

（示例程序模型下载）

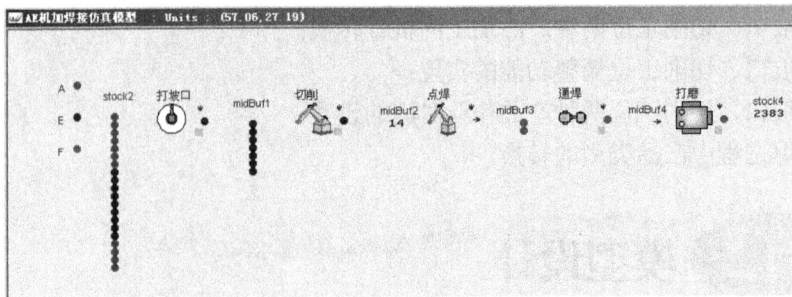

图 11.2 AE 流水机加焊接作业仿真模型最终界面

11.2.2 模型细节设计

1. Part 类型元素设计

模型中有三类 part 元素 A、E、F，其中 A 和 E 是主动到达型零件，到达后直接放入 stock2 中，其中工件 A 到达间隔服从均匀分布 uniform(30,50)随机分布，每次到达批量服从整数均匀分布 iuniform(3,8)，工件 B 到达间隔服从均匀分布 uniform(30,60)，每次到达批量服从整数均匀分布 iuniform(9,15)，而 F 是在点焊工位由 A 和 E 焊接而成，因此三类元素的细节设计如下。

A 元素细节设计：

```
Arrival Type: active
Inter Arrival: uniform(30,50)
Lot Size: iuniform(3,8)
To...:push to stock2
Actions on Create:
    pokouTime = 2
    qiexiaoTime = 2.5
```

E 元素细节设计：

```
Arrival Type: active
Inter Arrival: uniform(30,60)
Lot Size: iuniform(9,15)
To...:push to stock2
Actions on Create:
    pokouTime = 3
    qiexiaoTime = 2.5
```

F 元素细节设计：

```
Arrival Type: passive
```

其中 A 和 E 的 Actions on Create 设计的程序是每个 A 或 E 部件进入系统时，都根据各自的类型对其打坡口工时 pokouTime 和切削工时 qiexiaoTime 进行赋值。

2. Buffer 类型元素细节设计

模型中 buffer 类型元素 midBuf3、midBuf4 保留缺省设置即可。元素 stock2、midBuf1、

midBuf2 中的零件不一定按照先进先出的原则出库，其中 stock2 中的 A 和 E 按照特定批量出库进行打坡口作业，midBuf1 中的 A 和 E 也是按照特定批量出库进行切削作业，而 midBuf2 中的 A 和 E 按照 1 个 A 和 2 个 E 的配套关系出库进行点焊作业，因此，需要将这三个暂存区的输出位置选项设定为"Any"，如图 11.3 所示。由于在仿真时长内，stock2 和 stock4 中可能存放多余 1000 件的零件，因此需要将这两个缓存区的容量设置的大一些，如 10000。

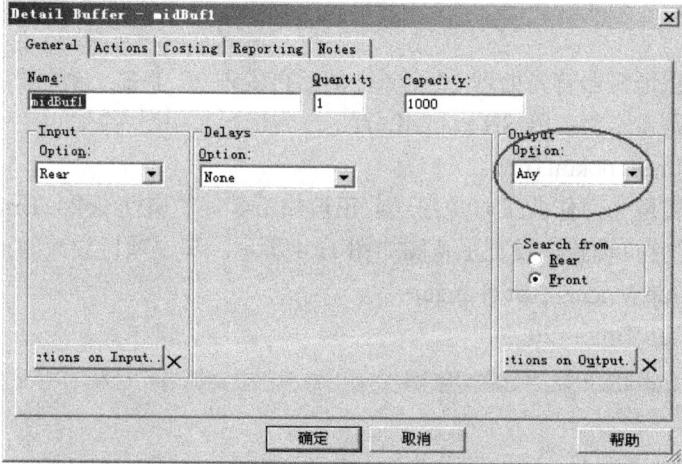

图 11.3　工序间暂存区输出选项设定界面

3. Machine 类型元素细节设计

1）打坡口机器细节设计

打坡口机器需要实现的功能：首先处理 10 件 A，然后经过 20 分钟的工位调整，再处理 20 件 E，再经过 20 分钟的工位调整，再处理 10 件 A，如此循环作业，其原料从 stock2 中输入，加工结束后的零件输出到 midBuf1 中。为了实现这些功能，需要对"打坡口"机器进行如下项目的设定（具体参看图 11.4）。

（1）机器类型设定为：single。

（2）输入规则设定为：

```
IF poKouWhat = 0
    PULL from A out of stock2
ELSE
    PULL from E out of stock2
ENDIF
```

注：如果变量 poKouWhat=0，则从 stock2 中提取零件 A 进行加工，否则从 stock2 中提取零件 E 进行加工。

（3）零件输入机器时 Actions on Input 的程序设定为：

```
poKouQty = poKouQty + 1
IF TYPE = A  !如果当前打坡口的产品为 a
    IF poKouQty = 10  !已经累计加工了 10 个 a 了，需要转换产品加工
        poKouQty = 0  !重新计数
```

```
                poKouWhat = 1 !下一个加工的为 E
        ENDIF
    ELSEIF TYPE = E  !如果当前打坡口的产品为 e
        IF poKouQty = 20
            poKouQty = 0
            poKouWhat = 0
        ENDIF
    ENDIF
```

注：该程序保证机器首先处理 10 个 A，然后再处理 20 个 E，再处理 10A，依次循环。

（4）输出规则设定为：PUSH to midBuf1。

（5）Cycle Time：pokouTime。

该作业时间实现当前作业工时是由当前正被加工零件的属性 pokouTime 值确定的。

（6）Setup 配置页设置，设置示意图如图 11.4 所示，其中项目设计如下。

调整模式 Setup Mode：part change。

调换时间 Setup Time：20。

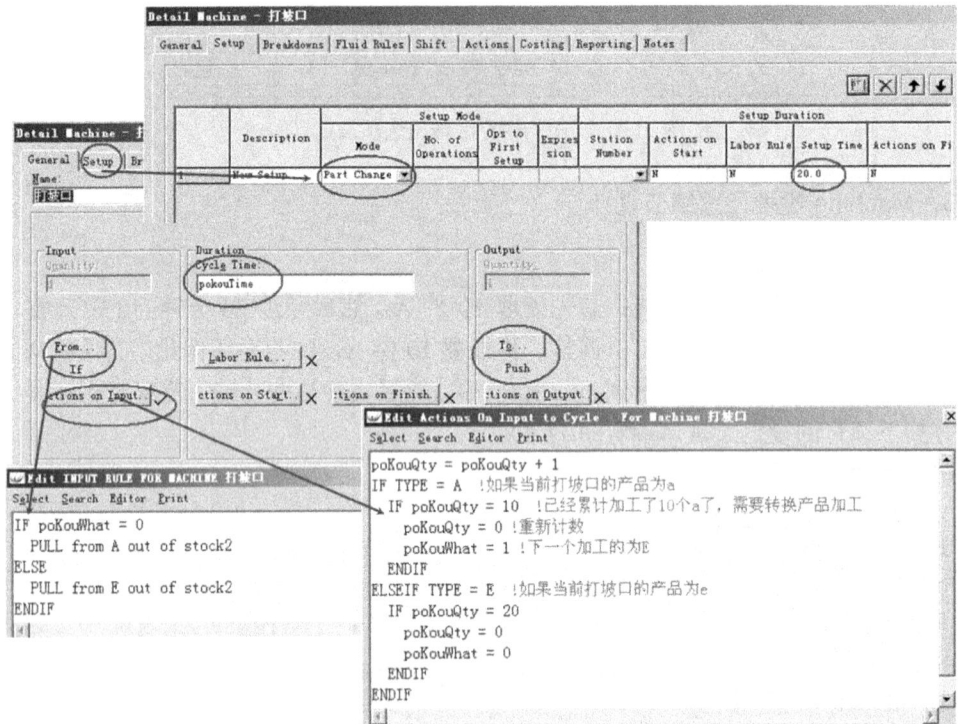

图 11.4 "打坡口"设备设置项目界面及过程示意图

2）切削机器细节设计

切削机器需要实现的功能同打坡口机器类似：首先处理 10 件 A，然后经过 20 分钟的工位调整，再处理 20 件 E，再经过 20 分钟的工位调整，再处理 10 件 A，如此循环作业，其原料从 midBuf1 中输入，加工结束后的零件输出到 midBuf2 中。为了实现这些功能，需要对切削机器进行如下项目的设定。

（1）机器类型设定为：single。

（2）输入规则设定为：

```
IF qiexiaoWhat = 0
    PULL from A out of midBuf1
ELSE
    PULL from E out of midBuf1
ENDIF
```

注：如果变量 qiexiaoWhat=0，则从 midBuf1 中提取零件 A 进行加工，否则从 midBuf1 中提取零件 E 进行加工。

（3）零件输入机器时 Actions on Input 的程序设定为：

```
qiexiaoQty = qiexiaoQty + 1
IF TYPE = A  !如果当前打坡口的产品为a
    IF qiexiaoQty = 10  !已经累计加工了10个a了，需要转换产品加工
        qiexiaoQty = 0 !重新计数
        qiexiaoWhat = 1 !下一个加工的为E
    ENDIF
ELSEIF TYPE = E  !如果当前打坡口的产品为e
    IF qiexiaoQty = 20
        qiexiaoQty = 0
        qiexiaoWhat = 0
    ENDIF
ENDIF
```

注：该程序保证机器首先处理 10 个 A，然后再处理 20 个 E，再处理 10A，依次循环。

（4）输出规则设定为：PUSH to midBuf2。

（5）Cycle Time：qiexiaoTime。

该作业时间实现当前作业工时是由当前正被加工零件的属性 qiexiaoTime 值确定的。

（6）Setup 配置页设置

调整模式 Setup Mode：part change。

调换时间 Setup Time：20。

3）点焊机器细节设计

点焊机器需要实现的功能是从 midBuf2 中提取 1 个 A 和 2 个 E 焊接成 1 个零件 F，然后送入通焊机器前的缓存区 midBuf3 中。为了实现这些功能，需要对点焊机器进行如下项目的设定。

（1）机器类型设定为：Assembly.

（2）输入规则设定为：

```
MATCH/ANY A out of midBuf2 #(1) AND E out of midBuf2 #(2)
```

（3）加工结束时"Actions on Finish"程序设计为：

```
CHANGE ALL to F
PEN = 5
```

注：将零件转化为 F，并对 F 的颜色进行赋值。

（4）输出规则设定为：PUSH to midBuf3

（5）输入零件数量 Input Quantity 设定为：3；

（6）作业工时 Cycle Time 设定为：3；

4）通焊和打磨机器细节设计

通焊和打磨机器细节相对简单，其中通焊机器从 midBuf3 中每次提取一个 F 经过 7 分钟的作业处理后将其释放到 midBuf4，然后打磨机器从 midBuf4 中提取一个焊接后的 F 经过 5 分钟的作业处理后将其释放到 stock4 中。

（1）通焊机器细节设计如下。

输入 From 规则：Pull from midBuf3。

作业工时 Cycle Time 设定为：7。

输出 To 规则设定为：Push to midBuf4。

（2）打磨机器细节设计如下。

输入 From 规则：Pull from midBuf4。

作业工时 Cycle Time 设定为：5。

输出 To 规则设定为：Push to stock4。

11.3 仿真实验及结果分析

将仿真模型运行至 24000 分钟，分别对相关元素进行统计，可以获得所需要的绩效指标数据。

11.3.1 工序忙闲状态及工作负荷不平衡系数

工序忙闲状态为各个设备的工作状态，所有设备的统计报告如表 11.3 和图 11.4 所示。

表 11.3 机器设备状态统计表

Name	% Idle	% Busy	% Setup	No. Of Operations
打磨	58.52	41.48	0	1991
打坡口	0.12	66.63	33.25	5996
点焊	75.08	24.93	0	1994
切削	4.36	62.39	33.25	5989
通焊	41.89	58.11	0	1992

从机器设备运行状态统计图表上可以看出每道工序的忙闲状态，其中打坡口和切削机器的空闲时间比率最低，分别为间为 0.12%和 4.36%，而这两台设备还分别有 33%的换模时间（%Setup），从 IE 角度来看，换模时间为无效工作时间，并不对产品产生增值，因此，需要采取合适的手段降低该项作业所占的比率。打磨、点焊和通焊工序分别有 58.52%、75.08%和 41.89%的空闲比率，有很大的产能提升空间。

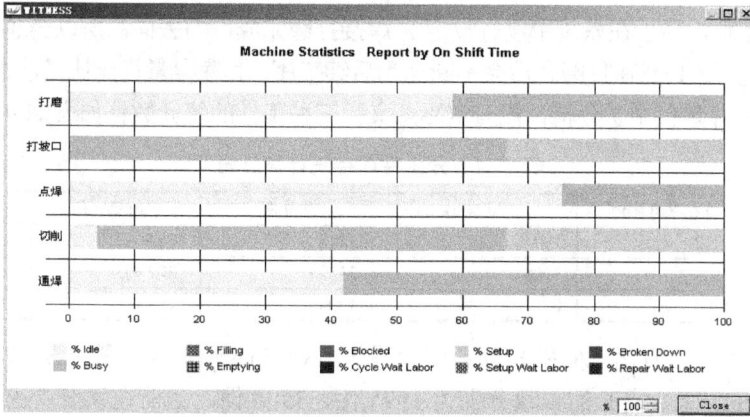

图 11.4　机器设备运行状态统计图

工序工作负荷不平衡系数（Imbalance Coefficient，IC）反映了工序之间工作负荷之间的差异，如果工序之间负荷基本相同，则该数值将接近于 0；如果工序之间负荷相差较大，则该数值将较高，其计算公式如下：

$$IC = \frac{\sqrt{\sum_{i=1}^{n}(b_i - \bar{b})^2}}{\bar{b}}$$

式中，b_i 为设备 i 的忙率；$\bar{b}$ 为所有设备忙率的均值；n 为设备的台数。

计算示例中加工系统的工作负荷不均衡系数如下：

$$\bar{b} = \frac{\sum_{i=1}^{n}b_i}{n}$$
$$= \frac{41.48 + (66.63 + 33.25) + 24.93 + (62.39 + 33.25) + 58.11}{5}$$
$$= 64.01$$

$$IC = \frac{\sqrt{\sum_{i=1}^{n}(b_i - \bar{b})^2}}{\bar{b}}$$
$$= \frac{\sqrt{(41.48 - 64.01)^2 + (99.88 - 64.01)^2 + (24.93 - 64.01)^2 + (95.64 - 64.01)^2 + (58.11 - 64.01)^2}}{64.01}$$
$$= \frac{66}{64.01} = 1.03$$

从 IC 可以看出，该生产单元中各设备之间的工作负荷很不均衡，如果作业工序主体是人员，则人员之间的工作负荷不均，长期下去会导致工作积极性的降低；如果作业工序主体是设备，则设备利用率较低，是一种资源浪费。

11.3.2　系统平均库存水平

首先统计 3 种工件的平均库存量，其中 A、E 为原料库存量，其库存量大，表示库存成本高；F 为成品库存，由于在系统中没有设定 F 焊接打磨完成后的去向，所以会越积越多，但是在实际系统汇总，F 必然在打磨之后会不断送到后续工序，其库存量肯定比当前情况下的要少，这里统计 F 的库存量仅用于分析，没有实际意义。三种工件的统计数据如表 11.4 所示。

表 11.4　分工件库存统计信息表

Name	No. Entered	No. Assembled	W.I.P.	Avg W.I.P.	Avg Time
A	3312	1994	1318	668.9	4847.11
E	6543	3988	2555	1277.93	4687.49
F	1994	0	1994	994.41	11968.83

从表 11.4 中可以看出，A 和 E 分别到达系统（No Entered）的数量为 3312 件、6543 件，组装（No Assembled）成 F 的数量分别为 1994 件、3988 件，当前在系统中的存量（WIP）为 1318 件和 2555 件，平均库存量（Avg WIP）分别为 668.9 件和 1277 件；产品 F 总的产出量为 1994 件，平均存量为 994.41 件，平均在系统中的存储时间为 11968.83 分钟。

分别对各个存储区中物料的存储情况进行统计，数据如表 11.5 所示。

表 11.5　分存储区域库存统计信息表

Name	Total In	Total Out	Now In	Max	Avg Size	Avg Time
midBuf1	5996	5990	6	9	4.71	18.87
midBuf2	5989	5982	7	12	5.11	20.49
midBuf3	1994	1993	1	3	0.75	8.99
midBuf4	1992	1992	0	1	0	0
stock2	9855	5997	3858	3864	1934.3	4710.62
stock4	1991	0	1991	1991	992.67	11965.87

11.4　改善实验

从前面的仿真实验结果可以看出，打坡口和切削工序的换模比例太高，下面调整这两道工序的作业批量（由原来的加工 10A 换加工 20E 变为加工 20A 换加工 40E），即将加工批量扩大一倍，这样换模比例应该会降低，通过仿真实验对比相关的绩效指标。

11.4.1　模型修改

实现加工批量的调整只需要对模型中的打坡口设备和切削设备的 Actions on Input 中的程序进行简单修改即可，参看模型"chap11 AE 机加焊接 improve1.mod"。

（改善实验模型下载）

打坡口设备的 Actions on Input 改为如下的设计：

```
poKouQty = poKouQty + 1
IF TYPE = A  !如果当前打坡口的产品为 a
    IF poKouQty = 20  !修改为累计加工了 20 个 a 了，需要转换产品加工
        poKouQty = 0 !重新计数
        poKouWhat = 1 !下一个加工的为 E
    ENDIF
```

```
ELSEIF TYPE = E  !如果当前打坡口的产品为 e
    IF poKouQty = 40  !修改为累积加工 40 个 E，转换产品加工
        poKouQty = 0
        poKouWhat = 0
    ENDIF
ENDIF
```

切削设备的 Actions on Input 改为如下的设计：

```
qiexiaoQty = qiexiaoQty + 1
IF TYPE = A  !如果当前打坡口的产品为 a
    IF qiexiaoQty = 20  !修改为累计加工了 20 个 a 了，需要转换产品加工
        qiexiaoQty = 0  !重新计数
        qiexiaoWhat = 1  !下一个加工的为 E
    ENDIF
ELSEIF TYPE = E  !如果当前打坡口的产品为 e
    IF qiexiaoQty = 40  !修改为累积加工 40 个 E，需要转换产品加工
        qiexiaoQty = 0
        qiexiaoWhat = 0
    ENDIF
ENDIF
```

两段程序中只需要将原来的 10 改为 20，将 20 改为 40 即可。

11.4.2 实验结果对比

将改善后的模型运行至 24000 分钟，将该模型的绩效指标同原模型对比如表 11.6 所示。

表 11.6 改善方案效果评价表

项目	原模型	现模型	提高%	单位
F 产出量	1991	2383	19.69	件
A 平均存量	668.9	474.9	-29.00	件/分钟
E 平均存量	1277.93	889.9	-30.36	件/分钟
打坡口忙率	66.63	79.8	19.77	%
打坡口换模率	33.25	19.9	-40.15	%
切削忙率	62.39	74.75	19.81	%
切削换模率	33.25	19.92	-40.09	%
点焊忙率	24.93	29.84	19.70	%
通焊忙率	58.11	69.55	19.69	%
打磨忙率	41.48	49.66	19.72	%

工作负荷不均衡系数为：

$$\bar{b} = \frac{\sum_{i=1}^{n} b_i}{n} = 68.69$$

$$IC = \frac{\sqrt{\sum_{i=1}^{n}(b_i - \bar{b})^2}}{\bar{b}} = \frac{59.25}{68.69} = 0.86$$

可以看出 IC 由原来的 1.03 转变为改善后的 0.86，改善比率为(1.03–0.86)/1.03×100%=16.5%。从结果对比来看，通过调整换模加工批量，在不增加人员、设备等资源情况下，系统各方面的绩效都有很大的提升。

思考题

1. 在原模型的基础上将换模批量逐步增大，如换模批量（以工件 A 为例）增加为 30、40、50、60、……通过仿真实验，分析产量是不是会逐渐增加？如果能够逐渐增加，那么系统的最大产能是多少？如果不能够持续增加，那么 A 工件加工批量选择多少时，可以获得最大产能，而此时制约系统产量的因素又是什么？

2. 一个机加焊接生产系统中投入原料为 A、B 和 C 三类，这三类原料首先需要经过打坡口、切削作业，然后 1 个 A 和 3 个 B 通过点焊形成半成品 D，半成品 D 需要进行通焊；切削后的原料 C 需要经过打磨工序；最后一个 D 和 2 个 C 点焊成最终产品，存于成品库存区 FM，布局如下图所示。

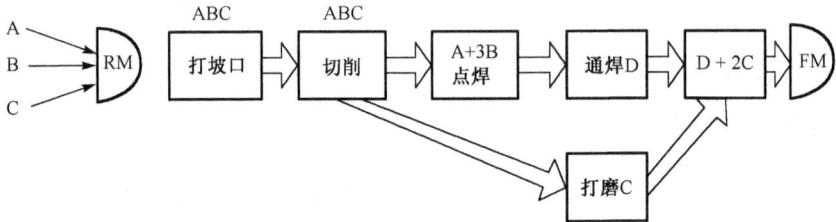

其中 A、B、C 到达模式如下。

A：到达间隔服从[100,150]分钟的均匀分布，每次送达 30 件。

B：到达间隔服从 50 分钟的指数分布，每次送达 10 件。

C：每隔 3 分钟送达一件。

这三类原料送达后，如果不能进行打坡口作业，则都停放于原料库存区 RM。假设车间内的运输时间忽略不计，工序间存放能力无限，工序加工时间分别如下。

打坡口工序：A 每件 2 分钟、B 每件 3 分钟、C 每件 2 分钟。

切削工序：A 每件 1 分钟、B 每件 2 分钟、C 每件 3 分钟。

A+3B 点焊工序：1 分钟。

D 通焊工序：5 分钟。

打磨工序：C 每件 8 分钟。

D+2C 点焊工序：4 分钟。

打坡口工序换模时间为 40 分钟/次，切削工序换模时间为 25 分钟/次。

试建立该生产过程的仿真模型，并运行 4800 分钟，统计如下两种生产批量控制的系统产出和系统库存指标：

（1）10A30B20C；

（2）40A120B80C。

（章节自测题）

第12章 成组布局机加焊接作业系统建模与仿真

12.1 模型描述

一个机加车间需要对工件 B、C 和 D 进行机加作业，该机加车间布置了镗床、刨床、铣床、钻床和切割机 5 种设备，每种设备各一台，布局如图 12.1 所示。

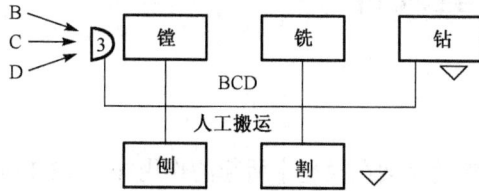

图 12.1　成组布局机加焊接作业车间布局图

B、C、D 三种工件所需的工艺路线各不相同，而且不同工件在同一台设备上的加工时间也可能不同，B、C、D 的工艺路线和工艺时间如表 12.1 所示。

表 12.1　BCD 工艺路线和工时表

工件	工艺路线	工时（分钟）				
B	镗—刨—铣—钻	3.1	5.8	5.7	5.6	
C	镗—刨—铣—割—钻	4.6	2.8	3.7	5.8	5.3
D	刨—铣—钻—割	4.2	5.4	2.8	5.9	

由于这 5 个工位在加工不同工件时所需的设备调整时间相对较少，因此每个工位对其待加工工件的加工规则为 FIFO（First In, First Out），如果当前加工的零件同上一加工零件种类不同，则进行一个工位调整，否则直接加工。每个工位的调整时间均为 0.5 分钟。其中 B、C 工件经过最后一道工序"钻"之后，存放于钻床旁的暂存区；D 工件经过最后一道工序"割"，存放于切割机床旁的暂存区；B、C、D 在中间工序加工完毕后，由本工位工人将加工完毕的工件送至后道工序机床旁，工人每次只能搬运一件工件，往返搬运一次共耗时 2 分钟。

其中，B 工件每隔 30 分钟到达 4 件，C 工件每隔 20 分钟到达 5 件，D 工件每隔 30 分钟到达 8 件，工件到达机加区域后，均存放于布局左侧的 stock3 中，然后由专门的分拣人员将工件运往其对应的工位，分拣和运输过程时间忽略不计。

通过 Witness 仿真，运行 10 天（10 天×8 小时/天×60 分钟/小时=4800 分钟），统计如下数据：

（1）各道工序的忙闲状态比率；

（2）系统平均库存水平；

（3）工作负荷不平衡系数；

（4）系统各种产品的产量；

（5）识别瓶颈工序，设计改善方案后运行模型，比较上述四项指标的差异。

在学习过程中，主要关注如下功能的实现：

（1）BCD 产品工艺路径、工时的设计；

（2）虚路径的设置和使用；

（3）Buffer 元素 Max Delay 项目的设置；

（4）Buffer 元素可视化项目 Display Maximum 的含义及其设置。

12.2 模型设计

12.2.1 建模元素定义

该模型中所用到的元素及元素在模型中所起的作用如表 12.2 所示。

表 12.2　B、C、D 机加焊接作业仿真元素列表

元素名称	元素类型	元素数量	元素作用
B	Part	Unlimited	模拟工件 B
C			模拟工件 C
D			模拟工件 D
buf1	Buffer	1	模拟镗床前暂存区
buf2		1	模拟刨床前暂存区
buf3		1	模拟铣床前暂存区
buf4		1	模拟割床前暂存区
buf5			模拟钻床前暂存区
stock3		1	模拟仓库 3
fBuf1			模拟钻床成品存放区
fBuf2		1	模拟割床成品存放区
镗	Machine(Single)	1	模拟镗床
刨		1	模拟刨床
铣		1	模拟铣床
割		1	模拟割床
钻		1	模拟钻床
labor1	Labor	1	模拟镗床工位工人
labor2		1	模拟刨床工位工人
labor3		1	模拟铣床工位工人
labor4		1	模拟割床工位工人
labor5		1	模拟钻床工位工人

建立的 Witness 仿真模型最终界面如图 12.2 所示，模型见"chap12 BCD 机加.mod"。

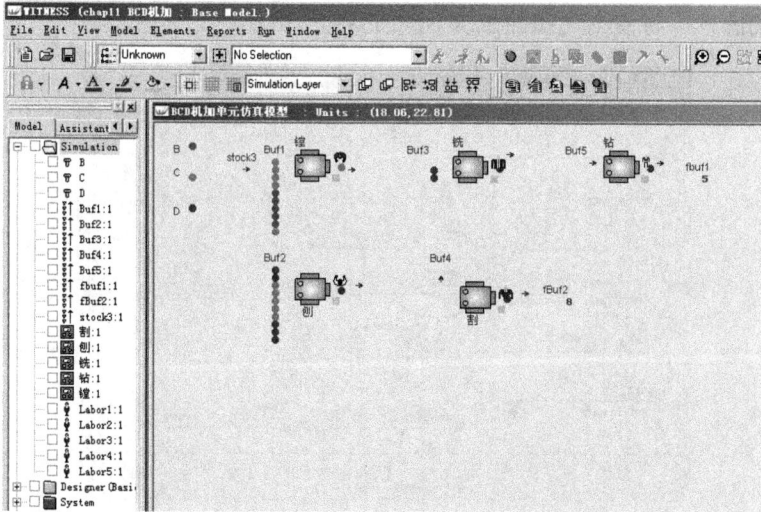

图 12.2　B、C、D 机加焊接车间模型最终界面

12.2.2　模型细节设计

1. Part 类型元素设计

模型中有三类 part 元素 B、C、D，每种元素具有不同的工艺路径并在不同作业设备上具有不同的工时，而这三类工件的工艺路径中涉及多个共用设备。在 Witness 中可以通过系统元素 Route 来实现多产品共用设备的流程建模。

下面以 B 元素具体介绍 Route 元素的设计，Route 严格意义上讲并不是一个具体的元素，只是附着在 Part 元素设置界面中的设置项目，用于记录 Part 类型元素的工艺路线及其相关信息。B 元素到达方式为每隔 30 分钟到达一批，批量为 4，它首先到达 stock3 存储，然后被送至加工工序：镗床前的缓存 buf1 中，再由镗床加工后送至刨床前的缓存 buf2 中，直至最终被送至钻床后的成品缓存 fBuf1 中，即 B 工件的路由为：

```
stock3→buf1→buf2→buf3→buf5→fBuf1
```

注意：以下操作是在所有建模元素建立完毕，并在布局区的可视化设计成图 2 的样子之后方可以操作的，如果可视化设计没有完成，下面的部分操作可能无法顺利实现。

1）B 元素常规项目设计

B 元素常规项目设计界面如图 12.3 所示。

其中输出规则 To 中设计的语句为：

```
Push to Route
```

控制 B 工件到达时，进入其 Route 的第一个目的地，即 stock3。

2）B 元素路由 Route 项目设计

双击 B 元素，在弹出的对话框中选择"Route"选项页，将会出现如下界面。然后在界面中点击按钮"Pick from Display"，从建模界面上依次选择元素 stock3、buf1、buf2、buf3、buf5、fBuf1 的图标，将会出现如图 12.4 所示的界面。

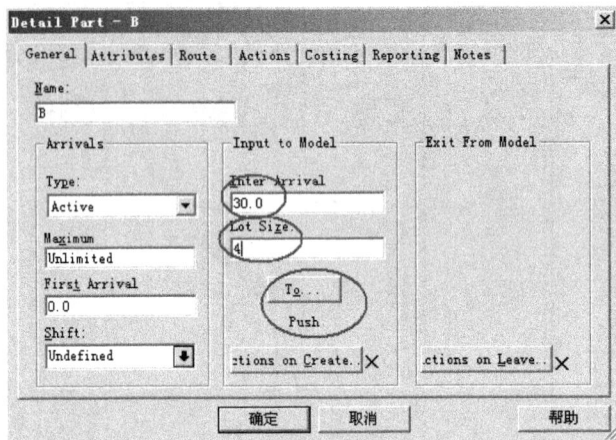

图 12.3　B 元素细节设计

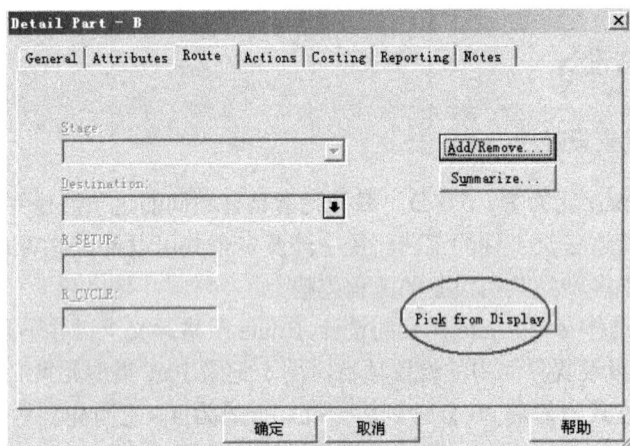

图 12.4　Part 元素 Route 界面

在上图所示界面中点击按钮"Pick from Display"，从建模界面上依次选择元素 stock3、buf1、buf2、buf3、buf5、fBuf1 的图标，将会出现如图 12.5 所示的界面，在布局区任一区域点击右键完成工艺地点选择。

图 12.5　Route 选择效果界面

由于工件 B 在第一个地点 stock3 和最后一个地点 fBuf1 均为存储过程，而在中间的四个地点 Buf1、Buf2、Buf3 和 Buf4 存储之后需要进行加工作业，使用的加工设备可能同其他两类工件 C 和 D 相同，但是作业时间并不相同，因此需要对其每个工序的时间进行设定，具体设定方法如图 12.6 所示。在上面完成工艺过程选择操作之后，将会出现如图 12.6 所示的界面，首先选择不同的 Stage（工艺阶段），界面上将对应的现实该阶段的目的地 Destination 及两个属性值 R_SETUP 和 R_CYCLE，这两个属性值是同 Part 及其阶段连接起来的数值；然后在 R_CYCLE 中设置 B 工件在对应阶段上的作业时间。例如，在图 12.6 中设计 B 工件在 Stage2（将会被镗床进行操作）上的作业时间 3.1 分钟。

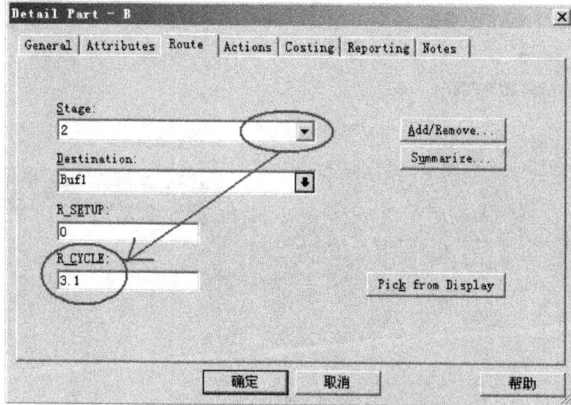

图 12.6　Route 各阶段作业时间设计界面

依次将四道工序所需的时间都填写在 R_CYCLE 中，填写完成后，点击右侧的"Summarize"按钮，查看设置是否齐全，界面如图 12.7 所示。

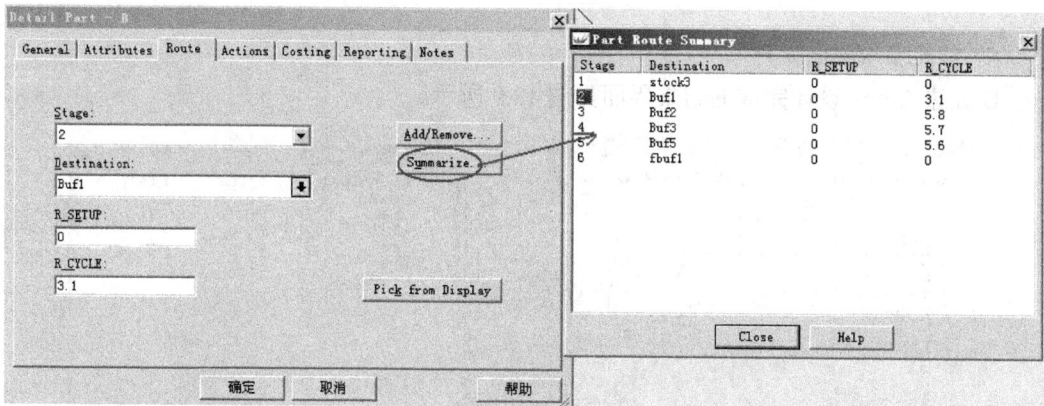

图 12.7　B 元素 Route 设计概览图

至此，B 元素的细节设计完毕。

3）C 元素常规设计

C 元素常规设计项目如下：

```
Arrival Type: active
    Inter Arrival: 20
    Lot Size: 5
To...:push to ROUTE
```

4）C 元素 Route 设计

C 元素 Route 设计完成的结果界面如图 12.8 所示。

5）D 元素常规设计

D 元素常规设计项目如下：

```
Arrival Type: active
    Inter Arrival: 20
    Lot Size: 5
To...:push to ROUTE
```

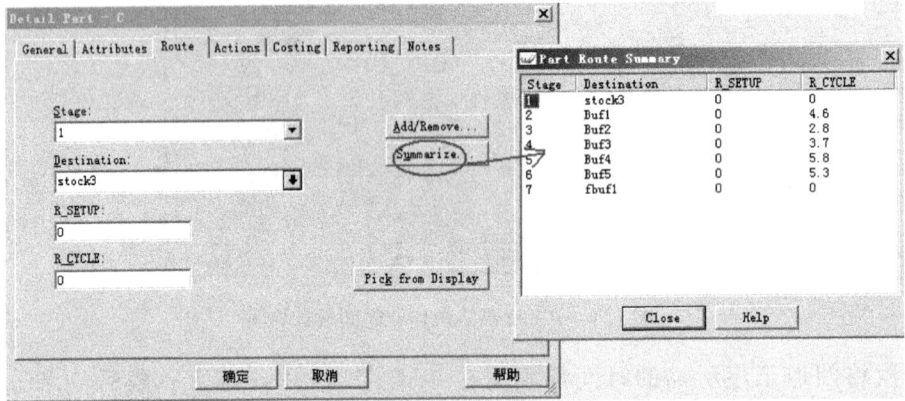

图 12.8　C 元素 Route 设计概览图

6）D 元素 Route 设计

D 元素 Route 设计完成的结果界面如图 12.9 所示。

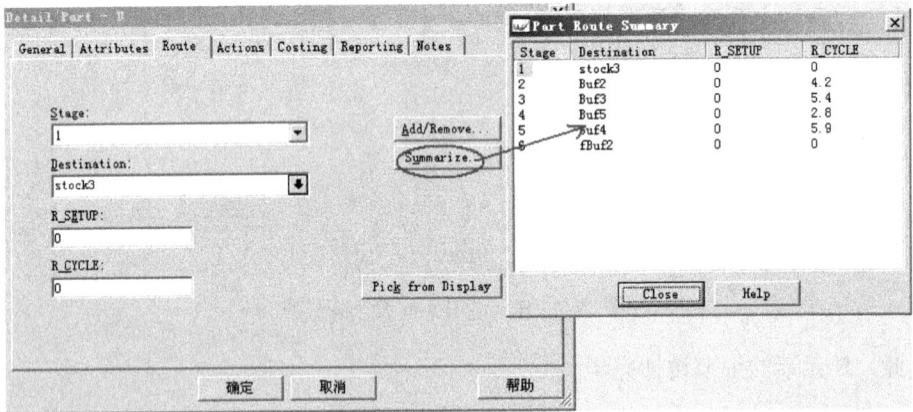

图 12.9　D 元素 Route 设计概览图

2. Buffer 元素细节设计

模型中的 Buffer 类型元素中只需要对 Stock3 进行自定义设计，其他 Buffer 元素保持缺省设计即可。Stock3 需要实现的功能是存放主动到达的零件 B、C 和 D，然后将这三类零件分拣送到各自 Route 的第一目的地。该功能实现设计如图 12.10 所示。

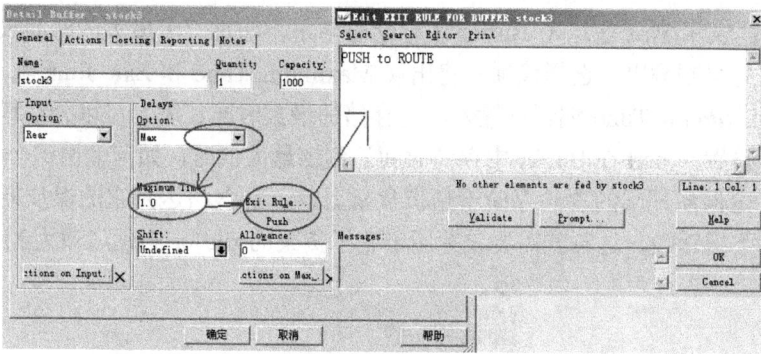

图 12.10　Stock3 的最大延迟设计

通过设计 stock3 的最大延迟，实现工件到达 stock3 之后延迟 1 分钟，然后根据各自路由送出：PUSH to ROUTE。

Buffer 元素的延迟选项设置见如图 12.11 红色圆圈部分所示。

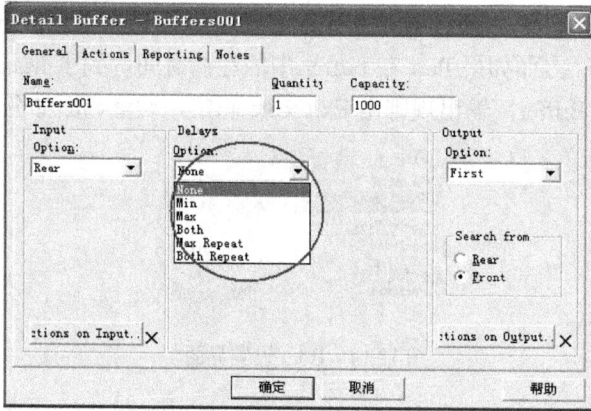

图 12.11　Buffer 元素的延迟选项

该部分用于设置 Part 在该 Buffer 中存储的延迟设置，六个选项设置的内容如下。

（1）None：Part 元素在 Buffer 中没有延迟设置，即 Part 元素进入队列随时可以被取出。

（2）Min：表示 Part 在这个 Buffer 中至少需要存储多长时间，才允许其输出到下道工序。选择这一项，将出现 Minimum Time 设置编辑框，如图 12.12 所示。其中 Minimum Time 的编辑框用于输入 part 在 Buffer 中至少需要存储的时间长度，Shift 和 Allowance 项参见系统帮助。例如，一个名称为 CoolBuffer 的 Buffer 用于存放铸造件 A，而 A 需要存放 30 分钟，才能够冷却到合适的温度用于下道工序的处理，这时需要为 CoolBuffer 设置一个 Minimum Time 为 30 的 Delays option。

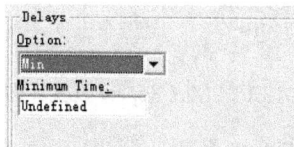

图 12.12　Minimum Time 设置编辑框

（3）Max：表示 Part 在这个 Buffer 中存储时间不得超过一个最大的时间长度，如果超出，则需要进行强制输出。选择该项，将出现 Maximum Time 和 Exit Rule 项，如图 12.13 所示，其中 Maximum Time 编辑框输入的为存储的最大时间长度，可以为常量或表达式；Exit Rule 用于设置当 part 在 Buffer 中存储时间达到该最大值时，如何输出这个 Part。例如，当某类具有特定保质期限的食品存储于超市货架上，一旦食品达到它的保质期临界值，需要让它们强制下柜销毁，这时就需要设置用于表示货架的 Buffer 的延迟项为 Max。

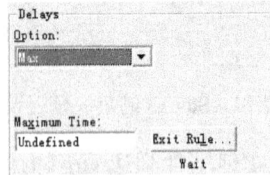

图 12.13　Maximum Time 设置编辑框

（4）Both：选择延迟项为 Both 时，表示 Part 在该 Buffer 中既有最小存储时长的限制，也具有最大时长的限制，即 Part 在 Buffer 中的存储时间只有达到 Minimum Time 设定的界限后，才能输出；另一方面如果 Part 在 buffer 中的存储时间达到了 Maximum Time 设定的值，则会被强制输出 Buffer，输出规则由 Exit Rule 确定，设置界面如图 12.14 所示。

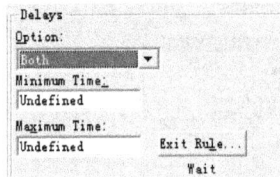

图 12.14　Both 设置界面

（5）Max Repeat：选择延迟项为 Max Repeat 时，将会出现对应的 Maximum Time 编辑框和 Exit Rule 按钮，如图 12.15 所示。该项实现的功能为：当 part 在 buffer 中存放的时间达到 Maximum Time 的设置值，但是根据 Exit Rule 又不能将其送出（如输出规则为 Push to Machine001，而 Machine001 在这个时刻处于忙的状态，不能接收外界的 Part 输入，这样 push to Machine001 将失效），根据 Max Repeat，part 将继续留在 Buffer 中，直到存储时间有达到了一个 Maximum Time，然后再判断 Exit Rule 是否可以将该 Part 送出 Buffer，如此重复，直至 part 被送出该 Buffer，或者被其他的元素主动取出 Buffer。

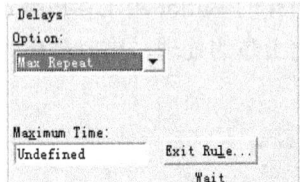

图 12.15　Max Repeat 设置界面

（6）Both Repeat：选择延迟项为 Both Repeat 时，将会出现如图 12.16 所示的界面。该选项实现的功能为：Part 将在该 Buffer 中至少存放 Minimum Time 的时间，最多不能超出

Maximum Time 的时间，但是当达到 Maximum Time 时，Exit Rule 失效，则 part 将留在 buffer 中，直到存储时间又一次达到 Maximum Time 时，再次判断 Exit Rule，如此重复，直至 part 输出 Buffer，或者被其他元素取出该 Buffer。

图 12.16　Both Repeat 设置界面

3．Machine 类型元素细节设计

案例中 Machine 类型元素的流程基本相同，都是从其工位前的缓存区按顺序提取工件进行加工，加工过程需要其工位工人辅助，加工结束由工位工人将工件送至下一个工艺地点前的缓存区，具体设计如表 12.3 所示。

表 12.3　各个机器设备元素细节设计项目

机器名	输入规则 From	作业时间 Cycle Time	工人规则 Labor Rule	输出规则 To
镗	Pull from Buf1	R_CYCLE	Labor1#1	Push to Route With Labor1 using path
刨	Pull from Buf1	R_CYCLE	Labor1#1	Push to Route With Labor1 using path
铣	Pull from Buf1	R_CYCLE	Labor1#1	Push to Route With Labor1 using path
割	Pull from Buf1	R_CYCLE	Labor1#1	Push to Route With Labor1 using path
钻	Pull from Buf1	R_CYCLE	Labor1#1	Push to Route With Labor1 using path

上表中的设计项目对应于机器设计界面中的项目如图 12.17 所示。

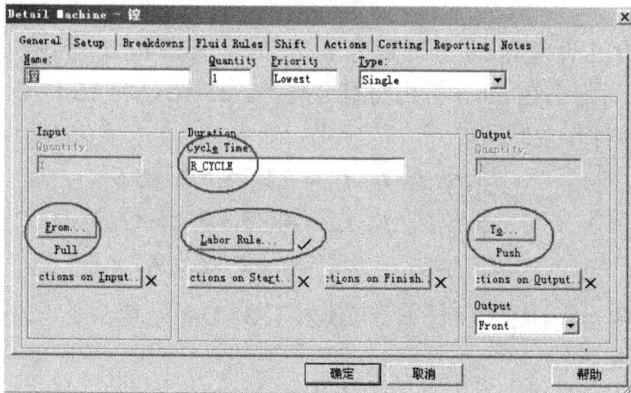

图 12.17　模型中各个设备主要设计项目

4．虚路径设计

模型中，每个工位工人将零件从工位点送至下一工位的缓存区需要 2 分钟时间，而对具体的行走路径没有限制，可以不用建立实际路径，而是用 Witness 的虚路径实现题设功能。

具体设计方法为：通过 Model 菜单下的 Option 菜单项打开下列界面，如图 12.18 所示，将可以选择的复选框都选中，其中"Enable Pseudo Path"可以打开"虚路径"功能，并在"Pseudo Path Traverse"下的文本框中输入：2.0，即使得工人使用虚路径在任意两点间的移动时间为 2 分钟。

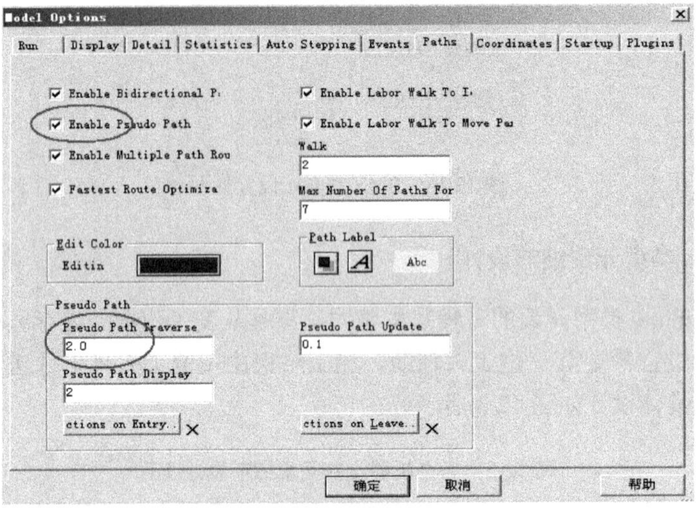

图 12.18　虚路径设置界面

12.3　仿真实验及结果分析

12.3.1　瓶颈的理论分析

通过题设条件 B 工件每隔 30 分钟到达 4 件，C 工件每隔 20 分钟到达 5 件，D 工件每隔 30 分钟到达 8 件，那么在 60 分钟内将有 8 件 B、15 件 C 和 16 件 D 到达系统，三类工件在各个设备上的单件作业时间如下：

$$t_{21}, t_{22}, t_{23}, t_{24}, t_{25} = 3.1, 5.8, 5.7, 0, 5.6$$
$$t_{31}, t_{32}, t_{33}, t_{34}, t_{35} = 4.6, 2.8, 3.7, 5.8, 5.3$$
$$t_{41}, t_{42}, t_{43}, t_{44}, t_{45} = 0, 4.2, 5.4, 5.9, 2.8$$

上述时间符号第一个下标为工件编号（B-2，C-3，D-4）、第二个下表为设备编号（镗-1，刨-2，铣-3，割-4，钻-5）。

60 分钟内到达的工件所需各个设备上的总工时计算如下：

$$T_j = \sum_{i=2}^{4} x_i t_{ij} \qquad \forall j$$

式中，T_j 为第 j 设备上所需的总工时，$j = 1,2,3,4,5$；x_i 为三类工件的数量，$i = 2,3,4$。

计算得出：

$$T = Xt = \begin{Bmatrix} 8 \\ 15 \\ 16 \end{Bmatrix} \begin{Bmatrix} 3.1\ 5.8\ 5.7\ 0.0\ 5.6 \\ 4.6\ 2.8\ 3.7\ 5.8\ 5.3 \\ 0.0\ 4.2\ 5.4\ 5.9\ 2.8 \end{Bmatrix} = \{93.8\ 155.6\ 187.5\ 181.4\ 169.1\}$$

从上述计算可以看出，工位 3 所需的总工时最大，达到 187.5 分钟，显然是 60 分钟内无法完成的工作。

同时每项作业后，工人需要将工件送到下一工序前，行走时间为 2 分钟，相当于每项作业需要的总工时为作业工时加 2 分钟，根据这样的总工时计算，得出：

$$T = Xt = \begin{Bmatrix} 8 \\ 15 \\ 16 \end{Bmatrix} \begin{Bmatrix} 5.1 & 7.8 & 7.7 & 0 & 7.6 \\ 6.6 & 4.8 & 5.7 & 7.8 & 7.3 \\ 0 & 6.2 & 7.4 & 7.9 & 4.8 \end{Bmatrix}$$

$$= \{139.8 \quad 233.6 \quad 265.5 \quad 243.4 \quad 247.1\}$$

计算得出设备 3 总工时为 265.5，远超工时周期 60 分钟。瓶颈工序依次为：铣、钻、割、刨、镗。

根据以瓶颈工序计算系统总产能的方法计算该系统的总产能如下：

$$output = \frac{4800}{265.5} \times (8 + 15 + 16) = 705$$

12.3.2 工序忙闲状态及工作负荷不平衡系数

工序忙闲状态为各设备的工作状态，所有机器设备的统计报告如表 12.4 所示。

表 12.4 机器设备状态统计表

Name	% Idle	% Busy	% Cycle Wait Labor	No. Of Operations
镗	0.02	67.08	32.9	790
刨	0.02	67.06	32.92	791
铣	0.17	71.43	28.4	682
割	5	71.69	23.32	586
钻	22.27	53.69	24.04	681

从上表中可以看出，刨床、铣床、镗床的空闲比率（%Idle）都非常低，可以看出这些设备基本上都处于工作状态（%Busy），或者等待工人状态（%Cycle Wait Labor），使得产能受到很大的制约。

计算示例中加工系统的工作负荷不均衡系数如下：

$$\bar{b} = \frac{\sum_{i=1}^{n} b_i}{n}$$

$$= \frac{(71.69 + 23.32) + (67.06 + 32.92) + (71.43 + 28.4) + (53.69 + 24.04) + (67.08 + 32.9)}{5}$$

$$= 94.5$$

$$IC = \frac{\sqrt{\sum_{i=1}^{n}(b_i - \bar{b})^2}}{\bar{b}}$$

$$= \frac{\sqrt{0.26 + 30.03 + 28.4 + 281.23 + 30.03}}{94.5}$$

$$= \frac{19.23}{94.5} = 0.2$$

从 IC 可以看出，该生产单元中各设备之间的工作负荷不均衡系数较低，即工序负荷均衡性比较好，从具体的忙闲状态数据分析可知，所有的设备工作负荷均比较重，平均工作负荷达到 94.5%（将等待工人的时间视为作业工时）。从系统角度分析，该生产单元无法很好的应对三种工件的加工需求。

12.3.3 系统平均库存水平

通过各个缓存中物料的存储情况，进一步了解系统的工位能力。对各个存储区中物料的存储情况进行统计，数据如表 12.5 所示。

表 12.5 分存储区域库存统计信息表

Name	Total In	Total Out	Now In	Max	Avg Size	Avg Time
Buf1	1840	791	1049	1052	528.39	1378.4
Buf2	2069	792	1277	1278	642.22	1489.93
Buf3	790	683	107	108	53.28	323.72
Buf4	590	587	3	6	2.14	17.39
Buf5	681	681	0	4	0.84	5.91
fbuf1	257	0	257	257	126.21	2357.3
fBuf2	420	0	420	420	208.58	2383.76
stock3	3137	3120	17	17	0.65	0.99

从表 12.5 中可以看出，镗、刨床前的缓存区（Buf1、Buf2）中库存存量最大，这是因为这两个工序是首道工序，它们的通过能力远低于零件到达的速度，从而造成这两个工序的库存最大。Buf3 中的库存也达到 107，是因为镗、刨床加工完成的零件送达铣床，但该设备的作业负荷要高于镗、刨床的送达速度，从而造成了物料堆积。

12.3.4 工人忙率

统计工位工人的状态信息如表 12.6 所示。

表 12.6 工人状态信息统计表

Name	% Busy	% Idle	No. Of Jobs Started	No. Of Jobs Ended	Avg Job Time
Labor1	99.98	0.02	1580	1579	3.04
Labor2	99.98	0.02	1582	1581	3.04
Labor3	99.85	0.15	1365	1364	3.51
Labor4	96.09	3.91	1172	1171	3.94
Labor5	82.06	17.94	1362	1362	2.89

从工人的统计信息看，前四个工人的忙率都非常高，结合设备状态统计信息中等待工人的比率基本达到 30%，那么如果能够增加工人，将可以实现系统产量提高 30% 左右的目标。

12.3.5　系统产能

系统最终产出为 fBuf1 和 fBuf2 中存放的零件数量，共有 677 件，其中 fBuf1 中有 90 件 B 和 165 件 C，fBuf2 中有 420 件 D。总产能同理论计算基本吻合，因为仿真开始时系统中全部为空，所以产能要比理论计算少一些。

12.4　改善实验

从前面的仿真实验结果可以看出，系统瓶颈设备依次为铣、钻、割、刨、镗，以及工人数量。下面使用下列两种方案对系统进行调整，仿真统计改善方案对结果的影响：对每道工序各增加一名工人；对铣床、钻床各增加一台设备，并为其各加一名工人。

12.4.1　改善方案 1——增加工序工人

如果每个工位都增加一名工人，则相当于工位进行加工作业有专门的工人负责，而运输则由另一名专门工人负责。由于专人负责机加工工序，工人和设备就可以看做一个设备元素，而专人负责运输，运输时间 2 分钟比所有设备的最小作业时间都短，基于"模型最简化"原则，可以省略掉工人元素，以达到对该系统的模型。具体需要进行如下操作：

（1）将所有设备加工作业的 Labor Rule 设定为"None"；

（2）将所有设备的输出规则 To 写为："PUSH to ROUTE Using Path"；

（3）将所有 Labor 元素删除。

具体模型参看"chap12 BCD 机加 exclusiveLabor.mod"。

将改善后的模型运行至 4800 分钟，将该模型的绩效指标同原模型
对比，如表 12.7 所示。

（改善方案一模型）

表 12.7　方案 1 效果对比

项目	原模型	现模型	提高%	单位
B 产出量	90	163	81.1	件
C 产出量	165	298	80.6	件
D 产出量	420	504	20	件

总产量增加幅度为：

$$\frac{504+298+163-(420+165+90)}{420+165+90}=42.9\%$$

12.4.2 改善方案 2——增加瓶颈工序设备及工人

通过对铣床、钻床各增加一台设备，并为其各加一名工人（模型见chap11 BCD 机加 MoreMachine.mod），运行仿真模型 4800 分钟，对其结果统计如表 12.8 所示。

（改善方案二模型）

表 12.8　方案 2 效果对比

项目	原模型	现模型	提高%	单位
B 产出量	90	105	16.7	件
C 产出量	165	193	17.0	件
D 产出量	420	488	16.2	件

总产量增加幅度为：

$$\frac{488+193+105-(420+165+90)}{420+165+90}=16.4\%$$

设备状态统计信息如表 12.9 所示。

表 12.9　方案 2 下的设备状态统计表

Name	% Idle	% Busy	% Blocked	% Cycle Wait Labor	No. Of Operations
镗	0.02	67.08	0	32.9	790
刨	0.02	67.06	0	32.92	791
铣	48.77	41.29	6.43	3.51	789
割	51.28	41.77	0.8	6.15	683
钻	8.3	62.09	0	29.61	786

从设备状态统计信息可以看出，添加了两台设备并没有发挥最大效能，铣床、割床增加为 2 台之后，均有接近 50%的空闲时间，此时主要的瓶颈工序转移为镗床和刨床。

思考题

1. 分析和设计原模型的其他改善方案制定，以提高产能。
2. 在改善方案 2 的基础上，考虑如何制定其他的改善方案，以提高产能。
3. 有一个制造车间由 5 个机器组组成，每个机器组中的机器数量分别为 2、3、2、4、2 台，加工三种产品。每种产品分别要求完成 4、3、5 道工序，而每道工序必须在指定的机器组上，按照事先规定好的工艺顺序进行，加工顺序和时间如下表所示。在保持车间逐日连续工作的条件下，来仿真 365 个 8 小时工作日的工作，计算每种产品在队列中的平均总等待时间和作业总平均等待时间，以及每组机器队列中的平均作业数、平均利用率及平均等待时间，并试图进行改善。

产品加工工艺路线与各工序加工时间参数

产品类型	机器组别	加工时间/MIN
A	3, 1, 2, 5	30, 36, 51, 30
B	4, 1, 3	66, 48, 45
C	2, 5, 1, 4, 3	72, 15, 42, 54, 60

假设：

A、B、C 三类产品到达均服从均值为 30 分钟的指数分布；

不考虑工序间物料搬运过程和所耗费时间；

机器组旁的存储空间无限。

每个机器组中的机器将当前产品加工完后，直接送至该产品的下道工序，如果本道工序为该产品的末道工序，则直接将产品送出系统，否则送至下道工序所需机器组之前排队，并按照 FIFO 的规则排队和接受服务。

4. 对第 3 题中的系统进行分析，并在最多购置 2 台设备的前提下提出改善措施，实现系统产量最大化，并通过仿真模型运行 365 天，统计最大产量为多少？

（章节自测题）

第13章　总装线建模与仿真

13.1　模型描述

有一汽车总装线为地面输送链，车架总成由其他生产单元装配完毕后，按照节拍时间（2 分钟）送至总装线，如果总装线正常运行，则直接送到总装输送链起始位置；如果总装线出现缺件等待，车架总成则存放于总装输送链起点旁的缓存区。装配工位（安装 B+C、安装 D、安装 F）的物料由其他生产单元供应，供应规律如下：

（1）B 和 C：到达间隔时间服从 uniform(9,11)的均匀分布，每次送达 5 件；

（2）D：到达间隔时间服从 uniform(4,8)的均匀分布，每次送达 3 件；

（3）F：到达间隔时间服从 uniform(3,5)的均匀分布，每次送达 2 件。

当上述四种物料不发生缺货时，总装线可以正常装配和运行，当任一物料发生缺货时，总装线则整体停线。总装结束的车辆通过检测工序之后将存放于成车库，以等待向配送中心运输。总装线整体布局如图 13.1 所示。

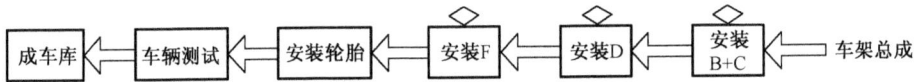

图 13.1　总装线整体布局图

假设所有工位作业时间均为 1.8 分钟，通过 Witness 仿真，运行 10 天（10 天×8 小时/天×60 分钟/小时=4800 分钟），统计如下数据：

（1）总装线的停线率；

（2）BC、D 和 F 对停线的贡献率；

（3）BC、D、F 和车架总成的存储状态数据；

（4）总装线的产量；

（5）保持工件到达间隔均值和到达批量不变，改变均匀随机分布的参数，进行仿真实验，比较异同。

在学习过程中，主要关注如下功能的实现：

（1）输送链元素指定位置零件类型的判断；

（2）数组元素的使用；

（3）总装线停线功能的实现；

（4）辅助 Part 元素的应用。

13.2 模型设计

13.2.1 建模元素定义

该模型中所用到的元素及元素在模型中所起的作用如表 13.1 所示。

表 13.1 总装线作业仿真元素列表

元素名称	元素类型	元素数量	元素作用
BC	Part	Unlimited	模拟成套工件 B 与 C
D			模拟工件 D
F			模拟工件 F
车架			模拟车架总成
unuse			辅助 Part 元素
fmBuf	Buffer	1	模拟总装完成品暂存区
rmBC		1	模拟线边 BC 的暂存区
rmD		1	模拟线边 D 的暂存区
rmF		1	模拟线边 F 的暂存区
车架 Buf		1	模拟总装线前车架的暂存区
assBC	Machine(Single)	1	模拟 BC 工件装配工位
assD		1	模拟 D 工件装配工位
assF		1	模拟 F 工件装配工位
assTyre		1	模拟轮胎装配工位
check		1	模拟检测工位
toFM		1	模拟总装线下件设备
toLine		1	模拟车间上线设备
mainLine	conveyor	1	模拟总装线地链
delayTime	Variable(real)	5	记录装配工位缺货延误时长
midDelayTime		5	处理延误时长的中间变量
isFinish	Variable(integer)	5	装配工位是否完工开关量
isStart		5	装配工位是否可以开工开关量

建立的 Witness 仿真模型最终界面如图 13.2 所示，模型见
"chap13 总装线.mod"。

（示例程序模型下载）

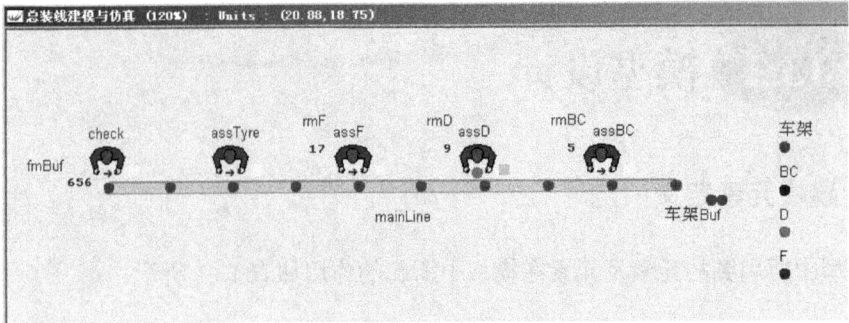

图 13.2　总装线模型界面

13.2.2　模型细节设计

1．Part 类型元素设计

模型中 part 元素 BC 模拟两种零件 B 和 C 齐套的元素，作为一种元素来处理，根据其到达特性和流程规律，对其细节设计如下：

```
Arrival Type: active
     Inter Arrival: uniform(9,11)
     Lot Size: 5
To...:push to rmBC
```

模型中有五类 part 元素 BC、D、F、车架、ususe。前四种 part 对应于系统中实际的四种零件，其中 BC 为齐套后的 B 和 C 的组成件，当做一种零件来处理。ususe 元素是辅助元素，它需要在模型开始运行之初在总装线上铺满，以保证输送链在某个装配工位缺货时，能停下来。

前四种 part 元素根据到达特性和流程规律，对应的细节设计如下。

BC 零件细节设计：

```
Arrival Type: active
     Inter Arrival: uniform(9,11)
     Lot Size: 5
To...:push to rmBC
```

D 零件细节设计：

```
Arrival Type: active
     Inter Arrival: uniform(4,8)
     Lot Size: 3
To...:push to rmD
```

F 零件细节设计：

```
Arrival Type: active
     Inter Arrival: uniform(3,5)
     Lot Size: 2
To...:push to rmF
```

车架细节设计：

```
Arrival Type: active
    Inter Arrival: 2
    Lot Size: 1
To...:push to 车架 Buf
```

unuse 零件为辅助零件，根据设计的功能，设计其细节如下：

```
Arrival Type: active
    Inter Arrival: 5
    Lot Size: 10
    Maximum: 10
To...: PUSH to mainLine at (NCREATE (ELEMENT))
```

2．总装线功能实现流程图

总装线的联动运行过程要求，只有在线边所有工位都运行结束后，方可以按照节拍向下移动，如果出现任一工位工作延迟或工件缺货（包括车架），总装线将整体延迟，该功能的实现可用图 13.3 表示。

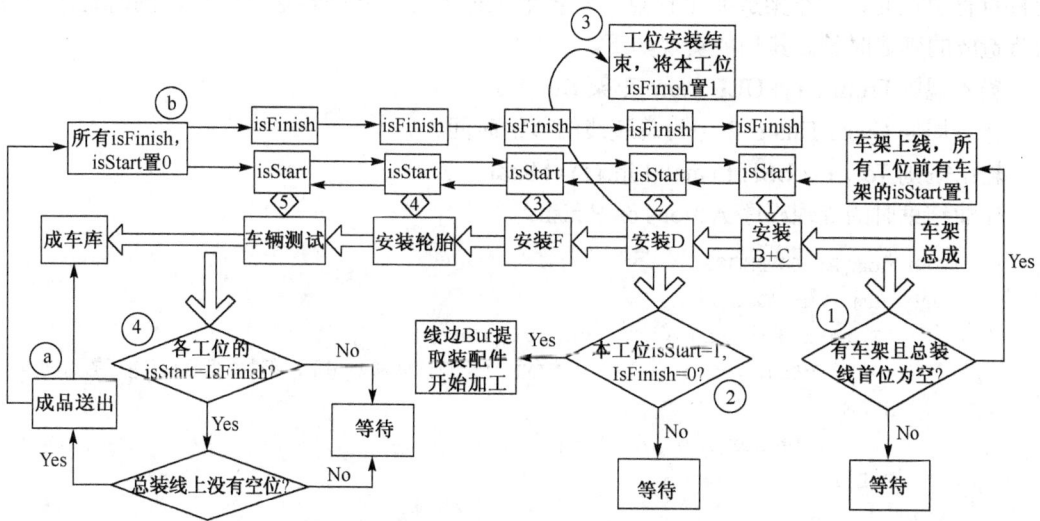

图 13.3　总装工位功能实现逻辑结构图

从图 13.3 中可以看出，整个总装线功能的实现主要由 4 个子功能来实现，具体介绍如下。

（1）首先查看是否有车架存放在总装线起点处，然后判断总装线右侧的第一个位置是否为空，如果有车架等待且总装线右侧首位为空，则将车架送到总装线，并将所有工位（这些工位对应的总装线上的位置上有车架）的开工开关量 isStart 置 1。

（2）对于每个工位，如果发现其开关量 isStart 为 1，且 isFinish 为 0，即需要加工且当前加工作业没有加工结束，则到线边 Buf 提取装配工件以进行装配作业，当然，如果线边 Buf 缺货，工位只能等待，直至工件到达；若 isStart 和 isFinish 不满足上述条件，则工位保持等待，这种条件下涵盖了工位的两种状态：① isStart=0，isFinish=0，此时工位前面没有车架待装配；② isStart=1，isFinish=1，此时工位前有车架，且已经装配结束，但是整条装配线没有向前移动，也就没有送来新的待装配车架。

（3）每个工位开始加工之后，经过该工位的工作时间后，装配工作结束，此时将本工位的开关量 isFinish 置 1，使得工位开关量处于 isStart=1、isFinish=1 的状态。

（4）整条总装线在所有工位的 isStart=isFinish，且每个装配线上均有车架时，将最左侧一个车架送到成品库，将会为总装线右侧上线点空出一个空位，以便车架上线。此时的条件表示每个工位的工作都已经完成，而且右侧上线点的车架不缺货，在此条件下，除了将车架实物送到成品库之外，还需要将所有工位的 isStart 置 0，isFinish 置 0。

在对总装线的功能实现做了总体介绍之后，后面的内容将对所有相关元素的细节设计进行介绍。

3．Machine 类型元素细节设计

1）车架上线工位 toLine 元素细节设计

toLine 元素需要实现的功能是将总装线原料库存区的车架提取上来，然后在总装线首位上件点有空位时，将车架放到上件点，对各个工位的开工开关量进行赋值，同时记录工件缺货造成的延迟时长。其功能实现如下。

输入规则 From…：PULL from 车架 Buf(1)。

作业周期 Cycle Time：2   !为总装线的节拍时间。

输出规则 To…：PUSH to mainLine(1) at Rear。

作业结束时的处理程序 Actions on Finish：

```
DIM num AS INTEGER
FOR num = 1 TO 5
    IF isFinish (num) <> isStart (num)
        midDelayTime (num) = TIME !记录计划需要完工，但是实际没有完工的时间点
    ELSE
        midDelayTime (num) = 0
    ENDIF
NEXT
```

注：主体循环程序对 5 个工位的两个开关量进行对比，若发现某个工位两个开关量不相等，则表示一个作业周期结束后，该工位尚没有完成作业，将总装线理论完工时间（当前仿真时间 TIME）记录到对应的数组变量 midDelayTime 中，若该工位完成了作业，则将工位对应的数组变量 midDelayTime 置 0。

工件输出时的处理程序 Actions on Output：

```
DIM num AS INTEGER
FOR num = 1 TO 5
    IF mainLine AT 10 - 2 * num + 1:TYPE = 车架
        isStart (num) = 1 !工位前的零件为车架，则给工位的开工信号赋值 1
    ENDIF
```

```
                !=========装配延误工时统计==========
                IF midDelayTime (num) > 0
                    delayTime (num) = delayTime (num) + TIME - midDelayTime (num)
                ENDIF
        NEXT
```

注：解释上述程序之前，需要了解整个总装线设定为 10 个存放区，即总装线上排满车架，最多可以放 10 个，1、2、3、4、5 作业工位分别设置在总装线编号的 9、7、5、3、1 存放位，具体图示如下。

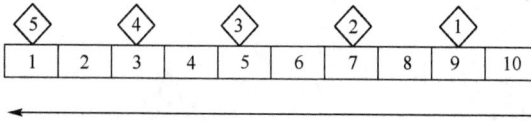

上述工件输出的程序只能在所有工位工作均完成的情况下方能执行。

循环体中第一个判断模块执行的是判断每个作业工位前总装线存放区中是否有车架，若有，则将其开工开关量 isStart 置 1，否则不处理。

循环体中第二个判断模块执行的是根据各个工位是否存在延误，如果存在延误，则将延误的总时长记录到工位对应的数组变量 delayTime 中。

TYPE 是一个名型系统属性，存储当前零件、输送器、车辆和劳动者单元的名称。例如，当前零件名字叫 BOX，TYPE 的值为 BOX。

假如缓存区 rmBuf 中当前零件存放如下：

```
A B C A D B A C D
```

其中零件按照先后顺序排列，最先到达的零件排在队列的右侧，即零件 D 最先到达，然后 C 到达，然后 A 到达，然后 B 到达，然后 D 到达，然后 A 到达。

```
PartName=rmBuf at 2:Type
```

上述表达式提取 rmBuf 中第 2 个位置零件的名称（Type），即 C，并将该名称赋给变量 PartName。

```
PartName=rmBuf at 5:Type
```

上述表达式提取 rmBuf 中的第 5 个零件的名称，即 D，并将该名称赋给变量 PartName。

2）作业工序设备细节设计

总装线边的作业工位包括装配工位 assBC、assD、assE 和 assTyre 及检测工位 check，这五个工位的作业过程基本相同。

（1）assBC 细节设计如下。

输入规则 From…：

```
IF isStart (1) = 1 AND isFinish (1) = 0
    PULL from rmBC
ELSE
    Wait
ENDIF
```

作业时间 CycleTime：1.8。

输出规则 To…：PUSH to SHIP。

输出时的处理程序 Actions On Output:

```
isFinish (1) = 1
```

（2）assD 细节设计如下。

输入规则 From…：

```
IF isStart (2) = 1 AND isFinish (2) = 0
    PULL from rmD
ELSE
    Wait
ENDIF
```

作业时间 CycleTime：1.8。

输出规则 To…：PUSH to SHIP。

输出时的处理程序 Actions On Output:

```
isFinish (2) = 1
```

（3）assF 细节设计如下。

输入规则 From…：

```
IF isStart (3) = 1 AND isFinish (3) = 0
    PULL from rmF
ELSE
    Wait
ENDIF
```

作业时间 CycleTime：1.8。

输出规则 To…：PUSH to SHIP。

输出时的处理程序 Actions On Output:

```
isFinish (3) = 1
```

（4）assTyre 细节设计如下。

输入规则 From…：

```
IF isStart (4) = 1 AND isFinish (4) = 0
    PULL from unuse out of WORLD
ELSE
    Wait
ENDIF
```

作业时间 CycleTime：1.8。

输出规则 To…：PUSH to SHIP。

输出时的处理程序 Actions On Output:

```
isFinish (4) = 1
```

（5） assTyre 细节设计如下。

输入规则 From…：

```
IF isStart (5) = 1 AND isFinish (5) = 0
    PULL from unuse out of WORLD
ELSE
    Wait
ENDIF
```

作业时间 CycleTime：1.8。

输出规则 To…：PUSH to SHIP。

输出时的处理程序 Actions On Output：

```
isFinish (5) = 1
```

在五个工位的输入规则设计中，其中 assBC、assD、assF 工位所需的零件动态到达，并送入工位边的原料缓存 rmBC、rmD、rmF 中，因此这三个工位的输入规则分别从对应的原料缓存中提取零件（在条件满足时）；而工位 assTyre 和 check 所需的物料在建模过程中不加以考虑，相当于它们所需的物料始终存在，因此这两个工位的输入规则均为"PULL from unuse out of WORLD"，即当两个工位在开工作业条件满足下，直接从模型外提取一个虚拟零件 unuse 用于加工。

3）车架下线工位 toFM 细节设计

下线工位 toFM 需要实现的功能是在总装线上铺满工件，同时在所有的线边工位都已经操作结束时，将总装线 mainLine 的最前端一个车架提取出来，放入成品存放区 fmBuf 中，并将所有总装工位的开工开关量 isStart 和完工开关量 isFinish 置 0。

toFM 工位的细节设计如下。

输入规则 From…：

```
IF SumVariable(isStart)=SumVariable(isFinish) AND NFREE (mainLine) = 0
    PULL from mainLine at Front
ELSE
    Wait
ENDIF
```

工件输入时的处理程序 Actions On Input：

```
DIM num AS INTEGER
FOR num = 1 TO 5
    isFinish (num) = 0
    isStart (num) = 0
NEXT
```

作业时间 CycleTime：1。这个数值设置只要比总装线节拍 2.0 小即可。

输出规则 To…：PUSH 车架 to fmBuf,unuse to SHIP。

函数 SumVariable(Variable_name)

SumVariable 返回指定变量数组数值之和，可以使用 SumVariable 函数计算整型或实型一维数组或多维数组数值之和。

例 1：若有一个一维数组 xVar 数值如下：

```
xVar={0,3,5,0,0,7}
sumVar=SumVariable(xVar)
```

上述表达式通过 SumVariable 函数计算数组 xVar 数值之和 15，并将其赋给变量 sumVar。

例 2：若有一个二维数组 yVar 数组如下：

$$yVar = \begin{cases} 2.3 & -1.1 & 0.0 & 0.3 \\ -2.9 & 0.0 & 6.5 & 7.2 \\ 0.0 & -5.7 & 8.3 & 0.0 \\ 4.9 & 3.2 & 0.0 & 1.7 \end{cases}$$

```
sumVar=SumVariable(yVar)
```

上述表达式通过 SumVariable 函数计算数组 yVar 数值之和 24.7，并将其赋给变量 sumVar。

函数 NFREE(element_name)

NFREE 函数返回指定实体元素的余量，可以使用 NFREE 函数计算缓冲区、输送链、机器、车辆、运输站点和运输器中剩余的、可容纳零件的数量。

可以指定 element_name 参数的序号，序号及其含义如下。

INDEX = 0 (或者不指定)：NFREE 函数返回该元素的所有对象的剩余空间总量。

INDEX > 0：NFREE 函数返回元素的指定序号对象的剩余空间量。

INDEX = ˜1：NFREE 函数返回该元素中所有对象中的最小剩余空间量。

INDEX = ˜2：NFREE 函数返回该元素中所有对象中的最大剩余空间量。

例：

```
RemainQty = NFREE(rmBuf)
```

上述表达式中 NFREE 函数计算 rmBuf 缓冲区的剩余空间量，然后将该数值赋给变量 RemainQty。如果 rmBuf 的总容量 capacity 为 1000，当前里面存放了 200 个零件，则函数返回值为 800。

```
RemainQty=NFREE(mainConveyor)
```

上述表达式中 NFREE 函数计算 mainConveyor 输送链的剩余空间量，然后将该数值赋给变量 RemainQty。如果 mainConveyor 的总容量 capacity 为 10，当前其上放置了 7 个零件，则函数返回值为 3，即该输送链尚有 3 个空位。

13.3 仿真实验及结果分析

通过题设条件，BC 工件到达间隔服从(9,11)分钟的均匀分布，其均值为 10 分钟，每次送达 5 件，相当于每 2 分钟送达 1 件；D 工件到达间隔服从(4,8)分钟的均匀分布，其均值为 6 分钟，每次送达 3 件，相当于每 2 分钟送达 1 件；F 工件到达间隔服从(3,5)分钟的均匀分布，其均值为 2 分钟，每次送达 2 件，相当于每 2 分钟送达 1 件。可以看出，三种工件的到达间隔均为 2 分钟 1 个，同总装线的节拍一致，系统应该能够在 4800 分钟上线 2400 个车架，如果不能达到这个数据，则只能是因为工件随机波动导致工位缺件，进而造成装配线的停线。

运行仿真模型至 4800 分钟，获得工序统计数据。

13.3.1 工序忙闲状态

工序忙闲状态为各设备的工作状态，所有设备的统计报告如表 13.2 所示。

表 13.2 机器设备状态统计表

Name	% Idle	% Busy	% Blocked	No. Of Operations
assBC	10.15	89.85	0	2396
assD	10.23	89.78	0	2394
assF	10.3	89.7	0	2392
assTyre	10.38	89.63	0	2390
check	10.45	89.55	0	2388
toFM	50.06	49.94	0	2397
toLine	0	99.91	0.09	2397

从表 12.2 中可以看出，上线工位 toLine 有 0.09%的阻塞率（%Blocked），该数据表示上线工位已经准备就绪，需要将车架送到总装线上，但是总装线上有部分工位没有完工，导致出现等待时间，为总装线停线率。统计工位缺货延迟时间数组记录的数据分别为 0.8638、3.2872、0、0、0，可以看出安装工位 assBC 和 assD 有一定时间的累计缺货延迟，分别为 0.8638 分钟和 3.2872 分钟。

13.3.2 系统平均库存水平

通过各个缓存中物料的存储情况，进一步了解系统的工位能力。对各个存储区中物料的存储情况进行统计，数据如表 13.3 和表 13.4 所示。

表 13.3 分存储区域库存统计信息表

Name	Total In	Total Out	Now In	Max	Min	Avg Size	Avg Time
fmBuf	2387	0	2387	2387	0	1187.35	2387.63
rmBC	2400	2396	4	11	0	4.99	9.99
rmD	2403	2394	9	19	0	9.69	19.36
rmF	2410	2392	18	25	0	17.41	34.67
车架 Buf	2401	2398	3	3	0	1.68	3.35

表 13.4　分工件库存统计信息表

Name	No. Entered	No. Shipped	W.I.P.	Avg W.I.P.	Avg Time
BC	2400	2396	4	5.89	11.78
D	2403	2394	9	10.59	21.16
F	2410	2392	18	18.3	36.46
unuse	4788	4788	0	1.82	1.82
车架	2401	0	2401	1200.5	2400

13.3.3　系统产能

系统最终产出为 fmBuf 中存放的零件数量，共有 2387 件，但由于仿真开始时产线上没有任何零件，因此正常生产产能要比仿真的产能稍微多一些，可以通过 toLine 的作业次数来衡量，即正常产能为 2397 件/天，比理论产量 4800/2=2400 件/天要少 3 件，这主要是因为停线造成的产能损失。

13.4　改变随机性实验

工件的随机到达需要保证随机函数能够在平均 2 分钟时间到达 1 个工件，通过保持到达间隔的均值不变，而改变分布的上下限，即：

（1）BC 到达间隔由 uniform(9,11)改为 uniform(5,15)；

（2）D 到达间隔由 uniform(4,8)改为 uniform(2,10)；

（3）F 到达间隔由 uniform(3,5)改为 uniform(1,7)。

修改后的模型参看"chap13 总装线随机函数修改.mod"。

将改善后的模型运行至 4800 分钟，将该模型的绩效指标同原模型对比如表 13.5 所示。

（改变随机性实验模型）

表 13.5　随机性实验结果对比表

项目	原模型	现模型	变化%
车架上线量	2397	2381	-0.67
BC 延误时长	0.86	22.78	25.49
D 延误时长	3.29	14.77	3.49

思考题

1．在原模型的基础上，修改模型，以便统计各个工位延误的次数。

2．参照模型上的可视化，如下图所示，设计变量数组 delayTime、isFinish、isStart 和 midDelayTime 的可视化效果。

累积延误时长	最近延误时点	开工状态	完工状态
23	0	1	0
15	0	1	0
0	0	1	0
0	0	1	0
0	0	1	0

3. 在原模型基础上，实现下列功能，并进行仿真实验。

（1）轮胎有外部供应商供应，3PL 通过信息系统发现线边轮胎存量低于 20 套时，发出一批轮胎，套数为 40 套，3PL 发货提前期（从 3PL 发货到轮胎到达线边需要的时间）服从均匀分布 uniform(30,50)，并通过仿真实验统计由于轮胎缺货造成总装线的停线率及产能变化。

（2）当车架供货商（或加工车间）发现总装线处等待总装的车架数量达到 10 件时，停止送货，直至线边等待总装车架数量低于 3 件时，重新送货。

4. 通过原模型中工件到达间隔的随机数函数的随机数流，工件到达的行为方式将会发生改变，并最终对系统的相关绩效指标有所影响，试通过改变模型中 BC、D 和 F 的到达间隔中的随机数流（均匀分布函数中的第三个参数值），进行仿真实验，并对结果进行比较分析。参看模型"chap13 总装线随机数流设定.mod"中 BC、D 和 F 的到达间隔 Inter Arrival 的设定。

（改变随机数流模型）　（章节自测题）

第14章 车间物流系统建模与仿真——叉车输送

案例中车间物流运作模式共有三种类型：叉车输送模式、AGV 输送模式和集放链输送模式，三类运输模式对车间现场管理水平的要求逐次提高。叉车输送模式自由度最大，人为调整最简单，当某种紧急运输任务发生时，通过车间内部人员口头沟通即可完成任务的调整，是车间物流的最原始运输模式，对现场管理水平要求不高。AGV 输送模式自由度较低，AGV 车辆根据信息和传感系统发过来的信号进行行走、停止、装卸货盘，而控制 AGV 车辆行为的判断规则基本确定，处在一系列的 IF...THEN 判断框架之中，现场处于特定的状态。AGV 必然会做出既定的行为，一般情况下是不可以改变 AGV 的行为方式的，但是现场人员可以通过改变货盘中装载的货物类型和数量来调控整个 AGV 运输系统中物料的协调平衡。集放链输送模式自由度最低，其输送规则固化，而且所有输送的物料在一条输送链上按照顺序排列，也将按照顺序被加工，一般情况下集放链的运输节拍同其紧前工序和紧后工序的节拍协调一致，即紧前工序的产出速率和紧后工序的需求速率及集放链的移动速率是相同的，一旦出现某个环节停滞或物料错乱，对集放链的调整将是系统性的浪费，即集放链、紧前工序（生产线）、紧后工序（生产线）都需要停线，其对车间现场管理水平和产品质量的要求最严。

本章和后续章节将对三类输送模式分别进行建模和仿真，以便掌握它们的影响参数、行为规则和建模技巧。

14.1 叉车输送系统

14.1.1 叉车输送系统描述

车间叉车运输系统布局及作业点间距离如图 14.1 所示，叉车运输的物料种类分别为 B、C、D 和 Tyre 四种，其中 Tyre 从供应商处采购过来后存放于车间外对应的存放区（标号为 1），B、C 和 D 均由特定的下料工序进行切割、数控等加工工序而生成，这三类工件存放在对应的存放区（B 存放于标号为 B 的存放区，C 和 D 存放于标号为 2 的存放区）。叉车需要将 B、C 和 D 运输至存放区 3，而将轮胎运输至装配线对应的存放位置。

14.1.2 叉车输送系统运行规则及数据

车间仅配置一台叉车，叉车装载规则可以描述为以下内容。

（1）叉车一次可以装运多件 C 和 D，而且 C 和 D 可以混装，具体能够装载的数量由 C 和 D 重量和叉车的装载吨位确定的。

（2）叉车在装载了 C、D 之后，即使没有满载，也不再到 B 处装载工件 B，而是直接送至存放区 3。

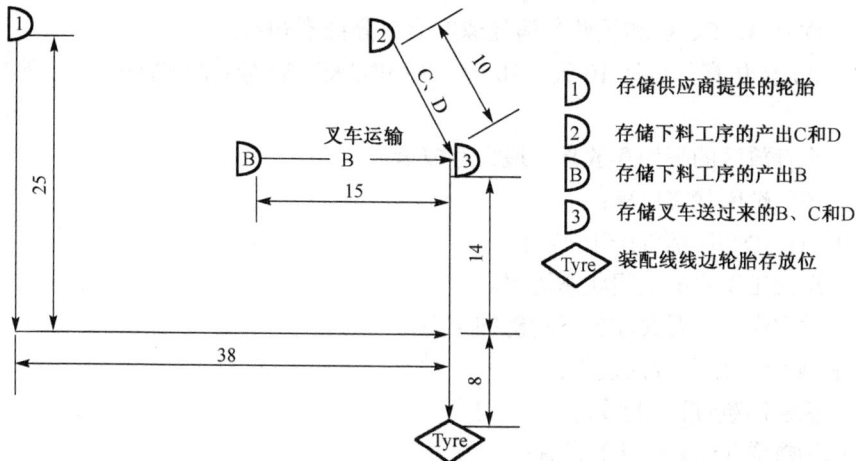

图 14.1　叉车输送系统布局图

（3）叉车装载 C、D 的触发条件：当存放区 3 中的 C 和 D 总存量低于特定数量，同时存放区 2 处的 C 和 D 存量总重量必须达到叉车的最小起运重量。

（4）叉车装载 B 的触发条件：当存放区 3 中的 B 存量低于特定数量，同时冲压机床旁的 B 存量总重量必须达到叉车的最小起运重量。

（5）叉车装载轮胎的触发条件：当总装线边轮胎数量低于特定数量，同时存放区 1 中 0 的轮胎存量的总重量必须达到叉车的最小起运重量。

（6）在三个地点装运的触发条件均成立的前提下，叉车优先装载下游存量最低的工件，用数学模型表示如下：

$$y = \begin{cases} 1 & \alpha_1 - \beta_1 \leq \min(\alpha_2 - \beta_2, \alpha_3 - \beta_3) \\ 2 & \alpha_2 - \beta_2 \leq \min(\alpha_1 - \beta_1, \alpha_3 - \beta_3) \\ 3 & \alpha_3 - \beta_3 \leq \min(\alpha_2 - \beta_2, \alpha_1 - \beta_1) \end{cases}$$

式中，$y=1$ 表示需要运输轮胎；$y=2$ 表示需要运输 C 和 D；$y=3$ 表示需要运输 B；α_i 表示下游存储点相关物料 i 的当前存量，其中 $i = 1$、2、3 分别表示总装线轮胎、存放区 3 中的 C 和 D，存放区 3 中的 B；β_i 表示下游存储点相关物料 i 的最低存量，该存量为激活叉车装运的临界值。

上述决策规则中的相关参数如下。

（1）叉车：空载行驶速度为 30 米/分钟，装载后的行驶速度为 20 米/分钟，运输最大重量为 1000 千克、最低起运重量为 300 千克、装载物料需要耗时 2 分钟/车，卸载物料需要耗时 2 分钟/车。

（2）工件 B、C、D 和轮胎的重量分别为 40 千克/件、30 千克/件、50 千克/件、100 千克/件（套）。

（3）下游装载需求触发存量 β_1、β_2、β_3 分别为 4、10、20。

工件的生成或到达模式如下。

（1）物料 B、C 和 D 的生成服从均值为 2 分钟的负指数分布，每次生成 1 件。

（2）轮胎的采购运达间隔服从均值为 40 的负指数分布，每次送达 20 件。

工件（物料 B、C、D 和轮胎）消耗速度为 2 分钟/件(套)。

通过 Witness 仿真，运行 10 天（10 天×8 小时/天×60 分钟/小时=4800 分钟），统计如下数据：

（1）各个存放区的平均存放量、最大存放量；

（2）叉车的忙闲状态比率；

（3）B、C、D 和轮胎的产出数量；

（4）下游加工工序的忙闲状态比率。

在学习过程中，主要关注如下功能的实现：

（1）车辆 Vehicle 元素的使用；

（2）车辆装卸载过程的实现；

（3）车辆轨道 Track 长度的设置；

（4）运输物料决策过程的实现；

（5）相关数据初始化的实现。

14.2 模型设计

14.2.1 建模元素定义

该模型中所用到的元素及元素在模型中所起的作用如表 14.1 所示。

表 14.1　总装线作业仿真元素列表

元素名称	元素类型	元素数量	元素作用
B	Part	Unlimited	模拟工件 B
C			模拟工件 C
D			模拟工件 D
Tyre			模拟工件轮胎
manager			模拟叉车调度人员
Buf1	Buffer	1	模拟供应商送达轮胎的存放区
Buf2		1	模拟下料工序后工件 C、D 存放区
BufB		1	模拟下料工序后的工件 B 存放区
Buf3		2	模拟车间存放区 3
BufTyre		1	模拟车间轮胎消耗存放区
useBCD	Machine(Single)	3	模拟 B、C、D 加工消耗设备
useTyre		1	模拟轮胎加工消耗设备
Buf1ToCross	Track	1	模拟从 Buf1 到交叉点的轨道
Buf2ToBuf3		1	模拟从 Buf2 到 Buf3 的轨道
Buf3ToBuf2		1	模拟从 Buf3 到 Buf2 的轨道
Buf3ToBufB		1	模拟从 Buf3 到 BufB 的轨道
Buf3ToCross		1	模拟从 Buf3 到交叉点的轨道
BufBToBuf3		1	模拟从 BufB 到 Buf3 的轨道

元素名称	元素类型	元素数量	元素作用
BufTyreToCross		1	模拟从 BufTyre 到交叉点的轨道
CrossToBuf1		1	模拟从交叉点到 Buf1 的轨道
CrossToBuf3		1	模拟从交叉点到 Buf3 的轨道
CrossToBufTyre		1	模拟从交叉点到 BufTyre 的轨道
forkIdle		1	模拟车辆空闲时的停车位
fork	Vehicle	1	模拟运输叉车
Belta		3	分别存储 B、C、D、Tyre 运输触发值
forkLoadLimit		2	分别存储叉车运输下限和上限重量
getBatch	Variable(Integer)	1	记录叉车某次运输的工件数量
partWeight		4	分别存储四种工件的重量
toWhere		1	记录特定时点叉车装载目的地编号
decideCDQty	Function	-	进行 C、D 可装载数量的判断函数
goDecision		-	进行叉车调运决策的函数

建立的 Witness 仿真模型最终界面图如 14.2 所示，模型见"chap14 车间物流系统-叉车.mod"。

（示例程序模型下载）

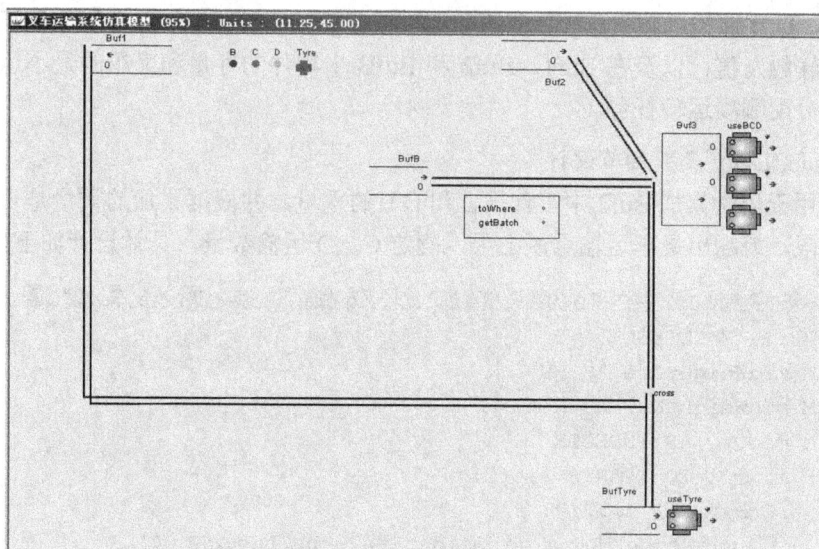

图 14.2　车间物流系统——叉车模型最终界面

14.2.2　模型细节设计

1．Part 类型元素设计

1）B、C、D 和 Tyre 元素细节设计

根据 part 元素 B、C、D 和 Tyre 的到达规律，分别设计这四种工件的细节如表 14.2 所示。

表 14.2　Part 类型元素细节设计

元素名称 Name	到达间隔 Inter Arrival	批量 Lot Size	输出规则 To
B	NEGEXP (2,1)	1	PUSH to BufB
C	NEGEXP (2,11)	1	PUSH to Buf2
D	NEGEXP (2,111)	1	PUSH to Buf2
Tyre	NEGEXP (40,1111)	20	PUSH to Buf1

2）manager 元素细节设计

manager 零件为辅助零件，用于实现每隔 1 分钟进行一次叉车调运决策，其细节设计如下：

```
Arrival Type: active
Inter Arrival: 1
To...: PUSH to SHIP
Actions On Create…: goDecision ()
```

对 manager 零件的 Actions on Create 设计为调用函数 goDecision()，通过该函数，决定是否需要给叉车分配任务，分配哪项任务，具体参看函数 goDecision 的设计。

2．Function 类型元素细节设计

模型中设计了两个函数：decisionCDQty 和 goDecision，其中 decisionCDQty 函数用于根据叉车的最小运输重量和当前 Buf2 中存放的 C、D 零件数量及 C、D 各自的重量，确定可运输的 C、D 零件的总数量；goDecision 函数根据 Buf3、BufTyre 中各种零件存量是否低于各自的运输触发值，以及在 Buf1、Buf2 和 BufB 中零件的存量和叉车的最小运输重量，决定给叉车分配哪项运输任务。

1）decideCDQty 函数细节设计

该函数用于依次累加 Buf2 中工件（C 和 D）的重量，并根据累加的重量是否达到叉车运输重量下限，或超出叉车运输重量上限，确定 C、D 运输数量，具体设计如下。

```
!==依次判断 buf2 中 C 和 D 的数量和重量，比较叉车载重量，以决定本次叉车装载 C 和 D 的总数量==
DIM ii AS INTEGER
DIM midWeightPre AS REAL
DIM midWeightNow AS REAL
DIM midQty AS INTEGER
FOR ii = 1 TO NPARTS (Buf2)
    IF Buf2 AT ii:TYPE = C
        midWeightNow = midWeightPre + partWeight (2)
    ELSEIF Buf2 AT ii:TYPE = D
        midWeightNow = midWeightPre + partWeight (3)
    ENDIF
    IF midWeightNow > forkLoadLimit (2)
        midQty = ii - 1 !超重了，载运数量为当前 ii 减 1
        GOTO outFor
    ENDIF
    midQty = ii !如果不超重，则载运数量为当前的 ii 数值
```

```
        midWeightPre = midWeightNow !重量中间变量更新
    NEXT
    IF midWeightNow < forkLoadLimit (1)  !不能达到叉车装载下限
        midQty = 0
    ENDIF
    LABEL outFor
    RETURN midQty
```

前四行 DIM 语句用于定义局部变量。

第五到第十七行 FOR...NEXT 循环语句用于依次累加 Buf2 中零件重量，并同叉车运输重量上下限进行比较，以决定可运输工件的数量。

第六到第十行 IF...ELSEIF...ENDIF 条件语句用于判断 Buf2 中的第 ii 个工件是工件 C 还是工件 D，并将该工件的重量累加到变量 midWeightPre 上，作为变量 midWeightNow 的值；

第十一到第十四行的 IF...ENDIF 条件语句实现在变量 midWeightNow 大于叉车运输重量上限时，装载 C 和 D 的总数量不能包括当前位置上的零件，即 midQty=ii-1，并跳出 FOR 循环。

第十五和第十六行进行变量值的更新。

第十八到第二十行判断累积的 C 和 D 重量 midWeightNow 是否低于叉车运输重量下限，如果低于下限，则不进行装载，即装载数量 midQty 为 0。

第二十二行将 midQty 作为函数的返回值。

2）goDecision 函数细节设计

goDecision 函数依次判断 B、C、D 及 Tyre 在下游库区的存放量是否达到装载触发值，同时判断上游存放区中的对应物料存量是否达到叉车的最小装载量，以决定叉车后续的装载作业，具体设计及注释如下。

```
!=====对 B 是否运输进行判断=================
IF toWhere = 0 !只有在前一装载作业被叉车接收后，方进行 B 的装载任务的判断
    IF NPARTS (Buf3(1)) <= belta (1)  !下游 B 的存量判断，低于触发值
        IF NPARTS (BufB) * partWeight (1) >= forkLoadLimit (1)
                                    !上游 B 的存量不小于叉车运输最小重量限
            toWhere = 1
        ENDIF
    ENDIF
ENDIF
!=====对 C\D 是否运输进行判断=================
IF toWhere = 0 !只有在前一装载作业被叉车接收，且 B 不能装载时，方进行 C、D 装载任
务的判断
    IF NPARTS (Buf3(2)) <= belta (2)  !下游 C\D 的存量判断，低于触发值
        IF decideCDQty () > 0 !上游 C\D 的存量不小于叉车运输最小重量限
            toWhere = 2
        ENDIF
    ENDIF
ENDIF
```

```
!=====对 Tyre 是否运输进行判断==================
IF toWhere = 0  !只有在前一装载作业被叉车接收，且 B\C\D 不能装载时，方进行 Tyre
装载任务的判断
        IF NPARTS (BufTyre) <= belta (3)  !下游 Tyre 的存量判断，低于触发值
            IF NPARTS (Buf1) * partWeight (4) >= forkLoadLimit (1)
                                        !上游 Tyre 的存量不小于叉车运输最小重量限
                toWhere = 3
            ENDIF
        ENDIF
ENDIF
    !=====至此，如果有某些物料可以进行运输，则 toWhere=1、2、3 中的一个值，如果都不能
运输，则 toWhere=0
```

3. Machine 类型元素细节设计

1）BCD 消耗工位 useBCD 元素细节设计

useBCD 元素需要实现的功能是空闲时从 Buf3 中提取 B、C 和 D 进行加工，每 2 分钟完成一次加工。因为需要消耗三种零件，所以将 useBCD 的数量 Quantity 设计为 3，且为了运输决策的方便性，将 B 单独存放在 Buf3 一个库区，C 和 D 存放在 Buf3 的另一个库区，因此 useBCD 元素的细节设计如下。

作业周期 Cycle Time：2!，为总装线的节拍时间。

输出规则 To…：PUSH to SHIP。

输入规则 From…：

```
IF N = 1
    PULL from B out of Buf3(1)
ELSEIF N = 2
    PULL from C out of Buf3(2)
ELSE
    PULL from D out of Buf3(2)
ENDIF
```

2）Tyre 消耗工位 useTyre 元素细节设计

useTyre 元素需要实现的功能是空闲时从 BufTyre 中提取 Tyre 进行加工，每 2 分钟完成一次加工，其细节设计如下。

作业周期 Cycle Time：2!，为总装线的节拍时间。

输出规则 To…：PUSH to SHIP。

输入规则 From…：PULL from BufTyre。

4. Vehicle 类型元素细节设计

Vehicle 类型元素 fork 模拟系统中的叉车，在 Witness 中，车辆的装卸载过程都在 Track 元素上进行设计，而对于 Vehicle 类型的元素只需要设计其车辆数量、装载零件的最大数量、运输速度和起始位置即可，fork 元素细节设计如图 14.3 所示。

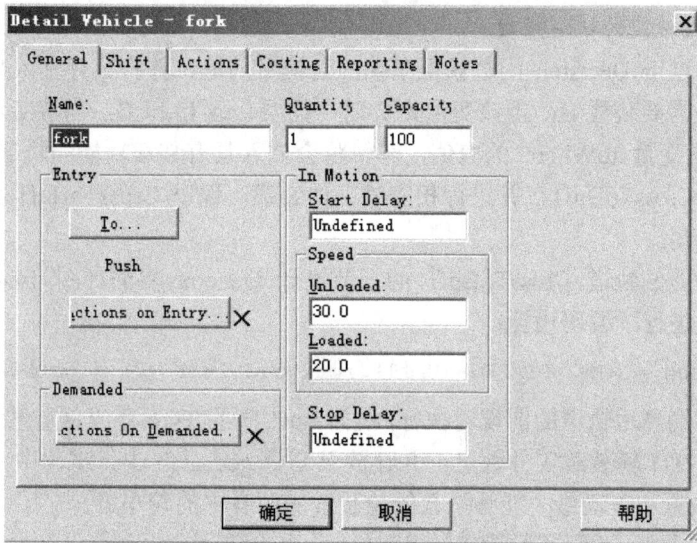

图 14.3 fork 元素细节设计界面

注：

（1）根据叉车的最大承载重量 1000 千克和 B、C、D 及 Tyre 的单件重量 40 千克/件、30 千克/件、50 千克/件、100 千克/件，叉车容量 Capacity 只要大于 1000/30=33.3 件即可，在模型中设计其容量为 100；

（2）Fork 车辆数量 quantity 为 1 辆；

（3）空载行驶速度 unloaded 为 30 米/分钟，装载后的行驶速度 loaded 为 20 米/分钟；

（4）车辆初始位置 To…为轨道 forkIdle，即 PUSH to forkIdle。

5．Track 类型元素细节设计

Witness 中 Track 元素具有方向性，车辆只能沿着轨道上箭头的方向从一端行驶至另一端，如下图所示的轨道，车辆只能从右侧进入轨道，并行驶至左侧端点 Front，图上轨道上的数字 15.00 表示该段轨道在界面上的像素长度，可以使用函数 PhysicalPathLength (TrackName)获取该轨道的物理长度。

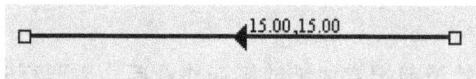

根据图 14.1 的系统布局图上各作业或存储点之间的距离，设计模型中各条轨道的可视化长度，并设计每条轨道的 Physical Length 为 PhysicalPathLength (ELEMENT)，则车辆在每条轨道上的行驶时间将由轨道自身长度、车辆是否装载了工件及车辆的速度决定。

上述设计为模型中 11 条轨道的共性设计，而要实现模型的运行，还需要进行轨道的个性设计。为了便于描述，将模型中的轨道根据功能分为三类：

（1）具有装载功能的轨道为 Buf3ToBuf2、Buf3ToBufB、CrossToBuf1；

（2）具有卸载功能的轨道为 Buf2ToBuf3、BufBToBuf3、CrossToBufTyre；

（3）仅有路由功能的轨道为 Buf1ToCross、CrossToBuf3、Buf3ToCross、forkIdle。

1）具有装载功能的轨道设计

调度人员通过 goDecision 函数获得车辆的运输目的地，并将其存于 toWhere 变量，当该变量为 1 时，需要装载 B；当该变量为 2 时，需要装载 C 和 D；当该变量为 3 时，需要装载 Tyre。根据变量 toWhere 的取值，车辆将会驶入具有装载功能的轨道 Buf3ToBuf2、Buf3ToBufB 或 CrossToBuf1，并进行相应的工件装载，现以 CrossToBuf1 为例，进行该类轨道细节设计说明。

具有装载功能的轨道 CrossToBuf1 的细节设计 General 界面如图 14.4 所示，其中对 Actions on Front 进行了编码设计：

```
getBatch = MIN (NPARTS (Buf1),forkLoadLimit (2) / partWeight (4))
```

该编码在车辆到达轨道的前端时执行，根据 Buf1 中的 Tyre 存放总重量和车辆的最大承载重量以确定本次车辆装载工件数量，并存放于变量 getBatch 中，编码中 getBatch 的值为 Buf1 中工件的数量和车辆最大能够承载的轮胎数量两者中的较小者。

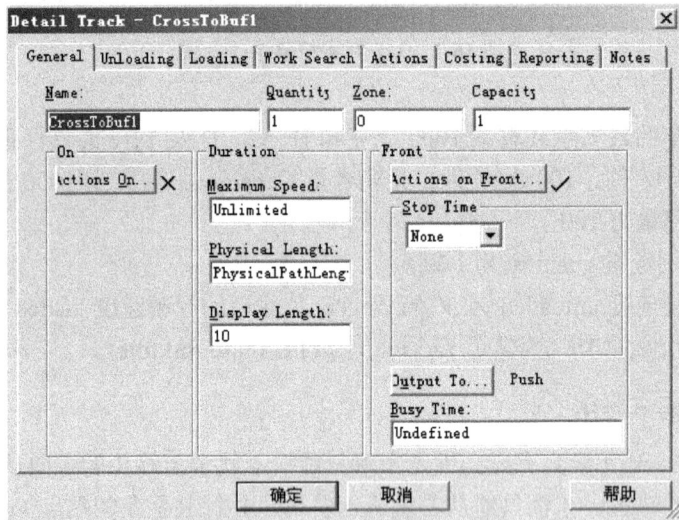

图 14.4　轨道 CrossToBuf1 的细节设计界面

对其 Output To...进行编码设计：

```
PUSH to Buf1ToCross
```

该设计以确定车辆在轨道前端完成装或卸载作业后，需要行驶到轨道 Buf1ToCross 上。

轨道 CrossToBuf1 的细节设计 Loading 界面如图 14.5 所示，具体设计如下：

（1）在界面中将 Loading Enabled 前的复选框选中，表示车辆到达该轨道的前端需要进行装载；

（2）选择装载模式 Transfer Mode 为 Always，即车辆到达该轨道的前端，必然需要进行装载；

（3）设定当次装载数量为变量 getBatch；

（4）设定装载所需时间 Time to Load 为 2（表示装载需要耗时 2 分钟）；

（5）设定装载规则 Input Loading Rule 为：PULL from Buf1!实现从 Buf1 装载工件。

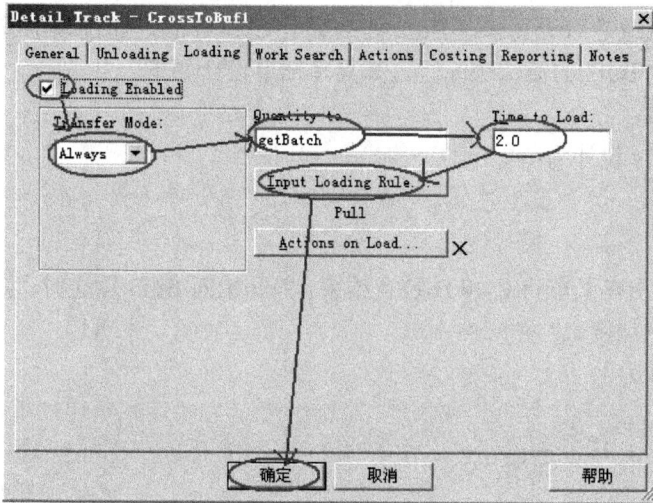

图 14.5 CrossToBuf1 装载 Loading 页面设计

Buf3ToBuf2 轨道细节设计如下。

General 设计页：

```
Actions on Front 设计为: getBatch = decideCDQty ()
Output To 设计为: PUSH to Buf2ToBuf3
```

Loading 设计页：

```
选中 Loading Enabled
Transfer Mode 设计为: Always
Quantity To 设计为: getBatch
Time To Load 设计为: 2.0
Input Loading Rule 设计为: PULL from Buf2
```

Buf3ToBufB 轨道细节设计如下。

General 设计页：

```
Actions on Front 设计为:
getBatch = MIN (NPARTS (BufB),forkLoadLimit (2) / partWeight (1))
Output To 设计为: PUSH to BufBToBuf3
```

Loading 设计页：

```
选中 Loading Enabled
Transfer Mode 设计为: Always
Quantity To 设计为: getBatch
Time To Load 设计为: 2.0
Input Loading Rule 设计为: PULL from BufB
```

2）具有卸载功能的轨道设计

车辆行驶至具有卸载功能的轨道（Buf2ToBuf3、BufBToBuf3、CrossToBufTyre）后，行驶至轨道前端，并进行卸载，然后根据 toWhere 变量及轨道的具体位置，将车辆送到下一段轨道。

Buf2ToBuf3 轨道是用于叉车在 Buf2 处装载了 C 和 D 后，通过该轨道运送至 Buf3 处，并将 C 和 D 卸载到 Buf3 的第二个库区，其具体细节设计如下。

General 设计页：

Actions on Entry 设计为：

```
toWhere = 0
getBatch = 0
```

这两句设计用于在叉车将 C 和 D 装运结束，并开始向 Buf3 运送时，将这两个变量值置 0，以便后续的车辆调度。

Output To 设计为：

```
IF toWhere = 1
    PUSH to Buf3ToBufB
ELSEIF toWhere = 2
    PUSH to Buf3ToBuf2
ELSEIF toWhere = 3
    PUSH to Buf3ToCross
ELSEIF toWhere = 0
    PUSH to forkIdle
ELSE
    Wait
ENDIF
```

这 11 行 IF...ELSEIF...ENDIF 实现在叉车行驶至该轨道前端，并将其所装载的所有工件卸载给 Buf3 的第二个库区后，根据 toWhere 的取值，叉车驶向相应的轨道。

Unloading 设计页：

```
选中 Unloading Enabled
Transfer Mode 设计为：Always
Quantity To 设计为：ALL
Time To Unload 设计为：2.0
Output Unloading Rule 设计为：PUSH to Buf3(2)
```

卸载页面这些选项实现叉车驶达该轨道的最前端，将其所装载的全部（ALL）工件卸载到 Buf3(2) 中。

BufBToBuf3 轨道是用于叉车在 BufB 处装载了工件 B 之后，通过该轨道运送至 Buf3 处，并将工件 B 卸载到 Buf3 的第一个库区，其具体细节设计如下。

General 设计页：

Actions on Entry 设计为：

```
toWhere = 0
getBatch = 0
```

注：这两句设计用于在叉车将 B 装运结束，并开始向 Buf3 运送时，将这两个变量值置 0，以便后续的车辆调度。

Output To 设计为：

```
IF toWhere = 1
    PUSH to Buf3ToBufB
ELSEIF toWhere = 2
    PUSH to Buf3ToBuf2
ELSEIF toWhere = 3
    PUSH to Buf3ToCross
ELSEIF toWhere = 0
    PUSH to forkIdle
ELSE
    Wait
ENDIF
```

Unloading 设计页：

选中 Unloading Enabled

Transfer Mode 设计为：Always

Quantity To 设计为：ALL

Time To Unload 设计为：2.0

Output Unloading Rule 设计为：PUSH to Buf3(1)

注：卸载页面这些选项实现叉车驶达该轨道的最前端，将其所装载的全部（ALL）工件卸载到 Buf3(1) 中。

CrossToBufTyre 轨道是用于叉车在 Buf1 处装载了工件 Tyre 之后，通过该轨道运送至 BufTyre 处，并将工件 Tyre 卸载到 BufTyre，其具体细节设计如下。

General 设计页需要保留的：

Output To 设计为：PUSH to BufTyreToCross。

注：卸载后的叉车驶向轨道 BufTyreToCross。

Unloading 设计页：

```
选中 Unloading Enabled
Transfer Mode 设计为：Always
Quantity To 设计为：ALL
Time To Unload 设计为：2.0
Output Unloading Rule 设计为：PUSH to BufTyre
```

注：卸载页面这些选项实现叉车驶达该轨道的最前端，将其所装载的全部（ALL）工件卸载到 BufTyre 中。

3）仅有路由功能的轨道细节设计

具有路由功能的轨道 Buf1ToCross、CrossToBuf3、Buf3ToCross、forkIdle 实现叉车通过或暂停的功能，其中：

（1）Buf1ToCross 实现叉车从 Buf1 处装载了轮胎之后，叉车从 Buf1 处行驶至道路交叉点 Cross 处；

（2）CrossToBuf3 实现叉车在将轮胎在 BufTyre 处卸载后，在交叉点 Cross 处驶向 Buf3 的功能；

（3）Buf3ToCross 实现叉车需要进行轮胎装载时，先从 Buf3 处行驶至交叉点的功能，然后在交叉点处驶向 Buf1 处（此时需要通过轨道 CrossToBuf1）；

（4）forkIdle 不仅是路由轨道，而且还表示叉车的停车位置，当叉车没有任务调度时，则停在该处；当叉车有任务时，则通过该轨道行驶至相应的轨道。

上述四个仅有路由功能的轨道所涉及的细节设计均在其 General 设计页中完成。

Buf1ToCross 细节设计如下。

Actions on Entry 设计为：

```
toWhere = 0
getBatch = 0
```

注：这两句设计用于在叉车将 Tyre 装运结束，并开始向 BufTyre 运送时，将这两个变量值置 0，以便后续的车辆调度。

To 设计：PUSH to CrossToBufTyre。

CrossToBuf3 细节设计如下。

To 设计：

```
IF toWhere = 1
    PUSH to Buf3ToBufB
ELSEIF toWhere = 2
    PUSH to Buf3ToBuf2
ELSEIF toWhere = 3
    PUSH to Buf3ToCross
ELSEIF toWhere = 0
    PUSH to forkIdle
ELSE
    Wait
ENDIF
```

Buf3ToCross 细节设计如下。

To 设计：PUSH to CrossToBuf1。

forkIdle 细节设计如下。

To 设计：

```
IF toWhere = 1
    PUSH to Buf3ToBufB
ELSEIF toWhere = 2
    PUSH to Buf3ToBuf2
ELSEIF toWhere = 3
    PUSH to Buf3ToCross
ELSE
    Wait
ENDIF
```

6．模型初始化设计

模型初始化需要对相关的变量进行赋值，具体操作过程如图 14.6 所示。

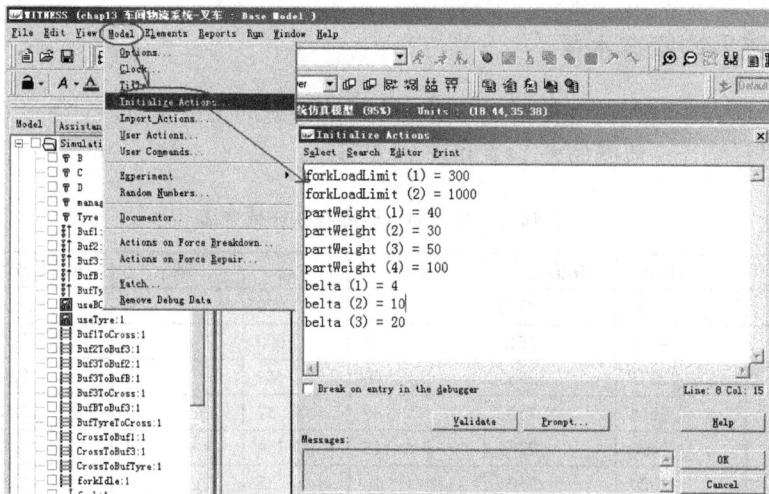

图 14.6　模型初始化设计

14.3　仿真实验及结果分析

通过题设条件，B、C、D 工件到达间隔服从均值为 2 分钟负指数分布，相当于每 2 分钟送达 1 件；轮胎 Tyre 到达间隔服从均值为 40 分钟负指数分布，但是每次到达批量为 20，相当于每 2 分钟送达 1 件。可以看出，四种工件的到达间隔均为 2 分钟 1 个，同下游作业工序的节拍一致，如果不考虑随机性，模型运行至 4800 分钟，应该能够产出这四种工件各2400 件，但是由于工件到达的随机性和共用叉车的影响，模型原型运行至 4800 分钟，这四种工件产出数量将会有所不同，且不能达到 2400 件。

将模型运行至 4800 分钟，统计相关绩效指标数据。

14.3.1　工序忙闲状态

工序忙闲状态为各设备的工作状态，所有机器的统计报告如表 14.3 所示。

表 14.3　机器设备状态统计表

Name	% Idle	% Busy	No. Of Operations
useBCD(1)	2.74	97.26	2334
useBCD(2)	27.38	72.63	1743
useBCD(3)	23.44	76.56	1837
useTyre	4.02	95.98	2303

从表 14.3 可以看出，工位最忙的是加工 B 的工位 useBCD，忙率为 97.26%；次之，为装配轮胎的工位 useTyre，忙率为 95.98%；加工 C 和 D 的工位相对较为空闲，忙率仅为 72.63% 和76.56%。在 4800 分钟内，系统加工完成的工件 B、C、D 和 Tyre 数量分别为：2334、1743、1837、2303。

14.3.2 系统平均库存水平

通过各个缓存中物料的存储情况，进一步了解系统的工位能力。对各个存储区中物料的存储情况进行统计，数据如表 14.4 和表 14.5 所示。

表 14.4 分存储区域库存统计信息表

Name	Total In	Total Out	Now In	Max	Min	Avg Size	Avg Time
Buf1	2520	2330	190	270	0	121.09	230.64
Buf2	4585	3618	967	1000	0	523.57	548.12
Buf3(1)	2375	2335	40	49	0	19.54	39.5
Buf3(2)	3618	3581	37	57	0	25.56	33.92
BufB	2490	2375	115	154	0	48.02	92.56
BufTyre	2320	2304	16	35	0	20.99	43.42

表 14.5 分工件库存统计信息表

Name	No. Entered	No. Shipped	No. Rejected	W.I.P.	Avg W.I.P.	Avg Time
B	2490	2334	0	156	70.88	136.64
C	2237	1743	42	494	270.43	580.27
D	2348	1837	49	511	283.58	579.73
manager	4801	4801	0	0	0	0
Tyre	2520	2303	0	217	146.7	279.42

从表 14.4 和表 14.5 中可以看出，工件 C 和 D 有被拒绝（No. Rejected）的数量，分别为 42 和 49 件，这时装载这两类工件的 Buf2 最大存量（Max）为 1000，达到了 Buf2 的最大库容。Buf2 中当前存放量为 967 件，而通过前面工位统计数据分析可知，useBCD 中加工 C 和 D 的两台设备忙率较低，那么为什么 C 和 D 物料数量充足，但是工位设备忙率偏低呢？可能原因有两个方面：（1）叉车运输能力不足，无法及时将 C 和 D 从 Buf2 中运至 Buf3(2)；（2）叉车运输能力充足，但是调度规则导致 Buf3(2)中的 C 和 D 物料不均衡，有时 Buf3(2)中全是 C，没有 D，但是 C 的总量超出了运输触发值；反之，亦然。具体是哪种原因，以及如何改善，需要进一步分析。

14.3.3 叉车忙闲状态统计

通过分析叉车的状态信息，以确定叉车数量是否充足，以及相关的运能情况，叉车的具体统计数据如表 14.6 所示。

表 14.6 叉车状态统计表

Name	% Idle	% Transfer	% Loaded	% Stop	% Blocked	Distance	Loads
fork	38.94	40.63	20.43	0	23.34	42076.6	488

从表 14.6 可以看出，叉车空闲状态(% Idle)有 38.94%，装卸载作业所占时间比例（% Transfer）为 40.63%，载货运输状态（% Loaded）为 20.43%。叉车空闲状态指的是叉车上

没有货物的时间占总仿真时间的比例，该状态包括空车等待在特定轨道上的阻塞状态（%Blocked），还包括空车向装载点行驶过程，在本模型中，发生空车等待的情况只有一种：叉车没有调度任务，而等待在 forkIdle 轨道上，具体时间比例为 23.34%，则空车驶向装载目的地的时间比例为 38.94%–23.34% = 15.6%。从结果可以看出，叉车有 23.34%的时间没有调度任务安排，一辆叉车的运输能力基本能够保证系统物流的及时运输。

同时可以看出，叉车总的行驶距离为 42076.6 米，装载次数为 488 次。

14.3.4 轨道状态统计

通过统计轨道的状态信息，可以详细了解叉车的行驶过程，轨道的状态统计数据如表 14.7 所示。

表 14.7　轨道元素统计表

Name	% Empty	% Busy	% Blocked	No. On
Buf1ToCross	84.71	15.29	0	233
Buf2ToBuf3	92.24	7.76	0	149
Buf3ToBuf2	92.76	7.24	0	149
Buf3ToBufB	94.48	5.52	0	106
Buf3ToCross	99.03	0.97	0	100
BufBToBuf3	93.93	6.07	0	106
BufTyreToCross	98.71	1.29	0	232
CrossToBuf1	80.1	19.9	0	233
CrossToBuf3	99.04	0.96	0	99
CrossToBufTyre	88.4	11.6	0	233
forkIdle	76.62	0.04	23.34	118

从表 14.7 可以看出，运输次数最多的是轮胎的运输，共运输了 233 次。其中，B 工件的运输次数为 106 次；C 和 D 的运输次数为 149 次；车辆还有 118 次装载任务完成后，没有运输调度任务而进入停放区 forkIdle 休息等待，总等待时间比率为 23.34%。

思考题

1. 在原模型基础上，修改模型，实现下列功能。

（1）改变车辆的载运总量上下限为[300,1200]、[300,800]、[500,800]、[500,1000]、[500,1200]，分别进行仿真实验，对结果进行比较分析。

（2）改变载运触发值为[2,5,10]、[8,20,40]、[10,10,10]，分别进行仿真实验，并对结果进行比较分析。

（3）通过改变模型中 B、C、D 和 Tyre 的到达间隔中的随机数流（负指数分布函数中的第二个参数值），进行仿真实验，并对结果进行比较分析。

2. 在原模型基础上，修改模型，以便统计叉车每次装载时，所装载的工件及其数量。

3. 在原模型基础上，修改模型，实现叉车将 C 和 D 分开装载，具体规则为当下游 Buf3

中的 C 数量少于 10 件时，需要叉车从 Buf2 中运输工件 C；当下游 Buf3 中的 D 数量少于 15 件时，需要叉车从 BUf2 中运输工件 D；每次运送的工件 C 和 D 的数量由 C 和 D 的重量及叉车载运重量上下限确定。进行仿真实验，比较修改后模型产量同原模型产量的区别。

4. 某快递网点 X 收件员当前收件任务处于 4 个地点 A、B、C 和 D，这四个地点的所收取的快件量分别为 20、10、15 和 13 件，快件员收取每件货物的时间为 2 分钟，点间距离为：XA=2 千米，AB=3 千米，BC=5 千米，CD=4 千米，DX=4 千米。快递员行驶速度为 20 千米/小时，则建立该收件员的收件过程仿真模型，并通过仿真实验计算收件员从网店 X 出发将全部快件收回网点所用的时间。

（章节自测题）

第15章 车间物流系统建模与仿真——AGV 输送

案例中车间物流运作模式共有三种类型：叉车输送模式、AGV 输送模式和集放链输送模式，前一章对叉车输送进行建模和仿真分析，本章对 AGV 输送模式进行建模和仿真分析。

15.1 AGV 输送系统

15.1.1 叉车输送系统描述

在本案例 VPLS 中，AGV 小车负责将 B、C、D 工件通过托盘搬运至总装线的特定工位，其中工件 B 和 C 存放钻床附近的缓存区 BufBC，由该工位的操作工人将其成对放入空托盘中，当托盘装满后，就可以由 AGV 小车将其运至总装线旁；工件 D 存放在割床附近的缓存区 BufD，由该工位的操作工人将其放入空托盘，当托盘装满后，就可以由 AGV 小车将其运至总装线旁对应的存放位，物流输送系统布局及作业点间的距离如图 15.1 所示。

总装线的存放位 zBufD 和 zBufBC 各有三个托盘位，如图 15.2 中的 0 号图所示，在生产过程中，右侧两个托盘位用于存放实盘，左侧一个托盘位用于存放空盘。AGV 小车将实盘最先送至右侧第一个托盘位，如果右侧第二个托盘位为空，则线边工人通过开关控制，将该托盘移动到右侧第二个托盘位，然后提取该托盘中的工件用于装配；当中间的托盘变为空时，工人将该托盘移动至左侧托盘位，并将最右侧的托盘（实盘）移动至中间托盘位。AGV 小车行驶到存放位 zBufD 或 zBufBC 时，对应存放位的最右侧托盘位必然为空，AGV 小车将实盘放在右侧托盘位，然后判断最左侧托盘位上是否有空托盘，有则将其带走。

图 15.2 表示总装线的托盘位存放状态变迁过程，具体说明如下。

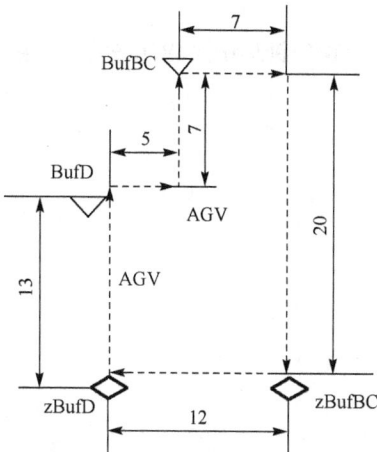

图 15.1 AGV 输送系统布局图

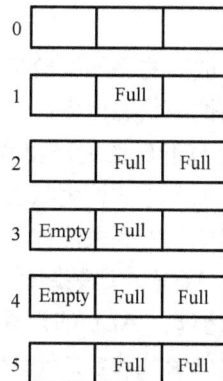

图 15.2 总装线托盘存放位状态变迁示意图

（1）系统初始状态，三个托盘位没有托盘，均为空，如图 15.2 中 0 号图所示。

（2）AGV 送过一个实盘（Full），先放置于右侧托盘位，然后由工人移动至中间托盘位，如图 15.2 中 1 号图所示。

（3）AGV 又送达一个实盘，放置于右侧托盘位，此时由于中间托盘尚有物料，因此右侧托盘位和中间托盘位将各有一个实盘，如图 15.2 中 2 号图所示。

（4）装配过程将中间托盘位的托盘工件消耗完毕，托盘变为空盘，工人将该空盘送至左侧托盘位，并将右侧托盘位托盘移至中间托盘位，形成图 15.2 中 3 号图状态。

（5）AGV 获得右侧托盘位为空的信息，运输一个实盘过来，放于最右侧托盘位，形成图 15.2 中 4 号图状态。

（6）AGV 在最右侧托盘位卸载实盘后，将左侧空托盘带走，形成 5 号图所示状态。

通过上述托盘位状态变迁过程的描述，可以看出 AGV 小车的装载条件是：总装线存放位中最右侧托盘位为空。只要最右侧托盘位上没有托盘，AGV 小车就需要到对应的装载点装载实盘，并运送到总装线对应托盘位，将实盘卸载到最右侧托盘位，并判断最左侧托盘位上是否有空盘，有空盘则带走，没空盘则直接离开。AGV 从 zBufBC 处装载的空盘将在 bufBC 处卸载，从 zBufD 处装载的空盘将在 bufD 处卸载。

其他规则和数据如下。

（1）系统只配备一台 AGV 小车。

（2）AGV 小车一次可以装运一个托盘，装卸载时间均为 1 分钟。

（3）叉车行驶速度为 20 米/分钟。

（4）物料 B、C 和 D 的生成服从均值为 2 分钟的负指数分布，每次生成 1 件，其中 B 和 C 进入 BufBC，D 进入 BufD。

（5）总装工位对物料 B、C、D 的消耗速度为 2 分钟/件（套）。

（6）系统有托盘 10 个，初始化时，bufD 和 bufBC 处各 5 个空托盘。

（7）每托盘能够装载 BC 各 5 件；或者装载 D10 件。

15.1.2　仿真目标

通过 Witness 仿真，运行 10 天（10 天×8 小时/天×60 分钟/小时=4800 分钟），统计如下数据：

（1）各个存放区的平均存放量、最大存放量；

（2）叉车的忙闲状态比率；

（3）B、C、D 和轮胎的产出数量；

（4）下游加工工序的忙闲状态比率。

在学习过程中，主要关注如下功能的实现：

（1）如何给 AGV 发送装卸载指令；

（2）装卸载模式 CALL 的设置；

（3）托盘中剩余装载量的记录；

（4）托盘在不同托盘位之间移动过程的实现。

15.2 模型设计

15.2.1 建模元素定义

该模型中所用到的元素及元素在模型中所起的作用如表 15.1 所示。

表 15.1 AGV 运输系统仿真元素列表

元素名称	元素类型	元素数量	元素作用
B	Part	Unlimited	模拟工件 B
C			模拟工件 C
D			模拟工件 D
Tray			模拟托盘
unuse			实现装配工位所需的虚拟工件
BufBC	Buffer	1	模拟钻床产成品缓存
BufD		1	模拟割床产成品缓存
emptyTrayBufBC		1	模拟钻床附近存放空托盘的缓存
emptyTrayBufD		1	模拟割床附近存放空托盘的缓存
zBufBC		3	模拟总装工位存放 BC 的托盘位
zBufD		3	模拟总装工位存放 D 的托盘位
packBC	Machine (Assembly)	1	模拟将 B、C 装入托盘的工位
packD		1	模拟将 D 装入托盘的工位
Change2Empty	Machine (Single)	2	实现将两个总装工位空托盘送入最左边托盘位的过程
Change2Mid		2	实现将两个总装工位最右托盘位托盘送入中间托盘位的过程
useBC		1	模拟总装装配 B、C 的工位
useD		1	模拟总装装配 D 的工位
BufBC2zBufBC	Track	1	模拟从 BufBC 到 zBufBC 的轨道
BufD2BufBC		1	模拟从 BufD 到 BufBC 的轨道
zBufBC2zBufD		1	模拟从 zBufBC 到 zBufD 的轨道
zBufD2BufD		1	模拟从 zBufD 到 BufD 的轨道
AGV	Vehicle	1	模拟 AGV 车辆
BCDQty	Attribute	3	记录托盘装载的 B、C、D 工件数量

建立的 Witness 仿真模型最终界面如图 15.3 所示，模型见"chap15 车间物流系统-AGV.mod"。

15.2.2 模型细节设计

（示例程序模型下载）

1. Part 类型元素设计

1）B、C、D 元素细节设计

根据 part 元素 B、C、D 的到达规律，分别设计这三种工件的细节如表 15.2 所示。

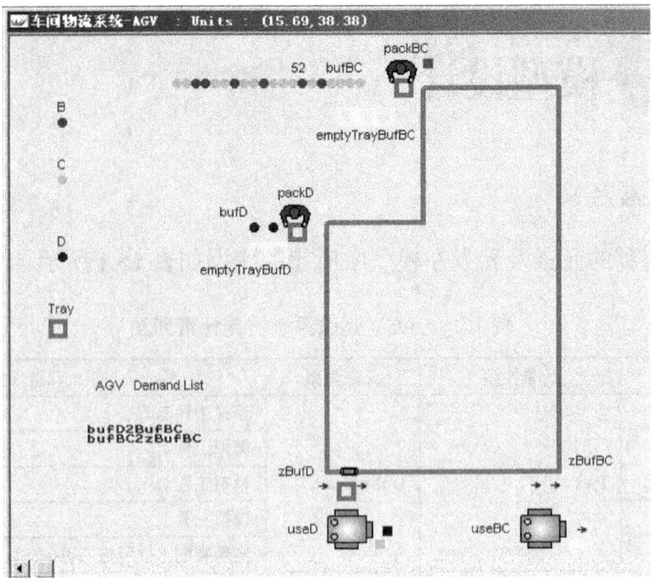

图 15.3　AGV 输送系统 Witness 仿真模型界面

表 15.2　part 类型元素细节设计表

元素名称 Name	到达间隔 Inter Arrival	批量 Lot Size	输出规则 To
B	NEGEXP (2,1)	1	PUSH to BufBC
C	NEGEXP (2,11)	1	PUSH to BufBC
D	NEGEXP (2,111)	1	PUSH to BufD

2）Tray 元素细节设计

Tray 元素为托盘，在该 AGV 循环系统中共有 10 个托盘，其中用于装载 BC 的托盘有 5 个，用于装载 D 的托盘也有 5 个，在初始化时，需要将这 10 个托盘分别放置于 emptyTrayBufBC 和 emptyTrayBufD 中，设计其细节如下：

```
Arrival Type: active
Maximum: 10
Inter Arrival: 5
Lot Size: 10
To...:
IF M <= 5
    PUSH to emptyTrayBufBC
ELSE
    PUSH to emptyTrayBufD
ENDIF
```

注：

（1）托盘总数只有 10 个，因此设定其 Maximum 为 10；

（2）托盘 10 个在初始化时一次性到达，因此设定其 Lot Size 为 10；

（3）在初始化到达了一批 10 个托盘之后，已达到托盘总数，不会在有托盘主动进入系统，因此其到达间隔任一设定一个整数即可，模型中设定为 5；

244　生产物流系统建模与仿真

（4）M 为系统变量，表征在一个批次中的零件中，当前零件所处的序号；

（5）输出规则实现将前 5 个托盘分配用于装载 BC，后 5 个托盘用于装载 D。

2．Buffer 元素细节设计

系统中共设计了 6 个 Buffer 元素，其中 emptyTrayBufBC、empthTrayBufD、bufD 保留缺省设置即可。由于 B 和 C 以随机的方式到达 BufBC，装托盘工位 packBC 每次需要 B 和 C 各 5 件，有可能需要的工件比另一种工件后到达，因此需要设定 bufBC 的输出选项 Output Option 为 Any。模拟总装工位盘托盘位的 zBufBC 和 zBufD 分别有 3 个托盘位，因此设定它们的 quantity 为 3，而每个托盘位只能装载一个托盘，设定它们的 capacity 为 1。

3．Machine 类型元素细节设计

1）BC 装托盘工位 packBC 细节设计

packBC 元素需要实现的功能是空闲时先从 emptyTrayBufBC 中提取一个空托盘，然后在 bufBC 中分别提取 5 个 B 和 5 个 C，对 packBC 元素的细节设计如图 15.4 所示。

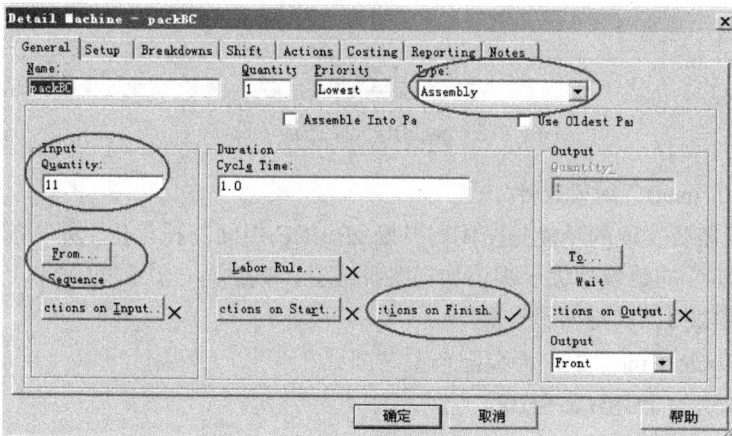

图 15.4　packBC 元素的细节设计

首先该工位为组装工位，即将 B 和 C 装入托盘，因此设定该元素的 Type 为 Assembly；该工位一次装盘过程需要 11 个 part，即 1 个托盘、5 个 B 和 5 个 C，因此设定其输入数量 Input Quantity 为 11；输入规则 From 要实现一次提取这 11 个工件，因此设定为 "SEQUENCE /Wait emptyTrayBufBC#(1),B out of bufBC#(5),C out of bufBC#(5)"；由于 5 个 B 和 5 个 C 装进托盘后，将以一个托盘在系统中存在，B 和 C 将不再存在，为了记录该托盘中存有的 B 和 C 的数量，对托盘的属性数组 BCDQty 进行赋值，因此设定其 Actions on Finish 为两个赋值语句，即 "BCDQty (1) = 5" 和 "BCDQty (2) = 5"；装托盘所需时间给定 1 分钟（Cycle Time）。

2）D 装托盘工位 packD 细节设计

packD 元素需要实现的功能是空闲时先从 emptyTrayBufD 中提取一个空托盘，然后在 bufD 中提取 10 个 D，对 packBC 元素的细节设计如 15.5 图所示。

首先该工位为组装工位，即将 10 个 D 装入托盘，因此设定该元素的 Type 为 Assembly；该工位一次装盘过程需要 11 个 part 即，1 个托盘和 10 个 D，因此设定其输入数量 Input Quantity 为 11；输入规则 From 要实现一次提取这 11 个工件，因此设定为 "SEQUENCE/Wait emptyTrayBufD#(1),bufD#(10)"；同样由于 D 装进托盘后，将以一个托盘在系统中存在，D 将不再存在，为了记录该托盘中存有的 D 的数量，对托盘的属性数组 BCDQty 进行赋值，因此设定其 Actions on Finish 为赋值语句，即 BCDQty (3) =10"；装托盘所需时间给定 1 分钟（Cycle Time）。

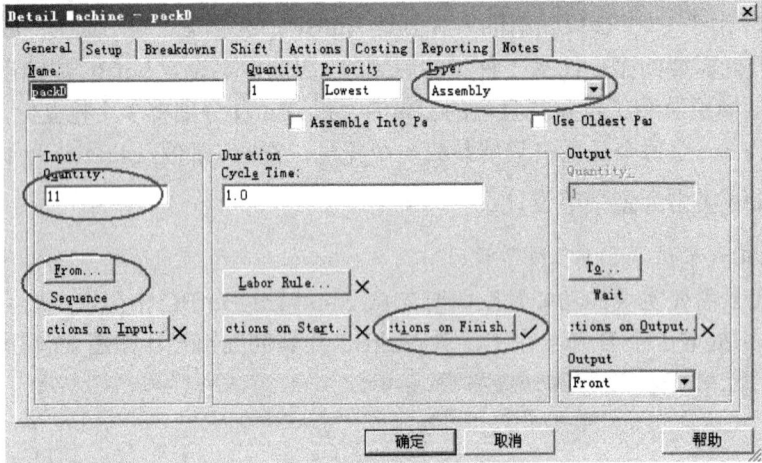

图 15.5　packBC 元素的细节设计

3）装配工位 useBC 细节设计

useBC 元素需要实现的功能是空闲时判断 zBufBC 中间的托盘位上是否有托盘，且该托盘上的工件 B 和 C 的数量都大于零，如果条件成立，则进行一次装配作业，并将托盘上的工件 B 和 C 数量减 1，其细节设计如下。

作业周期 Cycle Time：2!，为装配节拍时间。

输出规则 To…：PUSH to SHIP。

输入规则 From…：

```
IF NPARTS (zBufBC(2)) > 0
    IF zBufBC(2):BCDQty (1) > 0 AND zBufBC(2):BCDQty (2) > 0
        PULL from unuse out of WORLD
    ENDIF
ELSE
    Wait
ENDIF
```

作业开始时 Actions on Start…：

```
zBufBC(2):BCDQty (1) = zBufBC(2):BCDQty (1) - 1
zBufBC(2):BCDQty (2) = zBufBC(2):BCDQty (2) - 1
```

4）装配工位 useD 细节设计

useD 元素需要实现的功能是空闲时判断 zBufD 中间的托盘位上是否有托盘，且该托盘上的工件 D 的数量大于零，如果条件成立，则进行一次装配作业，并将托盘上的工件 D 数量减 1，其细节设计如下。

作业周期 Cycle Time：2!，为装配节拍时间。

输出规则 To…：PUSH to SHIP。

输入规则 From…：

```
IF NPARTS (zBufD(2)) > 0
    IF zBufD(2):BCDQty (3) > 0
      PULL from unuse out of WORLD
    ENDIF
ELSE
    Wait
ENDIF
```

作业开始时 Actions on Start…：

```
zBufD(2):BCDQty (3) = zBufD(2):BCDQty (3) - 1
```

5）移动实托盘设备 change2Mid 细节设计

change2Mid 元素有两台设备，分别用于对两个托盘存放位进行托盘移动功能的实现。每台设备在判定对应的存放位的中间托盘位为空时，从最右侧托盘位提取实盘，并将其放到中间托盘位，同时向 AGV 发送提取实盘的指令，其细节设计如下。

作业周期 Cycle Time：0!，不考虑移动时间。

输入规则 From…：

```
IF N = 1 !设备1负责将 zBufBC 中右侧托盘位的实盘放入中间托盘位
    IF NPARTS (zBufBC(2)) = 0
      PULL from zBufBC(1)
    ENDIF
ELSEIF N = 2 !设备2负责将 zBufD 中右侧托盘位的实盘放入中间托盘位
    IF NPARTS (zBufD(2)) = 0
      PULL from zBufD(1)
    ENDIF
ELSE
    Wait
ENDIF
```

输出规则 To…：

```
IF N = 1
    PUSH to zBufBC(2)
ELSE
    PUSH to zBufD(2)
ENDIF
```

作业结束时 Actions on Finish…：

```
IF N = 2
    CALL AGV,zBufD2BufD,zBufBC2zBufD,0
    VSEARCH bufBC2zBufBC,bufD2BufBC,zBufBC2zBufD,zBufD2BufD
ENDIF
```

```
IF N = 1
     CALL AGV,bufD2BufBC,bufBC2zBufBC,0
     VSEARCH bufBC2zBufBC,bufD2BufBC,zBufBC2zBufD,zBufD2BufD
ENDIF
```

6）移动空托盘设备 change2Empty 细节设计

change2Empty 元素有两台设备，分别用于对两个托盘存放位进行托盘移动功能的实现。每台设备在判定对应的存放位的左侧托盘位为空，且中间托盘上没有工件时，从最中间托盘位提取空托盘，并将其放到左侧的托盘位，同时向 AGV 发送提取空托盘的指令，其细节设计如下。

作业周期 Cycle Time：0!，不考虑移动时间。

输入规则 From…:

```
IF N = 1 !设备 1 负责将 zBufBC 中间托盘位的空托盘放入左侧托盘位
     IF NPARTS (zBufBC(2)) > 0 AND NPARTS (zBufBC(3)) = 0
         IF zBufBC(2):BCDQty (1) = 0 AND zBufBC(2):BCDQty (2) = 0
             PULL from zBufBC(2)
         ENDIF
     ENDIF
ELSEIF N = 2 !设备 2 负责将 zBufD 中间托盘位的空托盘放入左侧托盘位
     IF NPARTS (zBufD(2)) > 0 AND NPARTS (zBufD(3)) = 0
         IF zBufD(2):BCDQty (3) = 0
             PULL from zBufD(2)
         ENDIF
     ENDIF
ELSE
     Wait
ENDIF
```

输出规则 To…:

```
IF N = 1
     PUSH to zBufBC(3)
ELSE
     PUSH to zBufD(3)
ENDIF
```

作业结束时 Actions on Finish…:

```
IF N = 2
     CALL AGV,zBufBC2zBufD,zBufD2BufD,0
     VSEARCH bufBC2zBufBC,bufD2BufBC,zBufBC2zBufD,zBufD2BufD
ENDIF
IF N = 1
     CALL AGV,bufBC2zBufBC,bufD2BufBC,0
     VSEARCH bufBC2zBufBC,bufD2BufBC,zBufBC2zBufD,zBufD2BufD
ENDIF
PEN = 3
```

4．Vehicle 类型元素细节设计

Vehicle 类型元素 AGV 模拟系统中的 AGV 小车，AGV 元素细节设计如图 15.6 所示。

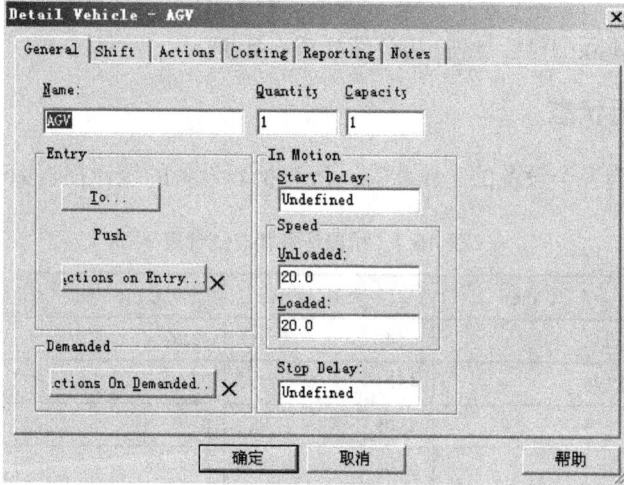

图 15.6 AGV 细节设计界面

注：

（1）AGV 每次只能装载一个托盘，因此其容量 Capacity 设定为 1；

（2）AGV 仅有一辆，因此其 Quantity 为 1 辆；

（3）空载行驶速度 unload 为 20 米/分钟，装载后的行驶速度 load 为 20 米/分钟；

（4）车辆初始位置 To…为轨道 zBufD2BufD，即 PUSH to zBufD2BufD。

5．Track 类型元素细节设计

模型中设计的四段轨道形成了 AGV 的物流回路，每个轨道都可能需要进行装卸载作业，它们需要设定的项目完全相同，其中每个轨道物理长度 Physical Length 设定内容均为 "PhysicalPathLength(Eelment)"，表 15.3 列出了每个轨道的细节设计不同的部分。

表 15.3 轨道元素细节设计

轨道名称	General 配置页	Unloading 配置页		Loading 配置页	
	Output To	Transfer Mode	Output Unloading Rule	Transfer Mode	Input Loading Rule

zBufD2BufD	IF DESTOF1 (AGV) <> NONE
	　　PUSH to bufD2BufBC
	ELSE
	　　Wait
	ENDIF
		CALL	PUSH to emptyTrayBufD	CALL	PULL from packD

bufD2BufBC	IF DESTOF1 (AGV) <> NONE
	　　PUSH to bufBC2zBufBC
	ELSE
	　　Wait
	ENDIF
		CALL	PUSH to emptyTrayBufBC	CALL	PULL from packBC

bufBC2zBufBC	PUSH to zBufBC2zBufD	CALL	PUSH to zBufBC(1)	CALL	PULL from zBufBC(3)
zBufBC2zBufD	PUSH to zBufD2BufD	CALL	PUSH to zBufD(1)	CALL	PULL from zBufD(3)

仿真实验及结果分析

将模型运行至 4800 分钟，统计相关绩效指标数据。

15.3.1 工序忙闲状态

工序忙闲状态为各个设备的工作状态，所有机器设备的统计报告如表 15.4 所示。

表 15.4 机器设备状态统计表

Name	% Idle	% Busy	% Blocked	No. Of Operations
packBC	0.2	6.54	93.26	314
packD	17.26	4.98	77.76	239
useBC	34.95	65.05	0	1561
useD	1.06	98.94	0	2374

从表 15.4 中可以看出，托盘装载设备的阻塞率非常高，packBC 达到 93.26%，packD 达到 77.76%，造成这两个设备阻塞的直接原因是 AGV 没能及时过来将实盘托走，间接原因可能有两方面：(1) AGV 运输能力不足；(2) 工位作业速度赶不上托盘装载的速度。两个装配工位的忙率分别为 useBC 为 65.05%，useD 为 98.94%，即 useBC 工位忙率较低，主要原因是 AGV 没能及时将装有 B 和 C 的实盘送达其工位；useD 工位忙率较高，接近 100%，装配次数为 2374，距离其最大装配能力 2400 次相差很小，表示在当前规则和系统配置下，装配工位 useD 工作过程相对稳定，很少发生缺货等待。

15.3.2 系统平均库存水平

通过各个缓存中物料的存储情况，进一步了解系统的工位能力。对各个存储区中的物料及各种物料分别进行统计，统计数据如表 15.5 和表 15.6 所示。

表 15.5 分存储区域库存统计信息表

Name	Total In	Total Out	Now In	Max	Avg Size	Avg Time
bufBC	4131	3140	991	1000	679.01	788.97
bufD	2397	2397	0	50	12.41	24.84
emptyTrayBufBC	316	314	2	5	2.38	36.08
emptyTrayBufD	242	240	2	5	2.02	40.11
zBufBC(1)	313	313	0	1	0.01	0.19
zBufBC(2)	313	312	1	1	0.55	8.47
zBufBC(3)	312	311	1	1	0.59	9.11
zBufD(1)	238	238	0	1	0.22	4.52
zBufD(2)	238	237	1	1	0.99	19.91
zBufD(3)	237	237	0	1	0.41	8.3

表 15.6　分工件库存统计信息表

Name	No. Entered	No. Shipped	No. Assembled	No. Rejected	W.I.P.	Avg W.I.P.	Avg Time
B	2155	0	1570	335	585	383.79	854.86
C	1976	0	1570	303	406	295.87	718.72
D	2397	0	2390	0	7	13.89	27.81
Tray	10	0	0	0	10	10	4800
unuse	3937	3935	0	0	2	1.64	2

从表 15.5 和表 15.6 中可以看出，工件 B 和 C 有被拒绝（No. Rejected）的数量，分别为 335 件和 303 件，这是由于装载这两类工件的 BufBC 最大存量（Max）为 1000。BufBC 中当前存放量为 991 件，而通过前面工位统计数据分析可知，useBC 中进行 B、C 装配的工位设备忙率较低，可以断定 AGV 运输能力欠缺。

15.3.3　AGV 小车忙闲状态统计

通过分析 AGV 的状态信息，以确定 AGV 数量是否充足，以及相关的运能情况，AGV 的具体统计数据如表 15.7 所示。

表 15.7　AGV 小车状态统计信息表

Name	% Idle	% Demand	% Transfer	% Loaded	Distance	Loads
AGV	0	15.84	47.5	36.66	50395.7	1100

从表 15.7 中可以看出，AGV 空闲状态（% Idle）为 0%，处于接受指令而空车行驶的时间比率为 15.84%，装卸托盘所占时间比例达到 47.5%，处于装载托盘进行运输的比例达到 36.66%，AGV 的忙率较高。可以通过技术手段降低装卸作业时长，如将每次装载托盘或卸载托盘所需的时间由当前 1 分钟降低至 0.5 分钟；或者提高每个托盘中装载工件的数量，如使用大尺寸的托盘，每托盘能够装载 20 个工件等。

15.3.4　轨道状态统计

通过统计轨道的状态信息，可以详细了解叉车的行驶过程，轨道的状态统计数据如表 15.8 所示。

表 15.8　轨道状态统计表

Name	% Empty	% Busy	% Blocked	No. On
bufBC2zBufBC	64.86	35.14	0	788
bufD2BufBC	77.15	22.85	0	788
zBufBC2zBufD	80.27	19.73	0	787
zBufD2BufD	77.72	22.28	0	788

由于 AGV 轨道为循环闭路系统，每段轨道上通过的车辆数量将保持一致，车辆占用轨道的时长（%Busy）同轨道的长度、装卸载作业次数相关。

1. 在原模型基础上，修改模型，实现下列功能。

（1）改变托盘载货量，（a）装载 D 的托盘每次装载 15 个 D，装载 B 和 C 的托盘每次装载 8 个 B 和 8 个 C;（b）装载 D 的托盘每次装载 20 个 D，装载 B 和 C 的托盘每次装载 10 个 B 和 10 个 C; 分别对（a）和（b）两种情况进行仿真实验，对结果进行比较分析。

（2）将 AGV 装卸载时间由 1 分钟降至 0.5 分钟，进行仿真实验，并对结果进行比较分析。

（3）通过改变模型中 B、C、D 的到达间隔中的随机数流（负指数分布函数中的第二个参数值），进行仿真实验，并对结果进行比较分析。

2. 在原模型中，装载 B、C 和装载 D 的工位是总装线上的两个工位，而总装线是整体联动的，即某个工位的作业没有完成，整条装配线将停线，直至该工位作业完成，装配线才向下游移动一个工位的距离。在原模型基础上，修改模型，以实现 useBC 和 useD 的联动效果，即这两个工位都完成了一次作业后，方可进行下一个作业。对修改后的模型进行仿真实验，将实验结果同原模型实验结果进行比较。

3. 思考在原模型基础上，如何通过增加 AGV 车辆来实现托盘的快速运输。

（章节自测题）

第16章 车间物流系统建模与仿真
——集放链输送

案例中车间物流运作模式共有三种类型：叉车输送模式、AGV 输送模式和集放链输送模式，前两章分别对叉车输送、AGV 输送进行建模和仿真分析，本章对最后一种输送模式——集放链输送系统进行建模和仿真分析。

16.1 集放链输送系统

16.1.1 集放链输送系统描述

在本案例 VPLS 中，工件 F 按照总装节拍从仓库 4 处上挂，然后被送入喷漆室进行喷漆、冷却和打磨等作业，由于喷漆室中的作业是流畅的线性作业过程，在建模过程中将其视为一个黑匣子进行简化处理，即只需要设定喷漆室的长度、集放链在喷漆室中的移动速度，这两项参数决定了喷漆室中最多可以放置几件工件 F，每隔多长时间会有一个完成喷漆的工件 F 从喷漆室中输出。集放链输送作业系统布局及作业点间的距离如图 16.1 所示。

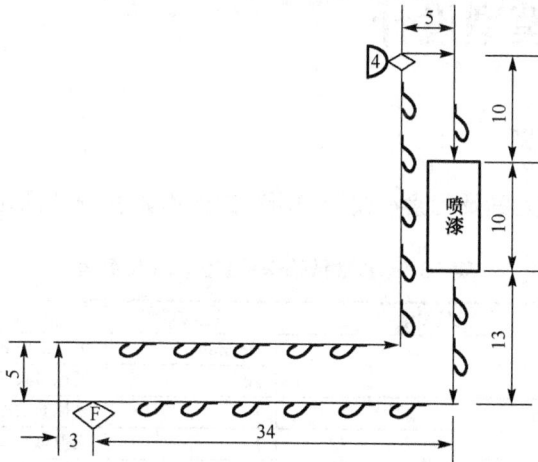

图 16.1 工件 F 集放链系统布局图

其他规则和数据如下：

（1）工件 F 每隔 2 分钟由上道工序送达一件到仓库 4；

（2）集放链上吊具数量为 20 个；

（3）集放链上每个吊具需要占用 3 米的长度，以免工件之间碰撞刮伤；

（4）集放链中空挂移动速度为 15 米/分钟，实挂移动速度为 10 米/分钟，喷漆室集放链移动速度为 1.5 米/分钟；

（5）装配工位 F 必须直接从吊具上将工件 F 安装到车架上，当装配工位 F 前一作业没有完成时，即使集放链送达一个工件 F 至装配工位，也不能将工件 F 放下来，而空吊具离开。吊具只能在其上的 F 工件被装配工位卸下之后，方可离开，其中工件 F 从吊具上被释放到装配工位，需要耗时 0.5 分钟，然后进行装配 1.5 分钟。

16.1.2　仿真目标

建立该系统的仿真模型，运行 10 天（10 天×8 小时/天×60 分钟/小时=4800 分钟），统计如下数据：

（1）各个存放区的平均存放量、最大存放量；

（2）集放链上空、实吊具的存储状态；

（3）装配工位 F 的忙闲状态；

（4）下游加工工序的忙闲状态比率。

在学习过程中，主要关注如下功能的实现：

（1）特定数量吊具 Hook 的初始化；

（2）在上件点将工件 F 安装到吊具 Hook 上，以及在下件点将工件 F 从吊具上分离出来；

（3）输送链作为集放链时，吊具之间间距的控制；

（4）吊具编号的可视化显示；

（5）装配工位 assM 的功能实现。

16.2　模型设计

16.2.1　建模元素定义

该模型中所用到的元素及元素在模型中所起的作用如表 16.1 所示。

表 16.1　集放链输送系统仿真元素列表

元素名称	元素类型	元素数量	元素作用
F	Part	Unlimited	模拟工件 B
Hook		20	模拟吊具 F
Buf4	Buffer	1	模拟 F 的存储地
assF	Machine(Assembly)	1	模拟总装线 F 的装配工位
upHook		1	模拟 F 上件点
downHook	Machine(Production)	1	模拟 F 下件点
toLoadSite		1	模拟从 assF 到 F 上件点的集放链
toPaint	Conveyor	1	模拟从 F 上件点到喷漆室的集放链
painting		1	模拟喷漆室
toUnloadSite		1	模拟从喷漆室到 assF 的集放链
hookNum	Attribute	1	记录各吊具的编号
speeds	Variable	3	存储不同类型集放链的移动速度

建立的 Witness 仿真模型最终界面如图 16.2 所示，模型见"chap16 车间物流系统——集放链.mod"。

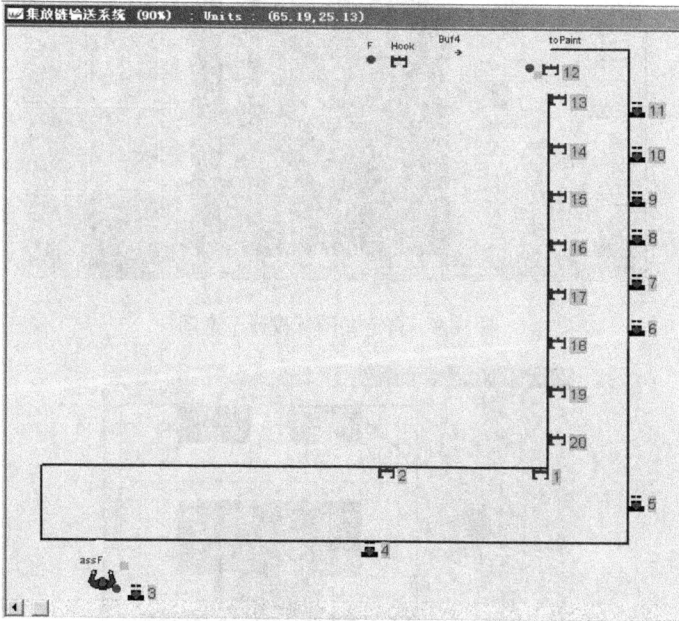

图 16.2　集放链系统 Witness 仿真模型最终界面

16.2.2　模型细节设计

1. 可视化设计

1）吊具 Hook 图标自定义

模型中所用吊具图标不是 Witness 系统的缺省图库中的图标，而是使用自定义的图标，其中空吊具的图标为 🔛，挂上工件 F 的实吊具图标为 🔛。

自定义空吊具图标和使用的步骤如下。

（1）通过菜单 View→Picture Gallery 打开系统图库。

（2）在系统图库中找到 104 号空白区域，单击鼠标右键，在弹出的快捷菜单中选择"Editor"菜单项，将出现图标编辑"Icon Editor"窗口，将图标的宽 Width、高 Height 均设定为 16，如图 16.3 所示。

（3）在 Icon Editor 窗口绘制图标，编辑图标，并选中左侧的单色选项"Monochrome"，如图 16.4 所示，单击"OK"按钮，完成图标的编辑。

（4）空吊具图标的使用：在模型界面左侧元素列表中找到吊具 Hook，点鼠标右键，在弹出的快捷菜单中选择"Display"菜单项，弹出零件可视化设计工具条，在工具条中选择可视化项目"Style"，单击右侧绘制"铅笔"图标，弹出可视化设计界面，选择第 104 号图标，并给予颜色为"紫色"，并将"Use Display Tag"选中（该选项主要是用于显示吊具标号的），最后单击按钮"Update"，完成空吊具图标和吊具 Hook 的链接，操作顺序如图 16.5 所示。

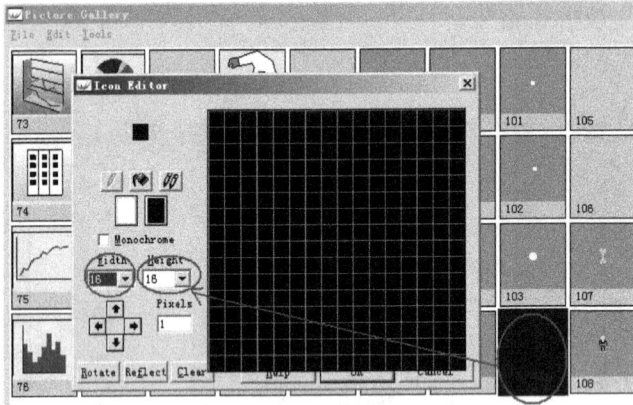

图 16.3 自定义图标设计示意图

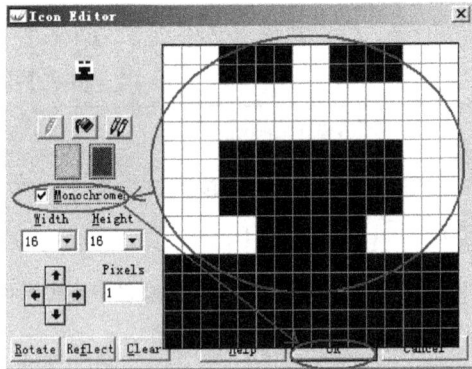

图 16.4 空吊具图标设计

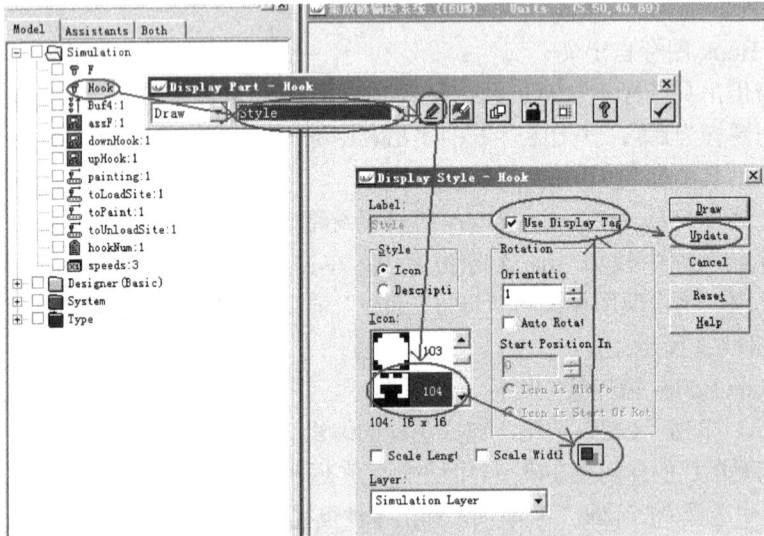

图 16.5 空吊具自定义图标应用设计示意图

自定义实吊具图标和使用的步骤如下。

（1）通过菜单 View->Picture Gallery 打开系统图库；

（2）在系统图库中找到 105 号空白区域，单击鼠标右键，在弹出的快捷菜单中选择"Editor"菜单项，将出现图标编辑"Icon Editor"窗口，将图标的宽 Width、高 Height 均设定为 16。

（3）在 Icon Editor 窗口绘制图标，编辑图标，如图 16.6 所示，单击"OK"按钮完成图标绘制。

图 16.6　实吊具自定义图标

（4）希望实吊具中的白色为背景颜色，在模型运行过程中，实吊具只呈现紫色和红色部分，可通过右击 105 号图标，在弹出的快捷菜单中选择"Properties"属性项，在弹出的属性设置页将"Viewer Background"颜色设定为白色，操作过程如图 16.7 所示。

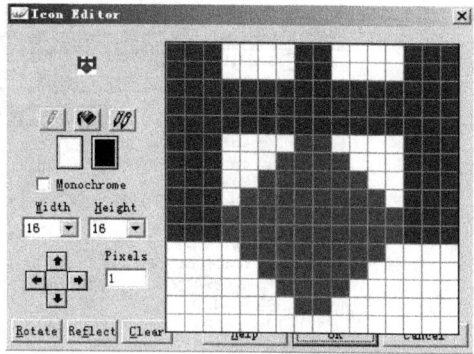

（相关图形）

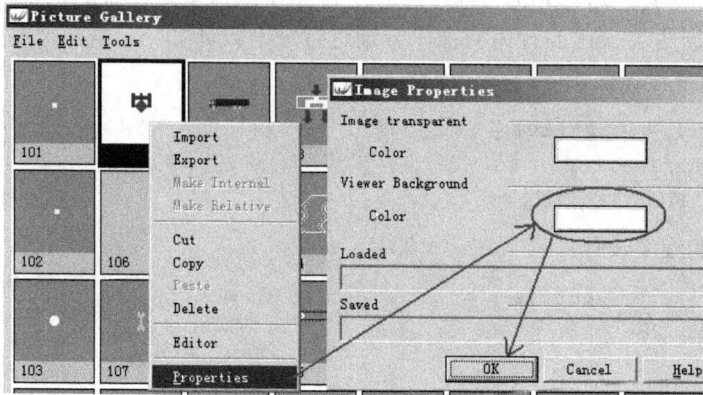

图 16.7　自定义图标背景颜色设计界面

（5）实吊具的应用参看上挂 upHook 设备的 Actions on Finish 设计。

2）属性元素的动态显示

模型中希望吊具上能够动态显示其编号，如图 16.2 所示的吊具，实现该功能需要进行如下两步设定。

（1）属性元素 hookNum 可视化设计：在模型界面左侧元素列表区的 hookNum 上单击鼠标右键，选择快捷菜单中的"Display"菜单项，弹出可视化设计工具条，在工具条中选择 Tag Style 项目，单击绘制图标，在弹出的"Attribute Tag Display Style"中选中"Enable Tag Display"，并进行该属性显示位置设定，具体步骤如图 16.8 所示。

（3）属性同 Part 元素的连接：hookNum 的可视化选择需要同 hook 图标链接起来，一方面需要将 hook 的"Style"可视化属性中的"Use Display Tag"选中，具体参看空吊具可视化图标设计部分，并需要对每个 hook 进行编号，具体参看 hook 细节设计中的 Actions on Create 设计。

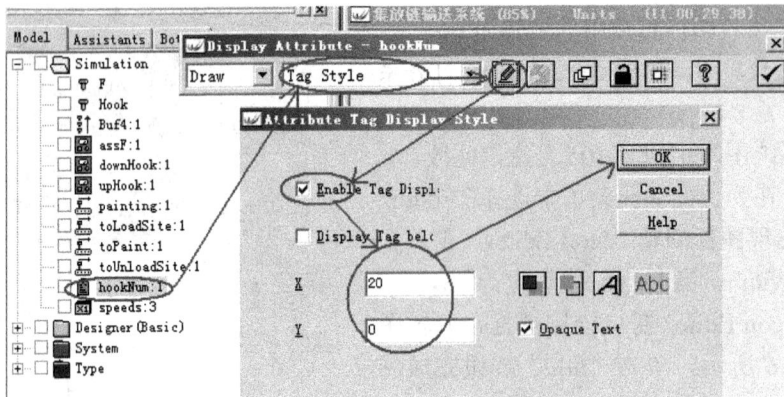

图 16.8　属性值显示设计步骤示意图

2．Part 类型元素设计

模型中有两类 part 元素：模拟工件 F 和模拟吊具 Hook。其中，工件 F 每隔 2 分钟送达一件，总量不做限制；吊具 Hook 总量为 20 个，在模型初始送入集放链上，然后在集放链上循环运转。根据两类 part 的行为特征，分别进行细节设计如下。

工件 F 的细节设计：

```
Arrival Type: active
Inter Arrival: 2
To...: PUSH to Buf4
```

吊具 Hook 的细节设计：

```
Arrival Type: active
Maximum: 20
Inter Arrival: 0.5
Lot Size: 1
To...: PUSH to toLoadSite
Actions on Create: hookNum = NCREATE (ELEMENT)
```

注：

（1）在模型开始运行时，每隔 0.5 分钟送达一个吊具到 toLoadSite 链上，直至 20 个吊具都送达集放链，在每个吊具产生时，将当前吊具的 hookNum 属性附上值；

（2）NCREATE 函数返回截至当前仿真时钟，括号内为元素产生的数量；

（3）ELEMENT 为系统变量，返回执行该语句的对象的名称，本例中 ELEMENT 即为元素 Hook。

3．Machine 类型元素细节设计

1）工件 F 上挂工位 upHook 细节设计

upHook 元素需要实现的功能是，空闲时从集放链 toLoadSite 的端点提取一个 Hook 并从 buf4 中提取一个工件 F，然后将两者组装起来，并释放到 toPaint 链上，对 upHook 元素的细节设计如图 16.9 所示。

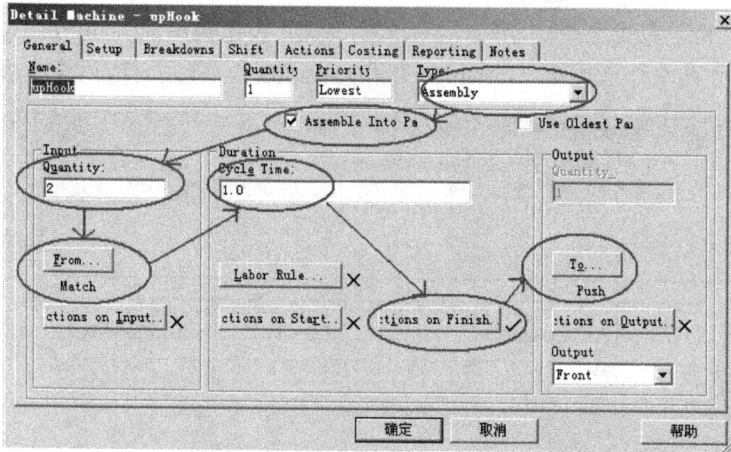

图 16.9　上挂工位 upHook 细节设计示意图

按照图 16.9 箭头顺序依次进行该设备的细节设计：（1）该工位为组装工位，因此设定该元素的 Type 为 Assembly；（2）由于将 1 个 Hook 和 1 个 F 组装在一起运输，到卸载点需要将两者分开，因此选中"Assembly into Part"，实现将多个 Part 组装到一起；（3）该工位将 1 个工件 F 挂到 1 个吊具上，设定其输入数量 Input Quantity 为 2；（4）输入规则 From 要实现提取这两个工件，因此设定为"MATCH/ANY toLoadSite at Front #(1) AND Buf4 #(1)"；（5）设定上挂作业时间 Cycle Time 为 1 分钟；（6）在上挂作业结束时，将吊具图标修改为 105 号图标，在"Actions on Finish"中设定"ICON=105"；（7）上挂结束，将吊具送到 toPaint 链上，因此输出规则设为"PUSH to toPaint(1) at Rear"。

2）工件 F 下件工位 downHook 细节设计

downHook 元素需要实现的功能是在装配工位 assF 空闲时，从集放链 toUnloadSite 的最前端提取一个实吊具，然后将实吊具中的吊具 hook 和工件 F 分离开来，以便装配工位进行装配，并将空吊具送到后续的集放链上，其细节设计如下。

设备类型 Type：Production。

输入规则 From…：PULL from toUnloadSite at Front。

作业时间 Cycle Time：0。

选中：Produce From First Part。

Type 设定为 Production，并选中其选项"Produce From First Part"，则该设备可以将组装在一起的工件分离开来（该组装工件必须是使用 Assembly 类型设备，并选中 Assemble into Part 选项）。下件时间将设定在 assF 中，所以这里设定的 Cycle Time 为 0。

3）装配工位 assF 细节设计

在模型中该工位并没有具体的装配过程，只是从 downHook 中提取出已经分离的 1 个 hook 和 1 个工件 F，将 hook 占用 0.5 分钟，然后释放出去，再将工件 F 占用 1.5 分钟，然后将工件 F 释放出去，即完成了该装配过程的模拟，具体设定如图 16.10 所示。

装配工位由两个阶段来完成其工作内容，第一阶段将 downHook 中的 hook 和 F 提取进来，占用 0.5 分钟后将 hook 送出，只留下工件 F；第二阶段占用 F 工件 1.5 分钟，然后将工件 F 送出系统。为了完成这些功能的模拟，设计 assM 设备类型为 Multiple Cycle（多作业周期设备），并建立两个作业周期（downHook 和 assemble），分别对应两个阶段的功能模拟。

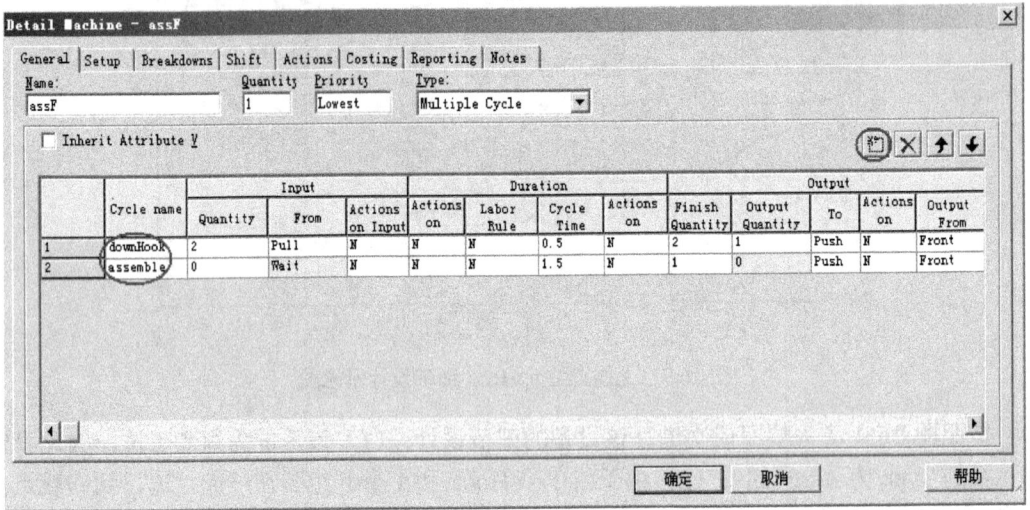

图 16.10　装配工位 assF 细节设计界面

downHook 阶段细节设计如下：

输入件数量 Quantity：2。

输入规则 From：PULL from downHook　！该 downHook 为下件工位。

作业周期 Cycle Time：0.5　！为下件时间。

周期完工工件数量 Finish Quantity：2。

输出规则 To…：PUSH Hook to toLoadSite at Rear。

asseble 阶段细节设计如下。

输入件数量 Quantity：0　！不需要输入其他零件。

作业周期 Cycle Time：1.5　！为装配时间。

周期完工工件数量 Finish Quantity：1。

输出规则 To…：PUSH Hook SHIP。

4．Conveyor 类型元素细节设计

为了模拟集放链系统中的集放链回路，模型中使用了四个 Conveyor 类型元素：toLoadSite、toPaint、painting 和 toUnloadSite。其中 toLoadSite 使用了 Indexed Queuing 类型的输送链，其他三条输送链使用了 Continuous Queuing 类型的输送链，这两种类型的输送链都可以模拟集放链的行为规则，主要为吊具在链上的间隔分布和移动速度。

1）Indexed Queuing 类型输送链 toLoadSite 细节设计

该类型的输送链的长度采用其上面能够放置多少个工件位的方式表示，在模型系统中从装配工位 assF 到上挂点的距离为 65 米（上挂设备占用 1 个空挂距离），设定每个吊具占用 3 米的空间，而吊具本身缺省长度为 1 米，相当于两个吊具之间的间距为 2 米，这样在 65 米的距离内最多可以放置 22 个吊具，因此 toLoadSite 细节设计如图 16.11 所示。

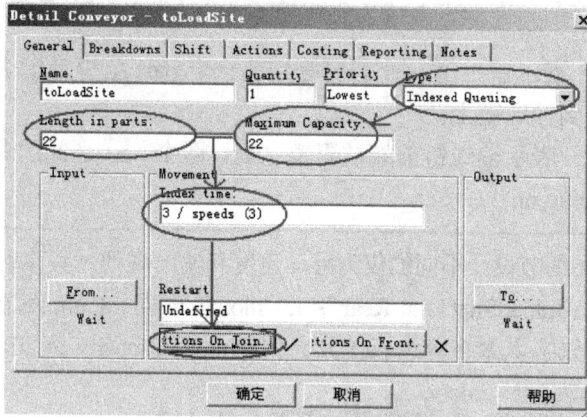

图 16.11 toLoadSite 细节设计示意图

首先，设定输送链的类型 Type 为 Indexed Queuing；然后，设定长度和最大能够容纳的工件数量均为 22，再设定移位速度 Index Time 为 3/speeds(3)，其中分子 3 表示吊具的占位长度为 3 米，分母 speeds(3)为空吊具移动速度；空吊具进入该输送链时将其图标转换为空吊具的图标，设定 Actions On Join 为 "ICON=104"。

2）Continuous Queuing 类型输送链细节设计

首先以 toPaint 元素的细节设计进行该类元素界面设定项目含义介绍，toPaint 元素细节设计界面如图 16.12 所示。

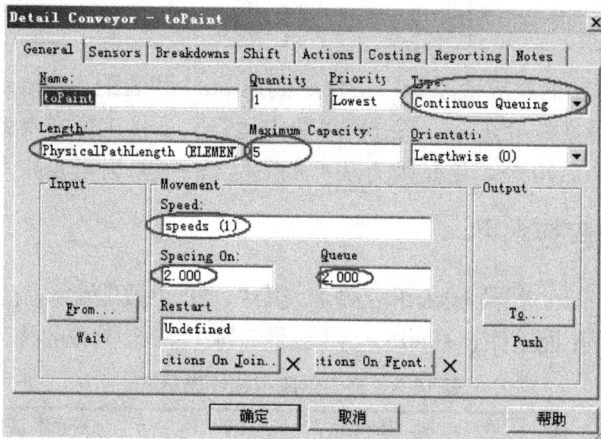

图 16.12 toPaint 细节设计示意图

图 16.12 中输送链类型设计为 Continuous Queuing 类型；该条链的长度 Length 为输送链在界面上可视化图标的长度 "PhysicalPathLength(Element)"；该条链最多能够容纳的 part 数量 Maximum Capacity 为 5，也可以设定比 5 大的数值，因为这条链的实际长度为 15 米，如果每个吊具占用 3 米的长度，则该条链上可以放置 5 个吊具；该链的移动速度为 speeds(1)；吊具在该类输送链上的相互位置通过 Spacing on 和 Queue Space 两个参数来控制，模型中设定吊具之间的间距为 2 米；运输到端点后，送往喷漆线，其输出规则 To 设定为 "PUSH to painting(1) at Rear"。

参数注释

- Spacing on：表示后一个 part 需要等到前一个 part 至少走出 2 个长度单位的距离之后方可送到输送链上；
- Queue Space：表示输送链前端被阻塞之后，两个 part 之间的最小间距，该距离不能大于 Spacing on。

painting 同 toPaint 细节设计不同的仅为移动速度和输出规则，其移动速度为 speeds(2)，输出规则为 "PUSH to toUnloadSite(1) at Rear"；toUnloadSite 同 toPaint 细节设计的不同仅为最多容纳 Part 数量和输出规则，其最多容纳 part 数量 Maximum Capacity 为 20，输出规则为 "WAIT"。

16.3 仿真实验及结果分析

将模型运行至 4800 分钟，统计相关绩效指标数据。

16.3.1 工序忙闲状态

工序忙闲状态为各设备的工作状态，所有机器设备的统计报告如表 16.2 所示。

表 16.2 机器设备状态统计表

Name	% Idle	% Busy	No. Of Operations
assF	0.38	99.62	2390
downHook	100	0	2391
upHook	50	50	2400

由于该系统为稳定的集放链系统，工件 F 到达 buf4 和装配工位 assF 的节拍完全一致，均为 2 分钟，而且吊具数量充足，系统可以稳定运行，上件工位在 4800 分钟内上件 2400 个，装配工位装配了 2390 个，这是因为从上件工位 upHook 运至 assF 需要一定的时间。

16.3.2 系统平均库存水平

系统中只有两类 part：吊具 hook 和工件 F。其中，20 个吊具始终存在集放链系统中，除了刚开始上线的一段时间；而工件 F 不断进入系统，然后排出系统，具体的统计数据如表 16.3 所示。

表 16.3 分工件库存统计信息表

Name	No. Entered	No. Shipped	W.I.P.	Avg W.I.P.	Avg Time
F	2401	2390	11	10.11	20.22
Hook	20	0	20	19.98	4795.25

16.3.3 集放链工作状态统计

四条集放链的统计信息如表 16.4 所示，解释如下。

- 空吊具存放链 toLoadSite 有 99.9% 为排队状态，即已经将吊具送到其前端，但是上件设备无法上件，而导致吊具在该链上排队的状态。
- 送至喷漆室的集放链 toPaint 有 99.84% 为排队状态，即已经将挂上工件 F 的实吊具送至其前端，但是喷漆室没有空间，导致吊具在该链上排队的状态。

- 喷漆室 painting 主要有两种状态：链为空的状态为 0.14%（%Empty）、正常移动状态 99.86%（%Move），其中链为空主要是初始阶段上件工位没有正常将工件送达至喷漆室。

- 送至下件点的集放链 toUnloadSite 也只有两种状态，其中 99.72 为正常移动状态，0.28%为空，即送到该链前端的实吊具可以立刻进行下件，而不需等待。

表 16.4　集放链工作状态统计表

Name	% Empty	% Move	% Queue	Now On	Total On	Avg Size	Avg Time
toLoadSite	0	0.1	99.9	10	2411	10.62	21.13
toPaint	0.11	0.05	99.84	3	2400	2.95	5.89
painting	0.14	99.86	0	3	2397	3.33	6.66
toUnloadSite	0.28	99.72	0	3	2394	2.34	4.7

思考题

1. 在原模型基础上，修改模型，实现下列功能。

（1）将吊具数量改为 15、10、5，进行仿真实验，对结果进行比较分析。

（2）将工件 F 送达时间间隔改为服从均值为 2 分钟的负指数分布，进行仿真实验，并对结果进行比较分析。

（3）假设 assF 工位处需要将工件 F 和工件 X 装载到一起，工件 X 到达 assF 处的到达间隔服从均值为 2 分钟的负指数分布，进行仿真实验，并对结果进行比较分析（提示：新建 part 元素 X 和缓存元素 bufX，装配过程通过限定 assF 第一个周期的输入条件和第二个周期添加 X 的输入实现）。

2. 某个制造系统的工厂仓库接受供应商供应的零部件，然后将零部件按照精益生产方式运输至装配线。其中供应商供应零部件用大的包装箱运输过来，每箱 A 零件为 40 件，每箱 B 零件为 60 件，而由于 A 和 B 都在同一个工位进行成套装配，即该工位每次需要将 1A 和 1B 装配到产成品上，同时为了降低线边库存，因此从仓库向工厂工位的转运则采用小批量组合物流运输的方式进行，一个托盘上装 3 个 A 和 3 个 B，仓库到工位距离为 80 米，产线节拍为 2 分钟。

相关数据如下：

产线边针对该工位装配零部件运输的托盘共有 2 个；

有一辆速度为 5 千米/小时的车间运输小车来进行工厂仓库到工位的物料运输，其卸载作业时间都是 20 秒/托盘，装载空托盘上车为 20 秒/托盘，在工厂仓库中将产品从包装箱中提取 A 或 B 并放到托盘上的时间为 10 秒/件。

供应商每天向工厂补货一次，即送达 6 箱 A 和 4 箱 B，并将空的包装箱带走。

试建立该过程的仿真模型，并统计产线开动率和运输小车的忙率。

（章节自测题）

第17章 销售配送系统建模与仿真

车辆生产企业通过总装厂将车辆生产出来后，根据计划或订单将车辆存于总装厂附近的仓库，或运往销售区域的配送中心，或直接运往销售网点，以满足市场需求。不同车辆生产企业由于管理理念、渠道分布形态和地理位置等影响，会采用不同的销售配送模式，不同模式对企业赢利能力、响应市场变化的敏捷性具有复杂的影响，难以直接比较优劣。本章对案例中的销售配送系统进行建模和仿真，学习一定模式下的销售配送系统组成要素、运作效率及建模和仿真技术。

17.1 车辆销售配送系统

17.1.1 车辆销售配送系统描述

假设车辆销售配送系统中成品库、配送中心 DC 和三个销售网点之间的地理布局如图 17.1 所示。公司有两辆运输卡车专门负责将成车库中的车辆运输至配送中心，每辆卡车每次都要等待装满货之后才发车；另有一辆卡车负责将 DC 中的车辆运输至销售点，运输的基本规则为优先向库存少的销售点运输，销售点之间不能进行车辆的相互调配。由于车辆在 DC 的库存和保养费率较低，而且易于平衡各个销售点的供需，在销售点的成车库存量维持在较低水平。

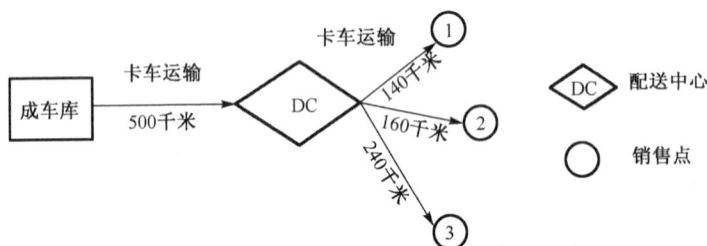

图 17.1 销售配送系统布局图

销售点面对的是随机的市场需求，当客户需求产生而销售点又没有存车时，有一定比率的顾客可能会直接选择其他品牌的车辆，造成销售损失 lost1；还有一定比率的顾客将会选择等待一定时间，只要销售点能够在该时间段为其提供车辆即可，如果销售点不能在该时段为其提供车辆，则造成销售损失 lost2（lost2 > lost1）。

17.1.2 销售配送系统运行规则及数据

销售配送系统的相关运作规则和数据如下：

（1）用于满足图示配送中心的车辆以每 4 分钟一辆的速度到达成车库，每天工作时间为 8 小时，休息 16 小时。

（2）将车辆从成车库运往配送中心的卡车 A 有 2 辆。

（3）将车辆从配送中心运往销售点的卡车 B 有 1 辆。

（4）卡车 A 的平均行驶速度为 80 千米/小时，最大装载能力为 40 辆。

（5）卡车 B 的平均行驶速度为 60 千米/小时，最大装载能力为 20 辆。

（6）卡车可以在全天 24 小时运输，只要有运输需求。

（7）当卡车 A 到达成车库时，如果能够装满 40 辆车，则运输至 DC，否则等待。

（8）配送中心库容不限。

（9）每个销售点最多存放 40 辆车。

（10）卡车 B 只有在销售点存车数低于 20 辆时，才从 DC 装满一车（20 辆）运往销售点。

（11）卡车 B 总是先向存量最低的销售点运输，而当销售点存量一样时，且低于 20 辆，运输目的地的优先顺序为 1、2、3，即销售点 1 优先级最高，销售点 3 优先级最低。

（12）三个销售点车辆销售间隔服从均值为 15 分钟的负指数分布，顾客需求每天在正常工作时间到达（每日 8 小时）。

（13）当顾客需要车辆，而销售点没有车辆时，20%的顾客选择等待 2 天；80%顾客将不再购买，而选择其他品牌车辆。

（14）销售一辆车赢利 8000 元。

（15）顾客需求直接流失时，系统销售损失 10000 元。

（16）顾客选择等待，而在等待时间段内（2 天）销售点无法提供车辆给顾客时，将损失 12000 元。

17.1.3　仿真目标

建立该系统的仿真模型，运行 10 天（10 天×24 小时/天×60 分钟/小时=14400 分钟），统计如下数据：

（1）成品库、配送中心和销售点车辆的平均存放量、最大存放量；

（2）各销售点销售量；

（3）系统销售赢利和损失数据；

（4）卡车装载次数。

在学习过程中，主要关注如下功能的实现：

（1）功能结构相同的销售点元素的建模；

（2）车辆入库有效时间 8 小时/天、顾客需求有效时间 8 小时/天和卡车运输有效时间 24 小时/天的时钟协调；

（3）使用 Labor 元素模拟卡车的功能实现；

（4）DC 卡车运输选择目的销售点功能的实现；

（5）在缺货时两种类型顾客需求行为的建模；

（6）相关费用统计功能的实现。

17.2.1　建模元素定义

销售配送系统仿真模型中采用模组进行结构建模，整个模型由工厂模组（factory）、配送中心模组（DC）、销售点模组（SP1、SP2 和 SP3）及一个班次元素 dayShift 组成。该模型中各个模组所用到的元素及元素在模型中所起的作用如表 17.1 所示，其中三个销售点结构和规则完全一致，在表 17.1 中仅列出 1 个模组的元素。

表 17.1　销售配送系统仿真元素列表

模组	元素名称	元素类型	元素作用
factory	car	part	模拟工厂成品：车辆
	成品库	buffer	模拟工厂的成品库
	outStock	machine	模拟工厂车辆出库作业工序
	truckA	labor	模拟运送至配送中心的 2 辆卡车
	fromTruck	path	连接卡车停车场到发货工序的道路
	toDC	path	连接工厂成品库到 DC 的路径
DC	inBuf	buffer	模拟临时接受库存
	inStock	machine	模拟临时库存中车辆入库作业
	buf	buffer	模拟 DC 的车辆库存
	outStock	machine	模拟 DC 的车辆出库作业
	truckB	labor	模拟 DC 运输卡车
	toDC	path	连接运输卡车停车场到 DC 的路径
	toSP1	path	连接 DC 到销售点 1 的路径
	toSP2	path	连接 DC 到销售点 2 的路径
	toSP3	path	连接 DC 到销售点 3 的路径
SP1(2,3)	dmd	part	模拟顾客需求
	dmdList	buffer	模拟顾客需求订单存放队列
	lostDmd	buffer	模拟顾客流失订单队列
	inBuf	buffer	模拟销售点的临时库存
	inStock	machine	模拟临时库存车辆的入库作业
	buf	buffer	模拟销售点的仓库
	saler	machine	模拟车辆销售人员
	money	variable	记录销售点各项费用数据
dayShift		shift	设置 8 小时日班制的班次

建立的销售配送系统 Witness 仿真模型最终界面如图 17.2 所示，模型参看"chap17 销售配送系统.mod"。

（示例程序模型下载）

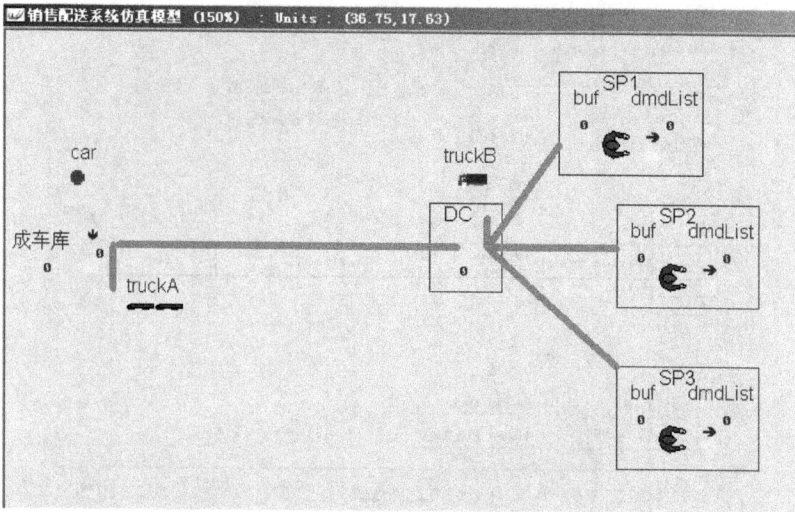

图 17.2 销售配送系统 Witness 仿真模型最终界面

17.2.2 模型细节设计

1. 班次元素细节设计

在整个系统中，除了物流作业为全天 24 小时工作制外，车辆的组装和顾客需求和满足仅在 8 小时工作制内作业，其他 16 小时为停工休息状态，因此需要一个能够控制这些每日工作 8 小时的元素在一个 24 小时循环周期内，只有 8 小时是活动状态的元素，这项功能由 Witness 中的班次元素 Shift 实现，在模型中定义的 dayShift 细节设计如图 17.3 所示。

2. factory 模组各元素设计

1）car 元素细节设计

car 元素的规律为每隔 4 分钟生成一辆，并送入成车库，且只在工作时段进入系统，细节设计如下。

```
Arrival Type: active
Inter Arrival: 4
To...: PUSH to 成车库
Shift: dayShift
```

2）outStock 元素细节设计

outStock 元素用于将成车库中的 40 辆车集中起来，并放到卡车上，由卡车运输给配送中心，其细节设计如下。

```
Type: Assembly
Input Quanity: 40
From: PULL from 成车库
Cycle Time: 5
To: PUSH to DC.inBuf With truckA Using Path
选项: Assemble Into Part 选中
```

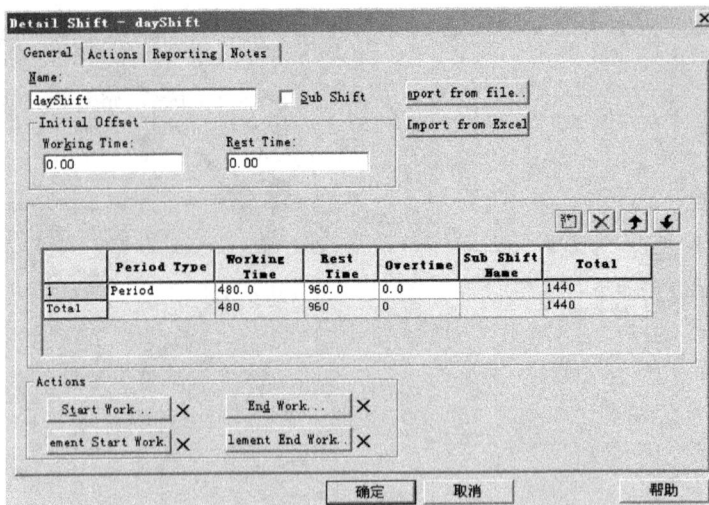

图 17.3 日工作时间 8 小时班次元素设计界面

3）路径元素 fromTruck 和 toDC 细节设计

fromTruck 模拟工厂卡车停车场到出库点之间的路径，toDC 模拟出库点到 DC 之间的路径，对两条路径的细节设计如下。

fromTruck 细节设计如下。

路径通过时长 Path Traverse Time:10。

路径连接原点 Source Eelement:TruckA。

路径连接终点 Destination Element:outStock。

toDC 细节设计如下。

路径通过时长 Path Traverse Time:500/80*60。

路径连接原点 Source Eelement:outStock。

路径连接终点 Destination Element:DC.inBuf。

注：

（1）fromTruck 路径通过时长为卡车从停车场到达出库点的时间；

（2）toDC 路径通过时长为出库点到 DC 之间的距离（500 千米）除以卡车速度（80 千米/小时=80/60 千米/分钟）。

3. DC 模组各元素细节设计

1）inStock 元素细节设计

inStock 元素将由卡车运送过来的车辆从临时库存 inBuf 中提取出来，并放入车辆仓库中，其细节设计如下。

```
Type: Production
From: PULL from inBuf
Cycle Time: 5
To: PUSH to buf
选中: Produce From First Part 选项
```

2）outStock 元素细节设计

OutStock 用于将 DC 仓库中的车辆 20 个组成一组，然后在下游三个销售点任一存量低于 20 时，由卡车运送至存量最低的销售点，其细节设计如下：

```
Type: Assembly
Input Quantity: 20
From:

IF MIN (NPARTS (SP1.buf),NPARTS (SP2.buf),NPARTS (SP3.buf)) <= 20
PULL from buf
ELSE
    WAIT
ENDIF
```

注：

只有在三个销售点中库存量最小的存量不大于 20 辆时，方进行卡车运输。

```
Cycle Time: 5
Labor Rule: truckB Using Path
选中: Assemble Into Part 选项
To:

IF NPARTS (SP1.buf) <= MIN (NPARTS (SP2.buf),NPARTS (SP3.buf))
    PUSH to SP1.inBuf With truckB Using Path
ELSEIF NPARTS (SP2.buf) <= MIN (NPARTS (SP1.buf),NPARTS (SP3.buf))
    PUSH to SP2.inBuf With truckB Using Path
ELSE
    PUSH to SP3.inBuf With truckB Using Path
ENDIF
```

注：

（1）第一句 IF 判断在 SP1 中的库存现车最少时，卡车运送给 SP1；

（2）第三句 ELSEIF 判断在 SP2 中的库存现车最少时，卡车运送给 SP2；

（3）第五句 ELSE 判断在 SP3 中的库存现车最少时，卡车运送给 SP3。

3）路径元素细节设计

四个路径元素细节设计如表 17.2 所示。

表 17.2　路径元素细节设计

Name	Traverse Time	Source Element	Destination Element
toDC	3	truckB	outStock
toSP1	140 / 60 * 60	outStock	SP1.inBuf
toSP2	160 / 60 * 60	outStock	SP2.inBuf
toSP3	200 / 60 * 60	outStock	SP3.inBuf

注：

路径的通过时间 Traverse Time 为路径长度同车辆每分钟的速度的比值，因为卡车的速度为每小时 60 千米，则配送中心通往 SP1 的 140 千米路程 toSP1，卡车需要行驶的时间为 $140/(60/60)=140/60\times60$ 分钟。

4．销售点模组各元素细节设计

三个销售点模型结构和运作规则完全相同，下面以 SP1 模组中的元素细节设计进行介绍。

1）dmd 细节设计

dmd 元素模拟顾客需求，顾客需求的基本规则是需求间隔服从均值为 15 分钟的负指数分布，当顾客需求在销售点发生时，如果销售点有现车，顾客需求将转化为实际销售；当顾客需求在销售点发生，销售点没有现车时，有 20%的顾客选择订车等待，最多等待 2 天时间，有 80%的顾客需求直接流失；顾客需求只在每天的 8 小时内发生，因此 dmd 元素细节设计如下：

```
Arrival Type: active
Inter Arrival: NEGEXP(15)
Shift: dayShift
To...:

IF NPARTS (buf) = 0
    IF UNIFORM (0,100) < 20
        PUSH to dmdList
    ELSE
        PUSH to lostDmd
    ENDIF
ELSE
    PUSH to dmdList
ENDIF
```

注：

（1）输出规则的第一个 IF 语句判断销售点有没有现车；

（2）第二个 IF 语句通过随机数，达到有 20%的顾客等待，进入 dmdList 队列，而 80%的顾客流失掉，进入 lostDmd 队列。

2）dmdList 队列细节设计

当顾客需求在队列 dmdList 中等待了 2 天而没有获得其所需的车辆时，该顾客需求将退出系统，并形成系统的损失，且顾客需求队列中最多等待 40 个顾客需求订单。

dmdList 元素细节设计如下：

```
Capacity: 40
Delay Option: Max
Maximum Time: 2880
Exit Rule: PUSH to SCRAP
Actions on Max: money (3) = money (3) + 12000
```

3）lostDmd 队列细节设计

当顾客需求到达，而销售点没有现车时，有 80%的顾客需求直接流失进入 lostDmd 队列，建模过程让流失的顾客需求进入 lostDmd 队列主要有两方面的意义：便于统计总的流失顾客数量及销售损失。

lostDmd 元素细节设计如下：

```
Delay Option: Max
Maximum Time: 5
Exit Rule: PUSH to SHIP
Actions on Max: money (2) = money (2) + 12000
```

4）inStock 元素细节设计

inStock 元素实现的功能是将配送中心送达的存放于临时库存中的车辆入库，其细节设计如下：

```
Type: Production
From: PULL from inBuf
Cycle Time: 3
To: PUSH to buf
选中选项: Produce From First Part
```

5）saler 元素细节设计

销售员 saler 元素在发现 buf 库存中有车辆，而 dmdList 中有顾客需求时，则分别从两处提取一辆车和一个顾客需求，实现顾客需求满足过程的模拟。

saler 元素的细节设计如下。

```
Type: Assembly
Input Quantity:2
From: MATCH/ANY buf #(1) AND dmdList #(1)
Cycle Time: 5
To: PUSH to SHIP
Actions on Output: money (1) = money (1) + 8000
```

17.3 仿真实验及结果分析

将模型运行至 4800 分钟，统计相关绩效指标数据。

17.3.1 工序忙闲状态

工序忙闲状态为各个设备的工作状态，所有机器设备的统计报告如表 17.3 所示。

表 17.3 机器设备状态统计表

Name	% Idle	% Busy	% Blocked	% Cycle Wait Labor	No. Of Operations
DC.inStock	98.96	1.04	0	0	30
DC.outStock	3.83	1.46	0	94.72	42
factory.outStock	67.01	1.04	31.94	0	30
SP1.inStock	99.71	0.29	0	0	14
SP1.saler	73.3	26.7	0	0	256
SP2.inStock	99.71	0.29	0	0	14
SP2.saler	74.29	25.71	0	0	246
SP3.inStock	99.73	0.27	0	0	13
SP3.saler	75	25	0	0	240

从表 17.3 中可以看出入库工位作业状态数据：配送中心入库工序 DC.inStock 总的作业次数为 30 次，同工厂的出库作业次数一样，表示在 10 个工作日内，工厂总共向配送中心发送了 30 卡车的销售车辆；三个销售点入库工序分别接受并入库了 14、14、13 卡车的销售车辆。

从表 17.3 中可以看出工厂出库作业被阻塞的比率（%Block）为 31.94，导致这种状态发生的原因是工厂已经集齐一卡车的销售车辆（40 辆），但是运输卡车在工厂和配送中心的途中，造成工厂出库作业的等待时间；配送中心等待卡车（%Cycle Wait Labor）的比率为94.72%，显示一辆卡车用于将配送中心的销售车辆运送至三个配送中心的运能不充足。

从表 17.3 中可以看出三个销售点的销售车辆数依次为 256 辆、246 辆和 240 辆。

17.3.2　系统平均库存水平

通过各个缓存中物料的存储情况，进一步了解系统的工位能力。对各个存储区中物料的存储情况和各工件的状态进行分别统计，数据如表 17.4、表 17.5 所示。

表 17.4　分存储区域库存统计信息表

Name	Total In	Total Out	Now In	Max	Avg Size	Avg Time
DC.buf	1200	860	340	360	166.6	1999.23
DC.inBuf	30	30	0	1	0	0
factory.成车库	1201	1201	0	3	0.34	4.02
SP1.buf	280	257	23	37	14.3	735.64
SP1.dmdList	257	257	0	6	0.83	46.29
SP1.inBuf	14	14	0	1	0	0
SP1.lostDmd	69	69	0	3	0.02	5
SP2.buf	280	247	33	37	13.55	696.63
SP2.dmdList	247	247	0	8	1.06	61.53
SP2.inBuf	14	14	0	1	0	0
SP2.lostDmd	52	52	0	3	0.02	5
SP3.buf	260	240	20	30	11.5	636.98
SP3.dmdList	240	240	0	6	1.72	103.13
SP3.inBuf	13	13	0	1	0	0
SP3.lostDmd	81	81	0	3	0.03	5

表 17.5　分工件库存统计信息表

Name	No. Entered	No. Shipped	No. Assembled	W.I.P	Avg W.I.P.	Avg Time
factory.car	1201	742	0	459	269.02	1075.18
SP1.dmd	326	69	256	1	0.82	12.02
SP2.dmd	299	52	246	1	0.88	14.08
SP3.dmd	321	81	240	0	1.49	22.28

从表 17.4 和表 17.5 中可以看出，平均存储量最大的仓库为配送中心仓库 DC.buf，平均库存为 166.6 辆，平均存储时长为 1999 分钟；每个销售点都有流失的库存，从三个销售点的 lostDmd 缓存区可以看出，三个销售点分别流失的顾客需求数量为 69、52 和 81。从上述两条信息可以看出，配送中心仓库中的平均库存量非常高，销售点又有流失的顾客需求，而销售点出现流失顾客需求的条件是顾客需求到达时，销售点仓库没有现车，因此可以初步得出结论：配送中心向销售点的车辆配送过程不流畅，或者是运输卡车数量不足，或者是运输卡车的调度规则需要优化。

17.3.3　卡车忙闲状态统计

通过分析卡车的状态信息，以确定运输卡车数量是否充足，以及相关的运能情况，卡车的具体统计数据如表 17.6 所示。

表 17.6 卡车工作状态统计表

Name	% Busy	% Idle	Quantity	No.Of Jobs Started	No.Of Jobs Ended	No.Of Jobs Now	Avg Job Time
DC.truckB	96.17	3.83	1	84	83	1	166.42
factory.truckA	52.78	47.22	2	30	30	0	506.67

从表 17.6 中可以看出，配送中心运输卡车数量不足，其忙率达到 96.17%，需要增加配送中心的运输卡车。

17.3.4 收益或损失费用统计

统计每个销售点的各项费用如表 17.7 所示，可以看出，缺货损失占销售收益的 34.03%，而从前述库存统计中可以看出配送中心的存量较多，如果及时将配送中心的车辆存量运输到销售点，可以转化为更多的销售收益。

表 17.7 成本和费用统计信息表

项目	SP1	SP2	SP3	合计
销售收益	2048000	1968000	1920000	5936000
缺货损失	690000	520000	810000	2020000
顾客等待损失	0	0	0	0
损失/收益比（%）	33.69	26.42	42.19	34.03

思考题

1. 在原模型基础上，修改模型，实现下列功能。

（1）改变配送中心车辆的载运量 30、40、50，分别进行仿真实验，对结果进行比较分析。

（2）将配送中心向销售点配送的起运数量由三个配送点出现存量低于 20 开始配送，改为低于 30、40 开始配送，分别进行仿真实验，并对结果进行比较分析。

（3）将配送中心向销售点配送的运输卡车增加为 2 辆，进行仿真实验和结果比较。

（4）通过改变模型中三个销售点顾客到达间隔的随机数流（负指数分布函数中的第二个参数值），进行仿真实验，并对结果进行比较分析。

（5）原模型中，顾客需求到达发现销售点没有现车，有 20% 的顾客选择等待 2 天，而 80% 的顾客离开。试修改模型，在顾客需求到达而销售点没有现车时，有 30%、40%、50% 的顾客选择等待 2 天，进行仿真实验，并对结果进行比较分析。

2. 假设车辆存放于 DC 的库存成本为 100 元/车/天，而存放于销售点的库存成本为 150 元/辆/天，在原模型基础上，实现库存成本的统计。

（章节自测题）

第18章　车辆生产物流系统集成建模与仿真

在系统科学研究中，为了达到整个系统的优化和改善，除了在进行系统规划时的科学分析和设计之外，系统运行过程中对子系统的独立分析和逐步优化是实际工程项目中经常采用的方法。当实际系统投产运行后，系统流程、基础设施及机械设备已经配置到位，但是运行过程中随着内外部环境的变化，系统绩效指标需要持续改善，这时难以通过改善整体设计的方式实现系统效能的突发式提升，只能在既有配置的基础上，通过有限的资源投入对系统相关的子模块进行分析和改善，实现系统效能的渐进式提升。在渐进式提升过程中，运用仿真方法对所研究子系统的建模和仿真实验是一项有效的支持手段。

前述章节分别介绍了车辆生产物流系统案例中各个子模块仿真模型的构建和实验分析，通过这些章节的学习，一方面有助于了解制造系统中采购、生产、销售过程中的物流过程和控制过程，为分析相关制造企业供应链提供直观的感知和理论分析框架；另一方面掌握生产物流系统中常见流程的仿真建模方法和编程技术，树立离散事件系统建模与仿真的分析思路和视角。由于这些子模块或子系统是整个生产物流系统中的组成部分，这些组成部分之间具有物流和信息流的交互作用，彼此之间互相影响、互相制约，最终决定了整个系统的绩效。为了实现系统整体效能的评估、分析和改善，需要将这些子系统集成为一个完整的系统模型，然后进行仿真实验和结果分析。

由于模型文件中的元素包含了很多规则和参数，不能通过简单的复制和粘贴实现将一个模型文件集成到另一个模型文件中去，需要一些特定的操作步骤方能实现模型的集成。本章在前述章节模型的基础上，介绍在 Witness 软件中进行这些子模型之间集成过程和实验结果分析，包括子模型集成模块的制作、集成模型的生成、集成模型中子模块之间物流和信息流的调整及实验验证和结果分析。

18.1　仿真模型集成主要步骤

在前面几章中，已经建立了车辆生产物流系统各个子模块的仿真模型，现在需要将这些子模块集成为一个完整的生产物流系统模型，需要将各个模块由分散的模型文件集中到一个模型文件中，同时对相互之间的物料流和信息流进行连接。为了实现模型的集成，需要进行如下几步操作。

（1）将原有的子模型调整并保存为用户自定义模组文件 mdl，依照模型构建的先后顺序，分别命名为 buy.mdl、cut.mdl、streamline.mdl、cell.mdl、assemble.mdl、fork.mdl、agv.mdl、hookline.mdl 、deliver.mdl 九个模组文件。

（2）新建一个空白的模型文件，命名为 carLogistic.mod，如下操作将在 carLogistic.mod 文件中操作。

（3）将 step1 中的 mdl 文件逐个导入到 carLogistic.mod 模型中，并根据相对位置调整整体布局。

（4）调整和修改这些模组元素之间的物料流和信息流，实现整个模型的信息和物流的顺利流通。

这里以模型"chap09 采购过程.mod"和模型"chap10 下料生产过程.mod"为例说明 Witness 中两个模型集成到一个模型中去的步骤。

18.1.1　用户自定义模组设计

1．buy.mdl 文件制作

打开"chap09 采购过程.mod"文件，进行下列操作：

（1）选中全部元素，单击工具栏上创建模组元素按钮，如图 18.1 所示。

（2）在弹出模组元素设计对话框中写入模组名称"buy"，单击"确定"按钮。

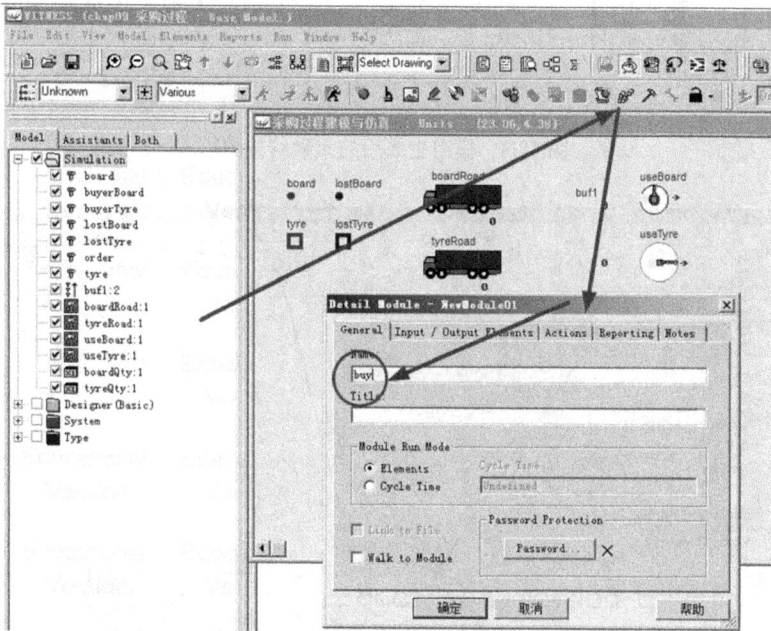

图 18.1　模组生成过程示意图

（3）在随后出现的可视化设计对话框中单击"√"按钮，如图 18.2 所示，即不进行任何模组的可视化修改或定义。

图 18.2　可视化设计对话框

（4）设定完毕后，模型的元素列表区出现了一个 buy 模组，如图 18.3 所示。

（5）然后通过"File->Save As"打开"另存为"对话框，在"保存类型"中选择模组文件格式"Module Files（*.mdl）"，在"文件名"中写入模组名称"buy"，单击"保存"按钮后，将弹出保存模组选择框"Save Module"，光标选中本模型文件中的模组"buy"后，单击"OK"按钮后（操作图形界面如图 18.4 所示），生成"buy.mdl"文件。

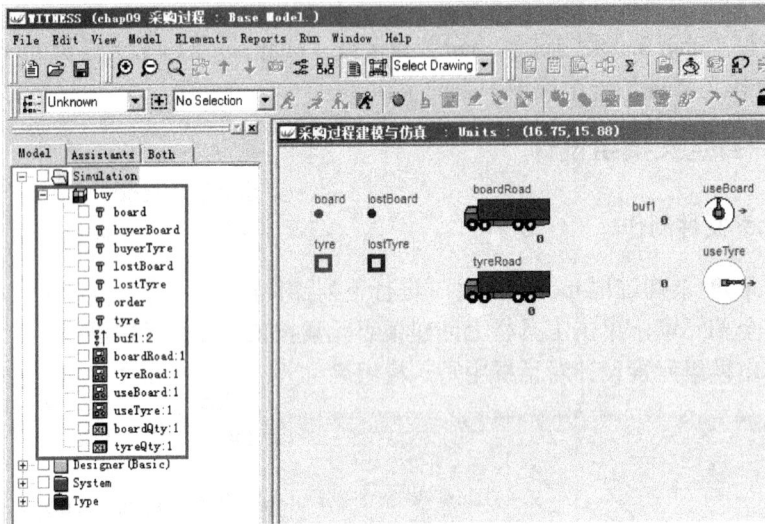

图 18.3　模组生成后的元素结构图

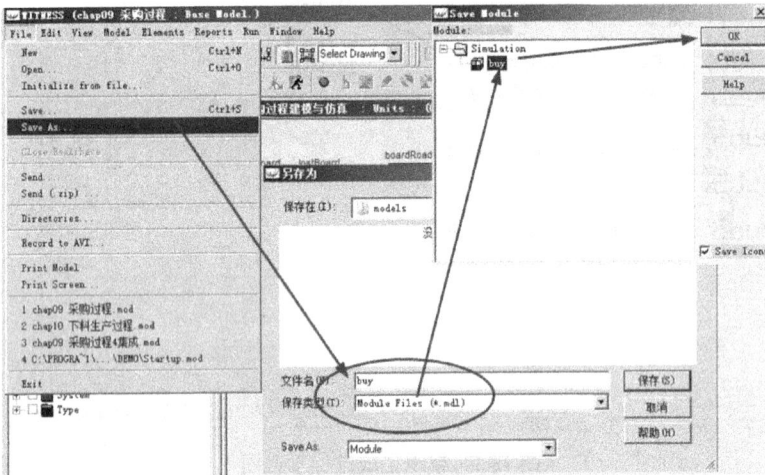

图 18.4　mdl 文件生成操作过程图

2．Initialize Actions 过程的处理

由于子模型文件中，"chap10 下料生产过程.mod"、"chap14 车间物流系统——叉车.mod"、"chap15 车间物流系统——AGV.mod"、"chap16 车间物流系统——集放链.mod"模组文件中均有初始化数据处理的程序，需要将这部分程序先写入模组文件中，以节省后续模型连接过程中的程序处理。

下面以"chap10 下料生产过程.mod"模型文件另存为"cut.mdl"模组文件为例，说明具有 Initialize Actions 程序的模型文件转存为模组文件时的处理过程。该过程要比没有 Initialize Actions 过程模型文件转存为模组文件时的处理过程多一个步骤，即先在模型文件中定义一个函数 initData，将 Initialize Actions 过程中的程序写到该函数中，然后再按照 bug.mdl 制作过程的步骤生成模组元素、另存为模组文件。

Initialize Actions 过程的处理步骤如下。

（1）在打开的模型文件中，定义一个函数，并将函数命名为 initData，返回值 Type 设定为"Void"，如图 18.5 所示。

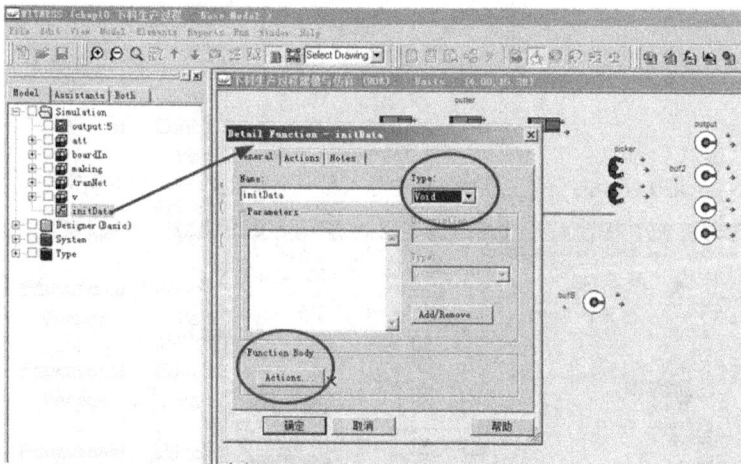

图 18.5　初始化数据函数操作过程图

（2）然后通过模型文件菜单"Model->Initialize Actions"将初始化程序复制后，粘贴到该函数体 Function Body 中。

至此，就可以按照没有初始化程序的模型文件生成模组文件过程进行处理了。cut.mdl、streamLine.mdl、cell.mdl、assembleLine.mdl、fork.mdl、agv.mdl、hookLine.mdl 、deliver.mdl 这八个模组文件，不论具有初始化程序，还是没有初始化程序，都可以进行具体制作，其制作过程此处不再详细描述，具体参看电子档模组文件，这些模组文件均可从 www.iescm.com/Simu Book 中下载参考、学习。

18.1.2　模型集成操作

（子模型组文件）

下面将模组文件 buy.mdl 和 cut.mdl 文件集成到整体模型文件"carLogistic.mod"中，主要步骤如下。

（1）打开"carLogistic.mod"模型文件。

（2）通过该模型中的打开图标打开"buy.mdl"模组文件，操作步骤如图 18.6 所示。

通过图 18.6 所示的方式打开 buy.mdl 模组文件后，该模组文件的全部内容将导入到"carLogistic.mod"文件当中，布局如图 18.7 所示。

由于 Witness 打开模组文件后，总是将模组元素的可视化效果显示在布局区的左上角，因此，为了避免后续模组元素可视化效果同前面打开模组可视化效果叠加在一起，在可视化调整过程中选择比较困难的问题，总是在打开一个模组之后，将该模组元素的可视化效果移动到远离布局区左上角的位置。具体操作为：鼠标全选后，拖动到其他的适合位置。

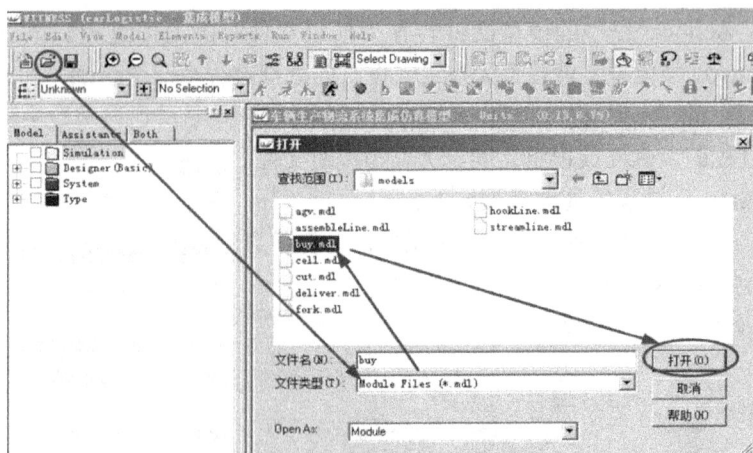

图 18.6 向一个空模型文件中导入另一个模组文件操作过程图

图 18.7 导入后的模型布局图

（3）重复上述步骤（2），通过打开按钮将模组文件"cut.mdl"导入"carLogistic.mod"文件，调整布局后，效果如图 18.8 所示。

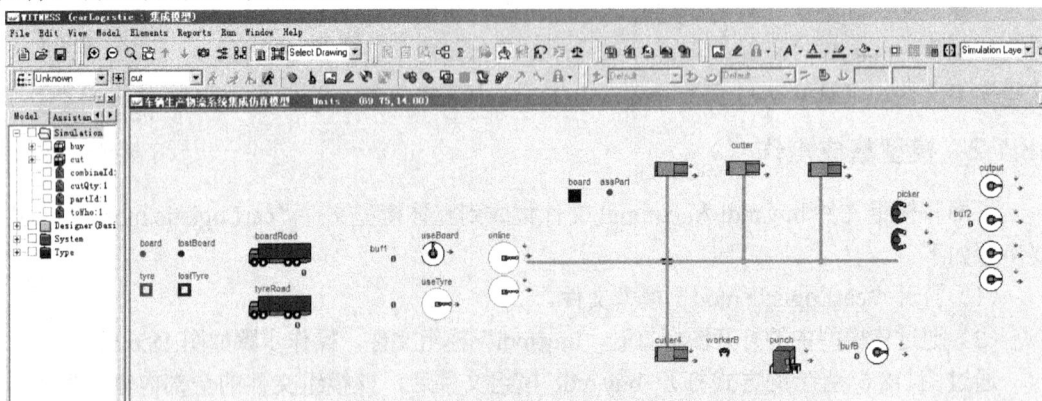

图 18.8 两个模组文件集成后的模型布局界面

整个模型文件包含了两个模组：buy 和 cut，以及由 cut 模组文件传递过来的四个属性元素 combineId、cutQty、partId、toWho，以及两个模组的可视化布局。

其他模组文件按此方法进行导入和布局的简单调整，导入完毕后，整个模型文件布局如图 18.9 所示，该图显示了模型的基本内容和布局，具体内容和布局请参看模型文件 "chap18carLogisticV1.mod"。

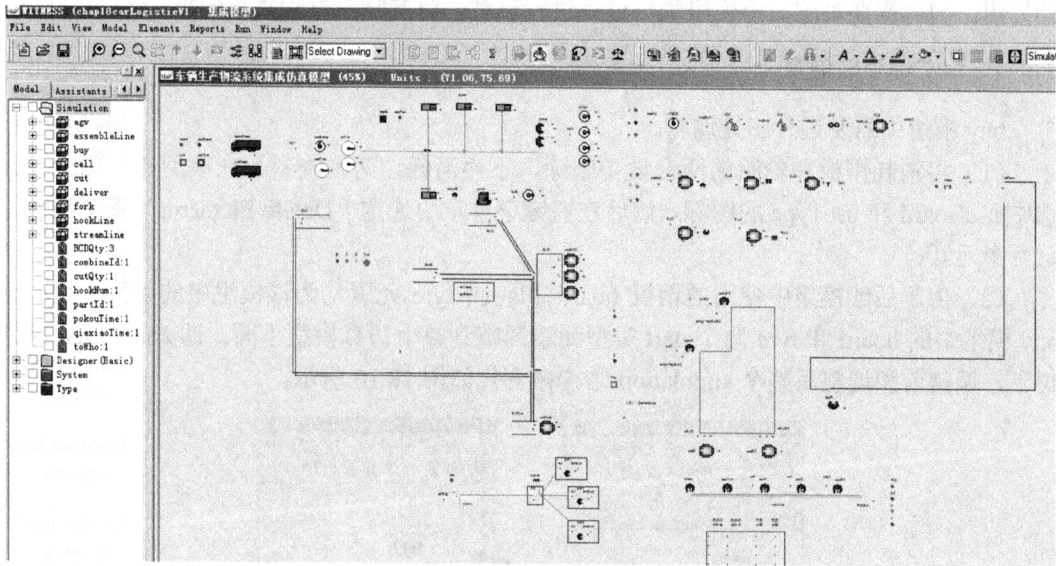

图 18.9　车辆生产物流系统集成模型界面

18.1.3　集成模型调整

此时整个车辆生产物流系统模型所需要的模组元素都已经集中到一个模型文件中了，但是这些模组还是处于相对独立的状态，要实现这些模组之间的整体运作，需要根据模组之间的关系，进行集成模型的物流和信息流的调整具体在 18.2 节进行介绍，这里先介绍数据初始化的调整过程。

数据初始化需要将各个模组中的初始化函数写入模型的 Initialization Actions 程序中，写入后，该模型的初始化函数程序如下：

```
cut.initData()
fork.initData()
agv.initData()
hookLine.initData()
```

18.2　物流连接设计

18.2.1　采购模组与下料和叉车物流模组的物流连接

采购模组（buy）中采购的钢板和轮胎两种产品分别作为下料模组（cut）和叉车物流模组（fork）的输入原料。在独立子模型中，采购模组中的这两种产品由两台生产设备（useBoard 和 useType）消耗掉，下料模组中钢板的输入由其子模组 boardIn 中的 dayInput 元素来控制和导入，并输出到该模组下的 rmBuf 缓存区中，叉车模组中的轮胎输入由设定的 part 元素

第 18 章　车辆生产物流系统集成建模与仿真　**279**

Tyre 按特定时间间隔主动输入。但是在集成模型中，采购模组中的产品输出目的地将分别作为下料和叉车模组中对应物料的来源地点，下料和叉车模组中钢板和轮胎的来源皆为采购模组。因此需要对这三个模组物流过程进行调整，将其物流过程连接起来。

1．buy 模组的调整

buy 模组中需要进行三处调整。

（1）将消耗钢板和轮胎的两台设备删除，不再消耗这两种物料。在模型布局图上鼠标选中 useBoard 和 useType 的图标，然后在右键菜单项中选定"Delete Elements"菜单项删除这两个元素。

（2）由于后续模组中使用的钢板 board 和轮胎 tyre 元素均为该模组中的元素，因此将 buy 模组中的 board 和 tyre 两个 part 类型元素调整到整个仿真模型下面，即 simulation 结构树下，调整前和调整后整个 simulation 结构树变化如图 18.10 所示。

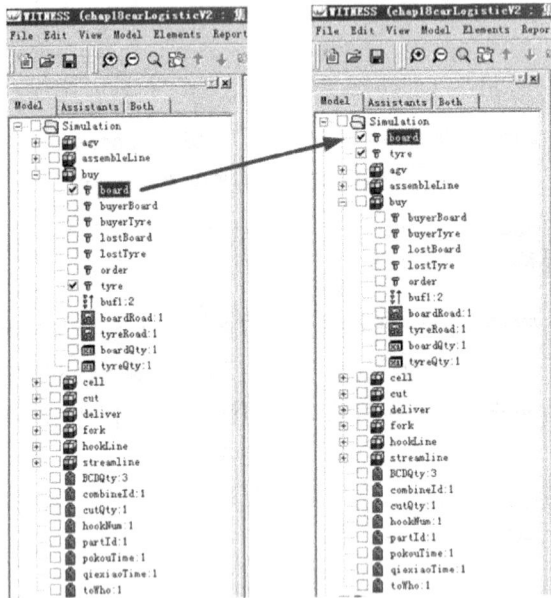

图 18.10　buy 模组调整前（左图）、后（右图）结构树的变化示意图

（3）采购的轮胎直接送到叉车物流模组的轮胎存放地点 fork.Buf1，因为 fork.Buf1 同 buy 模组中的 buf1(2)实际映射的是同一个库区。具体操作是将元素 buy.tyreRoad 的输出规则进行如表 18.1 所示的调整。

表 18.1　bug.tgreRoad 元素输出规则调整

原规则	新规则
PUSH order to SHIP,tyre to buf1(2)	PUSH order to SHIP,tyre to fork.Buf1

2．cut 模组的调整

cut 模组中物流调整按照以下两个步骤进行。

（1）将钢板的输入由原来的 out of world 位置指定为 buy 模组的钢板存放地点元素 buf1(1)。具体操作是将元素 cut.boardIn.dayInput 的输入规则进行如表 18.2 所示的调整。

表 18.2　cut.boadIn.dayLnput 输入规则调整

原规则	新规则

IF NOPS (ELEMENT) <= TRUNC (TIME / cut.v.dayTime) !每
日执行一次
　　　PULL from board out of WORLD
ELSE
　　　Wait
ENDIF
	IF NOPS (ELEMENT) <= TRUNC (TIME / cut.v.dayTime) !每
	日执行一次
	　　　PULL from buy.buf1(1)
	ELSE
	　　　Wait
	ENDIF

（2）将该模组中的物料元素 cut.boardIn.board 删除，因为该模组中的钢板 board 元素由 buy 模组中输送过来。为了删除元素 cut.boardIn.board，并将模组中的使用该元素的全部程序改为使用 simulation 结构树下的 board 元素。主要修改对象是下料模组中的下料设备 cut.making.cutter4 和分拣设备 cut.making.picker，在这两个设备的输出规则中需要区分输出的是钢板边角料还是切割后的组装零部件，因此将这两台设备的输出规则进行如表 18.3 所示的调整。

表 18.3　下料和分拣设备输出规则调整

对象名称	原输出规则	新输出规则
cut.making.cutter4	PUSH cut.boardIn.board to SHIP,assPart to punch	PUSH board to SHIP,assPart to punch
cut.making.picker	PUSH cut.boardIn.board to SHIP,assPart to buf2	PUSH board to SHIP,assPart to buf2

上述修改之后，将 cut.boardIn.board 元素删除。

3．fork 模组的调整

由于采购模组 buy 将采购进来的轮胎元素直接送达 fork 模组中的轮胎存放缓存区 fork.buf1，因此 fork 模组中只需要停止其轮胎的直接输入过程即可，具体操作是将 fork.type 元素删除。

18.2.2　下料模组与叉车物流和流水机加模组的物流连接

下料模组（cut）中切割和冲压出来的组装件将作为输入物料供应给叉车物流模组（fork）和流水机加模组（streamLine），其中切割出的 B、C 和 D 将由叉车模组中的叉车运输，A 和 E 直接存放于流水机加模组中的物料缓存区 streamLine.stock2 中。在独立子模型中，下料模组中设定了由 5 台设备组成的生产设备（output）将这五种物料消耗掉，叉车物流模组中 B、C、D 三类组成件由三个 part 元素随机输入，流水机加模组中的 A 和 E 两类组成件由两个 part 元素随机输入。但是在集成模型中，下料模组中的产品输出目的地将分别作为叉车和流水机加模组中对应物料的来源地点，叉车和流水机加模组中原料的来源皆为下料模组。因此需要对这三个模组物流过程进行调整，将其物流过程连接起来。

1. cut 模组的调整

cut 模组调整需要实现的功能主要是将切割后的零部件根据 partId 转变为叉车物流模组和流水机加模组中的 A、B、C、D 和 E 五种零件。这种转变最简便的方法就是在 cut 模组中的输出生产设备 output 进行设计。为了实现这项功能，需要对 cut.output 元素的细节设置进行三项调整。

（1）需要在 cut.output 元素的 Actions On Finish 中添加下列代码：

```
IF partId = 1
    CHANGE making.assPart to streamline.A
    PEN = 1
ELSEIF partId = 2
    CHANGE making.assPart to fork.B
    PEN = 1
ELSEIF partId = 3
    CHANGE making.assPart to fork.C
    PEN = 4
ELSEIF partId = 5
    CHANGE making.assPart to fork.D
    PEN = 2
ELSEIF partId = 4
    CHANGE making.assPart to streamline.E
    PEN = 4
ENDIF
```

该代码实现将下料车间切割下来的组成件根据 partId 转变为叉车模组和流水机加模组中对应的零件，并根据每种零件在叉车模组和流水机加模组中的颜色进行显示。

（2）上述代码实现了零件类型的转换，转换完毕的零件需要送到不同模组中的原料缓存区中，而非原有子模组中的直接输出系统，因此，需要对 cut.output 元素的输出规则进行如表 18.4 所示的调整。

表 18.4　out.output 输出规则调整

原规则	新规则

PUSH to SHIP	IF TYPE = streamline.A OR TYPE = streamline.E
	　　　PUSH to streamline.stock2
	ELSEIF TYPE = fork.C OR TYPE = fork.D
	　　　PUSH to fork.Buf2
	ELSE
	　　　PUSH to fork.BufB
	ENDIF

输出规则调整后，cut.output 元素中的 5 个对象将根据各自准备输出的零件的名称确定输出地点。

（3）为了防止输出设备作业时间对后续过程的影响，将 cut.output 元素的 Cycle Time 由原来的 2 分钟设定为 0 分钟。

同时，为了模型界面的简洁性，将 cut.output、cut.buf2 和 cut.bufB 三个元素的可视化全部删除。

2．fork 模组的调整

fork 模组中 B、C、D 零件的到达由 cut 模组直接供应，fork 模组自身不再生成这些零件，因此需要将 fork 模组中这三个零件的类型由 "Active" 类型改为 "Passive"。

3．streamLine 模组的调整

streamLine 模组中 A、E 零件的到达由 cut 模组直接供应，因此也将 streamLine 模组中这两个零件的类型由 "Active" 类型改为 "Passive"。

18.2.3　叉车模组与单元生产和总装模组的物流连接

叉车模组（fork）中叉车将 B、C 和 D 按照特定的调度规则运输至存放区 fork.Buf3 后，由设备 fork.useBCD 处理并送出系统，轮胎被叉车运输至 fork.BufTyre 也由设备 fork.useTyre 处理并送出系统。在集成模型中，这些零部件不能直接被送出系统，而需要在后续的单元生产模组（cell）和总装模组（assembleLine）中进行继续生产加工或装配。同时单元生产和总装模组中原料的输入不能直接从 out of world 处随机输入，而需要由 fork 模组来提供。

1．fork 模组的调整

fork 模组调整需要实现的功能主要是将运输的 B、C、D 转变为单元生产模组中的 B、C 和 D，并送到单元生产模组中的缓存区 cell.stock3；而轮胎则只能存放在其存放区 fork.BufTyre 中，然后由总装模组中的轮胎装配工位来提取。为了实现 B、C、D 的物料类型转变和运输目的地的修改，需要对 fork.useBCD 设备的细节进行调整。

（1）在 fork.useBCD 设备的 Actions on Finish 中添加如下代码，实现 part 元素类型的转变。

```
change b to cell.B
change c to cell.c
change d to cell.d
```

（2）将 fork.useBCD 设备的输出规则进行如表 18.5 所示的调整。

表 18.5　fork.useBCD 设备输出规则调整

原规则	新规则
PUSH to SHIP	PUSH to ROUTE

为了实现 Tyre 零件存放在 fork.BufTyre 中，等待总装工位提取，需要将 fork.useTyre 元素删除。

2．cell 模组的调整

cell 模组中的 B、C、D 元素在原有子模型中是主动进入系统，并根据其作业路径进行流转的，而且作业路径 ROUTE 的第一个目的地都是 cell.stock3，但在集成模型中，这三类零件是由 fork 模组主动送入的，因此需要将 cell 模组中的 B、C、D 元素由原来的主动型修改为被动型，即将其细节设置对话框中的到达类型由 "Active" 修改为 "Passive"。

3. assembleLine 模组的调整

assembleLine 模组中的轮胎元素在原有子模型中是由轮胎组装工位 assembleLine.assTyre 直接从 out of world 处提取进来的，但是在集成模型中，需要组装工位 assembleLine.assTyre 从 fork.bufTyre 中提取进来。因此将 assembleLine.assTyre 元素的输入规则进行如表 18.6 所示的调整。

表 18.6　assembleLine.assTyre 元素输入规则调

原规则	新规则

IF isStart (4) = 1 AND isFinish (4) = 0
　　PULL from unuse out of WORLD
ELSE
　　Wait
ENDIF
	IF isStart (4) = 1 AND isFinish (4) = 0
	　　PULL from fork.BufTyre
	ELSE
	　　Wait
	ENDIF

18.2.4　流水机加模组与集放链模组的物流连接

流水机加模组（streamLine）中焊接而成的部件 F 将由集放链模组（hookLine）运输至总装线。在原有子模型中，streamLine 模组中焊接后的部件 F 存放在自身的缓存区 streamline.stock4 中，hookLine 模组中的部件 F 随机生成。在集成模型中，需要将 streamLine 模组中焊接好的部件 F 送到 hookLine 模组中的存放区 hookLine.Buf4 中，而将 hookLine 模组中的 part 元素 F 删除。

主要调整是将 streamline 打磨元素的输入规则由原来的 PUSH to stock4 修改为 PUSH to hookLine.Buf4；将 hookLine 中的 part 元素 F 删除即可。

18.2.5　单元生产模组与 AGV 模组的物流连接

单元生产模组（cell）中加工的零件 B、C、D 将由 AGV 模组运输至总装线。在原有子模型中，cell 模组中加工后的部件 B、C 存放在自身的缓存区 cell.fbuf1 中，加工的部件 D 存放在自身缓存区 cell.fbuf2；AGV 模组中的 B、C 和 D 随机生成并存于不同缓存区 agv.bufBC、agv.bufD 中，然后托盘配盘工人从这两个缓存区中提取零件进行配盘。在集成模型中，设定配盘工人不是从缓存区 agv.bufBC、agv.bufD 中提取零件配盘，而是直接从 cell 模组中的 cell.fbuf1 和 cell.fbuf2 两个缓存区中提取零件配盘，实现两个模组之间的物流连接。因此，这两个模组之间的物流连接不需要修改 cell 模组中的设计，只需要修改 AGV 模组中两个配盘工人 agv.packBC 和 agv.packD 的设计即可。

agv 模组中两个配盘工人 agv.packBC 和 agv.packD 的输入规则调整如表 18.7 所示。

表 18.7　配盘工人输入规则调整

对象名称	原输入规则	新输入规则
agv.packBC	SEQUENCE /Wait emptyTrayBufBC#(1), B out of bufBC#(5), C out of bufBC#(5)	SEQUENCE /Wait emptyTrayBufBC#(1), cell.B out of cell.fbuf1#(5), cell.C out of cell.fbuf1#(5)
agv.packD	SEQUENCE /Wait emptyTrayBufD#(1), bufD#(10)	SEQUENCE /Wait emptyTrayBufD#(1), cell.fBuf2#(10)

由于 agv.packBC 新输入规则需要同时从 cell.fbuf1 中提取两种零件 cell.B 和 cell.C，因此需要将 cell.fbuf1 元素的"Output Option"由原来的"First"改为"Any"。

当配盘工人不再从 agv 模组自身提取 B、C 和 D 配盘时，agv 模组中的 B、C、D 及 agv.bufBC、agv.bufD 元素就是多余的设计了，直接将这五个元素删除。

18.2.6 总装模组与 AGV 和集放链模组的物流连接

总装模组（assembleLine）中所需装配的零件 B、C、D 和 F 分别由 agv 模组和集放链模组（hookLine）送达。在原有子模型中，assembleLine 模组中所需的四类零件随机到达，而 agv 和 hookLine 中运送的零件直接排出系统。在集成模型中，agv 和 hookLine 中运送的零件不能直接排出系统，而需要送到 assembleLine 模组中的对应存放区中。

1. agv 模组的调整

agv 模组调整需要实现运至总装工位的 BC 零件存于 assembleLine.rmBC 缓存区，运至总装工位的 D 零件存于 assembleLine.rmD 缓存区。这里包含两个设计：一个为输出目的地的调整，另一个为零件类型的转变。输出目的地调整分别在 agv 模组中两个元素 agv.useBC 和 agv.useD 的输出规则调整，如表 18.8 所示。

表 18.8 物料消耗设备输出规则调整

对象名称	原输出规则	新输出规则
agv.useBC	PUSH to SHIP	PUSH to assembleLine.rmBC
agv.useD	PUSH to SHIP	PUSH to assembleLine.rmD

零件类型转变设计在 agv 模组中两个元素 agv.useBC 和 agv.useD 的 Actions on Finish 设置中，分别设置为 change all to assembleLine.BC 和 CHANGE ALL to assembleLine.D。

2. hookLine 模组的调整

集放链模组 hookLine 调整需要实现运至总装工位的 F 零件存于 assembleLine.rmF 缓存区，而非直接排出系统，实现该项功能同样包含两个设计：一个为输出目的地的调整，另一个为零件类型的转变。输出目的地调整需要对 hookLine.assF 元素中第二个 Cycle 的输出规则进行如表 18.9 所示的修改。

表 18.9 hookLine.assF 元素第二个 Cycle 输出规则调整

原输出规则	新输出规则
PUSH to SHIP	PUSH to assembleLine.rmF

零件类型的转变需要在 hookLine.assF 元素中第二个 Cycle 的"Actions on Output"中设定语句 CHANGE ALL to assembleLine.F 来实现。

3. assembleLine 模组的调整

assembleLine 模组中只需要停止 BC、D 和 F 的主动随机性进入系统即可，因此将这三个 part 元素到达类型均由"Active"设定为"Passive"。

18.2.7 总装模组与销售模组的物流连接

总装模组（assembleLine）中总装的车辆将供应给销售模组（deliver）销售。在原有子模型中，总装模组中总装线最后的产品由 assembleLine.toFM 送出系统，而 deliver 模组中的车辆随机生成并存入缓存区 deliver.factory 成车库中以供销售。在集成模型中，需要调整总装模组的产成品送至销售模组的 deliver.factory 成车库中，而停止 deliveer 中车辆 car 的随机生成。

1. assembleLine 模组的调整

assembleLine 模组调整需要实现将最终的产成品运至销售模组中的成车库缓存区中，实现该功能包含两个设计：一个为输出目的地的调整，另一个为零件类型的转变。输出目的地调整需要对 assembleLine.toFM 元素的输出规则进行如表 18.10 所示的修改。

表 18.10　assembleLine.toFM 元素输出规则调整

原输出规则	新输出规则
PUSH 车架 to fmBuf,unuse to SHIP	PUSH 车架 to deliver.factory.成车库,unuse to SHIP

零件类型的转变需要在 assembleLine.toFM 元素的 "Actions on Output" 中设定语句：

```
IF TYPE = 车架
    CHANGE ALL to deliver.factory.car
ENDIF
```

该语句仅仅将车架转变为销售车辆，而初始使用的用于总装线占位的 unuse 零件则不做改变。然后删除该模组中的成品库存元素 assembleLine.fmBuf。

2. deliver 模组的调整

deliver 模组中只需要停止 car 的主动随机性进入系统即可，因此将 part 元素 car 到达类型由 "Active" 设定为 "Passive"。

（集成模型）

至此，集成模型物流连接设计完毕，参看模型文件 "chap18carLogisticSystem.mod"，调整后的模型结构和布局如图 18.11 所示。

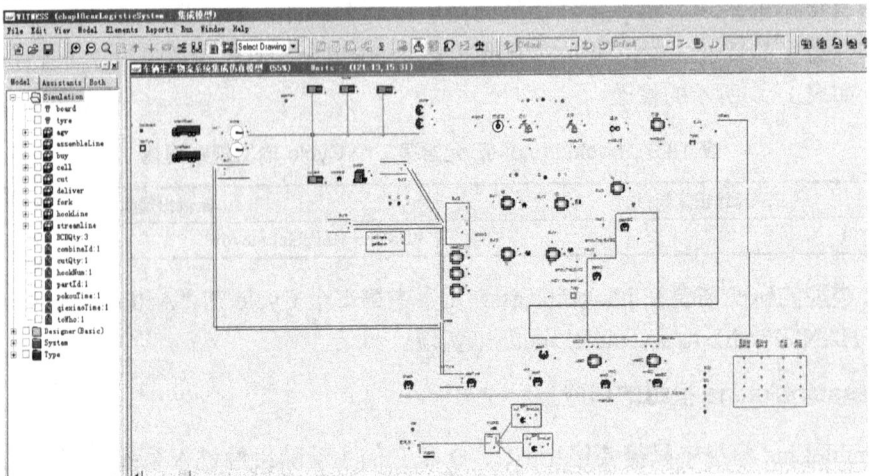

图 18.11　车辆生产物流系统集成模型布局图

18.3 仿真实验及结果分析

将模型运行至 4800 分钟，然后进行统计结果分析。通过前面各个子模型的仿真实验，了解到下料车间、流水机加车间和成组加工车间的作业能力有限，会很大程度上限制总装线零部件的供应，从而制约系统的产能。

18.3.1 产能分析

从总装线设计节拍为 2 分钟来看，希望系统每天 480 分钟能够生产出 240 台车，仿真 10 天能够生产出 2400 辆车。从仿真实验结果中可以看出，通过销售中心销售出去的车辆为 40 辆，还有总装线处库存成品车 17 辆，总的生产出来的成品车数量为 57 辆，远小于计划的产能。下面对相关统计数据进行统计和分析，查找制约产能的主要原因。

1. 组成部件统计分析

在分析生产物流系统产量不足的原因时，首先分析是否由于机器或车间能力不足，导致组成部件产量不足，或滞留为在制品库存。Part 元素仿真统计结果如表 18.11。

表 18.11　总装线相关零部件统计报表

Name	tyre	assembleLine.BC	assembleLine.D	assembleLine.F	assembleLine.车架	deliver.factory.car
No. Entered	1940	65	140	366	1068	57
No. Shipped	60	65	64	62	0	40
No. Scrapped	0	0	0	0	0	0
No. Assembled	0	0	0	0	57	0
No. Rejected	0	0	0	0	1333	0
W.I.P.	1880	0	76	304	1011	17
Avg W.I.P.	1514	0.02	38.19	140.2	796.7	19.56
Avg Time	3746	1.8	1309	1838	3581	1647

从总装线相关零部件统计报表中可以看出，依据供应充足程度对组成零部件排序，依次为：轮胎（tyre）、车架（assembleLine.车架）、组成件 F、组成件 D 和组成件 BC，这几类进入系统数量（No. Entered）依次为 1940、1068、366、140 和 65，因此可以看出 BC 缺货最严重，D 和 F 次之。为了提高总装线的产量，必须提高组装件 BC、D 和 F 的到达数量。

为了分析 BC、D 和 F 的缺货情况，再查看其他车间相关部件的统计报表如表 18.12 所示。

表 18.2　组成件统计报表

Name	board	cell.B	cell.C	cell.D	fork.B	fork.C	fork.D	streamline.A	streamline.E	streamline.F
No. Entered	1470	1185	782	699	1195	785	699	2013	868	370
No. Shipped	541	0	0	0	0	0	0	0	0	0
No. Scrapped	0	0	0	0	0	0	0	0	0	0
No. Assembled	0	65	65	150	1185	782	699	370	740	366
No. Rejected	0	0	0	0	0	0	0	0	0	0
W.I.P.	929	1120	717	549	10	3	0	1643	128	4
Avg W.I.P.	523.6	516.6	333	249.9	3.29	3.31	1.03	770.22	67.96	2.83
Avg Time	1710	2093	2044	1716	13.23	20.21	7.08	1836.6	375.8	36.69

对于 BC 件的生产物流过程，从表 18.12 中可以看出以下情况。

（1）叉车物流车间产能充足。进入该车间的零件基本都被送出，其中叉车物流车间 fork.B、fork.C 和 fork.D 的进入量（No. Entered）和运出数量（No. Assembled）分别为 1195、785、699 件和 1185、782、699 件，结合总装线的 BC 和 D 的数量，可以看出叉车物流车间和总装线车间之间的生产物流过程能力约束，使得叉车运送的零件无法送达总装线。

（2）成组加工车间生产能力严重不足。该车间的 cell.B、cell.C、cell.D 进入量（No. Entered）分别为 1185、782、699 件，而未完成各道工序的，尚处于该车间存放区的产品数量（W.I.P.）依次为 1120、717、549 件。结合前一分析，可以看出成组加工车间生产能力严重不足。

（3）流水机加车间生产能力严重不足。该车间的部件 streamline.A、streamline.E 进入量分别为 2013 件和 868 件，而未完成各道工序的，尚处于该车间存放区的产品数量（W.I.P.）依次为 1643 件和 128 件。同时根据 A 和 E 的存放量（W.I.P.）之间的巨大差异，可以看出，下料车间的排料计划需要调整，增加 E 的排料，而缩减 A 的排料。

（4）下料车间能力不足。该车间的原料钢板供应总供应量为 1470 件，而未完工的存放量达到 929 件，可以看出下料车间能力不足。

2．生产设备统计分析

从组成部件统计分析结果可以看出，下料车间、流水机加车间和成组加工车间的生产能力都很低，影响了零部件的产出。下面重点分析这三个车间设备的运作统计数据，如表 18.13 所示。

表 18.13　生产设备统计数据表

Name	cell					cut.making				cut.tranNet	streamline				
	割	刨	铣	钻	镗	Cutter	cutter4	picker	punch	online	打磨	打坡口	点焊	切削	通焊
% Idle	51	8	14	9	7	22	32	23	82	74	62	7	77	11	46
% Busy	40	55	56	35	35	67	54	77	18	6	38	62	23	58	54
% Blocked	0	0	0	0	0	11	14	0	0	20	0	0	0	0	0
% Cycle Wait Labor	9	38	30	57	58	0	0	0	0	0	0	0	0	0	0
% Setup	0	0	0	0	0	0	0	0	0	0	0	31	0	31	0
No. Of Operations	329	595	507	433	448	326	217	324	868	546	368	1119	370	1110	369

根据表 18.13，分车间进行分析如下。

（1）成组加工车间 cell 中，五台车床的忙率（% Busy）都不高，最高的是铣床 56%，最低的是钻、镗床，均为 35%，而这几台车床等待员工的时间比例（% Cycle Wait Labor）非常高，尤其钻、镗床，分别达到 57% 和 58%，刨床和铣床等待员工作业的时间比例也达到了 38% 和 30%，因此可以说成组加工车间的瓶颈元素是员工，改善时需要从员工数量配置和调度规则方面入手。

（2）下料车间 cut 中，切割和冲压设备忙率也不是太高，但是有部分设备（切割设备 cutter、cutter4 和钢板上行车设备 online）的阻塞率较高，分别为 11%、14% 和 20%，反映了这些设备等待行车的运输，如切割设备切割结束后，需要行车将钢板运输到拣选设备、上行车设备 online 准备好钢板之后需要等待行车将钢板运至切割设备，即下料车间只配置了一台行车，运能不足。

（3）流水机加车间 streamline 中，各个设备之间具有前后关联关系，而且 A 和 E 的加工具有成比例的关系，因此各个工序之间的相互影响较高。虽然切削和打坡口工序加工产品数量（No. of Operations）较高，分别为 1110 件和 1119 件，但是结合组成部件统计分析中 A 生产较多，而 E 生产较少来看，是 A 和 E 不配套，导致后续的点焊、通焊和打磨工序的作业数量和忙率较低。因此改善措施应该优先考虑 A 和 E 的配套生产数量。

18.3.2 成组车间改善及效果评价

根据瓶颈约束理论，逐步提高系统产能需要从改善瓶颈单元着手。从现有分析看，B、C 件的生产制造过程是最严重的瓶颈，在 10 天中成组制造车间仅生产了 65 套 B、C 件。

可以设计如下几种改善方案：

方案一：将成组加工单元的设备和员工数量都设定为 2；

方案二：将成组加工单元的设备和员工数量都设定为 3；

方案三：将成组加工单元的设备数量设定为 3，而员工数量均设定为 4；

这三种改善方案只需要修改原有模型中 cell.割、cell.刨、cell.铣、cell.钻、cell.镗、cell.Labor1、cell.Labor2、cell.Labor3、cell.Labor4、cell.Labor5 中的数量。对于方案一修改后的模型请参看 "chap18carLogisticV2——成组车间改善方案一.mod"。

对每种方案进行仿真实验至 4800 分钟，分析和对比相关统计指标如表 18.14 所示。

（成组车间改善模型）

表 18.14　不同方案绩效指标对比表

指标	assembleLine.BC				assembleLine.D				assembleLine.F				cell.B			
	原状态	方案一	方案二	方案三	原状态	方案一	方案二	方案三	原状态	方案一	方案二	方案三	原状态	方案一	方案二	方案三
No. Entered	60	115	190	244	130	239	390	486	337	337	337	337	1185	1185	1185	1185
No. Shipped	60	115	190	243	59	114	189	241	57	112	187	239	0	0	0	0
No.Assembled	0	0	0	0	0	0	0	0	0	0	0	0	60	115	190	250
W.I.P.	0	0	0	1	71	125	201	245	280	225	150	98	1125	1070	995	935

指标	cell.C				cell.D				deliver.factory.car				tyre			
	原状态	方案一	方案二	方案三	原状态	方案一	方案二	方案三	原状态	方案一	方案二	方案三	原状态	方案一	方案二	方案三
No. Entered	782	782	782	782	868	866	868	868	52	107	182	234	1940	1940	1940	1940
No. Shipped	0	0	0	0	0	0	0	0	40	56	115	163	55	110	185	237
No.Assembled	60	115	190	250	140	250	400	490	0	0	0	0	0	0	0	0
W.I.P.	722	667	592	532	728	616	468	378	12	51	67	71	1885	1830	1755	1703

简单地来看，就是随着成组机加车间产能的提升，系统成品车的产量（deliver.factory.car）逐步由 52 增加到 107、182 和 234。

从 assembleLine.F 的到达量恒定为 337 来看，成组车间产能提升到 337 台/10 天时，方需要考虑改善流水机加车间的产能。否则，采取其他改善方案对系统整体产量的改善作用甚微。

思考题

1. 设计采购、下料和叉车物流模组的集成模型，进行物流连接和布局调整，并仿真运行至 4800 分钟，获取该集成系统的主要统计指标。

2. 设计总装和销售两个子模组的集成模型，进行物流连接和布局调整，并运行至 4800 分钟，统计销售收入和销售损失指标。

3. 在第 2 题的基础上，提出改善方案，将利润提升 30%。

4. 对车辆生产物流系统集成模型进行分析，提出改善方案，实现运行至 4800 分钟，产能提升至（a）300、（b）400、（c）600、（d）800 辆，并对过程和统计结果进行描述和分析。

（章节自测题）

附录 A　科尔莫戈洛夫–斯米尔诺夫检验临界值

科尔莫戈洛夫检验的临界值（$D_{n\alpha}$）表

$$P(D_n > D_{n\alpha}) = \alpha$$

n \ α	0.20	0.10	0.05	0.02	0.01	n \ α	0.20	0.10	0.05	0.02	0.01
1	0.90000	0.95000	0.97500	0.99000	0.99000	31	0.18732	0.21412	0.23788	0.26596	0.28530
2	0.63377	0.77639	0.84189	0.90000	0.90000	32	0.18445	0.21085	0.23424	0.26180	0.28094
3	0.56481	0.63604	0.70760	0.78456	0.78456	33	0.18171	0.20771	0.23076	0.25801	0.27677
4	0.49265	0.56522	0.62391	0.63887	0.68887	34	0.17909	0.20472	0.22743	0.25429	0.27279
5	0.44698	0.50945	0.56328	0.56328	0.62718	35	0.17659	0.20185	0.22425	0.25073	0.26897
6	0.41037	0.46709	0.51926	0.57741	0.61661	36	0.17418	0.19910	0.22119	0.24732	0.26532
7	0.38148	0.43607	0.49342	0.53844	0.57581	37	0.17188	0.19646	0.21826	0.24404	0.26180
8	0.35831	0.40962	0.45427	0.50654	0.54179	38	0.16966	0.19392	0.21544	0.24089	0.25843
9	0.33910	0.38746	0.43001	0.47980	0.51332	39	0.16753	0.19148	0.21273	0.23786	0.25518
10	0.32260	0.36866	0.40925	0.45662	0.48893	40	0.16547	0.18913	0.21012	0.23494	0.25205
11	0.30829	0.35242	0.39122	0.43670	0.46770	41	0.16349	0.18687	0.20780	0.23213	0.24901
12	0.29577	0.33815	0.37543	0.41918	0.44905	42	0.16158	0.18468	0.20517	0.22941	0.24613
13	0.28470	0.32549	0.36143	0.40362	0.43247	43	0.15974	0.18257	0.20283	0.22679	0.24332
14	0.27481	0.31417	0.34890	0.38970	0.41762	44	0.15796	0.18053	0.20056	0.22426	0.24060
15	0.26588	0.30397	0.33760	0.37713	0.40420	45	0.15623	0.17856	0.19837	0.22181	0.23793
16	0.25778	0.29472	0.32733	0.36571	0.39201	46	0.15457	0.17668	0.19625	0.21944	0.23544
17	0.25039	0.28627	0.31796	0.35528	0.38086	47	0.15295	0.17481	0.19420	0.21715	0.23298
18	0.24360	0.27851	0.30936	0.34569	0.37062	48	0.15139	0.17302	0.19221	0.21493	0.23059
19	0.23735	0.27136	0.30143	0.33685	0.36117	49	0.14987	0.17128	0.19028	0.21277	0.22828
20	0.23156	0.26473	0.29408	0.32866	0.35241	50	0.14870	0.16959	0.18841	0.21068	0.22604
21	0.22617	0.25858	0.28724	0.32104	0.34427	55	0.14164	0.16186	0.17981	0.20107	0.21574
22	0.22115	0.25283	0.28087	0.31394	0.33666	60	0.13573	0.15511	0.17231	0.19267	0.20873
23	0.21645	0.24746	0.27490	0.30728	0.32954	65	0.13052	0.14913	0.16567	0.18525	0.19377
24	0.21205	0.24242	0.26931	0.30104	0.32286	70	0.12586	0.14381	0.15975	0.17863	0.19167
25	0.20790	0.23763	0.26404	0.29516	0.31657	75	0.12167	0.13901	0.15442	0.17203	0.18523
26	0.20399	0.23320	0.25907	0.28962	0.31064	80	0.11787	0.13467	0.14960	0.16728	0.17949
27	0.20030	0.22893	0.25438	0.28433	0.30502	85	0.11442	0.13073	0.14520	0.16236	0.17421
28	0.19680	0.22497	0.24993	0.27942	0.29971	90	0.11125	0.12709	0.14117	0.15786	0.16938
29	0.19348	0.22117	0.24571	0.27471	0.29486	95	0.10833	0.12375	0.13746	0.15371	0.16493
30	0.19032	0.21756	0.24170	0.27023	0.28937	100	0.10563	0.12067	0.13403	0.14937	0.16081

参 考 文 献

[1]   [美]Jerry banks, John S. Carson II 等著，肖田元，范文慧译.离散事件系统建模与仿真（原书第四版）. 北京：机械工业出版社，2007

[2]   [美]Christopher A. Chung. Simulation Modelling Handbook: A Practical Appoach. Florida: CRC Press, 2006

[3]   王维平，朱一凡等编著，离散事件系统建模与仿真.北京：国防科技大学出版社，1997

[4]   王亚超，马汉武等编著，生产物流系统建模与仿真-Witness 系统及其应用.北京：科学出版社，2007

[5]   罗国勋，罗昕等编著，系统建模与仿真.北京：高等教育出版社，2011

[6]   方水良编著，System Modeling and Simulation With Witness. 杭州：浙江大学出版社，2007

[7]   王丽娅，陈友玲等编著，生产计划与控制.北京：清华大学出版社，2007

[8]   吴爱华，张绪柱等编著，生产计划于控制.北京：机械工业出版社，2013

[9]   梁军，王刚等编著，采购管理.北京：电子工业出版社，2010

[10] [英]马丁.克里斯托弗著，何明珂等译.物流与供应链管理.北京：电子工业出版社，2012

[11] 胡运权，郭耀煌编著.运筹学教程（第三版）.北京：清华大学出版社，2007

[12] 盛骤，谢式千等编著.概率论与数理统计.北京：高等教育出版社，2011